O Direito dos *Trusts* no Brasil

O Direito dos *Trusts* no Brasil

2020

Verônica Scriptore Freire e Almeida

O DIREITO DOS *TRUSTS* NO BRASIL
© Almedina, 2020

Autores: Verônica Scriptore Freire e Almeida
Diagramação: Almedina
Design de Capa: FBA
ISBN: 978-65-5627-010-4

Dados Internacionais de Catalogação na Publicação (CIP)
(Câmara Brasileira do Livro, SP, Brasil)

Almeida, Verônica Scriptore Freire e
O direito dos *trusts* no Brasil / Verônica
Scriptore Freire e Almeida. – São Paulo: Almedina
Brasil, 2020.

Bibliografia
ISBN 978-65-5627-010-4

1. Direito antitruste – Brasil 2. Direito
antitruste – Legislação – Brasil 3. Direito comercial
– Legislação – Brasil 4. Direito econômico –
Legislação – Brasil

I. Título.

20-35724   CDU-347.733(81)(094)

Índices para catálogo sistemático:

1. Brasil: Direito antitruste 347.733(81)(094)

Maria Alice Ferreira – Bibliotecária – CRB-8/7964

Este livro segue as regras do novo Acordo Ortográfico da Língua Portuguesa (1990).

Todos os direitos reservados. Nenhuma parte deste livro, protegido por copyright, pode ser reproduzida, armazenada ou transmitida de alguma forma ou por algum meio, seja eletrônico ou mecânico, inclusive fotocópia, gravação ou qualquer sistema de armazenagem de informações, sem a permissão expressa e por escrito da editora.

Junho, 2020

Editora: Almedina Brasil
Rua José Maria Lisboa, 860, Conj. 131 e 132, Jardim Paulista | 01423-001 São Paulo | Brasil
editora@almedina.com.br
www.almedina.com.br

Dedico o presente livro aos meus amados filhos Diogo e Afonso, ao meu querido marido Daniel Freire e Almeida e aos meus pais Ailton e Dirce (*in memorian*).

AGRADECIMENTOS

As conquistas do Mestrado e do Doutoramento foram as bases fundamentais do meu trajeto profissional. Na sempre necessária busca pelo conhecimento, inerente à carreira académica universitária, é fundamental estarmos à frente com pesquisas e discussões que causem reflexões e impactos sobre caminhos jurídicos melhores para a sociedade.

O estudo sobre os *Trusts* foi minha escolha desde a graduação em Direito, pois sendo um instrumento nascente da confiança das partes, promove relações jurídicas sólidas, sem a exigência de formalidades e burocracias demasiadas. Assim, optei por estudar e desenvolver a simplificação das relações jurídicas, como melhor técnica a ser aplicada.

Como decorrência efetiva de nossa conquista pelo Doutoramento, e com o objetivo de compartilhar com estudantes, profissionais e com a comunidade académica, os resultados científicos obtidos, apresentamos, pois, dois livros de nossa autoria: "O Direito dos Trusts na Perspectiva Internacional", também publicado pela editora Almedina, e este livro sobre "O Direito dos Trusts no Brasil".

Dentro dessa nossa jornada académica, queridas pessoas se envolveram, por estarem ligadas por laços familiares, de amizade e, por conseguinte, de confiança.

Para essas pessoas muito caras, seguem os meus mais sinceros agradecimentos.

Em especial, ao Professor Doutor Diogo Leite de Campos, que acreditou em mim e na importância do tema proposto, desde o primeiro instante que escolhi o Mestrado, e depois o Doutorado, na Faculdade de Direito da Universidade de Coimbra. Quando solicitei a sua sábia orientação académica, recebi imediatamente um gentil e seguro direcionamento.

Suas diretrizes e linhas orientadoras foram fundamentais para o desenvolvimento profundo do nosso tema, em vários e importantes aspectos, qualificando, com primazia, todas as etapas do nosso trabalho. Com muito carinho, dedico-lhe o meu mais sincero reconhecimento.

Com muito amor agradeço aos meus pais Ailton e Dirce (*in memorian*), brilhantes professores que me ensinaram a respeitar a profissão, a amar o ensino e a pesquisa, e a entender o compromisso que temos com a preparação dos estudantes em sala de aula, todos os dias. Por isso estou aqui!

Respeito, carinho e gratidão são as palavras que descrevem o que sinto por meu querido sogro Fernando e minha amiga e sogra Ana Maria, pelo apoio em todos os momentos, e como parte estrutural e fundamental em todas as minhas conquistas académicas.

Igualmente, não tenho palavras que satisfaçam a minha imensa gratidão ao meu marido, Daniel. Obrigada pelo apoio incondicional e vital, e pela confiança na finalização deste trabalho. Amo nossas escolhas, amo nossos desafios e amo nossas conquistas! We Made It Together!

Aos meus amores e a razão de minha existência, meus filhos Diogo e Afonso! Meu filho Diogo, que com apenas 5 meses de vida me acompanhou na defesa do Doutoramento, com "Direito" a uma pausa especial para amamentação. Momentos inesquecíveis de nossas vidas! Meus filhos me ensinam diariamente a ser uma pessoa melhor e a amar cada dia mais! *"I don't need no one to tell me about heaven, I look at my "children", and I believe"*(Live).

Por fim, o agradecimento mais especial, é a **Deus**, que sempre está comigo me fortalecendo, acompanhando e abençoando!

APRESENTAÇÃO

Essencialmente, o *Trust* é uma relação jurídica criada pelo instituidor (*o settlor*), que transfere a propriedade legal de bens ou direitos para um gestor (*o trustee*) administrá-los e dispô-los em favor de um beneficiário.

Tal esquema, com suas particularidades a serem delineadas neste livro, é adaptável aos mais diferentes tipos de negócios, acendendo um grande interesse prático, oportuno aos vários setores da economia.

Nosso estudo sobre o *Trust* teve início há 20 anos, momento em que frequentávamos o quarto ano da licenciatura em Direito, em razão de nossa pesquisa e finalização do trabalho de conclusão de curso: "*O Direito dos Trusts nos Estados Unidos da América*". Nesta sequência, objetivando o aprofundamento da temática, optamos também por seu estudo na realização do Mestrado, que resultou na dissertação intitulada de "*A Tributação dos Trusts*", apresentada à Faculdade de Direito da Universidade de Coimbra, sob a orientação do Professor Doutor Diogo Leite de Campos[1].

Também sob a sábia orientação de nosso exemplar professor, e dando prosseguimento aos nossos estudos acadêmicos, este trabalho é resultado de nossa Tese de Doutoramento, onde pretendeu-se oportunizar a implementação do instituto dos *Trusts* no Direito brasileiro.

Nesse contexto, o presente livro aborda de forma aprofundada e esclarecedora sobre a implementação do instituto dos Trusts no Direito brasileiro. Trata-se do terceiro livro de nossa autoria sobre o tema.

---

[1] *Vide* FREIRE E ALMEIDA, Verônica Scriptore. *A Tributação dos Trusts*. Coimbra: Almedina, 2009.

O primeiro livro, baseado em nossa dissertação de Mestrado, publicado em 2009 pela Editora Almedina, foi inovador em relação ao tema proposto, a "Tributação dos Trusts" em Portugal. Em alinhamento, nossa tese de Doutoramento designada "A Implementação do Instituto dos Trusts no Direito Brasileiro" deu origem a dois novos livros fundamentais sobre o Trust: "O Direito dos Trusts na Perspectiva Internacional" e o presente livro sobre a "O Direito dos Trusts no Brasil".

Através deste estudo, pretende-se tornar a consagração dos *Trusts* no Brasil como possível, e demonstrar as vantagens da aproximação ao instituto nos planos jurídico e econômico.

Com efeito, ao longo do seu desenvolvimento legal, o *Trust* se transformou em um moderno e importante instrumento de gestão dos mais variados tipos de interesses. Hodiernamente, assume um papel expressivo na administração especializada de investimentos e no comando de empresas.

Não obstante, não só na seara das finanças ou dos negócios corporativos a importância adquirida pelos *Trusts* é manifesta. Também, hoje, é uma noção proeminente no que tange às particularidades da vida privada em sociedade, sendo muito utilizado na gestão de patrimônio, principalmente no auxílio do planejamento familiar em seus aspectos sucessórios.

Nesse sentido, do ponto de vista jurídico, por exemplo, sua implementação permitiria fornecer as ferramentas necessárias para a plena utilização da figura no Brasil, ampliando as possibilidades de integração com os sistemas que admitem este novo quadro.

Do ponto de vista econômico, uma vez instaurado, permitiria ao Brasil e aos operadores brasileiros, e estrangeiros que lá investissem, os benefícios nos mais variados campos do direito, além dos privilégios financeiros, excepcionais, que constituem, por exemplo, os fluxos de investimentos transfronteiriços dos tipos de *Trusts* de carácter internacional.

Com efeito, a globalização resulta na rápida dispersão das mais amplas informações jurídicas de sistemas legais distintos. Na mesma ordem de ideias, um indivíduo hoje almeja ter à sua disposição, e no seu país de origem, ferramentas jurídicas que conheceu e aproveitou em outras jurisdições. Sob esse ponto de vista, a difusão do conhecimento e a facilidade de movimentação das pessoas, geram necessidades aos indivíduos até então desconhecidas. Por consequência, provoca problemas jurídicos igualmente incógnitos até o momento, conduzindo o legislador nacional à complexa, porém, imperiosa tarefa de olhar além do território no qual exerce a sua soberania.

Em síntese, sem dúvida, a implementação do instituto dos *Trusts* é uma forma de ampliar e complementar as ferramentas jurídicas disponíveis no Direto brasileiro.

É dentro desta perspectiva, então, que, neste livro faremos uma breve explicação sobre os principais aspectos que envolvem os *Trusts* da common law[2], passando por seu contexto histórico, conceito e estrutura.

Seguidamente identificaremos e esclareceremos as conveniências da implementação do instituto dos *Trusts* no Direito brasileiro. Primeiramente, sob um ponto de vista mais amplo e global. Após, ressaltaremos as aplicações práticas do *Trust*, estabelecendo um panorama reflexivo das ferramentas similares ao instituto, disponíveis no Direito brasileiro.

A reflexão sobre as ferramentas já existentes torna-se importante, ao ponderarmos que um dos desafios apontados à implementação dos *Trusts* reside, justamente, no fato deste instrumento ser comparável a outras noções preexistentes no Direito brasileiro.

Assim sendo, após identificarmos as semelhanças e diferenças entre os *Trusts* e as instituições disponíveis atualmente no Brasil, assinalaremos a existência de limitações significativas por parte das alternativas brasileiras, que podem levar a opção pelo instituto anglo-saxão.

Isto é observado mais claramente ao considerarmos o atual momento de transformação econômica que o Brasil se encontra, que deve estar alinhada à evolução jurídica do país. Assim sendo, o Direito brasileiro deve oferecer modelos melhores, mais flexíveis e menos burocráticos, prontos a resolverem situações vividas no cotidiano da vida contemporânea, e aptos à concorrência internacional.

Em prosseguimento, será *mister* percorrermos e ultrapassarmos os desafios tradicionalmente indicados na implementação do *Trust* em jurisdições de *civil law*, como a do Brasil.

Ao final, superado o conhecimento necessário sobre o tema, procuraremos contribuir, de forma humildemente sugestiva, com a elaboração

---

[2] Para um maior aprofundamento sobre o *Trusts* e suas características no sistema da common law e em um panorama internacional, é importante a leitura do nosso livro sobre "O Direito dos Trusts na Perspectiva Internacional", São Paulo: Almedina, 2020.

de um articulado, entrevendo a introdução do *Trust* no ordenamento jurídico brasileiro.

Dessa forma, desejamos com este estudo, cooperar de forma mais efetiva e prática para a devida compreensão dos *Trusts*, vislumbrando, sobretudo, a identificação e superação dos desafios levantados à introdução do *Trust* no Direito brasileiro.

PREFÁCIO

Em palavras que escrevi sobre obra da Autora intitulada "O Direito dos Trusts na Perspectiva Internacional" deixara uma observação final: restava, depois da excelente visão sobre o Direito do "trust", adaptar este a um grande Direito continental, sem o desvirtuar.

É o que a Autora faz nesta obra, com o brilho da anterior.

Houve que conciliar o que tem parecido inconciliável: a confiança interpessoal em que assenta o "trust"; e um certo positivismo do Direito continental, muito preocupado em tornar precisas, claras e seguras as relações. Certeza e segurança, quase que coisificação, contra confiança, personalização.

É certo que os Direitos continentais têm feito algum caminho na "incerteza": forma menos exigente para os contratos; penhor sem desapossamento; propriedade jurídica e propriedade económica; relevância da alteração das circunstâncias; inclusão de conceitos vindos de fora do aparelho jurídico, como a boa-fé; etc. Mas há que introduzir a relação fiduciária ("trust")... sem a transformar numa relação sem fidúcia.

Há que fazer ressaltar a pessoa digna na relação, em vez de reduzir esta a um conjunto de normas. Tem de se perspectivar a relação como uma relação entre pessoas dignas e não como um "puzzle" de normas escritas.

Foi o que fez a Autora. Forte no conhecimento que tem do Direito continental e do "trust", não os misturou: fê-los conviver até que cada um aceitasse a maneira de ser do outro. Olhou para as pessoas, os seus valores e os seus interesses e incluiu-os no seu discurso.

Assim, levou a cabo inovadores, humanos e rigorosos trabalhos preparatórios de uma lei brasileira sobre o "trust".

Espero confiadamente que o humanismo e a criatividade do Direito brasileiro permitam a sua utilização com a dignidade que eles merecem.

Diogo Leite de Campos
Professor Catedrático da Faculdade de Direito da Universidade
de Coimbra – Portugal (Jub.)

SUMÁRIO

AGRADECIMENTOS	7
APRESENTAÇÃO	9
PREFÁCIO	13
SUMÁRIO	15

CAPÍTULO 1 - PANORAMA DO DIREITO DOS *TRUSTS*	19
1. Breve Panorama Histórico	19
2. Conceito, Estrutura e Características do *Trust*	23
2.1. Conceito	23
2.2. Estrutura	24
2.3. Características	44

CAPÍTULO 2 - O DIREITO DOS *TRUSTS* NO BRASIL	53
SECÇÃO I - AS CONVENIÊNCIAS DA IMPLEMENTAÇÃO DO INSTITUTO DOS *TRUSTS* DO DIREITO BRASILEIRO	57
1. A Globalização Econômica e a Busca por Novas Ferramentas de Atração de Capital e Investimentos	57
2. A Expansão da Implementação do *Trust* em Países de Origem *Civil Law*	67
3. Harmonização e Modernização do Direito Brasileiro com a *Práxis* Jurídica Internacional	77

4. A Flexibilidade do *Trust* 84
5. A Formação de um Patrimônio Separado à Concretização de Propósitos Específicos 87
6. Os *Trusts* Conferem Responsabilidade Fiduciária 93

SECÇÃO II – APLICAÇÕES PRÁTICAS DO TRUST E UM PANORAMA REFLEXIVO DAS FERRAMENTAS SIMILARES DO DIREITO BRASILEIRO 99
1. O *Trust* como Instrumento de Proteção da Família 99
   1.1. Planejamento patrimonial e sucessório 102
   1.2. A Proteção de Menores e de Incapazes 111
   1.3. Equivalentes Funcionais Existentes no Direito Brasileiro 116
2. Finalidades dos *Trusts* nos Contextos Financeiro, Empresarial e na Gestão Especializada de Bens 140
   2.1. Condução de Empresas através de Trusts Structures 144
   2.2. Os Trusts como Veículo de Titularização de Créditos 153
   2.3. Fundos de Investimentos 156
   2.4. Vacância Gerencial e Sucessão em Empresa Familiar 161
   2.5. Joint Ventures 165
   2.6. Limited Liability Trust 165
   2.7. Acordo de Acionistas e Reorganização Societária 167
   2.8. Debenture Trustees 169
   2.9. Falência e Recuperação de Empresas 170
   2.10. Fundos de Pensão 173
   2.11. Gestão Especializada de Universidades 175
   2.12. O Trust como Ferramenta de Garantia 176
   2.13. Equivalentes Funcionais Existentes no Direito Brasileiro 177
3. Os *Trusts* e as Relações Fiduciárias 195
   3.1. Relações Fiduciárias de Garantia 196
   3.2. O Negócio Fiduciário 199
4. O *Trust* com fins de Interesse Público 202
   4.1. O Charitable Trust e as Fundações 203

CAPÍTULO 3 – A COMPATIBILIDADE E OS DESAFIOS DA IMPLEMENTAÇÃO DO INSTITUTO DOS *TRUSTS* NO DIREITO BRASILEIRO 207
1. Aproximação ao Tema 207

2. Ato Jurídico Unilateral de Vontade do *Settlor*   210
3. A Transferência da Titularidade da Propriedade para o *Trustee*   224
4. A Divisão dos Direitos sobre a Propriedade.   239
5. A Formação de um Patrimônio Separado   259
6. A Tributação dos *Trusts*   276
7. Considerações Finais   285

CAPÍTULO 4 – O DIREITO DOS *TRUSTS* NO BRASIL – ARTICULADO   287

CONCLUSÕES   313

REFERÊNCIAS   333

Capítulo 1
Panorama do Direito dos *Trusts*

Neste ponto, importante tratarmos de forma sintetizada, sobre os principais aspectos que envolvem o Trust no sistema jurídico da *common law*[3].

1. Breve Panorama Histórico

O *Trust* é uma noção fundamental do Direito Inglês, sendo apontado como a principal criação da equidade, transformando-se hoje em um instrumento amplamente almejado por ambos os sistemas jurídicos (*civil* e *common law*) em razão de sua adaptabilidade às mais variadas situações da vida humana.

A *common law* é "fruto" dos Tribunais Reais de Justiça, que se desenvolveram a partir da invasão normanda, no século XI[4]. Naquela época, em um primeiro momento, os litígios existentes eram levados para diferentes jurisdições locais, onde se aplicavam os costumes e os direitos praticados no período[5]. Em oposição, surgiram os Tribunais Reais de

---

[3] No Livro sobre um "Panorama Internacional do Direito dos Trusts" discorremos de forma mais precisa e detalhada sobre o Trust no Sistema Anglo-Saxónico ou sob Influência da Common Law e nos Sistemas de Direito Continental.

[4] *Cfr.* HOLDSWORTH, Willian Searle. *An historical introduction to the land law.* New Jersey: The lawbook Exchange, 2004, p. 140.

[5] *Cfr.* PENNER, J. E. *The Law of Trusts.* Seventh Edition. Londres: Oxford University Press, 2010, p. 2. *Vide*: PETTIT, Philip H. *Equity and the Law of Trusts.* Oxford: Oxford University Press, 2009, p. 1.

Justiça, objetivando a formação de um direito comum a toda Inglaterra, a *common law*.

Entretanto, os Tribunais Reais de Justiça não eram competentes a todos os litígios existentes, não adquirindo a esperada competência Universal. Essa insuficiência da *common law* desembocou, mais tarde, nas regras da *equity*, fonte elementar do Direito dos *Trusts*.

A parte do litígio insatisfeita com uma decisão da *common law*, clamava por proteção e intervenção do Rei, considerado como fonte derradeira de obtenção de Justiça na época. Nesse desenrolar, progressivamente e desde o século XIV, quem não alcançava a justiça pelos Tribunais Reais através dos chamados *writs*, ou quem não obtinha justiça em razão da solução produzida à sua causa por esses Tribunais, convocava a intervenção do Rei. Ordeiramente, tal pedido era dirigido primeiramente ao *chanceler* que, se julgasse oportuno, transmitia ao rei um *"pedido de recurso"*.

Logo, no século XV, chega o momento em que o *chanceler*, munido da autoridade nele delegada, acaba tornando-se um juiz autônomo, decidindo, então, em nome do Rei e do conselho real, através da *Court of Chancery*. Por fim, estabeleceram-se corretivos ao sistema jurídico normativo aplicado pelos Tribunais Reais, consolidando-se, novas medidas decisórias mais justas, a *equity*.

No desenvolver desses acontecimentos históricos, desencadeados pela conquista normanda de 1066, em meio ao surgimento da *common law* e do desenvolvimento das regras da *equity*, encontramos a origem do *use*, precedente histórico do *Trust*. Em suma, o *use*, foi o meio encontrado para evitar as obrigações feudais que "prendiam" os bens do vassalo ao suserano. Através do *use*, uma pessoa (*trustee*) adquiria *em confiança* o patrimônio de outrem (*settlor*), com a incumbência de administrá-lo em benefício de um beneficiário.

Tal preceito se desenvolveu graças à intervenção do *chanceler*, que visando resguardar juridicamente uma relação criada substancialmente com fulcro no elemento "confiança", instituiu regras que hoje são apresentadas como pilares do *Trust*. Estre tais regras, destaca-se o surgimento da divisão dos direitos sobre a propriedade harmonizada pela *Court of Chancery*, que introduziu a possibilidade de se distinguir a propriedade legal (*legal estate*) da propriedade equitativa (*equitable estate*), garantindo, dessa forma, os interesses dos beneficiários contra eventuais inadimplementos do *trustee*. Sobretudo, por força dessa duplicidade, admitiu-se o desdobramento do direito de propriedade, ficando o título da propriedade (*legal title*) com o *trustee*, e o domínio útil (*beneficial use*) com o beneficiário.

Logo, o beneficiário adquire um direito real sobre os bens ou direitos em *Trust*, e não simples direitos obrigacionais, podendo, dessa forma, reivindicar o seu direito contra qualquer pessoa e obter, assim, a tutela jurisdicional pretendida.

Efetivamente, nos primeiros anos do século XV, o *use* obteve, enfim, tutela jurídica completa através das regras da *equity*, resultando na instalação de uma nova corte separada dos Tribunais da *common law*, a *Court of Chancery*.

Essencialmente, com o advento das regras de *equity*, consubstanciaram-se os direitos dos beneficiários. A *Court of Chancery* tornou as prerrogativas do *trustee* limitadas à intenção do instituidor do *Trust*. Além disso, conferiu o dever fiduciário ao *trustee*, sendo hoje um dever inerente ao exercício da função. Estabeleceu-se o dever do *trustee* de administrar os bens ou direitos em *Trust* como um pai de família e segundo sua consciência.

As decisões dos Tribunais da equidade, tornaram-se o "alicerce" dos *Trusts*, fornecendo as primeiras e mais importantes regras e princípios aplicáveis a ele. Nessa linha, além dos direitos dos beneficiários já mencionados, as decisões equitativas formaram e aperfeiçoaram outras inúmeras normas concernentes aos *Trusts*.

Entre outras regras que evoluíram das decisões da *equity*, podemos indicar, aqui, o estabelecimento de normas referentes a administração dos bens constituídos em *Trusts*, regras instituidoras dos respectivos Princípios e indicativas da correta conduta do *trustee*, e, ainda, regras limitadoras do período máximo de tempo permitido para a manutenção dos bens em *Trusts*.

Pois, sim, vale então aqui se enfatizar, que a evolução contínua dos *Trusts* também é marcada, substancialmente, pela sua imensa popularidade no século XIX. Em um primeiro momento, o clássico objeto dos *Trusts* era a terra, e o *Trust* se resumia a um mecanismo de transmissão da propriedade. De fato, notamos que a sua estrutura foi o formato encontrado pelos *vassalos* para amparar seus filhos menores ou eventuais viúvas, em uma época onde não era livre à disposição dos bens pela via sucessória.

Mais tarde, outros bens passaram a ser objeto do *Trust* como o dinheiro, peças de ouro e de prata. Perceba-se, que a alteração do objeto do *Trust* ocorreu juntamente com a mudança da riqueza nacional na época. A economia agrária lentamente se tornou industrializada e, consequentemente, formou-se novas formas de riquezas consubstanciadas em contas bancárias, títulos e ações.

Nesse quadro, o *Trust* atraiu os olhares da nova classe social que emergia, formada pelos ricos comerciantes e industriais, ansiosos para preservar e transmitir a sua riqueza através da estrutura proporcionada pelos *Trusts*.

Em breve análise estrutural, o *trustee* continua, na concepção inglesa, como sendo o verdadeiro proprietário dos bens em *Trust*. Dessa forma, os poderes do *trustee* sobre tais bens não são tão-somente poderes de gestão, são completas competências de disposição onerosa ou gratuita. Logo, poderá o *trustee* comercializar ou até mesmo transmitir a título gratuito os bens em *Trust*, que a propriedade desses bens será validamente transmitida aos seus adquirentes. Contudo, pelas regras da *equity*, ocorrerá a **sub-rogação real ou pessoal**.

No primeiro caso, de venda de bens pertencentes ao *Trust*, o que o *trustee* receber em contrapartida é automaticamente sub-rogado nesses bens alienados, ou seja, o *trustee* será considerado como *trustee* do valor proveniente dessa venda. No segundo caso, tratando-se de adquirente a título gratuito ou sendo um adquirente de má-fé, tal adquirente torna-se, automaticamente, *trustee* dos bens a ele transferidos, e deve explorá-los no interesse dos beneficiários do *Trust*, ocorrendo aqui, pois, a hipótese de sub-rogação pessoal.

Acrescente-se, que a função do *trustee*, que se sintetizava em distribuir bens, em circunstâncias não permitidas pela *common law*, hodiernamente vai muito além. Com efeito, o clássico *trustee*, caracterizado como sendo uma pessoa física, vivente nas relações de amizade ou familiares do vassalo, hoje, caracteriza-se como um competente homem de negócios, ou seja, um profissional qualificado na boa administração e gestão de recursos alheios.

Daí o inconteste acerto de CAMPOS, que capturou a importância dos *Trusts*, na seguinte assertiva, *in verbis*: "Trata-se de um instrumento privilegiado de gestão patrimonial"[6].

---

[6] *Cfr.* CAMPOS, Diogo Leite de A *Tributação dos "Trusts" (I)*. Lisboa: PLMJ, Questões Fiscais de Globalização – IV, 2007.

É nesta perspectiva que, embora ainda existam *trustees* individuais, o seu papel passou a ser desenvolvido em grande escala por *trustees* profissionais, tais como corporações ("*trustees companies*") ou instituições financeiras interessadas na gestão de fortunas, no planejamento familiar e na gestão de recursos voltados à caridade.

Outro importante ponto a ser destacado, é que a separação patrimonial e a consequente divisão dos direitos sobre a propriedade, proporcionada pela estrutura dos *Trusts*, gerou a impossibilidade dos credores do *trustee* executarem os bens transferidos em *Trust*.

Sem dúvida, muitas das regras relativas aos deveres fiduciários e responsabilidade dos *trustees* seguem ainda hoje rigorosas e inclusive, atualmente, se tornaram estatutárias.

2. Conceito, Estrutura e Características do *Trust*
2.1. Conceito

Conforme observamos, o *Trust* é uma noção basilar do Direito Inglês. De destacar é, a este propósito, que segundo PALUMB, *in verbis*: "The term "trust" is untranslatable..."[7]. Também é de nossa consideração que o termo "Trust" não deve ser traduzido.

Em consonância com THOMAS e HUDSON, in verbis: "the essence of a trust is the imposition of an equitable on a person who is the legal owner of property (a trustee) which requires that person to act in good conscience when dealing with that property in favour o any person (the beneficiary) who has a beneficial interest recognized by equity in the property"[8].

Segundo VAZ TOMÉ e CAMPOS, o Trust poderia ser definido apoiando-se em sua estrutura constitutiva. Nesses termos, definem o Trust constituído de forma expressa, como sendo uma instituição do direito de propriedade, onde intervêm três sujeitos, o instituidor que é o sujeito que constitui o Trust, o fiduciante, que é o titular legal do bem ou direito e por fim, o beneficiário, que é a pessoa

---

[7] Cfr. PALUMBO, Giovanni. *Trusts in Italian tax treaties with the United Kingdom and the United States of America*. Trusts & Trustees, United Kingdom, v. 3, p. 20-23, december 1996.

[8] Cfr. THOMAS, Geraint; HUDSON, Alastair. *The Law of Trusts*. New York: Oxford University Press, 2010, p. 11.

que tem a faculdade de exigir o cumprimento do Trust em seu benefício próprio[9].

Em complemento, MENNEL destaca, in verbis: "The trust relationship imposes "fiduciary" duties upon the trustee for the benefit of the beneficiary. These fiduciary duties are life-blood of the relationship"[10].

Dentro desse contexto, ganha significativa importância fazermos referência ao conceito de Trust introduzido pela Convenção de Haia sobre o Direito Aplicável aos Trusts e o seu Reconhecimento, de 1985. Em síntese, e apenas a título introdutório, tal Convenção foi firmada e ratificada por diversos países dos sistemas jurídicos common law e civil law, objetivando fornecer um entendimento uniforme entre eles sobre os principais aspectos dos Trusts. A Convenção define os Trusts em seu artigo 2º, conferindo um conceito legal, passivo de entendimento nos dois ordenamentos Jurídicos distintos.

Conforme alude o artigo 2º, in verbis: "For the purposes of this Convention, the term "trust" refers to the legal relationships created – inter vivos or on death – by a person, the settlor, when assets have been placed under the control of a trustee for the benefit of a beneficiary or for a specified purpose"[11].

Ante o até aqui examinado, consideramos que **o Trust é uma relação jurídica criada pelo instituidor (settlor), que transfere bens ou direitos para um gestor (trustee) administrar em benefício do beneficiário**[12].

2.2. Estrutura

a) **Estrutura Subjetiva dos *Trusts*** – Neste plano, ganham destaque, os sujeitos envolvidos nos *Trusts* e que formam a estrutura básica do instituto, quais sejam: o *settlor*, o *trustee* e o beneficiário.

O *settlor* é o instituidor do *Trust*, e, portanto, é o proprietário inicial dos bens ou direitos que serão destinados ao *Trust* no momento de sua constituição. Além do próprio *settlor*, também tem legitimidade para

---

[9] Cfr. VAZ TOMÉ, Maria João; CAMPOS, Diogo Leite de. A Propriedade Fiduciária (Trust), Estudo para a sua Consagração no Direito Português. Coimbra: Almedina, 1999, p. 19.

[10] Cfr. MENNEL, L. Robert. *Wills and Trusts in a Nutshell*. Minnesota: West Group, 2007, p. 184.

[11] Cfr. HCCH. *Convention on the Law Applicable to Trusts and on their Recognition*. Disponível em: http://hcch.e-vision.nl/index_en.php?act=conventions.text&cid=59. Acesso em 19.07.2011.

[12] Ressalta-se que o termo *Trust* ou *Trusts* tem para nós o mesmo significado.

constituir o *Trust* o seu procurador, desde que autorizado expressa e especificamente para isso.

Em ambos os casos, trata-se, aqui, de um ato unilateral de vontade, onde o *settlor* estipula as condições e cláusulas que regerão o *Trust*, escolhe o *trustee*, determina seus beneficiários e os benefícios destes, e, por fim, realiza a transferência dos bens ou direitos, necessária para sua constituição.

A estrutura subjetiva dos *Trusts* poderá conter apenas dois sujeitos, não invalidando sua constituição. Logo, poderá o *settlor* acumular mais de um papel, inclusive pode ser *trustee* do seu próprio *Trust*. Aliás, também se admite ao *settlor* acumular o papel de *trustee* e beneficiário concomitantemente. Contudo, neste caso, não pode o *settlor* ser o único beneficiário do *Trust*, uma vez que uma pessoa não pode ter direitos contra si mesmo.

Em situação oposta, quando o *settlor* não desempenha nenhuma outra colocação na estrutura subjetiva do *Trust*, ele tende a desaparecer como sujeito do *Trust*. Isso ocorre após o momento em que ele realiza a transferência dos bens ou direitos ao *trustee*, com a intenção de criar um *Trust*. Nascem, então, os deveres fiduciários do *trustee* em relação a esses bens ou diretos, para o benefício dos beneficiários escolhidos pelo *settlor* e a realização dos propósitos do *Trust*.

Em sequência, destaca-se, que o *settlor* poderá ser pessoa singular ou coletiva, e, principalmente, deverá ser ele o verdadeiro titular dos bens ou direitos, ou estar devidamente autorizado para transferi-los. Assim, o *settlor* deve ter capacidade para contrair direitos e obrigações, e, portanto, aptidão para declarar legalmente e de forma precisa, a sua pretensão em instituir o *Trust*.

É mister salientar, aqui, que ao organizar um *Trust* o *settlor* poderá optar pela retenção de alguns poderes e/ou direitos em relação à administração do *Trust*, sem que isso o torne um beneficiário ou um *trustee* propriamente dito. Destaque-se, no particular, que o poder de revogar é o mais manifesto dentre os demais poderes que podem ser mantidos pelo *settlor* no momento de sua constituição. Trata-se de um poder total sobre a continuidade existencial de cláusulas do ato constitutivo ou, até mesmo do próprio *Trust*.

Em alinhamento, explica PENNER que o *settlor*, além do amplo poder de revogação, poderá reservar para si poderes menores, tais como o poder de substituir os *trustees*, ou o poder de decidir no futuro a propriedade ou benefícios que caberá a cada beneficiário. Porém, ressalta o autor, que tais poderes devem constar expressa ou implicitamente nos termos do *Trust*[13].

Nesse quadro de análise, MENNEL complementa que podem ser reservados pelo *settlor* no ato constitutivo do *Trust*, poderes de controle em relação ao tempo e ao valor de cada distribuição realizada aos beneficiários, e, ainda, se estabelecer que essa distribuição será realizada em razão da renda ou do próprio capital do *Trust*[14].

Por sua vez, HAYTON esclarece que ele pode até mesmo reservar-se de poderes sobre os investimentos realizados pelo *trustee*, ou seja, poderes para orientar o *trustee* de como a totalidade, ou uma parte específica do fundo, devem ser investidas ao longo do tempo. Contudo, para o autor, a reserva de tais poderes poderia sugerir que o *settlor* fosse tratado legalmente como *trustee* da totalidade ou de parte do *trust fund*[15].

Em geral, o poder de revogação, modificação ou de controle do *settlor* sobre o *Trust*, lhe garante valiosos poderes. Entretanto a manutenção de muitos poderes administrativos pelo *settlor* pode acarretar a correspectiva diminuição dos deveres fiduciários do *trustee* para com os beneficiários do *Trust*, principalmente, em relação ao dever de prestar contas. No entanto, importante mencionar, por fim, que quanto mais poderes e direitos o *settlor* mantiver sobre o *Trust*, maior será a sua responsabilidade tributária em relação a ele. Logo, muitos podem preferir manter pouca ou nenhuma influência sob o *Trust* constituído[16].

O *trustee* é a pessoa que, na relação do *Trust*, detém e administra a propriedade do *Trust* para o benefício de outrem. Nesse sentido, é o *trustee* quem adquire a propriedade legal dos bens constituídos em *Trust*, designada, originariamente, por "*legal ownership*".

De fato, perante terceiros o *trustee* passa a ser o verdadeiro dono dos bens ou direitos em *Trust*, como se pleno proprietário fosse. Porém, como vimos, o *trustee* não pode usufruir de tal propriedade, devendo

---

[13] *Cfr.* PENNER, J. E. *The Law of Trusts*. Seventh Edition. Londres: Oxford University Press, 2010, p. 18.

[14] *Cfr.* MENNEL, L. Robert. *Wills and Trusts in a Nutshell*. Minnesota: West Group, 2007, p. 218.

[15] *Cfr.* HAYTON, D.J. *The Law of Trusts*. London: Sweet e Maxwell, 1998, p. 127.

[16] Nesse sentido convidamos a leitura de FREIRE E ALMEIDA, Verônica Scriptore. *A Tributação dos Trusts*. Coimbra: Almedina, 2009.

administrá-la em prol dos beneficiários do *Trust*, seguindo, com rigor, as cláusulas inseridas no ato constitutivo.

Nesse contexto, REED e RILEY indicam, *in verbis*: "*Trustees need to understand correctly any wishes of the settlor and the position of the beneficiaries*"[17].

Em sequência, já vimos que estruturalmente permite-se que o *Trust* seja constituído de apenas dois sujeitos principais. Logo, poderá o *trustee* ser também o *settlor* ou o beneficiário do *Trust*. Contudo, VAZ TOMÉ e CAMPOS elucidam que quando o *trustee* for respectivamente um dos beneficiários, ele poderá ser tendencioso, e autobeneficiar-se em relação aos demais beneficiários do *Trust*[18].

Complementarmente, salienta REUTLINGER, que se um único *trustee* for também beneficiário exclusivo do *Trust*, além de absorver uma das características fundamentais do instituto – a divisão entre o *legal* e o *equitable title* – não haveria ninguém para fiscalizar o *Trust*, e, portanto, neste caso, o *Trust* tenderia a falhar[19].

Em termos gerais, o *trustee* pode ser qualquer pessoa, singular ou coletiva, e deverá ter capacidade para o exercício de seus direitos e deveres. Essencialmente, destaca-se, que embora ainda existam *trustees* individuais, hodiernamente, o *trustee* exerce sua função como pessoa coletiva, através de empresas constituídas com personalidade jurídica distinta, formando uma *Trust Company* ou utilizando-se a estrutura de um Banco com estas finalidades fiduciárias.

Como regra geral, o *settlor* escolhe e **nomeia o *trustee***, no ato constitutivo do *Trust*. Tal nomeação, poderá ser realizada através de um ato *inter vivos* ou *mortis causa* (testamento), onde o *Trust* vai provocar efeitos durante a vida, ou somente após a morte do *settlor*.

Relativamente ao **número de *trustees*** que podem ser designados pelo *settlor*, destaca-se, que a gestão do *Trust* poderá ser exercida por um ou diversos *trustees*, concomitantemente, ou de forma sucessiva. São os

---

[17] *Cfr.* REED, Edward; Jonathan, RILEY. *Risk management for trusts and trustees*. Trusts & Trustees, United Kingdom, p. 9-12, november 2005, p. 9.

[18] *Cfr.* VAZ TOMÉ, Maria João; CAMPOS, Diogo Leite de. *A Propriedade Fiduciária (Trust), Estudo para a sua Consagração no Direito Português*. Coimbra: Almedina, 1999, p.43. No mesmo sentido *vide*: BOGERT, George Taylor. *Law of Trusts*. St. Paul: West Publishing Company, 1921, p. 261.

[19] REUTLINGER, Mark. *Wills, Trusts, and Estates, Essential Terms and Concepts*. Second Edition, New York: Aspen Publishers, 1998, p. 155.

chamados *co-trustees* e/ou *trustees* sucessores. Neste ponto, destaca-se que é habitual a designação de dois ou mais *trustees*, conferindo uma maior garantia de que os objetivos do *Trust* serão cumpridos. Em termos práticos, pois, na opção pela nomeação de um *trustee* individual, é conveniente que o *settlor* acautele-se já no próprio ato constitutivo do *Trust*, indicando um *trustee* substituto. De fato, algumas situações podem ser constatadas durante a existência do *Trust*, com relação ao *trustee*, que acarretam a necessidade de sua substituição. Por exemplo, a sua renúncia ou demissão, sua incapacidade superveniente, ou até mesmo seu óbito.

Em prosseguimento, se o *settlor* nomear vários *trustees* para exercício da administração dos bens ou direitos em *Trust* pode ele repartir as respectivas funções administrativas entre os *trustees* designados, em razão de atributos particulares e específicos que cada um contenha, seja de ordem profissional ou pessoal.

Na mesma linha de raciocínio, é possível a designação pelo *settlor* de um *trustee* com a função exclusiva de aconselhar o *trustee* principal em assuntos os mais diversos, porém, pertinentes à boa gestão do patrimônio em *Trust*, como por exemplo, em relação aos investimentos. Perceba-se, que tais *trustees* não se envolverão no dia-a-dia do *Trust*, apenas, eventualmente, serão solicitadas e analisadas suas opiniões.

Nessas circunstâncias, apesar de possuírem poderes limitados a consultorias, esses *trustees* também possuem deveres *fiduciários* e são obrigados pelos mesmos princípios que regem a conduta do *trustee* principal.

Não podemos, todavia, esquecer de mencionar que, conquanto o *settlor* tenha o poder de dividir as tarefas do *trustee* entre os *co-trustees*, estes, por sua vez, não podem se valer do mesmo artifício. Deste modo, não podem, salvo disposição em contrário, delegar os poderes a eles atribuídos, originariamente, no ato constitutivo do *Trust*.

Além disso, em sendo o *Trust* administrado por mais de um *trustee*, no silêncio do ato constitutivo, em regra, os *trustees* responsabilizam-se solidariamente e pessoalmente por todos os atos praticados relacionados à gestão do *Trust*. Portanto, devem deliberar acerca dos assuntos pertinentes ao *Trust*, com regra na unanimidade.

Oportuno, esclarecer aqui, que os *co-trustees* adquirem a *legal ownership* em *joint tenancy*. Isso quer dizer que, se um dos *co-trustees* morrer, os sobreviventes automaticamente sucedem ao título legal. Nesse sentido, após a morte do último dos *co-trustees*, o título jurídico da propriedade em *Trust* é passado aos herdeiros ou beneficiários do *settlor*, se não indicado de outra forma no ato constitutivo do *Trust*. Certamente, tais bens ou direitos não fazem parte da sucessão do *trustee* falecido, e, portanto, os herdeiros do *trustee* não têm direitos sobre a propriedade em *Trust*[20].

Não há impedimento algum à criação do *Trust* sem um *trustee*, em específico, nomeado inicialmente pelo *settlor*. Por igual, durante a existência do *Trust*, também poderá advir a falta temporária de um *trustee*. Normalmente isso sobrevém em *Trusts* constituídos sem a previsão expressa, em seu ato constitutivo, de *co-trustees* ou de *trustees* substitutos.

Em ambos os casos, poderá ocorrer, então, **a nomeação judicial de um *trustee***, ao passo que o *Trust* não falhará por falta de um *trustee*. Em geral, o tribunal pode, sempre que for necessário, nomear um *trustee*, em substituição ou em adição aos já existentes. Com efeito, igualmente ocorre caso não haja nenhum *trustee* nomeado inicialmente pelo *settlor* no ato constitutivo do *Trust*.

Importante mencionar, que para ocorrer a nomeação judicial de um *trustee* substituto, também deve ser ausente previsão legal atribuindo esse poder a alguma pessoa. Afinal, neste caso, o Tribunal não tem competência para nomear um novo *trustee*, contra a vontade das pessoas que têm esse poder legalmente instituídos, mesmo quando uma petição tenha sido apresentada a ele pela maioria dos beneficiários. Todavia, quando o pedido de nomeação judicial for realizado pela unanimidade dos beneficiários, desde que sejam todos capazes de consentir, a solicitação e a nomeação será considerada válida.

De qualquer forma, a nomeação judicial não poderá ocorrer no caso de prestações personalíssimas. Nessa situação, o *settlor* condiciona a existência do *Trust* ao exercício da função de *trustee*, exclusivamente por determinada pessoa indicada no ato constitutivo (*personal trustee*), seja por razões de ordem pessoal, seja de ordem profissional. Logo, caso tal pessoa não aceite ou não possa assumir a função por variados pretextos, o *Trust* não será constituído.

Em sequência, normalmente, o Tribunal poderá nomear qualquer pessoa para o exercício da função de *trustee*, podendo ser, em último caso, um

---

[20] *Cfr.* DAVID, René. *Os Grandes Sistemas do Direito Contemporâneo*. São Paulo: Martins Fontes, 2002, p. 402. *Vide* ainda: MENNEL, L. Robert. *Wills and Trusts in a Nutshell*. Minnesota: West Group, 2007, p. 223.

funcionário público, do próprio Tribunal. Ressalte-se que, normalmente, é atribuída uma remuneração ao *trustee* nomeado.

Oportuno aludir aqui que, o Tribunal dará ao *trustee* nomeado judicialmente instruções gerais ou especiais no que diz respeito ao *Trust* e a administração do mesmo, e cada passo do *trustee* deverá seguir tais instruções. Obviamente, então, a administração exercida por ele será fiscalizada pelo judiciário.

Por fim, insta ainda enfatizar, que um *trustee* judicial também pode ser nomeado para administrar uma propriedade deixada em testamento, substituindo, se for necessário, o *testamenteiro* originário. Da mesma forma, é comum a nomeação judicial do *trustee* em substituição à figura do síndico, no caso de falência, ponto que veremos mais à frente quando tratarmos da tipologia dos *Trusts*, em especial sobre o *bankruptcy trustee*.

Em sequência, vale ressaltar-se que, a função de *trustee* é consideravelmente onerosa. Em breve síntese, MARTIN destaca que o *trustee* deve observar os mais altos padrões de integridade, e um modelo razoável de eficiência empresarial na gestão dos assuntos atinentes ao *Trust*, pois que, submete-se a uma responsabilidade pessoal e onerosa, caso não obtenha êxito[21].

Por tais motivos, então, a função de *trustee* deve ser voluntariamente aceita. Normalmente, a aceitação do *trustee*, quando este for um sujeito diverso do *settlor*, ocorre em ato contínuo à constituição do *Trust*[22].

Nesta linha, MENNEL explica que não é necessária a comunicação formal ao *trustee* da formação do *Trust*, porém, é aconselhável a realização da comunicação, porquanto, do ponto de vista jurídico, a falta da comunicação pode sugerir uma indecisão do *settlor* em criar o *Trust*, levando à sua não constituição[23].

Em sequência, complementa MARTIN que, normalmente, a recusa é expressa. Dessa forma, a pessoa nomeada como *trustee* que desejar não aceitar a função renunciará formalmente, por escritura pública.

---

[21] Cfr. MARTIN, Jill E. *Modern Equity*. Fifteenth Edition. London: Sweet & Maxwell, 1997, p. 479.

[22] Cfr. VAZ TOMÉ, Maria João; CAMPOS, Diogo Leite de. *A Propriedade Fiduciária (Trust), Estudo para a sua Consagração no Direito Português*. Coimbra: Almedina, 1999, p. 45.

[23] Cfr. MENNEL, L. Robert. *Wills and Trusts in a Nutshell*. Minnesota: West Group, 2007, p. 220.

Certamente, tal procedimento serve como prova, indicando claramente a sua abdicação[24].

Porém, desnecessária será a forma expressa quando restar claro o desinteresse de tal pessoa na sua nomeação como *trustee*. Com efeito, não há impedimento legal para que a renúncia seja implícita, provando-se, todavia, a recusa do *trustee* através do seu desprendimento e desinteresse, que deve ser notório.

Da mesma forma, a aceitação também poderá ocorrer de forma implícita. Logo, se o *trustee* demonstrar empenho na gestão da *trust property*, praticando atos de administração e zelando pelos bens ou direitos do *Trust*, tais atos podem ser interpretados como a significar uma aceitação subentendida e, logo, o *trustee* não poderá mais renunciar as suas atividades.

Em sequência, devemos mencionar que normalmente o *trustee* ao aceitar a nomeação, explícita ou implicitamente, não poderá mais retirar-se voluntariamente do *Trust* constituído.

Diverso, porém, será o caso de ser convencionada, antecipadamente, no ato constitutivo do *Trust*, cláusula permissiva em relação à retirada do *trustee*, preenchidas as condições previamente estipuladas pelo *settlor*.

Certamente, pois, que na ausência de tal disposição que consinta na retirada extrajudicial do *trustee*, a questão poderá ser discutida e decidida judicialmente. Porém, do ponto de vista jurídico, ressalte-se, que a questão será examinada com enfoque nos interesses dos beneficiários, e não em relação aos interesses particulares do *trustee*.

Ainda, alternativamente, pode o *trustee* optar em solicitar autorização de todos os beneficiários para se retirar do *Trust*, desde que, todos os beneficiários envolvidos sejam plenamente capazes para consentir com tal ato.

Nesse quadro, importa ainda aludir, que o *trustee* pode se retirar do *Trust* para sua aposentadoria. Nesse caso, se não houver previsão expressa no *Trust instrument* com previsão de um sucessor, deve o *trustee* solicitar a nomeação de outro *trustee* ao Tribunal competente. Contudo, o *trustee* deve adotar todas as medidas necessárias em relação ao cumprimento de seus deveres fiduciários antes de se retirar, para se resguardar de futura responsabilização por prejuízos causados.

---

[24] *Cfr.* MARTIN, Jill E. *Modern Equity*. Fifteenth Edition. London: Sweet & Maxwell, 1997, p. 491.

Em outro ângulo, insta destacar, que poderá o *settlor* estipular previamente no ato constitutivo do *Trust* o seu direito de excluir o *trustee*, ou de substituí-lo. Dessa forma, poderá o *trustee* ser removido do *Trust* nas condições previstas no seu instrumento constitutivo. Ainda, o *settlor* poderá conferir esse poder a um terceiro, incluindo-se, aqui, os próprios beneficiários do *Trust*.

Além disso, cabe enfatizar-se, que ausente disposição expressa no ato constitutivo do *Trust*, autorizável da exclusão extrajudicial do *trustee*, tal supressão poderá ser judicial, realizada a pedido do *settlor* ou dos beneficiários.

Nesse sentido, completa MENNEL que a retirada do *trustee* é considerada uma medida rigorosa e não é facilmente autorizada pelos Tribunais Ingleses. Para tanto, argumenta o autor, que as violações dos deveres do *Trust*, incluindo aqueles que originam responsabilidades para com os beneficiários, não são consideradas causas suficientes para a remoção do *truste*. Igualmente, não são causas para a sua remoção desentendimentos e conflitos com os beneficiários.

Outra situação que pode resultar em sua exclusão, ocorre quando o *trustee* insiste em uma política de investimentos arriscada e contrária aos interesses do *Trust* e dos beneficiários. Ainda, o *trust instrument* pode prever a remoção automática do *trustee* no caso de insolvência ou falência dele.

Dito isso, entendemos que tais medidas permissivas de retirada ou exclusão do *trustee*, extrajudicial ou pela via judicial, são em razão, principalmente, da manutenção da confiança que deve necessariamente existir entre as partes envolvidas. De fato, a ausência superveniente de confiança entre eles torna perfeitamente razoável o pedido judicial de retirada do *trustee* ou a sua exclusão, por petição dos beneficiários ou do próprio *settlor*.

Contudo, é demasiado importante o pleno convencimento do juiz de que a permanência do *trustee* no cargo seria prejudicial ao desempenho do *Trust*, e, consequentemente, aos interesses dos beneficiários.

É de extrema importância para a adequada gestão de determinados bens ou direitos a **qualificação profissional do *trustee*.** Tal qualificação implica, muitas vezes, no bom desempenho do *trustee* em relação aos atos prescritos pelo *settlor* no ato constitutivo do *Trust*.

É *mister* salientar, que os pré-requisitos em relação à determinada qualificação do *trustee* poderá advir em virtude de alguma exigência legal ou estatutária dos Países onde o *Trust* for constituído ou, ainda, de prescrições dos Tribunais.

Em complemento, MARTIN explica que pode haver regras especiais em relação à qualificação dos *trustees* quando a gestão for concernente a fundos voltados para a caridade ou fundos de pensão. Do mesmo modo, outras categorias de fundos podem necessitar de alguma capacitação especial, em virtude de exigência legal.

Nesta linha, poderá ser exigido do *trustee* a prestação de fiança, ou ainda, a contratação de um seguro de responsabilidade profissional, como pré-requisito para o exercício de sua função. Essa exigência poderá ser requerida por lei, estabelecida no próprio ato constitutivo, ou ainda, por determinação judicial.

Essencialmente, destaca-se, que o *settlor* deve estar atento aos tipos de bens ou direitos que serão transferidos ao *Trust*. Portanto, pode ser requerida do *trustee* uma maior qualificação para o exercício da função. De fato, poderá ser indispensável à contratação de um profissional especializado para atuar como principal ou ao menos, para auxiliar na gestão do patrimônio.

Quer isso dizer que, onde não há *trustees* profissionais, como nos casos de *trustees* familiares, geralmente, estes empregam profissionais para auxiliá-los, tais como um advogado, um gestor de investimentos e, também, um contabilista para a realização dos registos nos livros escriturais[25].

Com efeito, são funções que exigem habilidades técnicas específicas.

A esse propósito, MARTIN considera comum a contratação concomitante de *trustees* profissionais com *trustees* não profissionais. Nesse sentido, explica, *in verbis*: *"It is usual and common to appoint a mixture of professional trustees and non-professional. There is much to be said for appointing a corporation such as a bank which has unrivalled facilities, dependability and permanence"*[26].

Por fim, de merecido destaque é a opinião de WAI LAU ao dizer que um *trustee* profissional, com uma reputação amplamente percebida pela integridade e competência, possui uma maior capacidade à manutenção

---

[25] *Vide* MARTIN, Jill E. *Modern Equity*. Fifteenth Edition. London: Sweet & Maxwell, 1997, p. 480. *Vide* no mesmo sentido: LANGBEIN, John H. *Reversing the Nondelegation Rule of Trust-Investment Law*. Yale Law School: Scholarship Series, Paper 487, 1994, p. 108.

[26] *Cfr.* MARTIN, Jill E. *Modern Equity*. Fifteenth Edition. London: Sweet & Maxwell, 1997, p. 480.

e conquista de novos negócios, em comparação com um *trustee* sem tal reputação. No entanto, adverte o autor que as falhas do *trustee* não são frequentemente exibidas em público[27].

Em regra, a **remuneração do *trustee*** é estabelecida pelo *settlor* no ato constitutivo do *Trust*, podendo ser convencionada uma comissão sobre o lucro que o *trustee* obtiver sobre a gestão dos ativos em *Trust*.

Nesse sentido, a remuneração dos *trustees* profissionais pode ter como base um componente fixo ou variável, ou ambos. O componente fixo poderia ser simplesmente um montante pré-determinado ou uma porcentagem do valor dos ativos sob gestão do *Trust*. O componente variável é muitas vezes vinculado às horas dispendidas na administração do *Trust*.

Notamos que, normalmente, o *trustee* que exerce suas funções através de uma *Trust Company* ou sob a estrutura de uma Instituição Financeira, é muito bem remunerado.

A esse respeito, em substância, de merecido destaque é a opinião de WAI LAU, de que poucas pessoas estão dispostas a agir incondicionalmente como *trustee* e se arriscar, assumindo todas as responsabilidades legais que o cargo acarreta, sem uma adequada remuneração. Explica o autor que para administradores profissionais, a remuneração monetária é sem dúvida a motivação mais importante para o exercício da função de *trustee*[28].

De fato, a remuneração do *trustee* opera como o principal incentivo para o aceite do *trustee* profissional, principalmente em razão da alta responsabilidade e dos deveres fiduciários que acompanham a função.

Porém, se no ato constitutivo nenhuma forma de remuneração for autorizada pelo *settlor*, poderá o *trustee* nada ganhar como seu trabalho[29]. Comumente, isso ocorre nos casos de *Trusts* familiares onde o *settlor*

---

[27] *Cfr.* WAI LAU, Ming. *The Economic Structure of Trusts – Towards a Property-based Approach.* New York: Oxford University Press, 2011, p. 50. *Vide* também LESLIE, Melanie B. *Common Law, Common Sense: Fiduciary Law and Trustee Identity.* Cardozo Law Review, New York, v. 27, 2006, p. 3-7.

[28] *Cfr.* WAI LAU, Ming. *The Economic Structure of Trusts – Towards a Property-based Approach.* New York: Oxford University Press, 2011, p. 47.

[29] *Cfr.* SANTISTEBAN, Sonia Martín. *El instituto del trust em los sistemas legales continentales y su compatibilidad com los principios de civil law.* Navarra: Editora Aranzadi, 2005, p. 57. *Vide* também: LANGBEIN, John H. *Questioning the Trust Law Duty of Loyalty: Sole Interest or Best Interest?.* New Haven: The Yale Law Journal, Volume 114, Issue 5, 2005, p. 940.

escolhe um *trustee* não profissional, como um parente ou um amigo da família, com finalidades restritas à curatela ou tutela. Aqui, a principal motivação do *trustee* em aceitar o encargo é justamente a relação de amizade ou familiar existente entre ele e o *settlor*, ou seja, o vínculo afetivo. Todavia, pode o *trustee* familiar pleitear judicialmente a designação de uma remuneração por seus serviços.

Acrescente-se, ainda, que, no Reino Unido, em consonância com o artigo 28 do *Trustee Act 2000*, o *trustee* deve ter o direito ao abrigo do instrumento do *Trust*, de receber uma remuneração em relação aos serviços prestados, ainda que tais serviços sejam serviços capazes de serem fornecidos por um administrador não profissional. Porém, ele não terá direito a remuneração se houver qualquer disposição contrária expressa no *trusts intrument* ou, legalmente[30].

Por fim, normalmente a remuneração ou não do *trustee*, bem como sua qualificação profissional, importa, substancialmente, para auxiliar na análise do padrão de conduta que será exigido deles em relação à administração dos bens ou direitos em *Trust*.

O Beneficiário – Inicialmente, podemos apontar, que o beneficiário é a pessoa que receberá os benefícios do *Trust*. De certa forma, poderíamos dizer que é a razão de sua constituição. Afinal, é pensando nos benefícios proporcionados pela estrutura dos *Trusts*, e na proteção jurídica e econômica dos beneficiários, que levam o *settlor*, muitas vezes, a procurar uma administração especializada dos seus bens ou direitos.

Fundamentalmente, o beneficiário do *Trust* é designado pelo *settlor*, expressamente, no ato constitutivo do *Trust*. Nesse passo, devemos acrescentar, que os benefícios do *Trust* podem ser conferidos pelo *settlor* para um ou para vários beneficiários. Ainda, ao constituir um *Trust*, o *settlor* pode optar por indicar propósitos a serem cumpridos ou finalidades caritativas (*charitable trust*), sem indicar nenhum beneficiário em específico.

De fato, os *Trusts* podem ser diferenciados em relação a seus objetivos em *private* e *charitable trusts*. Tais noções serão observadas com mais detalhes quando tratarmos da classificação dos *Trusts*.

O *settlor* pode designar-se explícita ou implicitamente, como *trustee* em benefício de alguém. Nesse caso, por exemplo, o *settlor* transfere

---

[30] *Cfr*. UK. *Trustee Act 2000*. Disponível em: http://www.legislation.gov.uk/ukpga/2000/29/part/V. Acesso em: 06.12.2011.

para terceiros os benefícios de determinada propriedade, conservando, porém, o *legal title*, manifestando, assim, sua vontade em criar um *Trust*.

Substancialmente, isso importa, quando tal *Trust* constituir-se de forma implícita, pois que gera consequências significativas na sucessão do *settlor/trustee*. Perceba-se que, à sua morte, os herdeiros do *settlor* o sucedem na posição de *trustee*, permanecendo o *equitable title* na esfera jurídica do beneficiário.

Em relação capacidade legal do beneficiário, qualquer pessoa natural capaz de conservar o *equitable interest* poderá ser beneficiária do *Trust*. Aqui, também, podemos incluir as pessoas coletivas de Direito Público ou Privado.

A esse respeito, em substância, complementam KOZUSKO e VETTER, que no Direito norte-americano, menores, incompetentes e até mesmo nascituros têm a capacidade de manter o título equitativo, mas, ressalta que todos os beneficiários devem ser bem definidos[31].

Em sequência, indubitavelmente, o beneficiário deve ser determinado ou determinável. Logo, ao constituir um *Trust* o *settlor* deve ser claro em relação aos seus beneficiários.

Assim sendo, o beneficiário do *Trust* deve ser definido ou, ao menos, identificável no instrumento do *Trust*. De fato, deve restar claro quem está, e quem não está incluído entre os beneficiários e, desta forma, quem pode impor o cumprimento dos termos do *Trust*.

A corroborar com esse raciocínio, destaca REUTLINGER que se a descrição dos beneficiários for obscura ou duvidosa, por exemplo, "*for my friends*", e não puder ser interpretada tal descrição como sendo no sentido de uma classe de pessoas, por exemplo, "*the three friends to whom I previously referred*", o *Trust* irá frustrar-se[32].

Com efeito, e nesta linha, além do *Charitable Trust*, existe outra hipótese em que os beneficiários do *Trust* não são identificados imediata e individualmente no momento da constituição do *Trust*. De fato, observa-se, que

---

[31] Cfr. KOZUSKO, Donald, VETTER, Stephen. *United States – Trusts, Topical Analyses*. Amsterdam: IBFD, 2011, section 1.2.1. No mesmo sentido VAZ TOMÉ, Maria João; CAMPOS, Diogo Leite de. *A Propriedade Fiduciária (Trust), Estudo para a sua Consagração no Direito Português*. Coimbra: Almedina, 1999, p. 46; HOWER Dennis R.; KAHN, Peter. *Wills, Trusts, and Estates Administration*. New York: Delmar Cengage Learning, 2012, p. 271.

[32] Cfr. REUTLINGER, Mark. *Wills, Trusts, and Estates, Essential Terms and Concepts*. Second Edition, New York: Aspen Publishers, 1998, p. 157.

o *settlor* poderá designar, ao invés de um ou alguns beneficiários específicos, uma classe de beneficiários, que por qualquer razão ele gostaria de conferir alguma forma de auxílio[33].

Para isso, todavia, devem ser demonstradas claramente as características dessa classe de beneficiários como, por exemplo, através da expressão *"para meus empregados"*. Logo, um beneficiário pode deixar de ser beneficiário, e novos beneficiários podem passar a existir. O que deve ser observado, contudo, é a *classe* para o qual foi constituído[34].

Ainda, pode o *settlor*, no ato constitutivo do *Trust*, elaborar uma lista de possíveis beneficiários, conferindo ao *trustee* um poder discricionário na escolha dos beneficiários, dentre os que estão em tal lista. Logo, os beneficiários constantes em tal relação, apenas possuem uma *expectativa* de um direito sobre o rendimento ou capital do *Trust*.

Acrescente-se, contudo, que em virtude da *rule against perpetuities*, é necessário que o *settlor* previamente estipule no ato constitutivo do *Trust* uma classe de beneficiários e, também, a previsão de um fim, ou seja, uma forma de extinção do *Trust*. Em suma, a *rule against perpetuities* é uma regra que objetiva a limitação da perpetuidade dos *Trusts*, ou seja, o poder de uma pessoa no controle e posse da propriedade, visando assegurar a transferência de propriedade.

Em sequência, escolhido os beneficiários e apontado os benefícios, geralmente, logo após a criação do *Trust*, os beneficiários são comunicados da existência do *Trust* pelo *trustee*. Uma vez informados, cada beneficiário poderá manifestar sua aceitação por escrito, através de um documento formal. Na prática, entretanto, a aceitação do beneficiário é presumida.

Importante aqui esclarecer, que segundo MENNEL, embora não seja indispensável comunicar ao beneficiário sobre a existência do *Trust*, e nem requerer a sua aceitação, é imprescindível que ele tenha capacidade para receber o *beneficial title*[35].

---

[33] *Cfr.* MENNEL, L. Robert. *Wills and Trusts in a Nutshell*. Minnesota: West Group, 2007, p. 230. *Vide* THOMAS, Geraint; HUDSON, Alastair. *The Law of Trusts*. New York: Oxford University Press, 2010, p. 22 e 26.
[34] *Cfr.* MENNEL, L. Robert. *Wills and Trusts in a Nutshell*. Minnesota: West Group, 2007, p. 230.
[35] *Cfr.* MENNEL, L. Robert. *Wills and Trusts in a Nutshell*. Minnesota: West Group, 2007, p. 227.

Neste passo, então, revela-se de todo coerente ressaltarmos os benefícios conferidos pelo *settlor* aos beneficiários. O *settlor* poderá optar por indicar que os benefícios sejam distribuídos de forma simultânea ou sucessiva entre seus beneficiários.

Quer isso dizer, que um beneficiário poderá receber a renda do *Trust* por 15 anos, e outro beneficiário receber pelos próximos 30 anos, enquanto um terceiro e último beneficiário, ao final, receberá a propriedade do *Trust*. Lembramos ainda, que podem os últimos beneficiários serem os futuros filhos dos segundos beneficiários. Aqui, claramente podemos identificar uma das fantásticas funções do *Trust*, ou seja, sua flexibilidade, que o torna, por exemplo, em um excelente instrumento de planejamento sucessório.

Com efeito, entre os múltiplos aspectos que se manifesta a flexibilidade dos *Trusts*, um deles é certamente a possibilidade de designar os beneficiários e a participação deles nos benefícios. Logo, pode o *settlor* estipular o valor dos benefícios, o prazo inicial e final, impor condições suspensivas ou resolutórias.

Em alinhamento, o *settlor* pode desejar que por determinado tempo o *trustee* acumule a renda no capital do *Trust* ao invés de distribuir aos beneficiários. Por exemplo, se o critério de distribuição ou acumulação da renda é fixado no ato constitutivo do *Trust* pelo *settlor*, ele pode não desejar a distribuição imediata da renda, indicando que ela seja feita a cada 2 (dois) anos.

Ademais, poderá até optar por deixar todos esses aspectos à discricionariedade do *trustee*. Sob tal prisma, distinguem-se, pois, os beneficiários do *fixed trust*, dos beneficiários de um *trust discricionário*.

De fato, o beneficiário de um *fixed trust* já possui os seus benefícios delineados no ato constitutivo do *Trust*, e, portanto, é titular atual de direitos. Por sua vez, o beneficiário de um *trust discricionário*, possui apenas a expectativa de direito, que para sua efetivação, depende do uso da discrição conferida pelo *settlor* ao *trustee*.

Neste caso específico, o beneficiário que possui uma expectativa de direito, somente terá a prerrogativa de exigir do *trustee* o cumprimento de seu poder discricionário, e a administração correta dos bens ou direitos em *Trust*. Não poderá, no entanto, exigir que lhe seja distribuído algum benefício.

Em continuidade, e em conformidade com o já analisado, após o *settlor* atribuir ao beneficiário direitos sobre a *trust property*, deve o *trustee* seguir exatamente o estabelecido no ato constitutivo do *Trust*, seguindo, pois, à risca as instruções conferidas pelo *settlor*.

Nesse contexto, destaca-se, que sejam beneficiários de um *fixed* ou de um *discricionary Trust*, cabe aos beneficiários a legitimidade ativa para obrigar a execução dos termos do *Trust*. Em complemento, no que concerne ao *Charitable Trust*, tal poder é conferido às autoridades públicas competentes.

Sobre este ponto, o *Trust* pode ser constituído com objetivos privatísticos (*private trusts*) ou caritativos (*charitable trusts*). Tal classificação determina a necessidade ou não de serem identificados seus beneficiários. Sendo assim, os *private trusts* tem por objetivo beneficiar pessoas particulares, que de alguma forma possuem vínculos afetivos com o *settlor*. Por outro lado, o *charitable* indica que o *Trust* foi constituído para a realização de fins caritativos e, neste caso, os beneficiários não precisam estar individualmente identificados no instrumento do *Trust*. Apenas os fins caritativos precisam ser mencionados claramente, conferindo ao *Trust*, pois, uma finalidade definida.

Nesta linha deve ser mencionado, que a legitimidade para executar os termos do *Trust* é conferida apenas aos chamados beneficiários propriamente ditos. Distingue-se, pois, os beneficiários propriamente ditos dos beneficiários incidentais do *Trust*. Por exemplo, no *Trust Charitable* "é beneficiária" do *Trust* toda pessoa que se enquadrar nos fins caritativos do *Trust*, designados pelo *settlor* no momento de sua constituição. Por conseguinte, se o *Trust* foi criado para ajudar indivíduos carentes, cada pessoa necessitada, individualmente falando, será um beneficiário incidental do *Trust* pelo tempo que durar a sua condição.

Em todo esse contexto, deve ser recordado, aqui, que nem mesmo o beneficiário propriamente dito tem um direito absoluto de propriedade sobre os bens ou direitos em *Trust*. Conforme já antes sinalizado, a separação da propriedade é peculiar dos *Trusts*, onde o *legal title* pertence ao *trustee*, e o *equitable title* aos beneficiários.

Aliás, complementarmente, PENNER explica que o caráter de proprietário equitativo ligado ao beneficiário dura apenas enquanto a propriedade do *Trust* durar, ou seja, é eficaz desde que a propriedade em *Trust* exista. Por exemplo, se a propriedade do *Trust* for destruída, roubada ou perdida e o *Trust* não puder ser recuperado, necessariamente, ele desaparece, e junto desaparece o *equitable title* do beneficiário.

Por outro lado, deve ser considerada a influência do *trustee* para que isso tenha ocorrido, ou seja, se ele teve ou não culpa na perda da propriedade do *Trust*. De fato, se houve falha do *trustee*, ele pode ser responsabilizado e obrigado a restaurar o *trust fund* no mesmo valor que foi perdido em decorrência da violação do *Trust*.

Outro aspecto importante atinente à propriedade equitativa do beneficiário no *Trust* é que, na maioria dos casos, seu interesse é ligado ao fundo fiduciário, designadamente o *trust fund*. Em breve menção a respeito, um "*fundo*" é um conjunto de bens ou direitos, mantidos sob o mesmo título, embora cada item individual dentro desse fundo possa mudar.

Normalmente, o *trustee* possui um poder para alterar o conteúdo desse fundo, sendo este considerado um dos atos de gestão, com vistas a tornar o fundo produtivo para o benefício dos beneficiários. Sobre tal prisma, então, em regra, o beneficiário não tem um determinado direito a qualquer um dos bens em específico do fundo, havendo um direito equitativo sobre o fundo em si.

Acrescente-se, que os beneficiários podem doar, vender ou dispor de seus interesses benéficos, desde que seja referente aos seus próprios interesses equitativos na *trust property*, e não aos interesses dos demais beneficiários.

Por outro lado, alertam KOZUSKO e VETTER que a capacidade de um beneficiário para tais atos é, muitas vezes, em desacordo com os interesses do instituidor. Efetivamente, o *settlor* ao constituir um *Trust* deseja, em regra, preservar a propriedade e proteger os beneficiários. Assim, muitas vezes ele limita no ato constitutivo a alienabilidade dos interesses de um beneficiário e, que por isso, não podem ser transferidos ou empenhados[36].

Em suma e por fim a esse ponto de análise, vimos que o *settlor* possui ampla discricionariedade na escolha dos beneficiários, bem como na designação de seus benefícios, porém, tais especificações devem ser, objetivas e claras, no instrumento do *Trust*. Tendo em vista que, se restar dúvidas acerca de tais questões, ou seja, em relação à definição dos beneficiários ou a descrição de seus benefícios, o *settlor* pode ver seus desejos frustrados, pois que o *Trust* poderá não produzir os efeitos almejados por ele.

---

[36] *Cfr.* KOZUSKO, Donald, VETTER, Stephen. *United States – Trusts, Topical Analyses.* Amsterdam: IBFD, 2011, section 1.2.1.

b) Estrutura Objetiva dos *Trusts*
A Declaração de Vontade do *Settlor* – A declaração de vontade do *settlor* é requisito indispensável à válida constituição dos *express trusts*. Em regra, não se exige obediência a determinada forma para considerar adequada a manifestação de vontade do *settlor*.

Excetuam-se, aqui, os casos onde o *settlor* manifestar sua vontade de criar um *Trust* com efeitos apenas após a sua morte, chamado de *testamentary trust* e, por igual nos casos onde o *settlor* constituir o *Trust* com bens imóveis, sendo, aqui, exigida a forma escrita.

Por evidente, em razão de, normalmente, não se exigir nenhuma formalidade para a criação de um *Trust inter vivos*, o *settlor* deve manifestar sua vontade de forma clara e objetiva. Dessa forma, não será considerada sua intenção secreta, pois que, aqui, pode ser presumida a sua incerteza em relação à criação do *Trust*. Uma forma clara de manifestação de vontade do *settlor*, por exemplo, é a efetiva transferência de benefícios ao beneficiário e do correspondente título legal da propriedade ao *trustee*, caso o próprio *settlor* não seja o *trustee*. De fato, é possível que o *settlor*, através de palavras ou atos, capazes e suficientes, demonstre a intenção de indicar um terceiro ou a si mesmo, como *trustee* de uma propriedade para alguém.

Na prática, todavia, o *settlor* manifesta expressamente a sua intenção em instituir um *Trust*, e o documento que contém os termos detalhados do *Trust*, é chamado de *trust instrument*.

A *Res* do *Trust* – Podemos dizer que a *res* é todo bem ou direito, determinável e alienável, que integra o patrimônio de um *Trust*.

Segundo REUTLINGER, a *res* do *Trust* é normalmente referida por: *trust res, trust corpus, the trust estate, the subject matter of the trust, the trust fund, the trust assets, the trust principal*[37].

Tais bens ou direitos, a princípio, fazem parte do patrimônio de alguém, que resolve colocá-los em *Trust* para que, de alguma forma, revertam em benefícios para si próprio ou para terceiros. Em prosseguimento, trata-se, então, da propriedade detida pelo *trustee* para administrá-la em prol dos beneficiários. Logo, para que exista o *Trust*, é requisito essencial a

---

[37] *Cfr.* REUTLINGER, Mark. *Wills, Trusts, and Estates, Essential Terms and Concepts*. Second Edition, New York: Aspen Publishers, 1998, p. 157; RAMJOHN, Mohamed. *Cases & Materials on Trusts*. Austrália: Cavendish publishing, 2004, p. 10.

existência de um bem ou direito, com valor patrimonial e possível de ser individualizado.

Nesse sentido, fundamental a lição de BOGERT, *in verbis*: "*A trust without subject-matter is inconceivable. It could not exist, any more than a trust without a trustee or a beneficiary. Some property must be fixed as the res, to be held by trustee for the beneficiary*"[38].

A *Trust property* pode ser formada por dinheiro, investimentos, terrenos ou edifícios, ou ainda, outros ativos como, por exemplo, pinturas, joias, ou qualquer outro tipo de bem móvel. De fato, poderá ser objeto do *Trust* qualquer bem ou direito, tangível ou intangível, real ou obrigacional.

Nesta linha, o dinheiro e os investimentos mantidos em um *Trust* são também chamados de "*capital*" ou "*fundo*". Logo, podem produzir renda, como juros de poupança ou dividendos de ações. Por igual, os terrenos e edifícios podem gerar uma renda. Da mesma forma, os ativos podem ser vendidos e, então, produzirem ganhos para o *Trust*.

A esse propósito, REUTLINGER ressalta, *in verbis*: "*Any recognized and transferable property interest will suffice, although it must be in existence before the trust can come into being*"[39].

Devemos acrescentar que o *settlor* deve no ato constitutivo do *Trust*, identificar adequadamente quais serão os bens ou direitos que formarão o patrimônio do *Trust*. Somente com a identificação apropriada desses bens é que o *Trust* se torna exequível.

Por fim, deve ser recordado, que o direito equitativo do beneficiário pode estar vinculado a uma propriedade específica ou ao fundo fiduciário. Nesse sentido, vimos que quando vinculado ao *trust fund*, seu direito liga-se ao todo, e não a uma determinada propriedade.

Para o mesmo foco de estudos passaremos agora, então, à análise da transferência da propriedade da *res* para a esfera jurídica do *trustee*, imprescindível para a criação do *Trust*.

A Transferência da *Res* para o *Trustee* – Alguns passos são necessários para a criação válida do *Trust* a partir do momento em que o *settlor* resolve criar um *Trust*. Fundamentalmente, após ele determinar a *trust property* e nomear o *trustee*, é necessária a transferência da propriedade

---

[38] Cfr. BOGERT, George Taylor. *Law of Trusts*. St. Paul: West Publishing Company, 1921, p. 251.
[39] Cfr. REUTLINGER, Mark. *Wills, Trusts, and Estates, Essential Terms and Concepts*. Second Edition, New York: Aspen Publishers, 1998, p. 158.

legal dos bens ou direitos ao *trustee*. Somente a partir daí o *trustee* pode desempenhar a sua função adequadamente, gerando, inclusive, efeitos perante terceiros, com os quais ele possivelmente negociará.

Desde já deve ser mencionado, que no *Trust* criado por testamento e, consequentemente constituído somente após a morte do *settlor*, a mesma pessoa pode ser nomeada como testamenteiro e como *trustee*. Porém, onde as funções são exercidas por pessoas diferentes, a transferência da propriedade ao *trustee* fica pendente, temporariamente, com o testamenteiro.

Nesta linha, lembramos, por propício, que o *settlor* deve ser o verdadeiro proprietário dos bens ou direitos que constituirão o patrimônio do *Trust*, ou ao menos, deve estar legalmente habilitado para realizar licitamente essa transferência ao *trustee*, com a devida observância das formalidades legais exigidas para cada tipo de propriedade.

Nesse contexto, MARTIN esclarece:

- que no Direito Inglês a transferência da propriedade legal sobre um bem imóvel deve ser realizada através de escritura, por sua vez, os direitos autorais devem ser transferidos por escrito;
- igualmente os bens móveis devem ser transferidos por escrito, através de uma escritura típica de doação, se não houver a entrega da posse do bem ao *trustee*. Por outro lado, será satisfatória a intenção do *settlor* em doar, se houver a efetiva entrega da posse do bem ao *trustee*;
- na mesma linha, a letra de câmbio deve ser transferida por endosso e;
- por fim, as ações de uma companhia devem ser transferidas pela forma adequada, eletronicamente ou através de emissão de certificados, porém, o registo sempre deverá ser feito para que seja transmitida a propriedade legal[40].

Urge trazer-se a contexto, novamente, a divisão dos direitos sobre a propriedade entre o *trustee* e o beneficiário.

Conforme já indicado, o *trustee* adquire a propriedade legal dos bens constituídos em *Trust*, enquanto o beneficiário adquire os direitos benéficos

---

[40] *Cfr.* MARTIN, Jill E. *Modern Equity.* Fifteenth Edition. London: Sweet & Maxwell, 1997, p. 115.

sobre a mesma propriedade, a *"equitable ownership"*. Ainda, lembramos por necessário, que quando existirem vários *trustees*, eles adquirem a propriedade como *joint tenants*. Dessa forma, na morte de um *trustee* a propriedade transfere-se automaticamente aos demais, e nunca aos seus sucessores.

Ante o até aqui examinado, perceba-se, que uma vez a propriedade tendo sido validamente transferida aos *trustees*, o *Trust* é constituído, e o *settlor* finaliza seu papel no *Trust*, sendo, portanto, incapaz de recuperar a propriedade transmitida. Excetuam-se, aqui, os casos em que o *settlor* também for o *trustee* ou um dos beneficiários do *Trust*. Ainda, os casos em que o *settlor* se reservar, no ato constitutivo do *Trust*, de direitos de revogação ou de quaisquer outros direitos que o conserve vinculado ao *Trust*.

Por fim, a transferência da *trust property* ao *trustee*, acende a formação de um patrimônio separado. Abordaremos, seguidamente, que uma das características do *Trust* é justamente a formação de um patrimônio separado constituído pela massa patrimonial do *Trust*.

2.3. Características

a) Ato Jurídico Unilateral de Vontade do *Settlor* – Em princípio, é importante destacar, que o *Trust* expressamente constituído tem sua origem em um ato jurídico unilateral de vontade do *settlor*. Nesse sentido, o *Trust* é formado por regras elaboradas *unilateralmente* pelo instituidor, que pode estipular livremente, como melhor lhe convier, a disciplina de seus interesses.

Não há aqui que se falar, então, em *acordo de vontades* entre o *settlor* e o *trustee*, ou entre ele e seu beneficiário. Logo, o *settlor* tem ampla liberdade de indicar todos os termos do *Trust*, bem como o livre-arbítrio na escolha do *trustee*, dos bens constituintes do patrimônio do *Trust* e, ainda, dos objetivos do *Trust*, indicando um ou vários beneficiários, ou ao invés, um propósito específico a ser perseguido.

Com efeito, o *settlor* pode fixar todo o conteúdo de seu instrumento constitutivo do *Trust*, fornecendo as diretrizes que melhor lhe agradar, consagrando a ampla flexibilidade fornecida pelo *Trust*.

Por fim, e conforme já mencionado, aceitando a função, o *trustee* concorda com todos os termos do *Trust*, incluindo os direitos e deveres inerentes ao cargo, tanto os estipulados no ato constitutivo do *Trust* pelo *settlor*, quanto os estabelecidos legalmente.

Dessa forma, embora o ato constitutivo do *Trust* seja um ato unilateral de vontade do *settlor*, a aceitação do *trustee*, expressa ou implícita, é crucial para que ele se torne sujeito aos deveres fiduciários impostos ao cargo.

b) A Transferência da Titularidade da Propriedade para o *Trustee* – Em prosseguimento, é importante também indicar, que declarada a intenção do *settlor* em constituir o *Trust* e, após a aceitação do *trustee*, necessariamente a propriedade que fará parte do patrimônio do *Trust* deve ser transferida ao *trustee*.

Perceba-se que o *Trust* é uma relação jurídica formada entre pessoas físicas e/ou pessoas jurídicas e a sua constituição provoca, necessariamente, a transferência da titularidade sobre um bem (*res do trust*). Como vimos, o destinatário dessa propriedade é chamado de *"trustee"*.

Por fim, lembramos, por propício, que a transferência do patrimônio para o *trustee* deve respeitar as regras aplicáveis para cada tipo de bem ou direito correspondente.

c) A Divisão dos Direitos sobre a Propriedade – Nesta mesma linha de raciocínio, para realizar validamente a transferência da propriedade ao *trustee*, o *settlor* deve ser titular absoluto dos bens ou direitos, que formarão a *trust property*. Uma vez que o *Trust* é criado, ocorrerá a divisão desse direito absoluto sobre a *res* do *Trust*, entre o *trustee* e o beneficiário.

Consequentemente, outra característica elementar do *Trust*, é que durante a sua existência, ninguém tem a titularidade absoluta sobre a sua *res*.

Conforme já sinalizado, a raiz histórica dos *Trusts* aponta uma estrutura jurídica atípica, nascente do *use*, onde em "confiança" o *trustee* adquire a propriedade legal dos bens constituídos em *Trust*, designada, originariamente, por *"legal ownership"*. Por sua vez, o beneficiário, *in equity*, possui um *equitable interest* sobre a propriedade em *Trust*, ou seja, ele adquire outros direitos reais sobre essa mesma propriedade, a *"equitable ownership"*. Eis, pois, a divisão da propriedade.

Dessa forma, devemos lembrar aqui, que tendo o *trustee* a *"legal ownership"* dos bens ou direitos em *Trust*, ele pode dispor destes, onerosa ou gratuitamente, que a propriedade, validamente, transmite-se aos adquirentes. Acrescente-se, porém, que conforme vimos, segundo as regras da *equity* ocorrerá a sub-rogação real ou, se for o caso, a sub-rogação pessoal.

Deve ser notado, então, que quando o *settlor* transfere o título legal dos seus ativos ao *trustee*, imediatamente ele confere ao beneficiário não somente direitos pessoais sobre tais ativos, mas, além disso, direitos equitativos, que vinculam consequentemente o *trustee* e qualquer destinatário desses ativos em *Trust*.

Com efeito, os direitos equitativos dos beneficiários tutelados pela *equity*, são oponíveis ao *trustee* e a terceiros que adquirirem a *trust property* a título gratuito ou de má-fé. Dessa forma, é disponível aos beneficiários a reivindicação legal da propriedade original ou dos novos bens ou direitos adquiridos em virtude da alienação dos bens ou direitos originais.

Posto tudo isso, cabe enfatizar-se, que embora o *trustee* adquira a titularidade legal dos bens ou direitos em *Trust*, o *trust fund* constitui um patrimônio separado dos ativos pessoais do *trustee*, outro atributo fundamental do *Trust* e seguir analisado.

d) A Formação de um Patrimônio Separado – Em sequência, outra singular característica do *Trust* é, então, que os bens ou direitos transferidos ao *trustee* compõem um patrimônio separado e destacado do patrimônio pessoal do *trustee*.

Por tal razão, não obstante o patrimônio do *Trust* estar sob a titularidade do *trustee*, em eventual falência individual do *trustee*, seus credores particulares não podem executar essa parte específica de seu patrimônio, resguardando, logo, os direitos dos beneficiários. Da mesma forma, tais bens não entram para a sucessão do *trustee* nem são considerados no seu regime matrimonial de bens.

Eis que temos, então, marcante ponto característico, pois se encontram muito bem garantidos os direitos benéficos dos beneficiários incidentes sobre o mesmo patrimônio transferido ao *trustee*, ou seja, o patrimônio sob a sua titularidade legal.

É nesta perspectiva, então, que uma característica comum a qualquer tipo de *Trust* é que apesar da *trust property* estar sob a titularidade legal de uma mesma pessoa, a ostentação de tal patrimônio na qualidade de *trustee* impede que tais ativos se misturem com o restante do patrimônio pessoal que o *trustee* seja titular. Assim sendo, impossibilita que a *trust property* seja executada com o restante dos bens pessoais do *trustee*, por suas dívidas particulares.

e) **A Privacidade nas Relações em *Trust*** – Em regra, não há, para a constituição válida do *Trust*, a exigência da forma escrita e o registo público de seu instrumento.

Com efeito, o *settlor* pode manifestar livremente a sua vontade de criar um *Trust*, inclusive, implicitamente, não lhe sendo exigida forma específica. Logo, embora muitas vezes o *settlor* indique o *Trust* através da forma escrita, por meio de um instrumento designado de *trust instrument*, a existência de tal instrumento não é requisito para a validade do *Trust* e, em existindo o instrumento, não se exige o registro público do mesmo.

É nesta perspectiva, então, que reluz outra característica fundamental do *Trust*, a privacidade. Em outras palavras, o *Trust* não está sujeito a publicidade. Contudo, tal característica pode ser regulada por cada Estado. Dessa forma, perceba-se, que as jurisdições legais que reconhecem o *Trust* em seu ordenamento jurídico interno, tendem a impor requisitos formais para a validade de pelo menos alguns tipos de *Trusts*.

Por exemplo, no Reino Unido, os *Trusts* que forem constituídos com bens imóveis – chamados de *"trusts of land"*- devem ser organizados por escrito e registados. A este respeito, é importante indicar, que o registo realizado será referente à *legal property*, e não a *equitable property*[41].

Em realidade, a intenção do *settlor*, suas motivações, consubstanciadas nos termos do *Trust Instrument* são de cunho particular, conhecendo deles somente as pessoas relacionadas a ele, ou seja, o *settlor*, o *trustee* e os beneficiários do *Trust*. Ante o até aqui examinado, a essência de uma relação em *Trust* é a de um acordo privado para a gestão do patrimônio, e o conteúdo de seu instrumento diz respeito somente aos envolvidos.

---

[41] No Reino Unido, a inscrição registra a posse da propriedade legal e não os interesses benéficos ligados a essa propriedade, e o oficial registrador não é influenciado pela comunicação da existência do *Trust*. Na medida do possível, as referências aos *Trusts* devem ser mantidas fora do registo. Um terceiro que tratar com o *trustee* registrado admite que ele tem um poder ilimitado para alienar o imóvel, livre de qualquer limitação que afeta a validade dessa disposição, a menos que haja uma limitação do respectivo poder de venda, inscrita no registo do imóvel, ou uma limitação imposta pelo LRA *(Landy Registry Act)* 2002. *Cfr.* UK. *Landy Registry. Practice Guide 24 – Private trusts of land*. Disponível em: http://www.landregistry.gov.uk/professional/guides/practice-guide-24. Acesso em: 19.06.2012. *Cfr.* UK. *Land Registration Act 2002*. Disponível em: http://www.legislation.gov.uk/ukpga/ 2002/9/contents. Acesso em: 19/06/2012.

Por outro lado, ainda, devemos apontar que o Direito Inglês favorece a livre circulação dos ativos em uma relação de *Trust*, que restaria prejudicada com a imposição de formalidades excessivas, como o registo da propriedade equitativa dos beneficiários.

A esse propósito, LIU considera que o direito real concebe o lado público do *Trust*, enquanto o direito *in personam* representa o lado privado do *Trust*, vinculado com as relações particulares entre o *settlor*, *trustee* e beneficiários[42].

Ainda, esclarece LUPOI, *in verbis*: *"the rights and obligations arising out of a trust belong to the realm of equity, while land registries and other forms of disclosure belong common law"*[43].

Em suma a esse ponto de análise, perceba-se, que somente o *trustee* será conhecido perante terceiros, sempre sendo resguardada a identidade do *settlor* e dos seus beneficiários.

Por fim, complementa PENNER *in verbis*: *"Equity looks to intent, not form"*[44].

f) Deveres Fiduciários do *Trustee* – Inicialmente, para fixar as ideias, especial importância assume a opinião de REUTLINGUER sobre os deveres fiduciários do *trustee*, nestes termos: *"As no adjective, founded on the utmost trust and confidence; as a noun, a person (such a trustee) who stands in a position of great trust and confidence toward another, with a duty to act in good faith for the benefit of that person*[45].

Nessa linha, em princípio, a relação fiduciária surge quando duas pessoas concordam que uma irá agir em nome da outra, ou para o benefício de outra, em circunstâncias que dão origem a uma relação de confiança entre elas.

---

[42] Cfr. LIU, Guoqing. *The Publicity Of Trusts In Common Law And Civil Law Systems*. Faculty of Law at the University of Canberra – Canberra Law Review, Australia, v. 10, 2011, p. 4. Vide também: HO, Lusiana. *Trusts: the essentials*. In: SMITH, Lionel. *The Worlds of the Trust*. Cambridge: Cambridge University Press, 2013, p. 19.

[43] Cfr. LUPOI, Maurizio. *Trusts: A Comparative Study*. New York: Cambridge University Press, 2000, p. 173.

[44] Cfr. PENNER, J. E. *The Law of Trusts*. Seventh Edition. Londres: Oxford University Press, 2010.

[45] Cfr. REUTLINGER, Mark. *Wills, Trusts, and Estates, Essential Terms and Concepts*. Second Edition, New York: Aspen Publishers, 1998, p. 156.

Por sua base histórica, a função do *trustee* é vinculada a deveres de natureza fiduciária, ao passo que o *trustee* é considerado como alguém a quem se pode incontestavelmente confiar. Com efeito, a transferência ao *trustee* da propriedade implica no comprometimento do *trustee* na correta execução dos termos do *Trust*.

Segundo REUTLINGER, a função do *trustee* sendo de natureza *fiduciária*, confere-lhe rígidas obrigações para com os beneficiários, e é seguida de sérias responsabilidades[46].

Tais obrigações são relativas principalmente aos cuidados que o *trustee* deve ter na gestão dos bens ou direitos em *Trust*. De fato, o *trustee* fica em uma posição de grande responsabilidade, devendo agir com boa-fé, melhor diligência no fiel cumprimento dos termos e objetivos do *Trust*, e em benefício dos que foram indicados pelos *settlor* no seu ato constitutivo[47].

Complementa, MARTIN, *in verbis*: "*Trustees must act honestly; and must take, in managing trust affairs, all those precautions which an ordinary prudent man of business would take in managing similar affairs of his own.*[48]"

Além do máximo dever de lealdade que o *trustee* deve ter para com o beneficiário do *Trust*, existem outros deveres fiduciários fundamentais: primeiramente, o *trustee* não deve colocar-se em uma posição de conflito de interesses com o *Trust*; depois, o *trustee* não deve obter lucros pessoais, tirando proveito de sua posição à custa do *Trust*; enfim, tem o *trustee* o dever de sigilo em relação as informações obtidas à razão do exercício de sua função.

Em termos gerais, não poderá o *trustee* estar, e nem se colocar, em uma posição onde exista conflito de interesses pessoais com os do *Trust*. Logo, não pode o *trustee* concorrer com o *Trust* e, em razão disso, muitas vezes o *trustee* é obrigado a renunciar oportunidades que estariam disponíveis para ele, se ele não exercesse a função de *trustee*.

Neste sentido, aliás, límpida a mensagem de SMITH, *in verbis*: "*The starting point is the 'double employment' or 'potential conflict' rule. This states*

---

[46] *Cfr.* REUTLINGER, Mark. *Wills, Trusts, and Estates, Essential Terms and Concepts*. Second Edition, New York: Aspen Publishers, 1998, p. 155..

[47] *Cfr.* VAZ TOMÉ, Maria João; CAMPOS, Diogo Leite de. *A Propriedade Fiduciária (Trust), Estudo para a sua Consagração no Direito Português*. Coimbra: Almedina, 1999, p. 45.

[48] *Cfr.* MARTIN, Jill E. *Modern Equity*. Fifteenth Edition. London: Sweet & Maxwell, 1997, p. 481.

that a trustee must not, without authority, place himself in a position where his personal interest, or interest in another fiduciary capacity, conflicts or may conflict with his fiduciary duty to protect those whom he is bound by that duty to protect"[49].

A partir do exposto, concluímos que a *fidúcia* na relação em *Trust* é fundada na máxima confiança existente entre as pessoas envolvidas no instituto, percebida desde o momento de sua criação e presente no desenrolar de seu desenvolvimento legal. De fato, no estudo de sua origem, pudemos vislumbrar a importância que foi concebida pelos Tribunais de *equity*, em relação à confiança depositada pelo *settlor* no *trustee* e, que a quebra dessa confiança, resultou nas primeiras e fundamentais regras que governam os *Trusts*.

g) A Flexibilidade dos *Trusts* – O *Trust* é um instrumento jurídico passivo de adaptar-se a infinitas formas, necessidades e aspirações, a depender exclusivamente da vontade do *settlor*.

Ao constituir um *Trust*, o *settlor* pode ser amplamente criativo na declaração de seus desejos, aproveitando a divisão de propriedade que o *Trust* confere a seu favor. Pode equilibrar os seus interesses, aproveitando-se de todos os aspectos particulares que a propriedade em *Trust* oferece, como a separação do título legal do título benéfico.

Dessa forma, por exemplo, o *settlor* possui extensa discricionariedade no apontamento dos direitos conferidos aos beneficiários. Tais direitos são adaptáveis à vontade do instituidor que pode conferir extensos ou limitados benefícios, e pelo prazo que desejar.

Assim, poderá o *settlor* prever benefícios futuros, condicionados a determinado evento; conferir benefícios com prazo determinado, restringindo sua validade no tempo; e, ainda, poderá vincular a sua vigência à ocorrência de determinado evento, incerto e futuro. Adicionalmente, os direitos e obrigações expressamente criados no *Trust* são enriquecidos por soluções justas e eficazes, e suplementados, tanto quanto for necessário, por um substrato de normas legais.

Além disso, os ativos do *Trust* são amplamente protegidos. Como decorrência, então, a riqueza do beneficiário no *trust fund* está resguardada.

---

[49] *Cfr.* STEWART SMITH, Rodney. *Serving two masters*. Trusts & Trustees, v. 16, n. 9, p. 759–766, october 2010, p. 759.

A corroborar com esse raciocínio, vimos que o *trustee* é obrigado a segregar os ativos do *Trust*, em razão disso, permite-se que o *trust fund* subsista de forma inequívoca. Igualmente, os investimentos dos ativos do *Trust* realizados pelo *trustee*, são revestidos de vários cuidados, impostos legalmente ou no ato constitutivo do *Trust*. Logo, certifica-se que os ativos estão seguros e que, ao mesmo tempo, serão investidos de forma produtiva e eficiente.

Conclui-se, pois, que ponto fulcral da flexibilidade do *Trust* é que sua estrutura, segura e confiável, permite organizar vários desejos do seu instituidor, alcançando múltiplas finalidades, convencionados em um *único instrumento*, em uma só ferramenta jurídica.

Capítulo 2
O Direito dos *Trusts* no Brasil

Inicialmente, é por demais oportuno, mencionarmos que Frederic Maitland, renomado historiador do Direito Inglês, já predizia o *Trust* como sendo a maior e mais distinta realização dos ingleses no campo da jurisprudência[50].

Foi nessa perspectiva que os *Trusts* passaram dos ingleses aos norte-americanos, bem como despertou o interesse e atenção em diversos países, muitos destes averiguados em nosso Livro sobre o "Panorama Internacional dos Trusts".

De fato, ampla doutrina se desenvolveu sobre o assunto quanto a conveniência de sua implementação nos países de *civil law*. Também, no Brasil, a discussão é notória e atual, entre juristas, investigadores, empresários e utilizadores do instituto[51].

---

[50] *Cfr.* MAITLAND, Frederic William. *The Unincorporate Body.* In: FISHER, Herbert Albert Laurens. *The collected papers of Frederic William Maitland.* Cambridge: Cambridge University Press, v. 3, p. 271-284, 1911, p. 23.

[51] Entre eles *Vide* WALD, Arnoldo. *Algumas considerações a respeito da utilização do "trust" no Direito brasileiro.* Revista dos Tribunais, São Paulo, v. 34, n. 99, p. 105-120, julho-set, 1995; CHALHUB, Melhim Namem. *Trust.* Rio de Janeiro: Renovar, 2001, p. 39; CHALHUB, Melhim Namem. *Negócio Fiduciário.* São Paulo: Renovar, 2009; MARTINS COSTA, Judith H. *Os Negócios Fiduciários – Considerações Sobre a Possibilidade de Acolhimento do 'Trust' no Direito Brasileiro.* Revista dos Tribunais, n. 657, july 1990; OLIVEIRA SANTOS, Raquel do Amaral. *Trust: das origens à aceitação pelos países de Direito romano-germânico.* São Paulo:

Nesta sequência, Arnoldo Wald, excelente jurista brasileiro e um dos pioneiros no tema no Brasil, já alertava sobre o cenário de possibilidades elevadas pelo *Trust*, ao dizer que poucos institutos estavam a ser examinados e discutidos, em todos os países, durante os últimos anos, com a intensidade com a qual se examinou os diversos aspectos do *trust*[52].

No Livro que tratamos sobre "Um Panorama Internacional do Instituto dos *Trusts*", constatamos a hodierna persecução pela internacionalização do instituto dos *trusts*. Embora algumas jurisdições de Direito Civil tenham alternativas funcionais disponíveis aos *Trusts* da *common law*, por vezes até mesmo usando a mesma terminologia, tais alternativas não são suscetíveis de substituir efetivamente o *Trust*.

Do mesmo modo que a imensa popularidade do *Trust* marcou seu forte desenvolvimento no séc XIX, ressaltamos a sua contínua e crescente utilização por pessoas globais e empresas internacionais. Por todas as suas qualidades, certamente o Século XXI será marcado pela internacionalização do instituto dos *Trusts*, através da efetiva introdução dos *Trust*, ou de figuras assemelhadas a ele, por um número cada vez mais crescente de países de *civil law*[53].

De uma forma geral, o seu desenvolvimento internacional se deu em razão da busca pela modernização da economia, e pelo desenvolvimento da competitividade global.

Com efeito, pudemos vislumbrar que a implementação do *Trust*, ou de ferramentas similares a ele, foi primeiramente incentivada pela área bancária internacional. Igualmente, está foi a principal razão que levou

---

Pontifícia Universidade Católica de São Paulo –PUC, São Paulo, Brasil, 2009; AREIAS DE CARVALHO, Maria Serina. *Propriedade fiduciária: bens móveis e imóveis*. São Paulo: Universidade de São Paulo, 2009; FREIRE E ALMEIDA, Daniel. *Os Trusts – Securitization em Direito nos Estados Unidos da América*. Revista do Instituto de Pesquisas e Estudos, v. 31, 2001; FABIAN, Christoph. *Fidúcia: Negócios Fiduciários e Relações Externas*. Porto Alegre: Sergio Antonio Fabri, 2007; FOERSTER, Gerd. *Trust do Direito Anglo-Americano e os Negócios Fiduciários no Brasil*. Porto Alegre: Editora Sérgio Antônio Fabbris (SAFE), 2012; BELOCH, Henrique Vargas; CONE, Geoffrey. *Cracking the Brazil nut: trusts in Brazil*. Trusts & Trustees, United Kingdom, v. 17, n. 5, p. 377–381, june 2011.

[52] Cfr. WALD, Arnoldo. *Algumas considerações a respeito da utilização do "trust" no Direito brasileiro*. Revista dos Tribunais, São Paulo, v. 34, n. 99, 1995, p. 105.

[53] Recomendamos a Leitura de nosso Livro: Freire e Almeida, Verônica Scriptore. "Panorama Internacional do Instituto dos Trusts". São Paulo: Editora Almedina, 2020.

a promulgação de mecanismos fiduciários assemelhados aos *Trusts*, nos países averiguados.

Neste diapasão, vislumbrou-se que, de ferramenta criada, inicialmente, para a proteção do patrimônio familiar, o *Trust* foi muito além, transformando-se em um fabuloso instituto de proteção dos negócios em seus mais diferentes aspectos.

Em outras palavras, o *Trust* deixou de ser apenas um instrumento de fuga das restrições feudais, desenvolvendo-se com maximizados benefícios econômicos e práticos, dificilmente alcançados com a mesma flexibilidade através de qualquer outro instrumento isolado, disponível no Direito da *Civil Law*[54].

Aliás, muito bem exprimem a ideia VAZ TOMÉ e CAMPOS ao discorrerem sobre a sua introdução no Direito Português, na nota prévia do livro intitulado *"A Propriedade Fiduciária (Trust), Estudo para a sua Consagração no Direito Português"*, nestes termos:

> *"O trust (propriedade fiduciária) é aqui perspectivado como figura de alcance geral susceptível de vir a ser introduzido no ordenamento jurídico português. Com aplicação nos mais variados campos do Direito, constitui uma figura extremamente útil no domínio financeiro, desde a importantíssima matéria de titularização de créditos (securitization) até à gestão de carteiras de valores mobiliários"*[55]. (grifo nosso)

Em alinhamento, complementa WAI LAU *in verbis*: *"By the end of the twentieth century, the modern trust had taken shape as the discretionary trust of*

---

[54] *Vide* BELOCH, Henrique Vargas; CONE, Geoffrey. *Cracking the Brazil nut: trusts in Brazil*. Trusts & Trustees, United Kingdom, v. 17, n. 5, p. 377–381, june 2011; MATTEI, Ugo; HANSMANN, Henry. *The functions of trust law: a comparative legal and economic*. New York University Law Review, p. 434-479, 1998, p. 479; WAI LAU, Ming. *The Economic Structure of Trusts – Towards a Property-based Approach*. New York: Oxford University Press, 2011, p. 6.

[55] *Cfr.* VAZ TOMÉ, Maria João; CAMPOS, Diogo Leite de. *A Propriedade Fiduciária (Trust), Estudo para a sua Consagração no Direito Português*. Coimbra: Almedina, 1999, nota prévia. *Vide*, ainda, sobre a titularização de créditos: CAMPOS, Diogo Leite de; MONTEIRO, Manuel. *Titularização de Créditos – Anotações ao Decreto-Lei nº 453/99, de 5 de Novembro*. Coimbra: Almedina, 2001; VAZ TOMÉ, Maria João Romão Carreiro. *Sobre o Contrato de Mandato sem Representação e o Trust*. Revista da Ordem dos Advogados, Lisboa, v. III, Dezembro 2007, p. 1.

a fluctuating investment fund, requiring the active management of the trustee, whose role had been transformed from mere stooge into 'manager' in every possible sense"[56].

O *Commercial Trust*, por exemplo, muito utilizado nos Estados Unidos como ferramenta à gestão de *fundos de pensão, fundos mútuos, e securitização*, tem chamado a atenção global como excelente opção enquanto "estrutura organizacional".

Na verdade, de uma forma geral, o *Trust* é visto como uma ferramenta jurídica capaz de inúmeras aplicações práticas quando colocado em comparação com os institutos à disposição nos ordenamentos jurídicos de *civil law*.

Nesse sentido, para VAZ TOMÉ não se verifica uma equivalência perfeita entre o *trust* e os instrumentos jurídicos de Direito continental em termos de eficiência econômica nas operações financeiras[57].

Por igual, COSTA ANDRADE considera que é de conhecimento geral que o *Trust* desempenha uma multiplicidade de funções, em constante mutação e renovação[58].

Em artigo publicado na revista inglesa *Trusts & Trustees*, intitulado de *"Cracking the Brazil nut: trusts in Brazil"*, BELOCH ressalta a importância dos *Trusts*, com a seguinte opinião, na qual concordamos, *in verbis*: "*When dealing with international structures or high net worth individuals and international families, it is not uncommon to see advisors eagerly recommending–or clients curiously asking for–trusts as a solution to their needs, whether for estate-planning purposes, asset protection, or otherwise*"[59].

De fato, VAZ TOMÉ E CAMPOS ressaltam que se recorre a uma pluralidade de institutos para resolver problemas que o *Trust*, por si só, e de uma forma bastante simples, resolve. Ainda, que todos os institutos

---

[56] Em verdade, o *Trust* está em constante desenvolvimento em relação às múltiplas funções que ele é capaz de realizar, se adpatando com facilidade as novas situações. *Cfr.* WAI LAU, Ming. *The Economic Structure of Trusts – Towards a Property-based Approach*. New York: Oxford University Press, 2011, p. 5-6.

[57] *Cfr.* VAZ TOMÉ, Maria João Romão Carreiro. *Sobre o Contrato de Mandato sem Representação e o Trust*. Revista da Ordem dos Advogados, Lisboa, v. III, Dezembro 2007, p. 28.

[58] *Cfr.* COSTA ANDRADE, Margarida. *A Propriedade Fiduciária*. Separata de II Seminário Luso-Brasileiro de Direito Registral. Coimbra: Coimbra Editora, 2009, p. 60.

[59] *Cfr.* BELOCH, Henrique Vargas; CONE, Geoffrey. *Cracking the Brazil nut: trusts in Brazil*. Trusts & Trustees, United Kingdom, v. 17, n. 5, p. 377–381, june 2011, p. 1.

disponíveis na *civil law*, não representam um sucedâneo idóneo e cabal do *Trust*. Logo, *"Por isso, se tem manifestado a vontade de introdução do trust como um instituto de vocação geral"*[60].

Nesse contexto, pois, é que passaremos às considerações de alguns pontos que ratificarão a fundamental implementação do instituto dos *Trusts* no Direito brasileiro através da análise: das conveniências globais da implementação do instituto dos *Trusts* no Direito brasileiro; e das aplicações práticas do *Trust* em um panorama reflexivo das ferramentas similares do Direito brasileiro.

Secção I
As Conveniências da Implementação do Instituto dos *Trusts* do Direito Brasileiro

1. A Globalização Econômica e a Busca por Novas Ferramentas de Atração de Capital e Investimentos

> *"Uma tecnologia jurídica atrasada paralisará o crescimento económico; uma tecnologia jurídica avançada, adequada, moderna, constitui um bom instrumento desse progresso".* (VAZ TOMÉ e CAMPOS)[61].

A esse respeito, é de começar por dizer que segundo LUPOI, um estudo apoiado pelo Congresso dos EUA designado de *"Kemmerer Report"* (1921) já ultimou, *in verbis*: *"One of the reasons for the inefficiency of Latin American banking systems was "the lack of the trust"*[62]. Tal relatório, já naquela época asseverava que a reestruturação do *Fideicomisso latino-americano*, tal como o *business trust* poderia auxiliar no aumento do investimento estrangeiro e promover o crescimento e desenvolvimento na região.

---

[60] *Cfr.* VAZ TOMÉ, Maria João; CAMPOS, Diogo Leite de. *A Propriedade Fiduciária (Trust), Estudo para a sua Consagração no Direito Português*. Coimbra: Almedina, 1999, p. 299.
[61] *Cfr.* VAZ TOMÉ, Maria João; CAMPOS, Diogo Leite de. *A Propriedade Fiduciária (Trust), Estudo para a sua Consagração no Direito Português*. Coimbra: Almedina, 1999, p. 318.
[62] *Cfr.* LUPOI, Maurizio. *Trusts: A Comparative Study*. New York: Cambridge University Press, 2000, p. 269

Contudo, hoje, podemos, seguramente afirmar, que as jurisdições de *civil law* estão no caminho para as relações de *Trusts*, e a internacionalização dos *Trusts* será marcada, substancialmente, pela sua imensa popularidade no presente século.

A corroborar com esse raciocínio, podemos mencionar que o Banco do Estado de São Paulo (hoje, Santander), visando o progresso bancário do Brasil, já em 1951, por meio de seu departamento jurídico, participou dos trabalhos da VII Conferência Interamericana de Advogados, realizada em Montevidéu, de 21 de novembro a 1º de dezembro de 1951. Discutia-se já sobre a importância dos *Trusts* no Direito Bancário. Em seu relatório sobre o Congresso, destacamos os seguintes trechos: *"Trata-se de transformar em leis nacionais os preceitos já consagrados pela prática comercial dos mais importantes países do mundo". "A adoção de regras uniformes por todos os países, sôbre matérias de interêsse recíproco, constitue um esfôrço de cooperação internacional sumamente louvável"*[63].

Podemos constatar, de fato, que o interesse geral pelos *Trusts* não é novo, seja no Direito brasileiro, seja nos demais países analisados em nosso livro sobre "O Direito dos Trusts na Perspectiva Internacional".

Nesse quadro, embora o *fideicomisso* ainda seja usado por algumas jurisdições, como ferramenta para realização de uma ou outra função do *Trust*, sem dúvida, é o *Trust* que atrai os olhares da nova era econômica, marcada pela globalização e pela natural internacionalização das famílias e das empresas.

Nas palavras de VAZ TOMÉ, *in verbis*: *"Em virtude da globalização e do impacto do investimento internacional no sistema jurídico e financeiro, o trust tem sido objecto de crescente atenção"*[64]. Do mesmo modo, a autora observa o *Trust* como sendo o contributo mais relevante da tradição da *common law* para o sistema europeu de Direito Privado.

Com efeito, emerge uma nova realidade onde as informações são universais, as pessoas são mais exigentes, e buscam constantemente por melhores caminhos jurídicos, para preservar e transmitir suas riquezas, e proteger sua família.

---

[63] Cfr. BANCO DO ESTADO DE SÃO PAULO S/A. *O Crédito documentado e o "trust", ou fideicomisso, na VIIª Conferência Interamericana de Advogados (Montevidéu 1951)*, São Paulo,1958.

[64] Cfr. VAZ TOMÉ, Maria João Romão Carreiro. *Sobre o Contrato de Mandato sem Representação e o Trust*. Revista da Ordem dos Advogados, Lisboa, v. III, Dezembro 2007, p. 4.

A corroborar com esse raciocínio, destaca THÉVENOZ, *in verbis*: "*I would say: globalisation and a change of generation. Globalisation does not only apply to the economy or to the financial systems: it applies to people, too. People move, money moves, even lawyers move*"[65].

Consequentemente, as pessoas passam a compreender e conhecer novos instrumentos jurídicos. Logo, são menos relutantes em instituir ferramentas legais tradicionalmente diferentes. Essa é a nova realidade.

Temos que considerar, então, que muitos advogados se formam ou se especializam em sistemas jurídicos distintos, entre eles, Estados Unidos ou Inglaterra. Passam, após, a exercer suas atividades como conselheiros familiares ou em departamentos jurídicos de bancos ou de grandes empresas. Assim, os *Trusts* se espalham em muitos contextos diferentes, não apenas no contexto de planejamento patrimonial, mas também em operações de titularização ou transações comerciais e financeiras.

Com efeito, os negócios bancários encontram-se globalmente espalhados e difundidos. Igualmente, nota-se, uma maior importância desempenhada pelas instituições financeiras na gestão de fortunas e nas participações acionárias. Ainda, o comércio internacional permanece em constante e necessário crescimento, conduzindo o desenvolvimento de ferramentas mais eficazes.

Sob tal prisma, é cogente a disponibilização à sociedade investidora e às empresas, de novos instrumentos jurídico-econômicos que auxiliem e ampliem as formas negociais e corroborem no desenvolvimento legal do Brasil.

A partir do momento em que a liberdade de contratar, a ampla autonomia da vontade, a segurança jurídica, a flexibilidade na realização dos negócios e o baixo custo nas transações comerciais e financeiras são elementos desejáveis, a disponibilização de ferramentas jurídicas aptas e modernas, é fundamental.

---

[65] Cfr. THÉVENOZ, Luc. *A Swiss Perspective*. Trusts & Trustees, United Kingdom, v. 19, n. 3 e 4, p. 296-301, april/may 2013, p. 298. *Vide* também: MARTY-DELMAS, Mireille. *A Mundialização do Direito: Probabilidades e Riscos – Perspectivas do Direito no Início do Século XXI*. Coimbra: Boletim da Faculdade de Direito da Universidade de Coimbra, v. LXXXVII, 1999, p. 131-144; PIMENTEL, José Menéres. *Perspectivas para o Século XXI – Perspectivas do Direito no Início do Século XXI*. Coimbra: Boletim da Faculdade de Direito da Universidade de Coimbra, v. LXXXVII, 1999, p. 41-60.

Em verdade, o *Trust* é visto como uma modalidade moderna e ideal de organização empresarial, bem como instrumento muito competitivo para fins comerciais e financeiros, concorrendo fortemente com todas as demais modalidades disponíveis na *civil law*.

De fato, podemos dizer, que uma das diferenças basilares que levam à opção pelo *Trust*, em relação às demais instituições jurídicas empresariais, reside no grau de exposição ao risco dos bens administrados, em ordem à satisfação das expectativas de seus titulares.

Sob o aspecto mais amplo, as pessoas e empresas são atraídas pela responsabilidade fiduciária inerente à função do *trustee*. Além disso, a separação patrimonial existente no *Trust* para a realização de propósitos específicos, limita os riscos patrimoniais da atividade empresarial e, igualmente, torna possível a proteção do patrimônio familiar.

O *Trust* moderno, inicialmente originado para a satisfação de necessidades reais e cotidianas de uma época, transformou-se em um fundamental instrumento na realização de negócios em escala internacional, cobrindo praticamente todos os países que conjecturam o crescimento econômico.

Em verdade, as pessoas e empresas que conhecem os benefícios do *Trust*, e que não possuem sua estrutura disponível em seu ordenamento jurídico, estão progressivamente constituindo e participando de *Trusts* estrangeiros, ao passo que as empresas e os interesses que as cercam atuam hoje em escala globalizada[66].

Portanto, imperativo que o legislador tenha um olhar internacional e vigilante às consequências da integração das empresas e das pessoas na economia internacional.

É nesta perspectiva, então, que o poder público deve ter o papel de facilitador e não de conservador ou gerador de obstáculos. Dedicando-se, destarte, a atualizar a estrutura jurídica de um país, considerando as circunstâncias globais da economia e as necessidades sociais da época.

---

[66] *Vide* BELOCH, Henrique Vargas; CONE, Geoffrey. *Cracking the Brazil nut: trusts in Brazil*. Trusts & Trustees, United Kingdom, v. 17, n. 5, p. 377–381, june 2011, p. 4; WATANABE, Marta. *Cresce oferta e procura por "trust", instrumento que permite ampliar a disponibilidade de bens*. Ministério da Fazenda- Rezenha Eletrônica. Valor Econômico – 28/08/2006. Disponível em: http://www.fazenda.gov.br/resenhaeletronica/MostraMateria.asp?cod=314678. Acesso em 10.10.2011; KROEHN, Márcio. *"Lily vende tudo – Viúva de Roberto Marinho leiloa bens pessoais e soluciona herança aos herdeiros com um trust. Saiba como isso funciona"*. Disponível em: http://www.terra.com.br/istoedinheiro-temp/edicoes/553/artigo87402-1.htm . Acesso em: 17.06.2012.

Imprescindível, por conseguinte, a integração legislativa do *Trust*.

Sobre tal aspecto, de uma forma geral, vários países de origem civil law buscaram pela introdução de figuras semelhantes ao *Trust*, para prevenir a recolocação de transações legais para países estrangeiros que permitem os *Trusts* através de sua legislação[67]. Na verdade, tal integração foi necessária a partir desse panorama de globalização e competição entre os sistemas legais.

De fato, a utilização global dos *Trusts* nas áreas financeira e comercial, de maneira especial nos fundos de pensão, nos fundos mútuos, e na securitização, apresenta insubstituíveis vantagens jurídicas e econômicas.

Com efeito, tais noções desencadearam o desenvolvimento da *"fiducie"* em França. Foi com essa perspectiva que a França – através da implementação de um instrumento que pretende estar o mais próximo possível das funções do *Trust* inglês – ambiciona ampliar a competitividade de seus executivos financeiros. De fato, observa-se que de forma gradual a *fiducie* francesa (de 2007) sofre de forma subsequente de alterações legislativas positivas, com vistas a alcançar um máximo grau de concorrência e amplitude. Autorizou-se, em 2009, por exemplo, o exercício da função de *fiduciaire* por advogados, e ampliou-se o prazo de sua duração.

Em alinhamento, também sob a ponto de vista da globalização econômica e buscando por novas ferramentas de atração de capital e investimentos, a Itália ratificou a Convenção de Haia sobre os *Trusts*. Sobretudo, hoje, busca pela introdução de uma legislação interna sobre o instituto.

Na ocasião da ratificação, GUIDOTTI apontava os *Trusts* como sendo uma ampliação jurídica capaz de satisfazer as exigências dos grandes e médios empreendedores, bem como a possibilidade de expandir o raio de ação de um país para atração de capitais[68]. Tal perspectiva, ainda, hoje, é almejada pela Itália, em razão dos *Trusts* serem regidos por leis estrangeiras, e da ausência de uma lei italiana sobre o tema.

Nesse quadro, para LUPOI é imperativa a implementação direta dos *Trusts* na Itália em razão do número expressivo de decisões judiciais

---

[67] Recomendamos a Leitura de nosso Livro: Freire e Almeida, Verônica Scriptore. "Panorama Internacional do Instituto dos Trusts". São Paulo: Editora Almedina, 2020.

[68] *Cfr.* GUIDOTTI, Lorenzo. *La Convenzione dell'Aja del 1985 e la legge applicabile ai Trusts*. Genova: Università degli studi di Genova, 1998, p.12.

referentes a *Trusts* internos, evidenciando o quão disseminado os *Trusts* estão. Explica, ainda, o autor, que a origem fundamental da ampla procura pelos *Trusts* por italianos é o fato de que eles fornecem respostas a muitas deficiências de seu Direito interno[69].

Logo, busca-se uma ferramenta mais eficaz!

Foi nesse contexto de *"globalização dos mercados financeiros"* que a Suíça – embora já permitisse em seu ordenamento a figura jurídica da fidúcia – ratificou a Convenção de Haia sobre a lei aplicável ao *Trust* e seu reconhecimento, com efeitos a partir de 1 de Julho de 2007, nos termos *da Swiss Federal Council's Bill of 20th of December 2006*[70].

Abriam-se, desta forma, caminhos para a constituição de *Trusts* por suíços, beneficiando suíços, e com propriedades suíças.

Acresce, que após a ratificação da Convenção de Haia, e a promulgação de novas disposições sobre o *Trust* na Suíça, a relação fiduciária passou a ter uma menor importância, na Suíça. De fato, existem diferenças substanciais entre a fidúcia suíça e o *Trust*, que, consequentemente, levam à preferência pelo *Trust*[71].

No mesmo sentido, Luxemburgo – como sendo um centro financeiro e com vistas a conferir maior segurança às relações fiduciárias realizadas por suas instituições financeiras – implementou, primeiramente, normas sobre o contrato de fidúcia. Seguidamente, e por igual à Suíça, objetivando ampliar a segurança jurídica internacional, o parlamento de Luxemburgo aprovou a Convenção de Haia de 1985 sobre o *Trust* e seu reconhecimento, através da implementação da Lei de 27 de julho de 2003, como alternativa ao contrato fidúcia[72]. Luxemburgo vislumbrou o reforço

---

[69] *Cfr.* LUPOI, Maurizio. *Country Report: Italy.* In: GALLANIS, Thomas P. *The Trust in Continental Europe: A Brief Comment From a U.S. Observer.* The Columbia Journal of European Law Online, v. 18, 2012, p. 4-11.

[70] *Cfr.* WILSON, David Wallace; NAGAI, Caroline López. *Country Report: Switzerland.* In. GALLANIS, Thomas P. *The Trust in Continental Europe: A Brief Comment From a U.S. Observer.* The Columbia Journal of European Law Online, v. 18, 2012, p. 27.

[71] *Cfr.* BAUER-BALMELLI, Maja; WIDMER, Oliver; HARBEKE, Nils. *Switzerland – Trusts, Topical Analyses.* Amsterdam: IBFD, 2011, section 1.2.1.

[72] *Cfr.* HCCH – *Hague Conference on Private International Law- Convention of 1 July 1985 on the Law Applicable to Trusts and on their Recognition.* Disponível em: http://www.hcch.net/index_en.php?act=conventions.status&cid=59. Acesso em: 10.10.2012. LUXEMBURGO. *Lei Law of 27 July 2003, ratifying the Den Hague Convention of 1 July 1985 relating to the law*

da *fidúcia* para lidar com a concorrência dos *Trusts* estrangeiros. Contudo, sob o caráter limitativo de que a função de *trustee* seja desempenhada por uma instituição financeira, sujeita à supervisão estatal.

Destaca-se, em alinhamento, que o acolhimento do *fideicomiso* em Costa Rica foi arrematado ante a necessidade da promoção do crescimento econômico do país[73]. Hoje, o Banco do Estado de Costa Rica e o BCR (Banco de Costa Rica) oferecem uma grande variedade de produtos fiduciários, à semelhança dos *Trusts*[74].

Apreciamos que tal fato pode ser visto, em geral, como um dos principais objetivos almejados por países que introduzem os *Trusts* em seu ordenamento jurídico interno.

A esse respeito, em substância, MARTINS COSTA já idealizava a futura e necessária implementação dos *Trusts* no Brasil ao discorrer, *in verbis*: "*O Trust se alastra como instrumento privilegiado nas relações comerciais e no chamado 'Direito dos negócios'* "[75].

Já passou da hora de ampliarmos as ferramentas jurídicas suscetíveis de viabilizar melhores e mais seguros negócios no âmbito internacional. Não menos importantes serão as vantagens da implementação dos Trusts

---

applicable to the trust and its recognition. Disponível em: http://www.ehp.lu/uploads/media/Lawof27thJuly2003.pdf. Acesso em: 13.11.2012.

[73] *Cfr.* FANDIÑO, Marleny Blanco. *Los Contratos Bancarios Modernos: El Fiduciario, el Under writing y el Leasing*, p. 28. In: Universidad de La Salle (2011). Disponível em: http://pt.scribd.com/doc/61329012/5/Causas-de-extincion-de-los-Contrato-de-Fideicomiso. Acesso em: 07.01.2013.

[74] Tais como os *fideicomisos de administración*, *fideicomisos de garantía*, *fideicomiso de inversión*, *fideicomisos testamentarios* e os *fideicomisos públicos*. Aliás, segundo pesquisa realizada por FANDIÑO (2011) – com bases em dados fornecidos pela SUGEF (Superintendencia General de Entidades Financeiras)- o *Fideicomiso* vem assumindo em Costa Rica grande importância para a atividade bancária nacional. *Cfr.* COSTA RICA. *Banco de Costa Rica*. Disponível em: http://www.bancobcr.com/personas/otros%20productos%20y%20servicios/Fideicomisos.html. Acesso em: 07.01.2013; FANDIÑO, Marleny Blanco. *Los Contratos Bancarios Modernos: El Fiduciario, el Under writing y el Leasing*, p. 28. In: Universidad de La Salle, 2011. Disponível em: http://pt.scribd.com/doc/61329012/5/Causas-de-extincion-de-los-Contrato-de-Fideicomiso. Acesso em: 07.01.2013. *Vide* ainda: COSTA RICA. *Superintendencia General de Entidades Financeiras*. Disponível em: http://www.sugef.fi.cr/ Acesso em: 07.01.2013.

[75] *Cfr.* MARTINS COSTA, Judith H. *Os Negócios Fiduciários – Considerações Sobre a Possibilidade de Acolhimento do 'Trust' no Direito Brasileiro*. Revista dos Tribunais, n. 657, july 1990.

no Direito brasileiro, no que concerne às particularidades da vida privada, nomeadamente no campo da sucessão e do planejamento familiar.

Muito bem sintetiza GALLANIS ao dizer, *in verbis*: *"The trust is a 'remarkably flexible tool used for a variety of purposes, both commercial and non-commercial* "[76].

Nessa esteira, interessante destacar, que no ano de 2000, a revista Isto é Dinheiro, já havia alertado os brasileiros sobre o uso do *Trust* no âmbito da família, através de uma reportagem designada de: *"Seja feita sua vontade – O trust, modelo importado dos EUA, é uma alternativa cada vez mais comum para se evitar problemas na divisão de bens entre herdeiros"*[77].

A esse propósito, destacável é, de tal reportagem, o seguinte trecho, *in verbis*: *"Aos poucos, o trust, uma modalidade comum nos Estados Unidos e em países que seguem o Direito anglo-saxão, está se tornando mais usual no Brasil"*.

Devemos indicar, aqui, que Bancos de varejo brasileiros têm atuado como assessores para seus clientes interessados em instituir *Trusts*. Mas, como os nacionais não têm grandes estruturas no exterior, acabam levando os clientes para que as *trust companies* estrangeiras conduzam o negócio, e depois dividam os ganhos obtidos com as taxas de administração.

Nesse sentido, podemos citar, por exemplo, o Banco *Itaú Europa Luxembourg*, banco que faz parte do grupo Itaú, e tem endereço eletrónico

---

[76] *Cfr.* GALLANIS, Thomas P. *Family Property Law: Cases and Materials on Wills, Trusts and Future Interests.* 5ª Edição. New York: Foundation Press, 2011, p. 13-1; GALLANIS, Thomas P. *The Contribution of Fiduciary Law.* Iowa: University of Iowa Legal Studies Research Paper. Number 12-05 –January, 2012, p. 1.

[77] *Cfr.* SOMOGGI, Laura. *Seja feita sua vontade – O trust, modelo importado dos EUA, é uma alternativa cada vez mais comum para se evitar problemas na divisão de bens entre herdeiros.* In: Isto é dinheiro, Edição nº 146, 14.06.2000. No mesmo contexto, WATANABE (2006) – em artigo escrito ao Jornal Valor Económico – ressalta o aumento da procura pelo *Trust* no Brasil, como instrumento eficaz de planejamento patrimonial. *Cfr.* WATANABE, Marta. *Cresce oferta e procura por "trust", instrumento que permite ampliar a disponibilidade de bens.* In: Valor Económico – 28/08/2006; Ainda, devemos destacar outra reportagem sobre o tema – Revista Capital Aberto – onde LACHINI (2004) indicou que *"os aspectos culturais e da legislação ainda são empecilhos para um planejamento mais eficiente da sucessão patrimonial no Brasil".* Cfr. LACHINI, Luciana Del Caro. *Guardiões de fortunas: Aspectos culturais e da legislação ainda são empecilhos para um planejamento mais eficiente da sucessão patrimonial no Brasil.* In: Revista Capital Aberto, Ano 2, n. 15, novembro/2004, p. 54 a 57.

em Luxemburgo (www.itaulux.lu). O *web site* foi modelado especialmente para clientes brasileiros do *private bank* do Itaú, e oferece, entre seus serviços *"Trust and Fiduciary"*.

No *web site*, o Banco Itaú destaca o *Trust* como sendo uma estrutura jurídica adequada para o sucesso do planejamento de riquezas. Como *trustee*, o Banco se propõe a auxiliar os clientes na criação, administração e gestão de *Trusts*.

Perceba-se que, para tanto, a riqueza efetivamente se desloca do país de origem.

Amplamente já enfatizamos o *Trust* como sendo uma ferramenta vastamente utilizada na prática bancária internacional, demonstrando a máxima urgência de sua implementação no Brasil.

Entre as várias implicações que envolvem a globalização da economia, uma delas é a natural necessidade imposta aos países para a modernização de suas ferramentas jurídicas, com foco na atração de capital e investimentos, e no aumento de sua competitividade. Por todas as suas características, é o *Trust* uma ferramenta capaz de alcançar grande parte destes efeitos.

De tal modo, no segmento que nos concentramos neste trabalho, acreditamos que a implementação de uma legislação própria sobre os *Trusts* – com o reconhecimento de todos os seus elementos estruturais e característicos – provisionará a segurança jurídica, e a competitividade necessária para o atual momento em que o Brasil se encontra. O *Trust* é uma ferramenta suplementar à atração de investidores estrangeiros.

Entre suas várias peculiares características, o que faz do *Trust* uma ferramenta muito especial é, sobretudo, o fato de que todas as utilidades oferecidas por ele podem ser convencionadas em um único instrumento jurídico. A partir do momento em que se opta pelo *Trust*, exclui-se a necessidade de se utilizarem *"contratos diversos"* (figuras jurídicas e regimes jurídicos distintos, cada qual com um distinto contrato) para cada finalidade específica objetivada, como é feito hoje na *civil law*.

Sem dúvida, o *Trust* promove maior praticidade, economia e agilidade nos negócios. De fato, as funções comerciais e financeiras do *Trust* têm grande importância em virtude da rápida velocidade atual dos mercados econômicos.

Além de fornecer uma nova ferramenta jurídica aos nacionais, é incontestavelmente importante colocar à disposição dos estrangeiros instrumentos e meios jurídicos a que, habitualmente, estão acostumados a utilizarem em seu país. Especialmente, quando lhe são facultados tais instrumentos em outros países, que também estão na corrida pelo desenvolvimento, como o Brasil. Sobretudo, não podemos esquecer de mencionar, que o estabelecimento de regras claras sobre os *Trusts*, facilita a tributação do instituto[78].

Neste quadro, citamos o incontestável acerto, de VAZ TOMÉ e CAMPOS ao proferirem, *in verbis*: *"Há que evoluir "juridicamente" para não morrer "economicamente"*[79].

Do mesmo modo, MARTINS COSTA entende que o contato comercial com países que corriqueiramente utilizam o *Trust* como forma privilegiada de administração e gestão de imensas massas patrimoniais não pode conviver com o desconhecimento acerca das regras que, efetivamente, fazem o jogo dos negócios. Ainda, finaliza a autora, *in verbis*: *"a própria atenção com que a doutrina de países de tradição romanística vem tratando a determinação da lei, aplicável ao trust, previsto em convenções internacionais, como é o caso da Convenção de Haia de 1985, vai abrindo caminho à necessária evolução"*[80].

Com efeito, a globalização econômica e a busca por novas ferramentas de atração de capital e investimentos, conduzem ao crescente interesse pelos *Trusts* por países de origem romanística, abrindo caminhos à implementação do instituto dos *Trusts* no Direito brasileiro, razão pela qual passaremos ao próximo tópico.

---

[78] Sobre esse assunto indicamos a leitura de nosso livro *"A Tributação dos Trusts"*. FREIRE E ALMEIDA, Verônica Scriptore. *A Tributação dos Trusts*. Coimbra: Almedina, 2009.
[79] *Cfr.* VAZ TOMÉ, Maria João; CAMPOS, Diogo Leite de. *A Propriedade Fiduciária (Trust), Estudo para a sua Consagração no Direito Português*. Coimbra: Almedina, 1999, p. 319.
[80] *Cfr.* MARTINS COSTA, Judith. *Os Negócios Fiduciários (Considerações sobre a possibilidade de acolhimento do Trust no Direito Brasileiro)*. Revista de Jurisprudência do Tribunal de Justiça do Estado do Rio Grande do Sul, Vol. 17, n° 48, p. 54-79, março 1990, p. 79.

2. A Expansão da Implementação do *Trust* em Países de Origem *Civil Law*

> "It may be that the growing civilian familiarity with trusts shall bring 'confidence' back to its original lands" (LUPOI, 2012)[81]

Ao longo do século passado, as economias sofreram profundamente o fenómeno da internacionalização.

A partir daí, podemos até afirmar, que para atrair capital estrangeiro ou para evitar a fuga de capitais, as ordens jurídicas internas devem adaptar-se às exigências dos mercados financeiros, que dirigem suas escolhas utilizando o meio mais eficiente. Esta acomodação conduz, inevitavelmente, à globalização de seus instrumentos jurídicos, e o *Trust* é uma perfeita ilustração desse fenômeno.

Sob tal prisma, esclarece PEASE *in verbis*: *"In many of those jurisdictions, and particularly in a number of territories that have emerged as international finance centres, the law of trusts has been developed and expanded by local legislation that has pushed the boundaries of trust law beyond the confines of the traditional legislation in the mother country"*[82].

Em alinhamento, indica LAPUENTE *in verbis*: *"Ciertamente, la expansión del trust en territorios de Civil Law, por vía legislativa o jurisprudencial, ha sido notable en el último siglo, e incluso cabría calificarla de espectacular en los últimos diez años"*[83].

Embora o *Trust* seja o mecanismo mais utilizado nas jurisdições da *common law*, ele era até pouco tempo amplamente ignorado nos países Romano-Germânicos. Entretanto, várias jurisdições[84], por razões econômicas e financeiras, estabeleceram figuras semelhantes ao *Trust*, por exemplo, através do *Roman fideicommissum*, ou do *German Treuhand*.

---

[81] *Cfr.* LUPOI, Maurizio. *Trusts in Italy: A Living Comparative Law Laboratory*. Trusts & Trustees, United Kingdom, v. 18, n. 5, p. 383–389, june 2012, p. 383.

[82] *Cfr.* PEASE, Richard. *The development of trust practice in overseas jurisdictions*. United Kingdom, Trusts & Trustees, v. 19, n. 3 e 4, p. 283–389, april/may 2013, p. 283..

[83] *Cfr.* LAPUENTE, Sergio Cámara. *Trust a la francesa*. Barcelona: Revista para el Análisis del Derecho, 2005, p. 3.

[84] Jurisdições cuidadosamente analisadas em nosso Livro "O Direito dos Trusts na Perspectiva Internacional ".

Conquanto sejam instrumentos semelhantes ao *Trust*, nenhum destes dispositivos, é passível de substituir integralmente o *Trust* da *common law*.

Na verdade, segundo aponta FIGUEROA, especialistas legais em diferentes jurisdições de Direito Civil há muito tempo tentam encontrar um instrumento equivalente ao *express trust inter vivos* anglo-americano[85].

No mesmo sentido é a opinião de SANTISTEBAN ao expressar-se, *in verbis*: *"In Europe, civil law countries have also manifested a renewed interested in common law trusts. In many countries, legislatures, scholars and courts are evaluating the best formula to introduce this Anglo-American device is"*[86].

Sobretudo, especial importância assume a opinião de REID, ao afirmar que: *"In today's globalization economy the sheer flexibility of the trust has been seen as conferring a competitive advantage on those jurisdictions. Which are fortunate enough to have it"*[87].

Em regra, jurisdições de *civil law* em sua história revelam tentativas de encontrar um instrumento parecido com o *trust inter vivos* no *fideicommissum* do Direito Romano. É o que ocorre, por exemplo, na França, Itália e Espanha[88].

De fato, foi nesse sentido que o *Trust* emergiu na França através da figura da *fiducie*, como reação à concorrência do sistema francês frente aos demais sistemas jurídicos que ofereciam o *Trust* como mecanismo às operações financeiras e comerciais. Após várias tentativas frustradas – desde a primeira metade da década de 1990 – a *fiducie* teve êxito em 19 de fevereiro de 2007, com novas alterações realizadas em 2009, visando tornar o instrumento mais flexível. Contudo, a ausência do conceito próprio

---

[85] *Cfr.* FIGUEROA, Dante. *Civil law trusts in latin america: is the lack of trusts an Impediment for expanding business opportunities in latin america?*. Arizona Journal of International & Comparative Law Vol. 24, Nº 3, 2007, p. 733.

[86] *Cfr.* SANTISTEBAN, Sonia Martín. *Trusts in American law and some of their substitutes in Spanish law: Introduction and Part I*. Trusts & Trustees, United Kingdom, v. 13, n. 6, p. 210-220, 2007, p. 210.

[87] *Cfr.* REID, Kenneth G.C. *Conceptualizing the Chinese Trust: Some Thoughts From Europe.* In: CHEN, Lei; RHEE, Van. *Towards a Chinese Civil Code: Comparative and Historical Perspectives Chinese and Comparative Law Series.* The Netherlands: Martinus Nijhoff Publishers, 2012, p. 210, p. 211.

[88] Entre outros países analisados em nosso livro "O Direito dos Trusts na Perspectiva Internacional". São Paulo: Almedina, 2020.

de *Trust*, leva à dificuldade de se estabelecerem normativas tributárias sobre os *Trusts* em países *civil law*, como a França.

Embora ainda não exista uma lei sobre o *Trust* no Direito francês, a existência e os efeitos de *Trusts* estrangeiros são, geralmente, reconhecidos na França. Em verdade, os elementos estruturais de *Trusts* estrangeiros (*settlor*, beneficiário, *trust property*) estão cada vez mais conectados com o país, e por isso, foi necessário estabelecer determinadas regras tributárias em relação aos *Trusts*, no Direito francês[89].

Perceba-se que semelhantes problemas e incertezas de cunho tributário são normalmente vislumbrados nos países de origem *civil law* que não possuem regras bem definidas sobre os *Trusts*[90].

Em geral, durante a última década, claramente observamos um maior interesse dos legisladores na ruptura dos *paradigmas* que envolvem o reconhecimento dos *Trusts* por sistemas jurídicos de *civil law*.

Entre eles, destacamos a blindagem patrimonial e o suposto conflito com os princípios básicos do Direito Civil, tais como: a concepção unitária de propriedade, a existência de um *numerus clausus* de Direitos reais, a publicidade dos Direitos reais, aspectos do Direito sucessório, e, ainda, a regra que estabelece que o devedor responderá com todos os seus bens. Pontos todos, que serão discutidos ao longo deste livro.

No mesmo contexto, constatamos que as finalidades dos *Trusts* são muito superiores à mera possibilidade de que sejam usados como meio de "esconder" ativos de eventuais credores, ou como forma de preterir membros familiares que possuem um direito legal à legítima, e muito menos como forma de gestão dedicada somente ao patrimônio dos ricos.

A esse respeito, em substância, de merecido destaque é a opinião de LUPOI, que considera, *in verbis*: *"The fact situations I shall now summarily refer to correspond to the most common occurrences of trusts in Italy and cannot be efficiently dealt with in Italian law other than by means of a trust"*[91].

---

[89] Nesse sentido *vide* BOCHATAY, Jean-Luc; MOREAU, Alain; AUBINEAU, Guillaume. *The new French rules of taxation for trusts: wide (scope), heavy (tax) and severe (penalty)*. Trusts & Trustees, United Kingdom, v. 18, n. 2, p. 116–122, February 2012.

[90] *Vide* sobre esse assunto: FREIRE E ALMEIDA, Verônica Scriptore. *A Tributação dos Trusts*. Coimbra: Almedina, 2009.

[91] *Cfr.* LUPOI, Maurizio. *Trusts in Italy: A Living Comparative Law Laboratory*. Trusts & Trustees, United Kingdom, v. 18, n. 5, p. 383–389, june 2012.

Com efeito, a aplicação do *Trust* vai muito além do que a proteção de riquezas, tanto que o que levou a introdução de um instrumento similar em Espanha, foi a necessidade de proteção dos incapazes e dependentes, como alternativa mais eficiente que a tutela e a curatela.

Sobre tal tema, a Lei Espanhola n. *41/2003* introduziu a instituição da substituição fideicomissária para favorecer uma pessoa declarada judicialmente incapaz. A partir desta lei, abriu-se a possibilidade de gerar uma "obrigação" sobre a legítima necessária[92]. No mesmo sentido é a Lei *25/2010* de Catalunha, que criou um *patrimonio protegido* expandindo o rol de beneficiários às pessoas dependentes.

Embora bem restrito em suas funções, foi, sem dúvida um passo importante do legislador espanhol em reconhecer a existência de um patrimônio separado para finalidades específicas, ainda que tal proteção, como vimos, não seja tão eficaz quanto aquela provida no âmbito do *Trust*.

Interessante observar, que segundo SANTISTEBAN, embora a Espanha ainda não possua uma legislação interna sobre os *Trusts*, o aumento da frequência de decisões fiscais e decisões judiciais, relativas aos *Trusts* estrangeiros, proferidas pelos tribunais espanhóis, revela que a Espanha não está mais diante de uma instituição desconhecida[93]. Tal como a França acima destacada.

---

[92] Tal possibilidade foi incluída com a alteração do Artículo 782 do Código Civil espanhol, que passou a ter a seguinte redação, *in verbis*: *"Las sustituciones fideicomisarias nunca podrán gravar la legítima, salvo que graven la legítima estricta en beneficio de un hijo o descendiente judicialmente incapacitado en los términos establecidos en el artículo 808. Si recayeren sobre el tercio destinado a la mejora, sólo podrán hacerse en favor de los descendientes"*. Ainda, nesse mesmo sentido, podemos citar o artigo 808, que após alteração proposta pela Lei de 2003, passou a ter a seguinte redação, *in verbis*: *"Cuando alguno de los hijos o descendientes haya sido judicialmente incapacitado, el testador podrá establecer una sustitución fideicomisaria sobre el tercio de legítima estricta, siendo fiduciarios los hijos o descendientes judicialmente incapacitados y fideicomisarios los coherederos forzosos"*. Cfr. ESPANHA. *Código Civil*. Disponível em: http://civil.udg.es/normacivil/estatal/cc/indexcc.htm Acesso em: 06.11.2012; SANTISTEBAN, Sonia Martin. *Country Report: Spain*. In. GALLANIS, Thomas P. *The Trust in Continental Europe: A Brief Comment From a U.S. Observer*. The Columbia Journal of European Law Online, v. 18, 2012, p. 39.

[93] Complementa SANTISTEBAN que o interesse do legislador catalão em um dispositivo como o *Trust*, não é de se estranhar, ao passo que o parlamento catalão, inspirado por influentes estudiosos catalães em *Trusts Laws*, vem promovendo propostas de implementação dos *Trusts*. Além disso, explica a autora que a doutrina em catalão tem sido excepcionalmente

De fato, a necessidade de novos instrumentos, capazes de satisfazer as necessidades de um ponto de vista globalizado, constrange os países a transformarem os desafios em possibilidades, sob os aspectos financeiro e econômico.

Nesta perspectiva, os *Trusts* possuem capacidade geradora de diversos e novos tipos negociais, capazes de suprir as lacunas do Direito positivo dogmatizado, acompanhando o dinamismo próprio da atividade econômica contemporânea. Permitem, ainda, adaptar as necessidades e conveniências concretas das partes, com uma maleabilidade e eficiência dificilmente encontrada no sistema jurídico de *civil law*, como o brasileiro.

Nesse quadro, consideramos que, em presença de instrumentos jurídicos menos dinâmicos, fornecer a oportunidade às pessoas e empresas de se utilizar os *Trusts*, é imprescindível.

Foi nesse contexto, o estudo realizado por VAZ TOMÉ e CAMPOS. Tais autores progressistas, enxergaram já em 1999 a potencialidade do *Trust*, e as necessidades de sua implementação em Portugal. De fato, o estudo realizado traduz-se, hodiernamente, em um contributo fundamental aos países *civil law*, que buscam a regulamentação do *Trust*[94].

Em alinhamento, destaca-se que a Itália foi o primeiro país *civil law* que ratificou a Convenção de Haia sobre os *Trusts* de 1 de Julho de 1985, ao mesmo tempo que o Reino Unido e a Austrália[95].

De fato, os *Trusts* foram reconhecidos na Itália após a aprovação interna da Lei Nº 364, de 16 de outubro de 1989, que possibilitou a

---

ativa em estudar e promover a introdução dos *Trusts* na Espanha. *Cfr.* SANTISTEBAN, Sonia Martin. *Country Report: Spain. In.* GALLANIS, Thomas P. *The Trust in Continental Europe: A Brief Comment From a U.S. Observer.* The Columbia Journal of European Law Online, v. 18, 2012, p. 36.

[94] Neste ponto, também indicamos a leitura de COSTA ANDRADE, Margarida. *A Propriedade Fiduciária. Separata de II Seminário Luso-Brasileiro de Direito Registral.* Coimbra: Coimbra Editora, 2009; PATRÃO, Afonso. *Reflexões sobre o Reconhecimento de Trusts Voluntários sobre Imóveis Situados em Portugal.* Coimbra: Boletim da Faculdade de Direito da Universidade de Coimbra, Vol. LXXXVII, 2011, p. 357-427; FIGUEIREDO, André. *O Negócio Fiduciário perante Terceiros, com aplicação especial na gestão de valores mobiliários.* Faculdade de Direito da Universidade Nova de Lisboa, Novembro de 2011.

[95] *Vide* GRAZIADEI, Michele; MATTEI, Ugo; SMITH, Lionel. *Commercial trusts in European private law.* Cambridge : Cambridge University Press, 2005, p. 14-15.

ratificação da Convenção de Haia, entrando em vigor em 1 de Janeiro de 1992.

Segundo LUPOI a Convenção foi concebida no domínio das convenções de Direito Internacional Privado (Conferência da Haia de Direito Internacional Privado) e faz todo sentido sustentar que seu objetivo era ter um *Trust "reconhecido"* em sistemas jurídicos, que não aquele para o qual pertencia[96].

Nesse quadro, MESSANA destacou, os benefícios do *Trust* como sendo um instrumento capaz de introduzir no ordenamento jurídico italiano novas possibilidades negociais e idôneas, não satisfeitas pelos instrumentos tradicionais civilísticos italianos[97].

Após a ratificação da Convenção, o *Trust* pode ser constituído na Itália, porém, sendo regido por leis estrangeiras que reconhecem o *Trust* em sua plenitude. De fato, enquanto inexistir no Direito interno italiano uma lei que regulamente inteiramente o *Trust*, o *"trust* interno" será governado por leis estrangeiras, dificultando a sua tributação e, ainda, gerando insegurança jurídica[98].

Nesse sentido, é que o *Trust* tem sido matéria de debate e estudo dos tribunais Italianos.

A esse propósito, LUPOI explica, *in verbis*: *"Almost 200 orders or judgments have been handed down by Italian courts (including tax courts) in trust matters over the past 10 years. The fundamental cause is that trusts provide answers to many shortcomings of Italian law"*[99].

---

[96] *Cfr.* LUPOI, Maurizio. *Country Report: Italy.* In: GALLANIS, Thomas P. *The Trust in Continental Europe: A Brief Comment From a U.S. Observer.* The Columbia Journal of European Law Online, v. 18, 2012, p. 4-11.

[97] *Cfr.* MESSANA, Graziano. *Effetti Civili e Fiscali del Trust: un'analisi comparativa.* Roma: Libera Univ. Internaz. di Studi Soc. G.Carli-(LUISS) di Roma, 2000, p. 02.

[98] *Cfr.* ITÁLIA. *Legislatura 16ª – Disegno di legge Nº 854- Disciplina tributaria del trust. Vide* LUPOI, Maurizio. *The Hague Convention, the Civil Law and the Italian Experience.* In: Trust Law International, v. 21, n. 2, 2007, p. 80-88.

[99] *Cfr.* LUPOI, Maurizio. *Trusts in Italy: A Living Comparative Law Laboratory.* Trusts & Trustees, United Kingdom, v. 18, n. 5, june 2012, p. 385. *Vide* LUPOI, Maurizio. *The Hague Convention, the Civil Law and the Italian Experience.* In: *Trust Law International*, v. 21, n. 2, p. 80-88, 2007; BRAUN, Alexandra. *Italy: The Trust Interno.* In: *The International Trust*, Third Edition, Jordan Publishing, 2011, p. 787-817.

Sob tal prisma, ainda existe a necessidade de se preencher a lacuna existente no ordenamento jurídico italiano, que não contém uma disciplina positiva completa em relação a constituição dos *Trusts*[100].

Para tal solução, observamos que no decurso da Legislatura XVI foram apresentadas: uma Proposta de Lei (Nº 1471); dois Projetos de Lei (Lei Nº 854 e Nº 489); e o *Disegno di legge Nº 2284*, para disciplinar a instituição do *Trust* na Itália. Entretanto, o exame de tais atos ainda não ocorreu[101].

Em continuação, averiguamos que para o Japão foi imperativa a adoção do *Trust*, ante a necessidade do governo japonês de investimentos de capital estrangeiro – para financiar a restauração do pós-guerra no país (Japão-Rússia, no início do século XX). Lembramos que tais investimentos foram realizados, mormente, por Londres, através da utilização da estrutura dos *Trusts*[102].

Foi nesse contexto puramente negocial, que nasceu o *Trust* japonês. A necessidade japonesa se fez de tal modo que se resolveram os possíveis conflitos (de princípios e regras) entre a *civil* e a *common law*, com a eliminação das barreiras jurídicas ao desenvolvimento econômico vivenciados naquela época. Permitiu-se, enfim, a entrada de investidores estrangeiros através do estabelecimento de regras uniformes sobre os *Trusts*.

Com efeito, por ser o *Trust* uma ferramenta reconhecida e utilizada em outras jurisdições internacionais, o Japão viu-se obrigado a reconhecer e aceitar o conceito e a estrutura dos *Trusts*.

Hoje, o *Trust* está a ser utilizado no Japão em vários outros contextos, principalmente no âmbito do Direito da Família – como forma ideal de planejamento patrimonial.

---

[100] *Cfr.* ITÁLIA. PARLAMENTO Italiano. *Disegno di legge Nº 2284*. Disponível em: http://www.senato.it/leg/16/BGT/Schede/Ddliter/35671.htm. Acesso em: 24.09.2012.

[101] Até a data 12.02.2020. Itália. Atto Senato. Disponível em: https://www.senato.it. Acesso em: 12.02.2020.

[102] De acordo com a prática jurídica inglesa, os títulos garantidos por determinada propriedade eram emitidos *(secured rights)* e detidos por um *trustee* como parte da *trust property*, para os detentores dos bônus. A fim de permitir tais acordos, o *Secured Bond Trusts Act (Tanpo-tuki Shasai Shintaku Ho)* foi aprovado em 1905, reconhecendo o *Trust* somente para este propósito limitado. Posteriormente, em 1923, outras regras foram promulgadas como o *Business Trust Act (Shintaku-Gyo Ho)* e a *Trust Law (Shintaku Ho)*. *Cfr.* DOGAUCHI, Hiroto. *Overview of Trust Law in Japan*. In: University of Tokyo. Disponível em: http://www.law.tohoku.ac.jp/kokusaiB2C/link/dogauchi.html. Acesso em: 20.10.2012.

Por sua vez, a Suíça avança, hodiernamente, no melhor caminho para introdução do *Trust* anglo-saxão na sua legislação interna. Isto se evidencia, muito embora a Suíça já permitisse a utilização da fidúcia – em particular no domínio bancário. Nesta linha, em 2007, ratificou a Convenção de Haia sobre a lei aplicável ao *Trust* e ao seu reconhecimento de 1 de julho de 1985[103]. A ratificação se deu, sobretudo, em razão da globalização dos mercados financeiros e da necessidade premente em se estabelecer critérios fidedignos dos *Trusts* administrados no país[104].

Entretanto, na opinião de GRAHAM, embora a ratificação da Convenção de Haia sobre os *Trusts*, objetivando o aumento da segurança jurídica e da estabilidade, tenha cooperado para o sucesso da Suíça como centro de administração de *Trusts* nos últimos anos, ainda, considerável incerteza permanece nos tribunais suíços[105].

De fato, à semelhança do *Trust* constituído na Itália, a lei escolhida pelo *settlor* no *trust instrument*, é a que regerá a relação em *Trust* na Suíça, em razão da ausência de uma lei interna sobre o instituto[106].

Dessa forma, pelas mesmas razões da Itália, os legisladores suíços buscam pela implementação de uma lei própria sobre os *Trusts* na Suíça.

Nesse mesmo quadro é que a Holanda, ratificou a Convenção de Haia e também procura a introdução de uma lei interna sobre os *Trusts*.

Para MILO, uma jurisdição pequena como a Holanda, que pretende desempenhar um papel importante nos serviços financeiros, não pode

---

[103] Saliente-se, que na Suíça o instituto da Fidúcia é derivado da fidúcia romana *cum amico*, bem como a partir da fiducia *cum creditore*. Cfr. BAUER-BALMELLI, Maja; WIDMER, Oliver; HARBEKE, Nils. *Switzerland – Trusts, Topical Analyses*. Amsterdam: IBFD, 2011, section 1.2.1. Cfr. HCCH – *Hague Conference on Private International Law- Convention of 1 July 1985 on the Law Applicable to Trusts and on their Recognition*. Disponível em: http://www.hcch.net/index_en.php?act=conventions.status&cid=59. Acesso em: 10.10.2012.
[104] Cfr. WILSON, David Wallace; NAGAI, Caroline López. *Country Report: Switzerland*. In. GALLANIS, Thomas P. *The Trust in Continental Europe: A Brief Comment From a U.S. Observer*. The Columbia Journal of European Law Online, v. 18, 2012, p. 26.
[105] Nesse sentido, cita o autor a decisão *Rybolovlev v Rybolovleva*. Vide: GRAHAM, Toby; AKKOUH, Tim. *The Hague Trusts Convention five years on: the Swiss Federal Supreme Court's decision in Rybolovlev v Rybolovleva*. Trusts & Trustees, United Kingdom, v. 18, n. 8, p. 746–755, september 2012, p. 746.
[106] Cfr. WILSON, David Wallace; NAGAI, Caroline López. *Country Report: Switzerland*. In. GALLANIS, Thomas P. *The Trust in Continental Europe: A Brief Comment From a U.S. Observer*. The Columbia Journal of European Law Online, v. 18, 2012, p. 26.

ficar para trás, certamente, já que as demais jurisdições da Europa de Direito Civil já introduziram conceitos gerais sobre os *Trusts*[107].

Indo além, Liechtenstein, mesmo tendo assinado e ratificado a Convenção de Haia sobre o Direito Aplicável aos *Trusts* e o seu Reconhecimento em 2004, é a única jurisdição de Direito Civil da Europa continental que adotou, sob a forma codificada, o *Anglo-American common law trust*.

Também, Malta adotou a Convenção de Haia sobre a Lei Aplicável ao *Trust* e ao seu Reconhecimento, e possui a sua própria lei sobre os *Trusts*. Ademais, Malta destaca-se por ter desenvolvido o conceito de equidade, integrando-o com um sistema legislativo intrinsecamente de *civil law*.

Igualmente, a República de San Marino demonstrou-nos a possibilidade em ultrapassar as *"barreiras de seu sistema jurídico civil"* em relação ao *Trust* da *common law*. De fato objetivando acompanhar a tendência internacional na integração dos sistemas jurídicos, a República de San Marino, incluiu em seu ordenamento interno, o *Trust*, com todas as suas cabais características. Além disso, também ratificou a Convenção de Haia sobre os *Trusts*.

Pelas mesmas razões, através da promulgação da Lei de 1925, o Panamá se tornou o primeiro país da América Latina a adotar uma ferramenta semelhante ao *Trust*, buscando a adaptação em seu sistema de *civil law*, através da figura do análogo *"fideicomiso"*.

Após algumas alterações legislativas já mencionadas, hoje os *fideicomisos* são utilizados no Panamá no alcance de uma variedade de propósitos, sejam eles comerciais, tal como no caso da garantia ou da securitização, ou para fins privados, como a proteção de ativos ou planejamento sucessório[108].

Do Panamá, o *fideicomiso* passou alguns anos mais tarde para o México (1926), Porto Rico (1928), Honduras (1950), Costa Rica (1957), El Salvador (1973) e Guatemala (1974).

Nesse contexto, porém, destaca FIGUEROA, *in verbis*: *"Due to its flexibility, the trust is considered one of the most useful legal tools for promoting business in the United States. In contrast, use of the Latin American trust (fideicomiso)*

---

[107] *Cfr.* MILO, J.M. *Country Report: The Netherlands*, p. 67- 80. In. GALLANIS, Thomas P. *The Trust in Continental Europe: A Brief Comment From a U.S. Observer.* The Columbia Journal of European Law Online, v. 18, 2012, p. 80.

[108] *Cfr.* GARAY, Eduardo González. *The Panama trust in international tax planning.* Trusts & Trustees, United Kingdom, v. 17, n. 5, p. 401–405, june 2011, p. 401.

is limited to commercial and financial purposes and has been described as a rigid and archaic instrument"[109].

Com efeito, devido aos fundamentos da *common law* em relação aos *trusts* anglo-americanos, o método que vem sendo utilizado pelos países de *civil law* na transposição dos *Trusts*, é o de transformar o fideicomisso da América Latina em uma ferramenta legal moderna e eficaz.

A esse propósito considera CHALHUB, *in verbis*: "*A cada dia a atividade econômica abre perspectivas de inovação, daí surgindo novas modalidades de negócio em alta velocidade e grande variedade, de modo que, não dispondo o ordenamento jurídico de meios adequados ao atendimento dessas inovações no momento em que se põe no mercado, são elas colocadas em prática mediante a utilização de velhas formas contratuais*"[110].

Logo, algumas funções do *Trust* vêm sendo implementadas nos países de origem *civil law*, de uma forma geral, através da adoção de figuras jurídicas semelhantes (fidúcia ou fideicomisso).

Apreciamos, contudo, que sua implementação deve ser realizada através de uma inovação legislativa neste assunto. De fato, através da experiência vivenciada por países de *civil law* que buscam a implementação dos Trusts através de ferramentas similares, corrobora a necessidade do *Trust*, enquanto novo instrumento, aproveitado em todas as suas potencialidades[111]. Indubitavelmente, notamos a insatisfação dos países em relação aos seus instrumentos "semelhantes", ao observamos o contínuo empenho de tais jurisdições, em propor alterações legislativas contínuas. Tais alterações, ambicionam, em verdade, adaptar tais ferramentas, através da aproximação cada vez mais fidedigna das características e funcionalidades próprias do *Trust* da *common law*, até mesmo aperfeiçoando as mesmas.

Mormente, devemos considerar, que a adaptação da fidúcia ou fideicomisso aos *Trusts*, leva a diferenças fulcrais numa ou noutra jurisdição que o fazem, resultando no oposto ao que buscamos, "*uma ferramenta universal, em termos de conceito, estrutura e característica*", e pronta a ser utilizada.

---

[109] Cfr. FIGUEROA, Dante. *Civil law trusts in latin america: is the lack of trusts an Impediment for expanding business opportunities in latin america?*. In: Arizona Journal of International & Comparative Law, v. 24, n. 3, 2007, p. 701.

[110] Cfr. CHALHUB, Melhim Namem. *Negócio Fiduciário*. São Paulo: Renovar, 2009, p. 33.

[111] Recomendamos a leitura do nosso livro "O Direito dos Trusts na Perspectiva Internacional". São Paulo: Almedina, 2020.

Nessa mesma linha, muito bem exemplifica LUPOI, *in verbis*: *"the Spanish word "fideicomiso" has different meanings in Argentina, Chile and Mexico"*[112].

O *Trust*, no entanto, é único e universal em seu significado!

Portanto, consideramos que somente através da implementação de uma legislação interna completa sobre os *Trusts*, é que será possível alcançarmos todos os benefícios que o instrumento tem a oferecer. E, além disso, cominar à completa segurança jurídica necessária aos seus participantes (*settlor*, *trustee* e beneficiário), sejam eles nacionais ou internacionais, considerando a realidade factual em que vivemos. Especialmente, estabelecer regras próprias sobre sua tributação.

Por todos os títulos, nos propomos à implementação do instrumento dos *Trusts* no Direito brasileiro, através da promulgação de uma lei específica.

Ao fim e ao cabo, a pergunta que se coloca é a seguinte:

"Why no trusts in the civil law?" (BOLGÁR)[113].

É o que pretendemos demonstrar ao final do presente livro.

3. Harmonização e Modernização do Direito Brasileiro com a *Práxis* Jurídica Internacional

> *"O hábito de viver vai aos poucos influindo sobre as normas jurídicas, mudando-lhes o sentido, transformando-as até mesmo nos seus pontos essenciais, ajustando-as às necessidades fundamentais da existência coletiva".* (Miguel Reale, Fiolosofia do Direito, 2002, p. 610).

O Direito possui um papel fundamental no desenvolvimento social e econômico de um país.

Nesse sentido, nos mercados globalizados, o *Trust* pode ser visto como instrumento que por si só, é globalizado. Isso pode ser constatado através

---

[112] Cfr. LUPOI, Maurizio. *Trusts in the Civil Law – An Introduction*. Trusts & Trustees, United Kingdom, v. 2, n. 9, 1996, p. 20-22. Vide JETEL, Amy P. *Fideicomisos: Clarity at Last?*. Trusts & Estates, Penton Business Med, New York, Volume 151, Issue 11, Nov 2012. MAIA, J. Gonçalves. *Do fideicomisso*. Rio de Janeiro: Typ. Santa Helena, 1922.

[113] Convidamos à leitura de BOLGÁR, Vera. *Why No Trusts in the Civil Law?*. In: The American Journal of Comparative Law, v. 2, n. 2 (Spring, 1953).

do crescente número de decisões judiciais e estudos doutrinários sobre o tema, hodiernamente, nos sistemas jurídicos de *civil law*.

De fato, o *Trust* é aceito como sendo uma estrutura jurídica dinâmica e flexível, compatível com a sociedade moderna, interligada, e em constante evolução.

Desde o final do século XX, observamos o desenvolvimento do instituto dos *Trusts* no âmbito da *práxis* jurídicas internacional, visto como uma tecnologia jurídica necessária ao desenvolvimento econômico.

Certamente, a tecnologia jurídica é um relevante instrumento de concorrência, nomeadamente, entre as pessoas e empresas submetidas aos diversos ordenamentos jurídicos.

Ante a competitividade, esclarecem VAZ TOMÉ e CAMPOS, que incumbe a cada empresa dotar-se da mais evoluída tecnologia jurídica, conhecendo e utilizando os instrumentos do seu Direito nacional e, também, conhecendo os Direitos Nacionais de seus concorrentes e dos seus clientes. De fato, modelando os contratos da maneira que melhor lhe convenha[114].

Em alinhamento, complementa SANTISTEBAN, *in verbis*: "*La mundialización del Derecho y la búsqueda de armonización entre los diversos sistemas jurídicos, la globalización de la economía y la necesidad de buscar nuevos cauces de atracción de capitales e inversiones, o los mismos fenómenos migratorios que junto a un desplazamiento de personas conllevan también el de sus idioma, costumbres y leyes propias, son factores decisivos en este proceso de expansión del instituto*"[115].

De fato, o *Trust* é indicado como sendo um relevante instrumento de concorrência global, manifesto nas diversas economias, de ordenamentos jurídicos da *civil* e da *common law*.

Logo, estamos falando de pessoas e empresas submetidas a diversas jurisdições, e que estão integradas mediante o fenómeno da mundialização que hoje se fixa naturalmente. Isso ocorre das mais diferentes formas, em razão da facilidade contemporânea de trocar informações, impressões e tecnologias. Motivando contatos internacionais e negócios internacionais.

---

[114] *Cfr.* VAZ TOMÉ, Maria João; CAMPOS, Diogo Leite de. *A Propriedade Fiduciária (Trust), Estudo para a sua Consagração no Direito Português*. Coimbra: Almedina, 1999, p. 318.

[115] *Cfr.* SANTISTEBAN, Sonia Martín. *El instituto del trust em los sistemas legales continentales y su compatibilidad con los principios de civil law*. Navarra: Editora Aranzadi, 2005, p. 199.

Nessa esteira, é possível vincular a fácil e rápida movimentação de pessoas e empresas, como sendo, sem dúvida, uma das razões da elaboração da Convenção sobre a Lei Aplicável ao *Trust* e ao seu reconhecimento.

Hoje, comumente ocorre a utilização de instrumentos de Direito estrangeiro por famílias que possuem patrimônio no exterior.

De fato, atualmente é comum um trabalhador brasileiro possuir membros de sua família em lugares distintos: um estudando em Londres, o outro constituindo família em Nova York, e assim, passarem a conhecer e a usar mecanismos estrangeiros como o do *Trust*. Igualmente, é mais comum um brasileiro passar anos de sua vida trabalhando em Londres, sob a égide dos *Trusts*, e depois, ao elaborar um testamento, com propriedades em jurisdições distintas, inclusive algumas das quais, localizadas no Brasil, nomeiar um *trustee* em Londres, em benefício de sua esposa e filhos brasileiros.

Também, podemos citar o empresário estrangeiro (americano, chinês, canadense, australiano, londrino ...), trabalhar no Brasil, e aqui constituir sua família, e resolver estabelecer um *Trust* que cubra a sua propriedade brasileira e também a propriedade estrangeira. Escolhe o *Trust*, simplesmente por avaliar o intrumento como sendo o de melhor eficácia à realização de seus objetivos.

Perceba-se, pois, que esses simples exemplos acima apontados, manifestam um quadro claro daquilo que vivenciamos intensamente hoje, como resultado da globalização e da facilidade da movimentação de pessoas, bens e empresas.

De fato, quando uma pessoa conhece o mecanismo do *Trust*, comumente prefere por constituir um, quando seu objetivo primordial for a preservação de ativos, além da administração eficaz e especializada do seu patrimônio familiar ou corporativo. Ainda, não podemos esquecer de mencionar, que a sua forma constitutiva é relativamente mais simples do que as demais ferramentas disponíveis no sistema *civil law*.

É nesse quadro de ideias, pois, que observamos os benefícios da implementação do instituto dos *Trusts* no ordenamento jurídico brasileiro, considerados não só no âmbito do Direito Internacional Privado, mas também em relação aos nacionais que almejam ter a possibilidade de optar pela constituição do Trust no Brasil.

Logo, existe a necessidade de, não apenas participar das regras de Direito Internacional Privado relativas ao *Trust*, através da ratificação da

Convenção sobre os *Trusts*, mas, ir além, incluindo o instrumento através de legislação própria, com o objetivo final de harmonizar e modernizar os Direitos com a *práxis* jurídica internacional.

Hodiernamente, no Brasil, inúmeros escritórios de advocacia já oferecem aos seus clientes os *Trusts* como opção de planejamento patrimonial. Entretanto, a inexistência de regras claras sobre os *Trusts* no Direito brasileiro, leva a transferência de capitais à jurisdições que o reconhecem. Todas sob o sufrágio e recomendações de profissionais da advocacia e do setor bancário.

Adicionalmente, é neste mesmo contexto, que a introdução do instituto dos *Trusts* no Brasil promoverá, sem dúvida, maior eficiência e competitividade às empresas brasileiras em escala mundial. De fato, a estrutura organizacional proporcionada através dos *Trusts*, é vista como alternativa às sociedades comerciais, e, portanto, sua concorrente.

Especialmente, destaca-se o crescente papel desempenhado pelos *Trusts* no mercado financeiro contemporâneo.

Nesse sentido, CAMPOS e VÁZ TOMÉ, observam que os *Trusts* têm desenvolvido um importante papel econômico, ressaltando a administração de portfólios de valores mobiliários[116].

Pois bem, os *Trusts* vêm atingindo proporções internacionais, sendo utilizado como uma ferramenta comercial e de investimentos, podendo até mesmo ser apontado como necessário aos negócios no mundo globalizado.

É nesse sentido, que consideramos extremamente importante, também, que o Brasil disponibilize ferramentas jurídicas que possam ser reconhecidas e utilizadas por investidores estrangeiros no Brasil. De fato, em especial, a introdução dos *Trusts* permitirá a atração de investidores estrangeiros que já contemplam a sua estrutura e, portanto, confiam na proteção jurídica fornecida por ela.

Em exemplo, o reforço dos Direitos dos acionistas é uma das grandes preocupações das sociedades modernas, e tal reforço pode ser alcançado através da segregação patrimonial proporcionada pela estrutura jurídica dos *Trusts*.

Com efeito, a especial proteção patrimonial conferida aos beneficiários do *Trust*, em relação à transmissão ilícita dos bens por parte do *trustee*

---

[116] *Cfr.* VAZ TOMÉ, Maria João; CAMPOS, Diogo Leite de. *A Propriedade Fiduciária (Trust), Estudo para a sua Consagração no Direito Português.* Coimbra: Almedina, 1999, p. 195.

é, frequentemente e substancialmente, mais eficiente do que a proteção jurídica alcançada através de outros instrumentos disponíveis na *civil law*.

Principalmente, uma maior segurança jurídica pode ser alcançada através da padronização de Direitos, onde investidores residentes e estrangeiros, bem como os aplicadores do Direito, possam falar a mesma linguagem jurídica, ao ter à disposição instituições com regras uniformes.

Com a globalização e o forte fluxo de capital externo para o Brasil, tanto direto como indireto, fica manifesta a necessidade da adequação da legislação brasileira.

Nota-se, hoje, que muitos investidores estrangeiros que almejam investir no Brasil, são representados por meio de *trustees*. Tal fato pode ser constatado através dos dados cadastrais de empresas investidoras (não residentes) – constantes no sítio da Comissão de Valores Mobiliários do Brasil (CVM), onde podemos verificar uma extensa lista de *trustees* investidores no mercado brasileiro. Por igual, *trustees* investem nos títulos de companhias brasileiras de capital aberto, que listam suas ações no exterior[117].

Por conseguinte, exemplificativamente, a Vale S.A (empresa mineradora global, com sede no Brasil e atuação em mais de 30 países) pagou em outubro de 2011, juros adicionais de notas conversíveis em ADRs (American Depositary Receipts), ao Bank of New York, detentor das ADRs na qualidade de *trustee*[118].

Ainda, interessante mencionar, que o J.P.Morgan, ofereceu aos seus investidores em 2010, um fundo de investimento focado para o Brasil – pronunciando em seu site, *in verbis*: *"the country is in a stronger position than other highly cyclical emerging markets"*[119]. Nessa linha, Sebastian Luparia, um

---

[117] *Vide* nesse sentido: ZACLIS, Lionel; MURRAY, Brian P. *Jurisdição estrangeira tem papel relevante na defesa de investidores brasileiros*. Brasil: Artigo publicado na BM&F Bovespa, em 08.08.2008. Disponível em: http://www.bmfbovespa.com.br/juridico/noticias-e-entrevistas/Noticias/080808NotA.asp Acesso em: 11.04.2012.
[118] *Vide* BOVESPA. *Vale anuncia valores de juros a serem pagos por notas conversíveis em ADRs*. Disponível em: http://www.infomoney.com.br/ . Acesso em: 17.06.2013.
[119] UK. Money Wise. *J. P. Morgan unveils UK's first Brazil investment trust: by Ruth Emery*. 2.03.2010. Disponível em: http://www.moneywise.co.uk/ Acesso em: 10.04.2012. Em março de 2012, o J.P. Morgan manifestou sua satisfação em investir no mercado brasileiro de valores mobiliários, assegurando a aceleração do crescimento brasileiro, com perspectivas muito atraentes de retornos dos investimentos. O Banco observa o Brasil com boas oportunidades

dos *trustees* expressou, *in verbis*: "*Brazil is a very exciting investment opportunity and since it achieved investment grade in April 2008 it has transformed from inflationary boom-bust cycles 2009 stress-tested this when the country experienced a normal recession with a swift recovery*"[120].

Em relatório publicado em janeiro de 2020, J.P.Morgan manteve a recomendação chamada "overweight" (acima da média do mercado) para o Brasil. A estrategista Emy Shayo, em seu relatório, vê o mercado brasileiro como um dos melhores para se investir em ações[121].

No Boletim de Investimentos Estrangeiros no Brasil referente ao segundo trimestre de 2019, foram identificados 36 projetos de investimento estrangeiro direto (IED) no Brasil, provenientes de 22 empresas de cinco países. Podemos observar através do Boletim, que os cinco maiores investidores estrangeiros são países que possuem o *Trust* em seu ordenamento jurídico interno: Estados Unidos (EUA), China, Japão, França e Itália[122].

É nessa linha que podemos afirmar que *trustees* participam na subscrição de capital ou na aquisição de participações acionárias em empresas brasileiras já existentes. Logo, *trustees* fazem parte do quadro de acionistas em sociedades anónimas brasileiras, e *mister* se faz conferir um tratamento jurídico adequado.

---

de investimentos In: Easier Finance: *JP Morgan Brazil investment trust sees positive returns in Brazil*. 08.03.2012. Disponível em: http://www.easier.com/ Acesso em: 10.03.2012.

[120] Cfr. UK. Money Wise. J*PMorgan unveils UK's first Brazil investment trust: by Ruth Emery.* 2.03.2010. Disponível em: http://www.moneywise.co.uk/ Acesso em: 10.04.2012. In: Easier Finance: *JP Morgan Brazil investment trust sees positive returns in Brazil* 08.03.2012. Disponível em: http://www.easier.com/ . Acesso em: 10.03.2012.

[121] REZENDE, Victor. "Rating do Brasil deve ser elevado em 2020, afirma J.P. Morgan". Valor Economico: São Paulo. Disponónivel em: https://valorinveste.globo.com/mercados/renda-variavel/noticia/2020/01/10/brasil-e-um-dos-melhores-paises-para-investimentos--na-america-latina-diz-jp-morgan.ghtml . Acesso em: 10.01.2020. No mesmo sentido, é a reportagem recente, do jornalista Kenneth Rapoza na qual recomendamos a leitura: RAPOZA, Kenneth. "Will Wall Street Return?". Revista Forbes, USA. Disponível em> https://www.forbes.com/sites/kenrapoza/2019/12/20/brazil-2020-will-wall-street-return/#5713da5b6432. Acesso em: 10.02.2020.

[122] BRASIL. MINISTÉRIO DA ECONOMIA. CAMEX. Disponível em: http://www.camex.gov.br/noticias-da-camex/2254-boletim-de-investimentos-estrangeiros-2-2019. Acesso em: 13.02.2020.

Com efeito, investidores que almejam a participação passiva em sociedades, como acionistas minoritários, optam pela tutela dos seus interesses no domínio do *Trust*, em razão da proteção jurídica dos seus ativos.

Hoje, pessoas criam e distribuem riqueza dentro de uma comunidade internacional. Desta constatação, vislumbra-se o confronto de conceitos jurídicos, cada vez maior e crescente.

Explicam VAZ TOMÉ e CAMPOS, que a ausência de um Direito dos *Trusts*, assim como de uma regra de conflitos adequada conduz, nos sistemas jurídicos continentais, a alguma anarquia no tratamento desta matéria[123].

Para os autores, *"numa era projectos concretos de união dos mercados financeiros europeus, a homogeneização substantiva e não meramente conflitual da disciplina do Trust, utilizado para facilitar esquemas de investimento, revela-se muito aconselhável. De outro modo, poderá assistir-se a inúmeras "operações de deslocalização"*[124].

Assiste-se, hodiernamente, que as economias do mundo estão a caminho de se tornarem cada vez mais integradas. Perceba-se que, em épocas anteriores, os sistemas jurídicos da *civil law* e da *common law*, não teriam se defrontado com tanta constância. Entretanto, não é a realidade que hoje se vivencia, sendo imprescindível uma perspectiva jurídica internacional.

Com efeito, a ampla variedade de indivíduos que gastam um tempo considerável em países com sistemas jurídicos da tradição anglo-saxônica, ambicionam constituir *Trusts* e, efetivamente colocam seu patrimônio fora do alcance da jurisdição nacional, seja pela ausência do instrumento no seu país de origem, seja por razões tributárias.

Posto tudo isso, é o *Trust* uma ferramenta de fulcral importância à economia global e às relações privatísticas, enquanto instrumento de conexão entre pessoas e empresas, vinculadas, simultaneamente, a *common law* e a *civil law*.

Porquanto, consideramos que a implementação do instituto dos *Trusts* no Direito brasileiro é essencial à harmonização e modernização do ordenamento jurídico deste, em relação a *práxis* jurídicas internacionais.

---

[123] *Cfr.* VAZ TOMÉ, Maria João; CAMPOS, Diogo Leite de. *A Propriedade Fiduciária (Trust), Estudo para a sua Consagração no Direito Português.* Coimbra: Almedina, 1999, p. 303.

[124] *Cfr.* VAZ TOMÉ, Maria João; CAMPOS, Diogo Leite de. *A Propriedade Fiduciária (Trust), Estudo para a sua Consagração no Direito Português.* Coimbra: Almedina, 1999, p. 303.

Aliás, e por fim, especial consideração assume a menção feita por REALE *in verbis*: "*O Direito é feito para a vida, e não a vida para o Direito*"[125].

4. A Flexibilidade do *Trust*

> "*O trust consubstancia um instrumento caracterizado por uma extraordinária flexibilidade estrutural e funcional*" (VAZ TOMÉ, 2007) [126].

Neste tópico, ganham significativa importância alguns pontos voltados à flexibilidade dos *Trusts*, enquanto fundamento de sua implementação no Direito brasileiro.

Por primeiro, dois aspectos fundamentais ganham destaque: um *Trust* pode ser criado para qualquer finalidade, desde que o seu objetivo não seja ilegal, imoral e contrário à ordem pública; e não existe uma lista exaustiva de disposições que podem ser alocadas no *trust instrument*.

Nesse sentido, aliás, límpida a mensagem de THÉVENOZ, *in verbis*: "*The beauty and the uniqueness of a trust is that it is a single instrument that is so flexible and adaptable that it has made many other instruments unnecessary or superfluous. It's so flexible that it responds to a variety of different needs whereas other jurisdictions had to develop several different institutions to address different purposes*"[127].

Com efeito, o *settlor* pode estipular no instrumento do *Trust* todas as suas vontades, direcionando a gestão dos *Trusts* da forma como desejar. Tanto disposições relativas aos beneficiários e seus respectivos Direitos, quanto disposições mais complexas, em relação aos atos administrativos do *trustee*, podem ser convencionadas.

Acresce, que o *Trust* prioriza a célere realização de negócios, caracterizando-se pela ausência de burocracias demasiadas.

A flexibilidade do *Trust*, produz, consequentemente, uma redução dos custos transacionais, fazendo do instituto uma excelente ferramenta na utilização dos mais diversos negócios corporativos ou de investimentos.

---

[125] *Cfr.* REALE, Miguel. *Filosofia do Direito*. São Paulo: Saraiva, 2002, p. 610.
[126] *Cfr.* VAZ TOMÉ, Maria João Romão Carreiro. *Sobre o Contrato de Mandato sem Representação e o Trust*. Revista da Ordem dos Advogados, Lisboa, v. III, Dezembro 2007, p. 28.
[127] *Cfr.* THÉVENOZ, Luc. *A Swiss Perspective*. Trusts & Trustees, United Kingdom, v. 19, n. 3 e 4, p. 296-301, april/may 2013, p. 297.

Pelas mesmas razões, o *Trust* é considerado em geral, como excelente instrumento de planejamento patrimonial, também no âmbito da família.

De fato, muitos instrumentos oferecidos pela *civil law*, tal como o mandato, além do tempo gasto na realização de *procurações específicas* necessárias à realização de determinados negócios, ainda podemos mencionar os altos custos registrais.

Com efeito, o *trustee* tem o controle e a administração exclusiva da *trust property*, fato que confere maior agilidade nos negócios. Ao estabelecer os títulos relacionados com a propriedade em nome dele, ele tem o exercício de todos os Direitos inerentes ao patrimônio e pode tomar qualquer medida adequada para assegurar a sua administração produtiva, sem a necessidade de apresentar intermitentes procurações específicas.

Apesar disso, a lei estipula que o *trustee* atua como o administrador da propriedade de outros, e consequentemente é responsável, seriamente, pela sua completa gestão.

Adicionalmente, há ampla liberdade na escolha dos termos do *trust instrument*, além da possibilidade de preservação dos nomes dos sujeitos envolvidos.

Nesta linha, vimos que a criação do *Trust* da *common law* é relativamente simples e, quando estabelecido por ato *inter vivos*, a sua existência e seus termos não precisam ser divulgados a qualquer outra pessoa que não aos *trustees* e aos beneficiários[128].

Entretanto, o que mais importa aqui, é que através de um único instrumento – "*Trusts*" – é possível a realização de vários tipos de acordos, combinações de "*várias vontades*" em uma só ferramenta jurídica.

Ao contrário, tal intento só é possível no sistema existente hodiernamente na *civil law* através da constituição de uma infinidade de contratos diferentes que, logicamente, geram altos custos registais, e lentidão na concretização dos negócios. Sobretudo, esta justaposição de instrumentos nem sempre será possível, e, em qualquer caso, não oferece às partes o mesmo grau de flexibilidade e a mesma proteção de seus ativos que o *Trust* proporciona.

---

[128] Por exemplo, em Quebéc, embora jurisdição *civil law*, o *Trust* pode ser identificado pelo nome de qualquer um dos sujeitos envolvidos, ou seja, o *settlor*, beneficiário ou o *trustee*. Dessa forma, garante-se, sobremaneira, a privacidade dos principais sujeitos do *Trust*, ao identificar o *Trust* através do seu gestor, ou seja, o *trustee*.

Com efeito, temos no Brasil ferramentas que, fragmentadas, apontam respostas a eventuais necessidades econômicas privatísticas. Contudo, não há qualquer instrumento legal que contém todos os elementos característicos do *Trust*. De fato, são dispositivos jurídicos que, em separado, estão longe de atingir as vantagens que o *Trust*, como única ferramenta, é capaz de proporcionar.

Vale ressaltar, pois, que em razão de sua flexibilidade, o *Trust* não é desconhecido no Brasil, e a sua não regulamentação pode ocasionar incertezas e desvantagens aos operadores do Direito. Inseguranças, estas, que são plenamente sanáveis a partir da correta implementação de regras sobre o instrumento no ordenamento jurídico brasileiro.

Com efeito, a ausência de ferramentas jurídicas satisfatórias faz com que brasileiros busquem alternativas aceitáveis fora da sua jurisdição. A facilidade na comunicação internacional e o consequente conhecimento de outras técnicas jurídicas melhores promovem, sobremaneira, esse intercâmbio de práticas negociais.

De fato, conforme já destacado, advogados brasileiros que já conhecem e atuam com estruturas jurídicas globais, oferecem os *Trusts* a seus clientes brasileiros, como opção de planejamento patrimonial.

Nomeadamente, as famílias *"internacionais"*, com perspectivas globais (com residências em mais de um país ou imóveis em mais de uma jurisdição), são desejosas por soluções jurídicas, que se não encontradas no seu ordenamento jurídico interno, sem hesitar, aceitam desfechos externos mais satisfatórios.

Veremos mais adiante, que o *Trust* possui um vasto campo de aplicabilidade, produzindo resultados muito satisfatórios tanto no domínio no Direito Privado como, também, no ramo do Direito Público.

Afinal, muito bem sintetiza VAZ TOMÉ ao admitir, *in verbis*: *"Os propósitos susceptíveis de conduzirem à constituição de um trust são tão ilimitados quanto a imaginação dos juristas"*[129].

---

[129] *Cfr.* VAZ TOMÉ, Maria João Romão Carreiro. *Sobre o Contrato de Mandato sem Representação e o Trust*. Revista da Ordem dos Advogados, Lisboa, v. III, Dezembro 2007, p. 28.

5. A Formação de um Patrimônio Separado à Concretização de Propósitos Específicos

Hodiernamente, a proteção e administração de ativos experimenta um período realmente sem precedentes em termos de atenção dos legisladores em escala global.

Nas palavras de VAZ TOMÉ, *in verbis*: *"Assiste-se, com efeito, a uma forte pressão do tráfico jurídico para a criação de patrimónios separados desprovidos de personificação ou subjetivação e para a especialização da garantia patrimonial"*[130].

No mesmo sentido, esclarece CHALHUB, *in verbis*: *"A realização dos investimentos necessários ao desenvolvimento passa por uma indispensável revisão da legislação sobre a limitação de riscos patrimoniais na atividade empresarial"*[131].

Por igual, também elogiosa a opinião de THÉVENOZ, *in verbis*: *"All legal systems have to accommodate this need for a number of purposes, from business ventures (and this is what gave rise to the limited company) to the management of assets, especially when these assets need to be managed for multiple persons. I'm thinking here of pension funds, investment funds, and security interests for multiple creditors"*[132].

Nesse contexto, vale ressaltar que o interesse global por regras que possibilitem a criação de patrimônios separados, confirma a relatividade do princípio da indivisibilidade do patrimônio.

Tal quadro, permite e instiga a importação de modelos de outras ordens jurídicas de limitação de responsabilidade, tal como o instituto dos *Trusts*.

É nesta perspectiva, pois, que vários países de *civil law* adotaram figuras semelhantes ao *Trust*, através de institutos que permitem a formação de um patrimônio separado, ou por meio da modernização da fidúcia.

---

[130] *Cfr.* VAZ TOMÉ, Maria João Romão Carreiro. *Sobre o Contrato de Mandato sem Representação e o Trust*. Revista da Ordem dos Advogados, Lisboa, v. III, Dezembro 2007, p. 2. *Vide* também: MICHAEL, Prince. *Between the poles of public debt and private asset protection*. Trusts & Trustees, United Kingdom, v. 18, n. 6, p. 468–470, july 2012, p. 468–470.

[131] *Vide* nesse sentido, CHALHUB, Melhim Namem. *Barreiras jurídicas do crescimento econômico.* In: Jornal Valor Econômico, 10/01/2007, Pág E2. *Vide* MAURICE, Clare. *The attractions of the trust to non-domiciled settlors*. Trusts & Trustees, United Kingdom, v. 19, n. 3 e 4, p. 290–295, april/may 2013, p. 292.

[132] *Cfr.* THÉVENOZ, Luc. *A Swiss Perspective*. Trusts & Trustees, United Kingdom, v. 19, n. 3 e 4, p. 296-301, april/may 2013, p. 297.

Entretanto, o que diferencia uma ferramenta jurídica e outra, é a proteção conferida ao patrimônio separado instituído. De fato, quando se pensa em organizar um patrimônio separado, reflete-se sobre a real proteção que será atribuída aos bens e Direitos que o constituem.

Para tanto, deve ser considerada a limitação da responsabilidade do patrimônio em si, em relação aos seus próprios credores, e em relação aos credores pessoais do *trustee*, beneficiário e *settlor*. Por igual, existe a preocupação da proteção do patrimônio pessoal do *settlor*, do beneficiário e do *trustee*, agora em relação às dívidas oriundas do próprio patrimônio segregado.

Logo, a formação de um patrimônio separado à concretização de propósitos específicos é mais uma especial razão que torna conveniente a implementação do instituto dos *Trusts* no Direito brasileiro.

Fundamentalmente, a formação de um patrimônio separado é um elemento típico do *Trust*.

Nesse sentido, devemos relembrar aqui, o artigo 2º da Convenção de Haia[133], *in verbis*: a) *the assets constitute a separate fund and are not a part of the trustee's own estate. b) title to the trust assets stands in the name of the trustee or in the name of another person on behalf of the trustee.*

De fato, muito bem observa CHALHUB ao dizer que a eficácia dos *Trusts* como mecanismo de limitação de responsabilidade e consequente estímulo a investimentos é incomparável[134].

Como já sinalizado, o *Trust*, por sua versatilidade, é capaz de perfazer múltiplos objetivos, com flexibilidade e eficácia não encontrada em outra figura jurídica disponível na *civil law*.

Neste quadro, em breve conceituação, o patrimônio é um conjunto de Direitos e responsabilidades. Comumente, o patrimônio e a personalidade coincidem, de modo que uma pessoa possui apenas um patrimônio, composto da totalidade de seus ativos e responsabilidades.

Contudo, através do *Trust*, o *settlor* pode constituir um patrimônio separado, sendo-lhe facultado atribuir a ele qualquer tipo de bem ou Direito,

---

[133] HCCH. *Hague Conference on Private International Law – Convention on the Law Applicable to Trusts and on their Recognition.* Disponível em: http://hcch.e-vision.nl/index_en.php?act=conventions.text&cid=59. Acesso em 19.07.2011.
[134] *Vide* nesse sentido CHALHUB, Melhim Namem. *Barreiras jurídicas do crescimento econômico.* In: Jornal Valor Econômico – 10/01/2007, Pág E2.

corpóreo ou incorpóreo, desde que a propriedade seja transferível, para o nome do *trustee*. Logo, no âmbito do *Trust*, existem dois patrimônios mantidos por uma pessoa, o *trustee*.

Da mesma forma que todas as demais pessoas, por igual, o *trustee* possui a sua propriedade privada, todavia, adicionalmente, ele também adquire a *trust property*[135].

Por isso, é fundamentalmente necessário que o *trustee* separe adequadamente a sua propriedade pessoal da propriedade do *Trust*. Além disso, deve o *trustee* claramente identificar tais ativos como sendo parte dos ativos pertencentes a um *Trust*. Ambos os deveres correspondem ao dever do *trustee* de identificação – separar e identificar.

Lembramos, aqui, que a mistura desses dois patrimônios gera violação grave do *Trust*, com a responsabilização pessoal e ilimitada do *trustee* (ele agindo ou não de má-fé).

É nesse sentido que, sob as regras dos *Trusts*, permite-se uma completa proteção patrimonial, onde os bens ou direitos transferidos ao *trustee* permanecem separados do seu patrimônio pessoal, respondendo apenas de forma limitada, e em relação aos fins para o qual foi constituído.

Sem dúvida, entre as principais características do *Trust* anglo-saxão sobressai a segregação dos ativos transferidos, que permanecem separados da riqueza do *trustee* e de qualquer outro patrimônio. Tal separação, motiva, sobremaneira, um maior alívio nas transações empresariais e financeiras, atraindo a atenção dos indivíduos e empresas.

Segundo esclarece VAZ TOMÉ, *in verbis*: *"trata-se da exigência econômica de obter proveitos e eficiência, susceptível de ser cumprida pela destinação de massas patrimoniais à satisfação de determinados grupos de credores"*[136].

Com efeito, a estrutura do *Trust* consente o controle dos Direitos dos credores, porquanto permite-se aos seus participantes a segregação de um conjunto distinto de ativos, limitando-se, sobremaneira, a responsabilidade dos envolvidos (*settlor*, *trustee* e beneficiário).

---

[135] *Vide* REID, Kenneth G.C. *Patrimony Not Equity: the trust in Scotland*. European Review of Private Law, Netherlands, v. 8, n. 3, p. 427-437, 2000, p. 432; MILO, Michael; SMITS, Jan. *Trusts in Mixed Legal Systems: A Challenge to Comparative Trust Law*. European Review of Private Law, v. 8, n.3, p. 421-426, 2000, p. 423; OLIVA, Milena Donato. *Patrimônio Separado*. Rio de Janeiro: Renovar, 2009.

[136] *Cfr.* VAZ TOMÉ, Maria João Romão Carreiro. *Sobre o Contrato de Mandato sem Representação e o Trust*. Revista da Ordem dos Advogados, Lisboa, v. III, Dezembro 2007, p. 2.

De fato, a finalidade a esse respeito não é só para que os ativos do *Trust* sejam geridos separadamente, mas também para *blindar* esses ativos dos credores particulares das partes. Em regra, a *trust property* somente pode ser alcançada por credores do próprio patrimônio segregado[137].

Dessa forma, no caso de um processo de falência contra o *trustee*, a *trust property* deve ser separada da massa falida pessoal do *trustee*. Da mesma forma, tais bens não entram para a sucessão do *trustee* nem são considerados no seu regime matrimonial de bens.

Caso os credores do *trustee* solicitem a penhora dos bens ou direitos em *Trust*, os beneficiários cujos Direitos são afetados, podem contestar a penhora perante o Tribunal que emitiu tal ordem. Com efeito, os Direitos dos beneficiários para tal defesa derivam de seus interesses benéficos (*equitable title*), aceitos, incontestavelmente, como uma forma de direito de propriedade, nos termos da lei que rege o *Trust*.

É de se lembrar nesse ponto, que no Direito Inglês o *trustee* responde ilimitadamente e pessoalmente pelas obrigações que contrair com terceiros no cumprimento de suas funções. Isso é assim, ainda que não tenha havido má-fé de sua parte.

Nesse sentido, o terceiro deve ingressar com uma ação diretamente contra o *trustee*, gerando um direito de indenização do *trustee* para com o *Trust* em relação aos danos que ele sofreu por ocasião de sua gestão – se ele não agiu de má-fé e em violação do *Trust*.

Deve-se atentar ainda, que quando o incumprimento do *trustee* envolver bens certos e determinados, os beneficiários podem segui-los, salvo se estes tiverem sido adquiridos a título oneroso por terceiro de boa-fé.

Conforme já mencionamos, a sequela respeita, em primeiro lugar, aos bens originariamente transmitidos ao *trustee* pelo *settlor*. Depois, em virtude de uma aplicação flexível do princípio da sub-rogação real, aos bens adquiridos em substituição dos bens originários do *Trust*.

Nesse contexto, então, se o *trustee* confundir os bens constituídos em *Trust* com os seus bens pessoais, os beneficiários têm um tratamento privilegiado relativamente a terceiros. Essa ampla sequela afigura-se

---

[137] *Cfr.* FORTI, Valerio. *Comparing American Trust And French Fiducie.* The Columbia Journal of European Law, USA, v. 17, p. 28-33, 2011, p. 29.

particularmente útil em caso de falência ou insolvência do *trustee*, porquanto permite ao beneficiário exercer uma pretensão de natureza real sobre os bens ou direitos constituídos em *Trust*, não tendo os credores gerais do *trustee* o poder de se satisfazerem a expensas da *trust property*.

Ressalta-se, também, neste ponto, que os credores do *Trust* têm o poder de executar os seus Direitos às expensas do patrimônio pessoal do *trustee*, mas não dos bens ou direitos constituídos em *Trust*. Por mais uma vez devemos mencionar, que pode o *trustee* ser reembolsado pelo *Trust* de tais pagamentos, desde que não tenha atuado em desconformidade com o *trust instrument*.

A corroborar com esse raciocínio, esclarece SHAH *in verbis*: "*The basic principles are not in doubt. A creditor's claim is against the trustee even if the trustee incurs the liability to the creditor 'as trustee'. There is no claim against 'the trust' because the trust is not a legal person. The creditor must therefore sue the trustee. A creditor of a trustee who obtains a judgment against the trustee can execute his judgment against the trustee's personal assets*"[138].

Em breve dicotomia, no instituto da fidúcia, por exemplo, os bens não se encontram separados do patrimônio pessoal do fiduciário, e no caso de falência ou insolvência dele, o disponente é tratado como um credor geral do fiduciário. Logo, os credores pessoais do fiduciário irão se beneficiar de um suplemento de garantia sem que, economicamente, nada a justifique.

Vale observar, que o papel fundamental desempenhado pelos Direitos dos credores na *Trust Law* é realçado pela moderna utilização comercial do *Trust* nos Estados Unidos. Ainda mais notadamente nos fundos de pensão, fundos mútuos e securitização.

Complementa FORTI, *in verbis*: "*Many legal systems are attracted to the American model of business law*"[139].

Nessa tela, de forma mais evidente ocorre a globalização nos mercados de capitais, e sobretudo, para estes, desaparecem as fronteiras nacionais.

---

[138] *Cfr.* SHAH, Bajul. *Trustee's indemnity and creditors' rights.* Trusts & Trustees, United Kingdom, v. 19, n. 1, p. 79–85, february 2013, p. 82.

[139] *Cfr.* FORTI, Valerio. *Comparing American Trust And French Fiducie.* The Columbia Journal of European Law, USA, v. 17, p. 28-33, 2011, p. 30.

De fato, segundo explica VAZ TOMÉ, os investidores mudam livremente de mercado e as participações sociais de multinacionais são cotadas simultaneamente em diversos mercados nacionais[140].

Nesse sentido, um dos fatores que atrai a atenção do investidor é a estrutura organizacional do fundo em que se vai investir. Logicamente, leva em consideração a exposição ao risco e a proteção conferida ao patrimônio investido. Deste modo, pode-se dizer que o investidor almeja conhecer a exata medida de seu risco, tendo a certeza de que os ativos investidos por ele não responderão por dívidas alheias ao negócio específico.

Nesse quadro, é o *Trust* um mecanismo com especial eficácia no incremento da atividade econômica, porque confere maior segurança jurídica aos investimentos nacionais e, em especial, aos estrangeiros – pois já são conhecedores da estrutura jurídica dos *Trusts* e da proteção patrimonial conferida por ela.

Com efeito, o recurso ao *Trust* reside, essencialmente, na segregação dos ativos e, por via de consequência, na proteção dos beneficiários. Logo, garante-se a impenetrabilidade do capital assim realizado, à concretização dos fins para o qual foi estabelecido.

Além disso, as obrigações incorridas na gestão do *Trust* somente podem atingir a *trust property*, não respondendo o *settlor* ou os beneficiários com todos os seus bens alheios ao *Trust*. Destaca-se, que na falta de previsão expressa, a responsabilidade pode recair somente na pessoa do *trustee*.

Por outro lado, no que respeita aos credores do beneficiário, devemos indicar, novamente, que eles somente podem executar os bens que se encontrem efetivamente no patrimônio de seu devedor. Assim, por exemplo, somente o beneficiário com direito fixo ao rendimento ou ao capital do *Trust*, pode ter, eventualmente, tal direito alcançado por seus credores particulares.

Em relação aos credores do *settlor*, oportuno, mencionar aqui, que em geral, o *Trust* poderá ser considerado nulo se ele foi estabelecido com a intenção de fraudar seus credores pessoais no momento em que a transferência dos ativos foi realizada ao *Trust*.

Normalmente, quando se trata de um *Trust* irrevogável, e a transferência patrimonial não objetivou lesar terceiros, a *trust property* não pertence

---

[140] Cfr. VAZ TOMÉ, Maria João Romão Carreiro. *Sobre o Contrato de Mandato sem Representação e o Trust*. Revista da Ordem dos Advogados, Lisboa, v. III, Dezembro 2007, p.4.

mais ao *settlor*. Nesse ponto, quando a propriedade se transfere definitivamente ao *trustee*, sob um *Trust* irrevogável, torna-se muito possível a proteção do instituidor contra seus futuros credores particulares.

Por fim, muito importante destacar que embora o *Trust* proporcione a proteção adequada de ativos, essa não é por si só sua única função, sendo apenas uma das características que o fazem amplamente atrativo. Tal fato o distingue, substancialmente, dos demais instrumentos jurídicos criados somente para esse fim.

Daí o incontestável acerto de LUPOI ao dizer que o termo *"Trust"* é polissêmico, significando mais que a segregação de bens. Esclarece o autor, que a relação jurídica existente no *Trust* é ligada ao complexo de posições subjetivas relativas aos bens ou direitos transferidos ao *trustee*; à finalidade do *Trust*; bem como às obrigações impostas a função do *trustee* para implementação de tais metas e; depois, finalmente, à segregação da *trust property*[141].

6. Os *Trusts* Conferem Responsabilidade Fiduciária

> *"L'imprescrittibilità dell'azione nei casi di fraud del trustee o di un terzo con il concorso del trustee e nei casi di azione mirante a riottenere beni del trust è una costante di tutti gli ordinamenti considerati"*. (LUPOI, 2001)[142]

A palavra "fiduciário" tem suas raízes no latim *fiducia*, significando confiança.

Segundo define CHALHUB, a fidúcia encerra a ideia de uma convenção pela qual uma das partes, o fiduciário, recebendo da outra (fiduciante) a propriedade de um bem, assume a obrigação de dar-lhe determinada destinação e, em regra, de restituí-lo uma vez alcançado o objetivo enunciado na convenção[143].

---

[141] *Cfr.* LUPOI, Maurizio. *Gli "Atti Di Destinazione" Nel Nuovo Art. 2645-Ter C.C. Quale Frammento di Trust.* Rivista del Notariato, n. 2, 2006, p. 467. Vide no mesmo sentido MATTEI, Ugo; HANSMANN, Henry. *The functions of trust law: a comparative legal and economic.* New York University Law Review, p. 434-479, 1998, p. 22.

[142] *Cfr.* LUPOI, Maurizio. *Trusts.* Milano: Giuffrè Editore, 2001, p. 352.

[143] *Cfr.* CHALHUB, Melhim Namem. *Negócio Fiduciário.* São Paulo: Renovar, 2009, p. 9. *Vide* também: COOTER, Robert; FREEDMAN, Bradley. *The Fiduciary Relationship: Its Economic*

Em síntese, os deveres fiduciários se dividem em duas grandes categorias: o dever de lealdade e o dever de cuidado.

Dentro deste contexto DAY, relaciona a lealdade com os *Trusts*, nas seguintes palavras: "*Loyalty has accordingly become the touchstone of what is perceived to be the core fiduciary obligation in relationships of trust and confidence*"[144].

Certamente, a amplitude dos deveres de lealdade e de cuidado, pode variar em harmonia com o tipo de relação estabelecida. Com efeito, as relações fiduciárias aparecem em muitos contextos legais, especialmente, nos *Trusts*.

De fato, em um contexto histórico dos *Trusts*, sob o regime feudal da idade média, o *trustee* recebia a propriedade de outrem em confiança para o cumprimento de determinados objetivos, devendo restituir a propriedade aos beneficiários dos *Trusts* posteriormente.

Hodiernamente, podemos dizer que os deveres fiduciários são muitas vezes implementados pelos ordenamentos jurídicos para incentivar a especialização de serviços específicos, tais como a gestão de fundos de investimentos. Dessa forma, ao prever deveres fiduciários em determinadas relações, limita-se a liberdade dos administradores, por um lado e, por outro, acrescenta-se negociabilidade, atribuindo uma reputação de honestidade.

Com efeito, uma relação fiduciária é observada entre duas pessoas quando uma delas tem o dever de agir ou aconselhar para o benefício da outra, sobre assuntos que originaram a relação.

Requer, principalmente, que uma das partes coloque os interesses de outrem à frente de seus próprios interesses. Em geral, aqueles que assumem transações com deveres fiduciários, desenvolvem o seu trabalho sob a pesada responsabilidade de demonstrar equidade em todas as suas operações.

Logo, a relação fiduciária surge quando duas pessoas concordam que uma irá agir exclusivamente em nome da outra, ou para o benefício de

---

Character and Legal Consequences. New York University Law Review, v. 66, october 1991, p. 1046-1048; CONAGLEN, Matthew; WEAVER, Elizabeth. *Protectors as fiduciaries: theory and practice*. Trusts & Trustees, United Kingdom, v. 18, n. 1, p. 17–35, january 2012, p. 18.

[144] *Cfr.* DAY, Martin. *Fiduciary duties*. Trusts & Trustees, United Kingdom, v. 15, n. 6, p. 447-457, august 2009, p. 447. *Vide* COOTER, Robert; FREEDMAN, Bradley. *The Fiduciary Relationship: Its Economic Character and Legal Consequences*. New York University Law Review, v. 66, october 1991, p. 1053.

outra, em circunstâncias que dão origem a uma relação de confiança entre elas.

Ressalta PAIS DE VASCONCELOS, que a característica principal dos contratos de natureza fiduciária consiste na especial confiança depositada pelo fiduciante no fiduciário[145].

Nesse quadro, e para o que mais nos interessa no presente tópico, as relações surgentes em virtude da criação dos *Trusts*, naturalmente, são relações de confiança e, portanto, fiduciárias.

É nesse contexto que se o *trustee* agir com abuso de sua posição, para obter uma vantagem ou benefício em detrimento do beneficiário, ou da parte que lhe confiou a *trust property*, incorrerá em sérias responsabilidades, respondendo pelos prejuízos com seu próprio patrimônio.

A confiança depositada no *trustee* pelo *settlor* acarreta a imprescritibilidade das ações contra o *trustee*, especificamente em razão de fraude que tenha perpetrado ou que tenha informação.

Com efeito, a função do *trustee* é vinculada, originariamente, a deveres fiduciários, ao passo que o *trustee* historicamente é considerado alguém em quem se pode incontestavelmente confiar. Nesse sentido, é exigido do *trustee* um padrão de conduta mais qualificado do que é exigido de um administrador comum.

A esse propósito, destaca ROBERTS *in verbis*: "*The position of trustees is less favourable compared to professionals in other areas, given that a breach of trust may occur through acting non-negligently, albeit outside the trustees' powers*"[146].

Nessa linha, então, quando a estrutura dos *Trusts* é utilizada nas transações financeiras ou comerciais, as tornam mais seguras, em razão da natureza fiduciária de tais relações. Assim sendo, a *common law* e a *equity* assumem que os *trustees* conduzirão os negócios de forma honesta e de boa-fé, sempre em benefício dos beneficiários.

Em alinhamento, em todos os casos, a *equity* considera os *trustees* como tendo agido honradamente, legalmente, e altruisticamente, e vai responsabilizá-los sob esta base.

---

[145] *Cfr.* PAIS DE VASCONCELOS, Pedro. *Contratos Atípicos*. Coimbra: Almedina, 2009, p. 289.
[146] *Cfr.* ROBERTS, Stephen. *Trustees: how exclusive are you?*. United Kingdom: Trusts &Trustees, v. 12, n. 9, p. 19-21, 2006, p. 19.

A essência das obrigações fiduciárias nos *Trusts* é que o *trustee* está impedido de atuar de qualquer outra forma que não no interesse do beneficiário, logo, deve antepor os interesses dos beneficiários acima de seus próprios interesses.

A transferência ao *trustee* da propriedade implica no comprometimento automático do *trustee* na correta execução dos termos dos *Trusts*. Tais obrigações são relativas, principalmente, aos cuidados que o *trustee* deve ter na gestão dos bens ou direitos em *Trust*.

De fato, o *trustee* fica em uma posição de grande responsabilidade, devendo agir com boa-fé, lealdade e ter a melhor diligência no fiel cumprimento dos termos e objetivos dos *Trusts* – em benefício dos que foram indicados pelos *settlor* no seu ato constitutivo.

Em alinhamento, MENNEL adverte, *in verbis*: "*The trustee seldom has a de minimis defense. It is usually sufficient to explain how the act done is inconsistent with the duty imposed*"[147].

Nesse sentido, VAZ TOMÉ e CAMPOS, esclarecem que o *trustee* raramente encontra uma causa de exclusão da ilicitude da sua conduta, e que o nexo de causalidade entre o seu incumprimento e os danos é frequentemente ténue e, até mesmo inexistente[148].

De fato, a responsabilidade do *trustee* não depende da comprovação de perdas e danos da pessoa para quem são devidos os deveres fiduciários. Ainda, não deve o *trustee* agir em desobediência ao *trust instrument*, mesmo que ele consiga o consentimento posterior do beneficiário.

De outro lado, devemos indicar que, em regra, nas relações comerciais, tanto o credor quanto o devedor possuem seus próprios interesses e agem de acordo com o melhor para alcançá-los. Igualmente, isso ocorre nas relações financeiras.

Aqui, sim, típico exemplo é a relação entre um banco e seu cliente, que raramente dá origem ao dever fiduciário se considerarmos que as partes estão em lado opostos da mesa. De fato, enquanto o cliente pretende emprestar a maior quantidade de dinheiro com a menor taxa de juros possível, o banco procura maximizar seu potencial de ganhos cobrando

---

[147] *Cfr.* MENNEL, L. Robert. *Wills and Trusts in a Nutshell*. Second Edition, Minnesota: Thomson West, 2007, p. 277.
[148] *Cfr.* VAZ TOMÉ, Maria João; CAMPOS, Diogo Leite de. *A Propriedade Fiduciária (Trust), Estudo para a sua Consagração no Direito Português*. Coimbra: Almedina, 1999, p. 132-133.

as mais altas taxas de juros que o mercado permite. Consequentemente, seria atípico exigir que uma instituição financeira subordinasse todos os seus interesses, aos melhores interesses de seus clientes.

Entretanto, ao oferecer o serviço de *trustee*, as instituições bancárias vinculam-se à responsabilidade fiduciária que lhe é inerente.

Na verdade, ao organizar um *Trust* o *settlor* vislumbra a criação de um relacionamento onde o *trustee*, ao aceitar a função, assume a responsabilidade de agir sempre em prol dos beneficiários. Em razão disso, muitas vezes o *trustee* é obrigado a renunciar oportunidades que estariam disponíveis para ele, se ele não exercesse a função de *trustee*.

Normalmente, quando o *settlor* institui um *Trust*, ou pelo menos deixa claro a sua intenção de criá-lo, adota automaticamente uma variedade de termos e regras padrão, seguido da responsabilidade fiduciária que é essencial à função do *trustee*.

Em suma, a facilidade de sua constituição, a flexibilidade de seus termos, acrescidas dos deveres fiduciários do *trustee*, tornam o *Trust* um instrumento totalmente adaptável às diversas formas de negócios surgentes.

Basicamente, no Direito anglo-saxónico, recorre-se ao mesmo *Trust* para todas as espécies de propósitos fiduciários, e em todas as ocasiões.

Nessa linha, perceba-se, que as modalidades contratuais tipificadas no ordenamento jurídico da *civil law*, por vezes, não conseguem atender a demanda constante das novas espécies de negócios. E, em regra, na ausência dos *Trusts*, os negócios com natureza fiduciária são realizados por meio de contratos típicos e, cada qual com uma estrutura diferente e direitos diversos conferidos às partes envolvidas. São instrumentos muito restritos a certos interesses como, por exemplo, conferir garantia a determinado negócio realizado.

Com efeito, as técnicas fiduciárias, tal como são aplicadas nos ordenamentos da *civil law*, apresentam um carácter menos genérico do que o *Trust*.

Nesta perspectiva, o Brasil acolheu alguns tipos de negócios com natureza fiduciária, iniciando em 1965 com a implementação da alienação fiduciária em garantia, no âmbito da Lei 4.728, que disciplina o mercado de capitais brasileiro, com redação posterior atribuída pela Lei 10.931/2004.

Além de outras leis esparsas sobre o tema, o novo código civil de 2002, limitou-se a introduzir no Capítulo IX, do Livro III, Do Direito das Coisas, a propriedade fiduciária de bens móveis entre as espécies de propriedade, somente para fins de garantia. Logo, perceba-se, a limitação de seu uso para fins de garantia[149].

Por sua dinâmica, além de acrescentar novas e modernas possibilidades negociais, os *Trusts* também podem ser vistos como uma forma de suprir lacunas do sistema jurídico brasileiro.

Sobretudo, trata-se de instrumento flexível e dinâmico, pois que assegura a realização de negócios jurídicos complexos e diversos.

Com efeito, um negócio jurídico estabelecido enquanto "*Trust*", independente de suas cláusulas, já possui a garantia de ter determinadas regras bem delineadas ligadas a ele, além de lhe ser inerente a responsabilidade fiduciária do *trustee*. Nesse sentido, podemos considerar os *Trusts* como sendo um negócio jurídico típico.

Em alinhamento, concordamos com compreensão de DAY, *in verbis*: "*fiduciary duties are prophylactic*"[150].

É nesse passo, e então, que deve-se enfatizar que os deveres fiduciários são impostos para garantir que o *trustee* não abuse da sua posição fiduciária, empregando os ativos em seu uso particular.

Acrescente-se, aqui, que muitos *Trusts* incluem entre seus ativos, recursos que derivam de complexas estruturas empresariais e/ou entidades comerciais. Não raramente, os *trustees* são estreitamente associados aos negócios realizados pelos *settlors* e beneficiários[151]. Nesse quadro, a responsabilidade do *trustee* vai além.

Atualmente, as regulamentações dos negócios transfronteiriços indicam que os *trustees* também são obrigados a serem guardiões do decoro do *settlor*, na medida em que devem investigar as fontes dos recursos transferidos em *Trust*, avalizando sua licitude. De fato, se "fecharem os olhos" aos recursos suspeitos, no mínimo, causarão danos irreparáveis à sua reputação profissional.

Ante o até aqui examinado, conclui-se, que a realização de negócios, os mais diversos, sob a estrutura dos *Trusts* garante que nenhuma transação

---

[149] Conforme alude o artigo 1.361 do Código Civil brasileiro, *in verbis*: "Considera-se fiduciária a propriedade resolúvel de coisa móvel infungível que o devedor, com escopo de garantia, transfere ao credor". BRASIL. *Código Civil*. Lei Nº 10.406, de 10 de Janeiro de 2002.
[150] *Cfr.* DAY, Martin. *Fiduciary duties*. Trusts & Trustees, United Kingdom, v. 15, n. 6, p. 447-457, august 2009, p. 457.
[151] *Cfr.* POULTON, Anthony; WOLFORD, Tricia. *Barlow Clowes: clear vision on blind-eye dishonesty?*. Trusts & Trustees, United Kingdom, p. 25-28, december/january 2006, p. 26.

celebrada em violação dos deveres fiduciários do *trustee* seja permitida, em razão da ausência de defesas justificadoras de sua conduta irregular.

Além disso, um *trustee* pode incorrer em violação do *Trust* ainda que não tenha agido de forma fraudulenta ou de má-fé. Assim sendo, é irrelevante que o *trustee* tenha atuado de forma honesta e nos melhores interesses do beneficiário, se para isso ele teve que agir em violação de seus deveres fiduciários e contrapondo o *trust deed*.

Em muitos casos, os deveres do *trustee* podem ser considerados como tendo sido violados, independente de qualquer torpeza moral ou sem qualquer consciência da ilegalidade cometida.

Afinal, e como já antes sinalizado, devemos indicar que a deslealdade do *trustee* confere ao beneficiário direitos a uma ação *"in personam"* – consubstanciada no direito de requerer uma indenização civil – e uma ação *"in rem"*, atinente ao direito de sequela que ele possui sobre a *trust property*, dirigida à recuperação de seus bens ou direitos transferidos em violação dos *Trusts*.

Secção II
Aplicações Práticas do *Trust* e um Panorama Reflexivo das Ferramentas Similares do Direito Brasileiro

Tem o presente tópico o objetivo de evidenciar as múltiplas aplicações práticas do instituto dos *Trusts* frente ao Direito brasileiro, sem, entretanto, realizar um estudo meticuloso de Direito Comparado.

O que desejamos, em verdade, é a implementação do *Trust* como um conceito jurídico novo, e com regras de direito próprias.

Nesse quadro, veremos que embora algumas figuras jurídicas disponíveis no Direito brasileiro tenham, de certa forma, alguns pontos de contato com o *Trust* produzindo, eventualmente, efeitos semelhantes a ele, são ferramentas mais limitadas e consideradas mais rígidas.

1. O *Trust* como Instrumento de Proteção da Família

De todo coerente iniciarmos o nosso estudo sobre as aplicações práticas dos *Trusts* no Direito brasileiro no âmbito do Direito da Família e das Sucessões, finalidades que são oriundas das raízes históricas do instituto.

Embora existam diferenças culturais, as famílias, em geral, são as mesmas em todo o mundo. Fundamentalmente, aqueles que criaram riquezas desejam a garantia de que essa riqueza vai durar. Várias são as razões passíveis de atingir tal riqueza, tais como: motivos políticos, divórcio, incompetência dos herdeiros ou disputas entre familiares. Muitos podem ser os problemas que envolvem as famílias, originando a má gestão do patrimônio amealhado ao longo de uma vida.

Como já antes sinalizado, um *Private Trust* pode ser constituído visando beneficiar pessoas determinadas, que de alguma forma tenham ligação com o *settlor*, ou objetivam beneficiar o próprio constituinte.

Aqui, o principal motivo que leva o *settlor* a constituir um *Trust* é o desejo de colocar o seu patrimônio ao abrigo de contingências, com o objetivo final de beneficiar sua própria família. A preocupação do *settlor* é a de organizar um *Trust* que contemple a administração, a atribuição e a distribuição de seu patrimônio, em proveito de sua família.

Nesse sentido, é límpida a mensagem de MOJA, *in verbis*: "*Il trust si presenta come uno strumento creato per regolamentare in um unico momento vari aspetti, presenti e futuri, relativi alla gestione ed attribuzione di um patrimonio*"[152].

Em complemento, muito bem exprime a ideia HAMILTON, *in verbis*: "*Trusts are essential to high-net-worth families, not only for the transfer of wealth, but also for the transfer of legacy and family continuity*"[153].

Em alinhamento esclarece RICHES, *in verbis*: "*In this context, the ability to create flexible checks and balances that a trust affords has significant attraction given the increasing complexity of thirdparty 'threats' to family wealth whether that be from an asset protection perspective on the divorce of a family member or attempts to restrict the lavish use of liquid wealth by spendthrift family members*[154].

De fato, através da estrutura dos *Trusts* o *settlor* pode conservar a integridade de seu patrimônio, de forma dinâmica, no círculo familiar, através da organização do chamado *Family Trust*, para gerar efeitos *inter vivos* ou *mortis causa*.

---

[152] Cfr. MOJA, Andrea. *Il Trust nel diritto civile e tributario*. San Marino: Maggioli Editore, 2009, p. 193.

[153] Cfr. HAMILTON, Sara. *Understanding the Trust*. Trusts & Estates, Penton Business Med, New York, Volume 151, Issue 8, Aug 2012.

[154] Cfr. RICHES, John. *Are transparency and the registration of trusts necessary?*. Trusts & Trustees, United Kingdom, v. 19, n. 3 e 4, p. 343-353, april/may 2013, p. 347.

Por via de regra, os beneficiários de um *Family Trust*, são os filhos e/ou cônjuge do *settlor*, e tem como objetivo fundamental o planejamento do futuro da prole, acomodando o *Trust* à situação patrimonial familiar, considerando todas as circunstâncias domésticas, tal como a incapacidade de um dos membros da família.

É habitual ambos os consortes figurarem na estrutura subjetiva dos *Trusts* como *settlors*, sendo que na morte de um, o cônjuge sobrevivente mantém-se no controle do *Trust* em benefício da prole.

As hipóteses de variações e combinações de interesses são tantas, que impossibilita esgotarmos aqui, todos os tipos de condições e cláusulas que podem ser viabilizadas através dos *Family Trusts*.

Nessa mesma linha, esclarecem VAZ TOMÉ e CAMPOS que os bens ou direitos do *settlor* são colocados sobre a administração de outrem, para preservar a sua unidade, garantir uma correta administração ou prevenir a sua dissipação[155].

De destacar é, igualmente, a menção feita por SANTISTEBAN (2008), nestes termos: *"As múltiples utilidades que ofrecen los family trusts en Estados Unidos, donde es cada vez más difícil pensar en el instituto como instrumento exclusivo de las elites sociales o de los ricos"*[156].

Com efeito, o *Trust* moderno não almeja tão somente a proteção de grandes riquezas, podendo ser organizado pelas famílias em geral, em razão de sua simplicidade e baixo custo constitutivo. Principalmente, em razão de suas regras típicas já muito bem definidas, que independem da existência de cláusulas contratuais exaustivas.

Nesse passo, os *Trusts* criados para a proteção da família são, basicamente, estruturados como: *Fixed Trust, Discretionary Trust, Spendthrift Trusts, Protective Trust, Totten Trust, Support Trusts, Living e Testamentary Trust*[157].

Todos esses tipos, sugerem as múltiplas combinações que podem ser realizadas no âmbito dos *Trusts* enquanto único instrumento de Direito, com vistas a máxima proteção da família, o que o aparta dos demais

---

[155] *Cfr.* VAZ TOMÉ, Maria João; CAMPOS, Diogo Leite de. *A Propriedade Fiduciária (Trust), Estudo para a sua Consagração no Direito Português*. Coimbra: Almedina, 1999, p. 314.

[156] *Cfr.* SANTISTEBAN, Sonia Martín. *La figura del trust en los Estados Unidos de América –Sus aplicaciones en el derecho de família*. Barcelona: Revista para análisis del derecho, 2008, p. 2.

[157] Para um aprofundamento sobre estes tipos de *Trusts* recomendamos a leitura do nosso livro "O Direito dos Trusts na Perspectiva Internacional". São Paulo: Almedina, 2020.

instrumentos jurídicos que podem ser criados para alcançar os mesmos ou similares objetivos.

É inquestionável que quando especialistas no ramo do planejamento de riquezas são procurados por seus clientes, eles devem buscar proporcionar a estrutura legal que melhor se adeque a sua situação patrimonial. Nesse sentido, devem considerar as respectivas circunstâncias familiares que lhe são apresentadas, bem como suas necessidades e expectativas.

Logo, a importância da utilização dos *Trusts* no âmbito do Direito da Família e das Sucessões, é justamente a promoção de funções merecedoras de tutela para as quais o sistema jurídico brasileiro não apresenta institutos que as realizem ou, se realizam, não respondem, com a mesma eficácia, às necessidades e expectativas das famílias.

No Direito brasileiro, frequentemente um especialista em planejamento sucessório oferece aos seus clientes, uma combinação de estruturas jurídicas díspares, tais como: a realização de um testamento, a partilha dos bens ou direitos ainda em vida; a formação de uma *holding* familiar; a constituição de bem de família; a constituição de renda; o usufruto; a estipulação *inter vivos* ou *mortis causa* de cláusulas de inalienabilidade, impenhorabilidade e incomunicabilidade de bens; a cláusula a favor de terceiros; os fundos de pensão e os planos de aposentadoria; a procuração em causa própria e o fideicomisso sucessório.

Perceba-se, que todos estes instrumentos individualmente concebidos, cumprem funções que podem ser concretizadas através da organização de um único *trust instrument*. Logo, a implementação dos *Trusts* significaria a simplificação e a flexibilização das normas de Direito Privado.

1.1. Planejamento patrimonial e sucessório

Neste ponto, deve ser recordada, a constituição do *Trust inter vivos* e *mortis causa (testamentary trust)*, enfocando a importância dos mesmos no planejamento do patrimônio familiar, ponderando a proteção da família, considerando, para tanto, ferramentas similares do Direito brasileiro.

Desde já, podemos mencionar, que no Brasil a forma mais conhecida para realizar o planejamento sucessório é o testamento. Entretanto, o *Trust* vem ganhando um espaço apreciável, ao passo que, hodiernamente, muitos escritórios de advocacia e instituições bancárias estrangeiras que atuam no Brasil o oferecem como alternativa.

De fato, por tudo quanto já analisado a respeito do *Trust*, podemos afirmar que ele se revela como instrumento extremamente favorável no implemento dos objetivos dirigidos no planejamento patrimonial e sucessório. Apreciamos, que o *Trust* confere ampla proteção patrimonial e, além disso, uma adequada assistência à família.

Adicionalmente, a realização de um planejamento tributário também pode ser alcançada através dos *Trusts*, resultando na diminuição do custo da sucessão em relação a carga tributária incidente sobre a herança e, por igual, em relação aos custos processuais que recaem na realização do inventário e da partilha.

Uma preocupação constante dos países que ainda não possuem uma legislação interna sobre os *Trusts*, é justamente o estabelecimento de regras que facilitem a tributação do instituto[158]. Isso ocorre, certamente, pela demanda crescente dos *Family Trusts* estrangeiros constituídos por nacionais, ou que beneficiam indivíduos nacionais ou, ainda, que indicam propriedades nacionais como parte da *trust property*[159].

Neste ponto, para os fins de planejamento patrimonial e sucessório, os *Trusts* são amplamente utilizados no Reino Unido, nos Estados Unidos, no Canadá (em ambas as províncias – da *common law*, e da *civil law*), na Austrália e em Singapura.

Também no Japão o *Trust* tem se perpetrado como instrumento preferido à realização do planejamento sucessório. Esclarece, neste sentido, HIDEAKI, que a elaboração de testamentos por japoneses está se tornando cada vez mais popular em razão da reiterada oferta de serviços de *trustees* prestados pelos *trust banks*[160].

Com efeito, e conforme já amplamente ressaltado, o grande interesse das famílias na realização do planejamento patrimonial e sucessório, através da estrutura dos *Trusts*, se justifica pela ampla flexibilidade de seus termos constitutivos, além da ausência de demasiadas formalidades e da proteção patrimonial conferida pelo instrumento.

---

[158] Podemos citar aqui, por exemplo, a Itália, a Espanha e a França, jurisdições já analisadas no Capítulo I da presente parte. Recomendamos neste ponto a leitura do nosso livro "O Direito dos Trusts na Perspectiva Internacional". São Paulo: Almedina, 2020.

[159] Sobre esse tópico, indicamos a leitura de: FREIRE E ALMEIDA, Verônica Scriptore. *A Tributação dos Trusts*. Coimbra: Almedina, 2009.

[160] *Cfr.* HIDEAKI, Sato. *Japan – Trusts – Topical Analyses*. Amsterdam: IBFD, 2011, section 1.1

De fato, por todas as suas peculiares características, também no Brasil o *Trust* é um instrumento aspirado, originando a sua extensa oferta por instituições financeiras nacionais e estrangeiras. Na verdade, comumente, as instituições anunciam os *Trusts* como sendo um de seus maiores atrativos no campo do planejamento sucessório.

Por exemplo, o *Itaú Private Bank Internacional*, apresenta aos seus clientes brasileiros a opção dos serviços de *trustees*, entre eles, indica o planejamento da transmissão do patrimônio às gerações futuras, consolidando o *Trust* através de um contrato com o *BIE Bank & Trust*, empresa constituída para esse fim em Bahamas – Itaú *Bank & Trust Bahamas Ltd*.[161].

De fato, como forma de alternativa aos seus clientes, praticamente todos os bancos estrangeiros que atuam no Brasil oferecem esse serviço[162].

Além disso, é comum escritórios de advocacia no Brasil também oferecerem os *Trusts* como opção ao planejamento sucessório. Igualmente, isso ocorre com as *trusts companies* estrangeiras, designando o produto oferecido como *"trust internacional"*.

Porém, o impedimento de sua constituição sob a égide da legislação brasileira faz com que tais *Trusts* sejam instituídos em territórios estrangeiros – pois que não existe nenhuma regra no Direito brasileiro que impeça o proprietário de ativos (bens ou direitos), de os transferir a bancos estrangeiros.

A corroborar com essa afirmativa, por exemplo, Elton Cruz (diretor do Private Bank do Citibank no Brasil) em reportagem à revista brasileira *"Isto é Dinheiro"*, confirmou a procura pelos *Trusts*, nestes termos: *"Metade de nossos clientes do private bank já aderiu ao trust"*. Ainda, destacou, *in verbis*: *"O testamento é o instrumento sucessório mais conhecido por aqui. Mas, aos poucos, o Trust, uma modalidade comum nos Estados Unidos e em países que seguem o Direito anglo-saxão, está se tornando mais usual no Brasil"*[163].

---

[161] *Cfr.* Itaú Private Bank Internacional. Disponível em: http://www.bfsb-bahamas.com/providers.php?cmd=view&id=160&pre=y e http://www.privatebanking.com/directory/central-america-bahamas-nassau/banks/bie-bank-trust-bahamas-ltd. Acesso em: 10.01.2020.

[162] Citibank, UBS, Banco Rabobank International Brasil S.A., UBS Wealth Management Brasil, J.P. Morgan, Goldman Sachs, Credit Suisse, RBC Wealth Management; ao mesmo tempo, que grandes bancos nacionais como o Banco do Brasil, Itaú, Santander e Bradesco.

[163] *Cfr.* SOMOGGI, Laura. *Seja feita sua vontade – O trust, modelo importado dos EUA, é uma alternativa cada vez mais comum para se evitar problemas na divisão de bens entre herdeiros*. In: Isto é dinheiro, Edição nº 146, 14.06.2000.

Nessa mesma linha, o Ministério da Fazenda do Brasil, publicou resenha eletrônica intitulada – *"Cresce oferta e procura por "trust", instrumento que permite ampliar a disponibilidade de bens"* – já, portanto, alertando para o novel instituto dos *Trusts*[164].

Em exemplo pertinente, foi com esse objetivo que Lily Marinho, após o falecimento de seu esposo Roberto Marinho, em 2003 (jornalista e presidente das organizações Globo no Brasil), resolveu leiloar todos os seus bens pessoais (entre eles preciosas joias e valiosas obras de arte), para planejar a herança de seus futuros herdeiros através de um *Trust inter vivos*, transferindo seu patrimônio estimado em 25 milhões de reais para fora do Brasil[165].

Na época, em reportagem à revista brasileira "Isto é", Lily afirmou que a sua iniciativa objetivou manter a harmonia familiar depois de sua morte, explicando, *in verbis*: *"Já soube de muitos parentes que se desentenderam por causa da divisão de bens e quero evitar isso"*[166]. Em 05/01/2011, a Viúva de Roberto Marinho faleceu, e o *Trust* se tornou irrevogável. Entretanto, com instruções específicas ao *trustee* sobre a distribuição planejada da herança deixada.

Trata-se, pois, de um nítido exemplo de que a impossibilidade de se fazer o uso do *Trust* no Brasil para essa finalidade, tem levado a fuga de

---

[164] *Cfr.* WATANABE, Marta. *Cresce oferta e procura por "trust", instrumento que permite ampliar a disponibilidade de bens.* In: Resenha Eletrônica, Ministério da Fazenda do Brasil, Revista Valor Econômico – 28/08/2006.

[165] Antes de se unir ao dono das Organizações Globo, Lily já era dona de uma fortuna de US$ 150 milhões. A viúva de Roberto Marinho realizou um Leilão em Maio de 2008, para transferir sua fortuna para um *Trust*, com o objetivo de planejar sua sucessão e garantir o futuro de seu filho adotivo, João Baptista, e de seus quatro netos. Conforme já mencionado, como o Brasil ainda não tem o instrumento, a fortuna de Lily Marinho foi enviada para fora do País. O País de localização do *Trust* e o *trustee* são mantidos em segredo, pela própria natureza do *Trust*. *Cfr.* KROEHN, Márcio. *"Lily vende tudo – Viúva de Roberto Marinho leiloa bens pessoais e soluciona herança aos herdeiros com um trust"*. Saiba como isso funciona. Disponível em: http://www.terra.com.br/istoedinheiro-temp/edicoes/553/artigo87402-1.htm Acesso em: 17.06.2012.

[166] *Cfr.* ALVES FILHO, Francisco. *O tesouro de Lily vai a Leilão: Preocupada com uma futura partilha de bens, a viúva de Roberto Marinho coloca à venda sua coleção de arte e jóias. Valor do acervo é de R$ 25 milhões.*
Disponível em: http://www.istoe.com.br/reportagens/3381_O+TESOURO+DE+LILY+VAI+A+LEILAO . Acesso em: 10.03.2012.

capitais a países que possuem os *Trusts* previstos em seu ordenamento jurídico. De fato, os desejosos em utilizar essa ferramenta de planejamento sucessório, projetam sua sucessão fora do território brasileiro.

Com efeito, é o *testamentary trust* instrumento muito apropriado e por isso indicado para proteger o patrimônio da família; organizando a distribuição da herança conforme todos os desejos do *de cujus*, na conformidade da ordem jurídica que o aceita.

Através da constituição do *Trust*, o patrimônio do *de cujus* será gerido por pessoas altamente qualificadas, encarregadas de seguirem passo a passo as recomendações deixadas pelo *settlor* em seu testamento.

Nesta perspectiva, o planejamento realizado sob as regras do *Trust* confere no mínimo: a proteção patrimonial, a possibilidade da gestão ativa dos bens ou direitos deixados em herança por alguém que possui responsabilidade fiduciária e por fim, a organização da distribuição da renda ou do capital, em harmonia com o estipulado pelo *settlor* no *trust instrument*.

No Brasil, um testamento pode ser organizado com a finalidade de estabelecer a distribuição patrimonial do *de cujus*. Nesse sentido, através da sucessão testamentária, o testador pode dispor da forma como melhor desejar seus bens ou direitos. Entretanto, é lícito dispor da totalidade de seu patrimônio apenas na ausência de herdeiros necessários (descendentes, ascendentes e o cônjuge). A finalidade do testamento é, normalmente, a de distribuir a herança de forma organizada pelo executor testamentário.

Contudo, consideramos que a nomeação de um *trustee* profissional para realizar a execução do testamento pode ser mais eficiente e eficaz do que a nomeação de um testamenteiro. Em regra, pois, a função do testamenteiro é mais limitada, restando-lhe a fiscalização da exata execução testamentária, podendo apenas exigir judicialmente os meios aptos ao cumprimento do testamento.

Assim sendo, embora seja uma forma interessante de disposição da propriedade após a morte, é bem mais limitada em comparação com as hipóteses de planejamento patrimonial e sucessório alcançadas pela estrutura constitutiva dos *Trusts*.

De fato, podemos observar, em um contexto mundial, a preocupação latente das famílias contemporâneas para a elaboração de um adequado planejamento sucessório.

Tal preocupação acarreta, consequentemente, na busca contínua por instrumentos dinâmicos e flexíveis, que viabilizem os desejos do testador. Sobretudo, com o escopo de resguardar o patrimônio da família em situações em que não existem descendentes ou parentes aptos à boa gestão do mesmo.

Com efeito, além da proteção patrimonial, em um processo de planejamento sucessório o *settlor* analisa suas preocupações, e deseja ter um instrumento satisfatório capaz de sanar essas inquietações. Isso pode significar a adequada organização do processo de transição do seu patrimônio levando em conta múltiplos aspectos, e os *Trusts* tornam isso muito possível.

Em regra, a forma como ocorre essa transição de riquezas se traduz em uma ansiedade frequente. De fato, o que se pretende é uma transferência patrimonial harmoniosa, sem tumultos e sem desgastes familiares (muito comum quando falamos de transferência de riquezas).

Logo, almeja o testador, ajustar os interesses entre os vários herdeiros, considerando a necessidade de cada um, e planejando a transferência das riquezas em harmonia com essas necessidades. Inclusive, o *settlor* pode favorecer com maior afinco, quem ele gostaria realmente de beneficiar.

É mister salientar, então, que os *Trusts* permitem tais ajustes de forma simples, com regras legais claras e bem delineadas, o que evita discussões desnecessárias em tribunais.

Com efeito, para atingir os mesmos efeitos alcançados pelo *Trusts* nos sistemas de *civil law*, seria necessária uma junção de várias regras de Direito, entre cláusulas específicas e a utilização de instrumentos jurídicos dispares, acarretando, muitas vezes, na distorção das normas jurídicas, obscurecendo a verdadeira intenção do instituidor. Nesse sentido, produz, com razão, contendas judiciais para o esclarecimento, ou nulidade, de cláusulas ou de negócios jurídicos.

Neste ponto, para restar bem claro as finalidades dos *family trusts*, devem ser recordadas algumas razões que levam a sua constituição, por ato *inter vivos* ou *mortis causa*.

Em uma processo de separação ou divórcio, pode ser convencionado entre as partes (cônjuges) a criação de um *Trust*, onde bens ou direitos são transferidos em benefício dos filhos do casal, a fim de que no futuro – em uma determinada data ou após determinada circunstância – tornem-se proprietários do patrimônio. Logo, esses ativos devem ser separados, identificados e devidamente geridos por um dos cônjuges, que terá obrigações fiduciárias, ou por um terceiro.

Em outro exemplo, um casal pode constituir um *Trust* nomeando um *trustee* para a administração de seus ativos, e determinando que na morte de um deles, o outro se torne o beneficiário exclusivo da renda até o final de sua vida. Também podem indicar que após a morte do último, deve ocorrer a transferência da renda para seus descendentes ou para outro parente e, na morte do último beneficiário nomeado, determina a transformação do *Trust* privado em *charitable*.

Devemos acrescentar, a possibilidade do *settlor* destinar direitos vitalícios a nascituros e concepturos sob a égide dos *Trusts*. Por exemplo, o *settlor* pode indicar como beneficiário um neto que futuramente possa ter. Naturalmente, ele estabelece no *trust instrument* uma cláusula alternativa caso o neto nunca venha a nascer.

Para tais efeitos, a legislação brasileira permite a possibilidade de se estabelecer por testamento a *substituição fideicomissária*. Entretanto, é um planejamento sucessório mais limitado, pois é vedada a substituição fideicomissária para além do segundo grau (Código Civil, art. 1.959), e o beneficiário não deve existir no tempo da sucessão. Adiciona-se, ainda, que a propriedade fideicomitida não é separada e protegida, como no âmbito dos *Trusts*, permitindo-se a hipótese de serem frustrados os desejos do testador e, consequentemente, dos futuros beneficiários.

Para os mesmos efeitos, também é possível, na sucessão testamentária brasileira, serem chamados a suceder os filhos, ainda não concebidos, de pessoas indicadas pelo testador. Entretanto, existe um prazo decadencial de 2 anos para que o futuro beneficiário exerça o seu direito a sucessão (Código Civil, Art. 1.799, § 4º).

Em prosseguimento, outra razão fundamental que pode levar a constituição de um *family trust*, é a possibilidade de o testador organizar sua riqueza separando entre o seu patrimônio familiar e o empresarial.

A esse propósito, DASH considera, que: *"The 'trust' is the primary tool utilized by high networth families for estate planning and asset management"*[167].

---

[167] *Cfr.* DASH, Jan. *All in the family: ownership and management options for private trust companies.* Trusts & Trustees, United Kingdom, v. 19, n. 6, p. 650–657, july 2013, p. 650. *Vide* LEIBELL, David Thayne. *The Role of the Board in Family Business Succession.* Trusts & Estates, Penton Business Med, New York, Apr 2012.

De fato, devemos considerar, que o patrimônio da família pode ser composto dos mais variados tipos de ativos, móveis e imóveis. Entre os bens imóveis, podem ser encontrados imóveis residências e comerciais, urbanos ou rurais, destinados para moradia, lazer ou renda. Igualmente, podem variar os tipos de ativos encontrados entre os bens móveis, tais como carros e valores mobiliários diversos – incluindo participações acionárias em sociedades limitadas ou anónimas, e quotas de capital de empresas familiares.

Em razão de sua estrutura e flexibilidade, os *Trusts* permitem a adequação de cada classe desses ativos, que em virtude de suas características específicas, deverão ter tratamento diferenciado.

Nessa linha, pode o *settlor* desejar dar continuidade aos seus negócios empresariais, e para tanto, designa a administração dos mesmos a equipes especializadas e capazes de continuar o seu legado (*trustees companies*).

Deve ser notado, sobretudo, que na ausência do chefe da família, que muitas vezes é quem está à frente dos negócios, é muito vantajosa a permanência do patrimônio do *de cujus* sob uma administração especializada. Na verdade, mantê-lo no controlo de pessoas físicas e muitas vezes despreparadas, causam frequentemente a dilapidação do patrimônio familiar.

Para tais efeitos prefere-se, em regra, a constituição de um *living trust* revogável. Com efeito, a estrutura fornecida pelo *living trust* permite ao *settlor* criar um *fundo patrimonial separado* de seus bens pessoais, transferindo para esse fundo sua casa, terrenos, empresas, contas bancárias, joias, e quaisquer outros bens. Lembramos, aqui, que esse fundo carece de personalidade jurídica, tendo em vista que a titularidade desses bens ou direitos é transferida a quem exercerá a atividade de *trustee*.

Normalmente, em um *living trust*, o *settlor* permanece como sendo um dos beneficiários do *Trust*, e também é um dos *trustees*. De fato, é o *settlor* quem vai determinar a amplitude do controlo que manterá sobre a *trust property*. Também é ele quem vai delinear os deveres e poderes dos *trustees*.

Igualmente, é o *settlor* que vai determinar as formas de extinção do instrumento. Dessa forma, após a morte do *settlor*, o *Trust* pode ser extinto ou ter continuidade, tudo a depender do estipulado por ele no *trust instrument*.

Nesse sentido, o *settlor* pode instruir no *trust instrument*, que após a sua morte o *Trust* seja extinto, incumbindo ao *trustee* a correta destinação final dos bens ou direitos a todos os beneficiários, conforme previamente indicado no *trust instrument*.

Por outro lado, ao invés disso, pode o *settlor* optar pela continuação do *Trust*, nomeando um *trustee* familiar (um filho ou um amigo) ou um *trustee* profissional. Contudo, designando previamente no instrumento do *Trust* os beneficiários e seus respectivos benefícios, bem como as diretrizes administrativas de seu patrimônio.

Em apontamento final a respeito, por mais uma vez devemos indicar, que além da adequada gestão dos bens ou direitos após a morte do indivíduo, os *Trusts* proporcionam a proteção dos bens ou direitos do beneficiário, seja de futuros credores ou de sua própria imprevidência.

Nessa linha, através da constituição dos *Family Trusts* permite-se aferir um amparo financeiro seguro aos familiares do *settlor* após a sua morte. Em outras palavras, ao transferir seus bens ou direitos à gestão especializada de um *trustee*, vislumbra o *settlor* assegurar o bem-estar econômico de seus familiares dependentes, além da distribuição diligente e programada da herança.

Certamente pode o *settlor* projetar a distribuição de seus ativos, conferindo, sobremaneira, segurança àqueles que temem pela inexperiência de seus filhos na administração do patrimônio familiar após a morte do chefe da família.

Em termos gerais, o instrumento do *Trust* pode conter cláusulas abrangentes que expressem de forma clara todas as vontades do *settlor*, ou seja, de como ele deseja que sua propriedade seja tratada após a sua morte.

Por todo seu contexto histórico, a proteção jurídica conferida aos *Trusts*, desde os deveres fiduciários do *trustee*, os direitos dos beneficiários, incluindo a máxima preservação que os Tribunais conferem a intenção do *settlor*, faz com que ele seja um instrumento capaz de garantir ao testador, que seus bens ou direitos terão o destino desejado por ele, inclusive se ele almejar destiná-los à filantropia.

Enfim, os *Trusts* permitem a gestão patrimonial de uma forma dinâmica e flexível, exercida por *trustees* capacitados e com sérias responsabilidades, conferindo a idealização das últimas vontades do *settlor*, protegendo a riqueza familiar e diminuindo os riscos de uma degradação patrimonial futura.

1.2. A Proteção de Menores e de Incapazes

Neste ponto, vislumbramos a constituição dos *Trusts* para a proteção do próprio indivíduo, ante a possibilidade de sua incapacidade superveniente, ou a proteção dos seus familiares incapazes, por ocasião da sua ausência.

De fato, considerando o aumento da expectativa de vida da população em geral, aumentam-se as chances de um indivíduo ter o seu desenvolvimento físico ou mental debilitado com a velhice. Realmente, existe a diminuição da autonomia pessoal na velhice, e a necessidade de cuidados especiais com pessoas dependentes, de ordem assistencial.

Em complemento, a idade avançada pode resultar em doença ou deficiência, de ordem física, mental, intelectual ou sensorial, requerendo a atenção de terceiros para a realização de atividades vitais básicas. Além disso, a hipótese de ocorrer a incapacidade superveniente de um indivíduo não se restringe tão somente à velhice, pois que pode acontecer em qualquer momento da vida, seja em virtude de um acidente ou do surgimento de uma doença.

Portanto, muitas pessoas se preocupam com a possibilidade de se tornarem incapazes. Embora exista seguros indenizatórios em caso de incapacidade, a preocupação das pessoas vai, além disso. É importante planear o futuro, especialmente, em relação a continuidade da gestão dos ativos de um indivíduo que se tornou incapaz.

Nesse sentido, a constituição do *Trust inter vivos* revogável pode ser considerada como forma ideal para lidar com tais situações.

De fato, o *settlor* pode constituir um *trust inter vivos*, nomeando dois *trustees* (ele e um *co-trustee*), estabelecendo que em caso de sua incapacidade, o *trustee* (o *co-trustee*) seguirá sozinho a gestão de seu patrimônio. Logo, nesse caso, ele se nomeia inicialmente como sendo um dos *trustees*, além de ser um dos beneficiários do *Trust*.

É nesta perspectiva, então, que o *living trust* também pode proporcionar a proteção do *settlor* em relação a sua eventual incapacidade de gerir seus próprios bens, por razões de senilidade, descontrole emocional ou enfermidade. Nestes casos, o *settlor* se manterá apenas como beneficiário do *Trust*.

Temos hodiernamente uma população envelhecida, com o crescimento da expectativa de vida e o recuo na taxa de fecundidade. Na mesma linha, observa-se, que o crescimento da riqueza pessoal e a longevidade tendem a gerar uma maior complexidade nas relações familiares. Juntamente com a maior longevidade vem o aumento da incidência de doenças degenerativas.

Na ausência dos *Trusts*, os familiares do incapaz que almejam retirar deste a administração de seus próprios bens, o fazem através do instituto da curatela, substituindo-o a frente dos negócios da família. Entretanto, isso somente é eficaz quando um membro da família possui tal capacidade de administração e cuidado em relação aos bens ou direitos confiados a ele, sendo, por vezes, mais prudente e desejável, a nomeação de um profissional.

Em outras palavras, ainda que apto o curador, ele não terá a mesma dinâmica e flexibilidade do *trustee* na gestão de tais bens.

Com efeito, embora, nestes casos, normalmente seja nomeado um *protector* pelo *settlor*, o *trustee* não precisa solicitar reiteradas autorizações judiciais para agir em cumprimento ao disposto pelo *settlor* no *trust intrument*, nem as que são necessárias ao seu poder/dever de investir o capital em *Trust*.

Outro ponto de destaque é que o recurso aos *Trusts* evita que seus bens ou direitos acabem sendo administrados por um curador designado judicialmente, podendo ser alguém que não lhe agrade. De fato, antes de adquirir a incapacidade, pode um indivíduo querer deixar já estabelecido como ele gostaria que seus bens ou direitos fossem administrados e até mesmo como ele gostaria de ser tratado no caso de uma eventual incapacidade futura.

Em prosseguimento a este ponto em análise, destaca-se, que o *Trust inter vivos* também é um instrumento amplamente utilizado no planejamento patrimonial em benefício de um membro da família incapaz. Tal incapacidade civil pode ser em virtude da menoridade, deficiência mental ou física de um indivíduo, ou da incapacidade de tomar decisões equilibradas (pródigo, ébrio, toxicômano).

Ainda, ressalta-se, que o futuro de uma criança deficiente, após a morte de seus pais, dependerá, pois, dos ativos que seus pais dedicaram para esse fim, sem realmente transferir para ele. É uma preocupação de seus pais garantir o seu sustento futuro e cuidados pessoais. É claro, que tal efeito pode ser alcançado através da nomeação de um tutor, entretanto este não tem que cuidar das necessidades pessoais de seu tutelado (o que no caso de uma pessoa com deficiência pode ser de extrema importância) e, ainda, os falecidos pais do tutelado podem não ter dado instruções vinculativas para o tutor.

A insuficiência da tutela é demonstrada pelo fato de que alguns países de *civil law*, como a região espanhola de Catalunha, promulgaram leis específicas para lidar com essas situações[168]. Nesse sentido, também vimos que a Itália passou a permitir a constituição de um *vincolo di destinazione*, com a finalidade de segregação de ativos, sem a necessária nomeação e administração de um *trustee*. Com efeito, o elemento central do *"negozio di destinazione"*, é a mera *"funzionalizzazione del bene allo scopo"*[169].

Na verdade é muito comum a ansiedade dos pais com o futuro e a assistência de seus filhos, jovens ou deficientes, por ocasião de sua ausência. São cuidados que vão além da atenção pessoal, compreendendo a assistência econômica com a manutenção/investimento dos bens ou direitos recebidos em herança.

Nesse sentido, através dos *Trusts*, é possível destinar ao beneficiário os rendimentos necessários ao seu desenvolvimento intelectual, profissional ou social, além da precaução necessária à sua saúde física e mental.

Em assim sendo, pode ser razoável programar a distribuição completa do capital (bens ou direitos) herdado, somente ao cessar a incapacidade do beneficiário, ou quando ele atingir determinada idade, ou até mesmo maturidade para assumir os bens ou direitos em questão.

De fato, ainda que o beneficiário alcance determinada idade, pode ser imprescindível certa maturidade e capacidade profissional para que ele administre com acuidade a *trust property*. Principalmente, quando ela é formada com diferentes tipos de ativos.

---

[168] A Espanha promulgou uma lei nacional em 2003 sobre este mesmo assunto, mas sentiu-se que a lei não protegia o suficiente para isolar os ativos dedicados à pessoa com deficiência. *Vide* LUPOI, Maurizio. *Trusts in Italy: A Living Comparative Law Laboratory*. Trusts & Trustees, United Kingdom, v. 18, n. 5, p. 383-389, june 2012, p. 386.

[169] Trata-se de uma adição recente ao código civil italiano (artigo 2645 ter). Sob o *vincolo di destinazione* pode-se segregar uma propriedade pessoal, registrando-a em nome de um beneficiário, sem uma estrutura de gestão que pode ir além da vida do gestor. *Cfr.* PERTILE, Erica. *La Nuova Disciplina Degli Atti Di Destinazione L'art. 2645 Ter C.C.* Università Ca'Foscari Venezia, 2010, 171; BALASSO, Romolo, ZEN, Pierfrancesco. *La professione tecnica nella legislazione e nella giurisprudenza*. Santarcangelo di Romagna Maggioli Editore, 2012, p. 362; LUPOI, Maurizio. *Trusts in Italy: A Living Comparative Law Laboratory*. Trusts & Trustees, United Kingdom, v. 18, n. 5, p. 383-389, june 2012, p. 386.

Logo, os progenitores podem, através dos *Trusts*, diferir o recebimento da herança até o momento mais adequado para a distribuição da mesma. Dessa forma, se previne que o patrimônio não se perderá quando for transmitido aos seus herdeiros.

Complementarmente, lembramos aqui, que ao constituir um *Trust*, ocorre a formação de um patrimônio separado, e a distinção entre *legal* e *equitable property*. Sob tal prisma, pode o beneficiário de um *Trust* transmitir ou onerar a sua propriedade equitativa, tendo em vista que ele é o titular de seus direitos equitativos.

Entretanto, quando o objetivo maior do *settlor* é a proteção patrimonial de seus herdeiros, ele estipula expressamente no *trust instrument* restrições sobre a alienação voluntária ou involuntária do título equitativo do beneficiário. Nesse sentido, pois, a *trust property* fica livre de uma eventual execução por parte dos credores dos beneficiários.

Na verdade, tal proteção patrimonial alcançada é um dos maiores atrativos deste tipo de *Trust*. Contudo, para tal efeito o *settlor* deve inserir uma cláusula, no *trust instrument*, destacando que um interesses benéfico não pode ser transferido pelo beneficiário e que não está sujeito para o pagamento de seus débitos.

Insta relembrar aqui, que tal *Trust* é designado de *spendthrift trust* no Direito norte-americano, e de *protective trusts* no Direito Inglês. Como já sinalizado, na maioria dos estados norte-americanos não se admite a constituição do *Spendthrift Trust* nos casos onde o *settlor* é também beneficiário do *Trust*, evitando a fraude a credores.

No Brasil, a proteção de ativos pode ser alcançada através da estipulação de cláusulas restritivas de direitos (inalienabilidade, incomunicabilidade e impenhorabilidade) impostas no testamento ou na doação. Igualmente, nestes casos, ninguém pode gravar seus próprios bens com tais cláusulas.

Para DINIZ, trata-se de um meio de vincular os próprios bens em relação a terceiros beneficiários, que não poderão dispor deles, gratuita ou onerosamente, recebendo-os para usá-los e gozá-los[170].

---

[170] *Cfr.* DINIZ, Maria Helena. *Curso de Direito Civil Brasileiro – Direito das Sucessões.* Volume 4. São Paulo: Saraiva, 2019, p. 234; *Vide* PIRES, Paulo Henrique Gonçalves. *Cláusulas Restritivas ao Direito de Propriedade.* Revista da Faculdade de Direito Milton Campos, Belo Horizonte, Volume 17, p. 305-319, 2008.

Em síntese, estas cláusulas são gravames impostos aos bens impedindo que o herdeiro, legatário ou donatário, disponham livremente dos mesmos. Nesse sentido, pode o testador, preocupado com a dissipação patrimonial por seus filhos, após a sua morte, inserir tais disposições em seu testamento, sobre a parte disponível da herança.

Importante aqui esclarecer, que conquanto o gravame da legítima seja permitido, o Artigo 1.848 do Código Civil brasileiro impõe *justa causa* para a inserção de tais cláusulas, devendo o testador especificar em seu testamento as razões que o levaram a impedir a livre disposição da herança por seus herdeiros, fragilizando, de certa forma, sua autonomia da vontade.

Uma vez inserida a cláusula de inalienabilidade, implica automaticamente na impenhorabilidade e incomunicabilidade dos bens ou direitos assim gravados (Código Civil, Artigo 1.911). Proíbe-se, porém, que a duração da cláusula seja superior a vida do herdeiro ou legatário. Dessa forma, os gravames são vitalícios e não podem ultrapassar uma geração.

Devemos esclarecer, ainda, que quem recebeu um imóvel gravado com inalienabilidade não está impedido de dispor do mesmo por testamento. Logo, o herdeiro ou legatário da pessoa que possui bens assim gravados, os receberão livres de eventual penhora, pois que os credores do *de cujus* não podem gravar tais bens por ocasião do inventário. Por uma razão lógica, tais bens já não poderiam responder por suas dívidas em vida.

Por sua vez, na transferência de bens ou direitos realizadas através da doação, é permitida a livre disposição pelo doador de cláusulas de inalienabilidade, incomunicabilidade e impenhorabilidade, independente de justificativas. Apesar disso, deve-se respeitar, igualmente, a legítima dos herdeiros necessários.

No mesmo contexto, ainda admite o Direito brasileiro que a proteção patrimonial de credores de familiares a quem se deseja proteger, seja alcançada através da constituição voluntária de bem de família[171].

De fato, versa o Artigo 1.711 do Código Civil brasileiro, que podem os cônjuges, ou a entidade familiar, mediante escritura pública ou testamento, destinar parte de seu patrimônio para instituir bem de família.

---

[171] *Vide* artigos 1.711 e seguintes do Código Civil brasileiro.

Permite-se, no mesmo sentido, que terceiro institua bem de família em favor de determinadas pessoas (um casal ou uma entidade familiar) por testamento ou doação. Todavia, para que tal ato tenha eficácia exige-se a aceitação expressa dos beneficiários.

Em suma a respeito, o bem de família pode consistir em prédio residencial urbano ou rural, com suas pertenças e acessórios, destinando-se a domicílio familiar. Com caráter limitativo, o valor do bem de família não poderá ultrapassar um terço do patrimônio líquido existente ao tempo da instituição (Código Civil, Artigo 1.711).

Conveniente notar, que poderá abranger valores mobiliários, cuja renda será aplicada na conservação do imóvel e no sustento da família (Código Civil, Artigo 1.712). Segundo a disposição legal nesse sentido, tais valores mobiliários devem ser devidamente individualizados no instrumento de instituição do bem de família, e não poderão exceder o valor do prédio instituído como bem de família, à época de sua instituição.

Por fim, ressalta-se que o instituidor do bem de família poderá determinar que a administração dos valores mobiliários seja confiada a uma instituição financeira, bem como disciplinar a forma de pagamento da respectiva renda aos beneficiários, caso em que a responsabilidade dos administradores obedecerá às regras do contrato de depósito.

Embora tais hipóteses possam sugerir o alcance de certos objetivos conseguidos através dos *Trusts*, perceba-se, que são situações restritas, sendo impraticável a comparação com o "todo" que pode ser oferecido pelo instituto que aqui propomos.

A proteção do *Trust* alcança os filhos, netos, nascituros e concepturos, cônjuge e amigos. Também podem ser beneficiadas pessoas mentalmente ou fisicamente deficientes, bem como jovens adultos inábeis à administração imediata e eficaz dos bens da família. Do mesmo modo o *Trust* pode beneficiar membros da família desfavorecidos financeiramente, e os que demandam cuidados especiais, como os idosos.

Com efeito, os *Trusts* são instrumentos hábeis para a proteção de toda a família, abrangendo várias circunstâncias, incluindo as inesperadas.

1.3. Equivalentes Funcionais Existentes no Direito Brasileiro

Entre as funções desempenhadas pelos *Trusts*, essencialmente, encontra-se, desde suas raízes históricas, a preocupação com o destino e salvaguarda dos bens deixados em herança. De fato, isso ocorre, especialmente, quando a capacidade dos herdeiros de administração do patrimônio deixado é questionada. Está sempre será uma grande inquietação no âmbito familiar.

Assim, é comum a nomeação de um *trustee* para administrar o patrimônio familiar após a morte do instituidor, ou até mesmo no caso de incapacidade do mesmo.

No Brasil, existem algumas ferramentas jurídicas de caráter patrimonial, assistencial ou sucessório disponíveis para tais efeitos. Entretanto, o sistema atual de sucessões, previsto na legislação Brasileira, por muitas vezes, não atende às vontades finais dos indivíduos, quer detenham eles um vasto patrimônio ou não.

Com efeito, a estrutura dos *Trusts* admite a junção de regras de Direito diversas, formalizando um único instrumento capaz de incluir diferentes vontades e desejos do instituidor. De fato, o *Trust* por si só permite a concorrência e articulação de múltiplas funções, com regras próprias e qualidades particulares.

A preferência aos *Trusts* pode ser declarada a partir do momento em que tais funções somente são obtidas no Direito brasileiro através da manipulação de vários institutos jurídicos, com diversas regras e princípios diferentes aplicáveis, sob a égide do Direito das Coisas, das Obrigações, da Família e das Sucessões.

Ademais, não é possível reduzir a natureza dos *Trusts* e suas funcionalidades, a qualquer modalidade individualmente oferecida pelo Direito brasileiro. Na verdade, são instrumentos que, por vezes, e apenas separadamente, cumprem uma ou outra função do *Trust*.

Dessa forma, veremos que disponibilizando o *Trust* no ordenamento jurídico brasileiro, será muito mais atrativo vincular em um único meio constitutivo, todas as vontades do instituidor que visa a proteção de sua família.

De fato, hodiernamente, é necessária a realização de vários negócios jurídicos díspares para alcançar o mesmo fim, muitas vezes sem a mesma eficácia e flexibilidade.

Buscamos, portanto, a simplificação e a flexibilização das normas jurídicas, ampliando a liberdade do proprietário de bens ou direitos, de dispor de seu patrimônio da forma como melhor desejar, satisfeitos os requisitos do negócio jurídico válido.

Deve-se, pois, provisionar aos interessados a liberdade de poder manipular o seu patrimônio de forma tão ampla quanto flexível.

Através dos *Trusts*, um indivíduo pode conferir benefícios a quem ele realmente ambiciona favorecer, e pelo tempo que desejar. O instituidor pode analisar as circunstâncias e as necessidades individuais de cada ente familiar, ou pessoa a quem se deseja proteger. Sobretudo, o *Trust* permite a administração especializada do patrimônio familiar após a morte do instituidor. A proteção do patrimônio da irresponsabilidade dos herdeiros, resulta, especialmente, na proteção de toda família, de uma futura penúria. Enfim, é um instrumento que permite a realização de um planejamento patrimonial, ainda em vida ou mesmo *pos mortem*.

As várias formas jurídicas, a seguir expostas, podem apresentar, eventualmente, vantagens umas sobre as outras, dependendo do objetivo do instituidor.

Destaca-se que a implementação dos *Trusts* no Direito brasileiro que ambicionamos, não resultará na exclusão das ferramentas jurídicas hoje já consagradas e disponíveis. Na verdade, a opção por qual ferramenta utilizar caberá ao instituidor, e a escolha pelos *Trusts* pode trazer excepcionais vantagens. De fato, por tudo quanto já analisado sobre o instituto, a constituição dos *Trusts*, além de ser menos burocrática e dispendiosa, é moldável aos vários desejos do *settlor*, o que faz dele um instrumento mais atraente.

Enfim, conforme muito bem ressalta VAZ TOMÉ E CAMPOS, embora alguns institutos continentais, como a substituição fideicomissária, a proibição de alienação, e a dupla liberalidade em usufruto e em nua propriedade, permite ao disponente arrogar-se de certo controlo sobre os Direitos objeto de disposição, é um controlo certamente limitado[172].

a) *Testamentary Trusts* e a Sucessão Testamentária no Direito Brasileiro. O Código Civil brasileiro permite a sucessão testamentária além da sucessão legítima, exigindo-se o cumprimento de determinadas solenidades legais para a validade do testamento.

No Brasil, o *de cujus* somente pode dispor em testamento da metade de seus bens, pois a outra metade pertence de pleno direito aos herdeiros necessários[173].

---

[172] Cfr. VAZ TOMÉ, Maria João; CAMPOS, Diogo Leite de. *A Propriedade Fiduciária (Trust), Estudo para a sua Consagração no Direito Português*. Coimbra: Almedina, 1999, p. 258.
[173] Vide artigos 1.789, 1845, 1846 e 1857, §1º do Código Civil brasileiro.

Em suma, o testador pode instituir herdeiros ou distribuir os bens em legados, gravar os bens de cláusulas restritivas, mesmo quanto às legítimas e, por fim, possibilitar a substituição do favorecido[174].

Nesse contexto, e para o mais nos interessa, é possível a realização de *estipulações patrimoniais* sob o testamento, igualmente ocorre no *Trust*. Sobretudo, recomendações sobre o cumprimento de obrigações do testador; a constituição de renda (Código Civil, Artigo 803); a instituição de uma fundação (Código Civil, Artigo 64); a substituição de um beneficiário; a estipulação em favor de terceiro (Código Civil, Artigo 438, parágrafo único) e a imposição de cláusulas restritivas (Código Civil, Artigo 1.848).

Para dar cumprimento às suas disposições de última vontade, o testador pode nomear um testamenteiro (Código Civil, Artigo 1976), que desempenhará a função de executor testamentário.

Durante a execução testamentária os beneficiários são considerados como verdadeiros titulares dos bens ou direitos deixados em herança.

Tal cenário, é semelhante ao que ocorre no *Trust*, sob o ponto de vista da possibilidade de conferir a administração dos bens ou direitos deixados pelo testador ao testamenteiro. Por outro lado, lembramos, por propício, que o testamenteiro tem normalmente a função limitada de fiscalizar a execução testamentária, podendo apenas exigir judicialmente os meios aptos ao cumprimento do testamento.

Nesse contexto, o testamenteiro somente terá direito à posse e a administração da herança, se ausentes o cônjuge e o herdeiro necessário (Código Civil, Artigo 1.977). Ainda, que assim sejam, qualquer herdeiro, legítimo ou legatário, pode exigir a partilha imediata ou a devolução da herança.

Logo, perceba-se, que normalmente não ocorre a administração íntegra da herança pelo testamenteiro nomeado, como é possível estabelecer amplamente através da nomeação de um *trustee*.

---

[174] *Cfr.* DINIZ, Maria Helena. *Curso de Direito Civil Brasileiro – Direito das Sucessões*. Volume 4. São Paulo: Saraiva, 2019, p. 170. *Vide* NEVES, Rodrigo Santos. *Os testamentos e a eficácia de suas disposições*. Revista Forense, Rio de Janeiro, Volume 413, Ano 107, p. 400-415, janeiro-junho de 2011; GAYA, Karyna Saraiva Leão. *Planejamento Sucessório: uma Saudável Preocupação com o Futuro*. Revista Síntese – Direito da Família, São Paulo, Ano XIII, n. 70, p. 124-125, fev-mar de 2012; FRAGOSO, Rui Celso Reali. *Sucessão Legítima*. Revista do Instituto dos Advogados de São Paulo (IASP), São Paulo, Ano 7, n. 14, p. 52-58, julho-dezembro de 2004; PEREIRA, Caio Mario da Silva Pereira. *Instituições de Direito Civil – Direito das Sucessões*. Volume VI, 15ª Edição. Rio de Janeiro: Forense, 2005, p. 73-169.

Dessa forma, embora tal administração possa acontecer, ela será realizada de forma bem delimitada, considerando que o testamenteiro não possui os bens ou direitos em seu próprio nome como o *trustee*, e, assim, não administra com similar flexibilidade e eficácia.

Nesse sentido, explicam VAZ TOMÉ e CAMPOS, que o executor testamentário não é um *trustee*, porquanto lhe falta o elemento essencial da posição jurídica do *trustee* anglo-americano: o poder real sobre a totalidade dos bens da herança[175].

Com efeito, o testamenteiro somente tem um poder restrito sobre a administração da herança e enquanto a sua missão perdurar, além do dever de partilha da mesma.

É claro que se a execução testamentária for prolongada no tempo, e for combinada com a *substituição fideicomissária*, é possível, a realização de algumas tarefas cumpridas no âmbito do *Trust*. No entanto, ainda assim não terá o mesmo efeito, porquanto o *Trust* também se caracteriza pela ausência de burocracia e rigidez demasiadas.

Em prosseguimento a esse ponto em análise, destaca-se, que no Brasil legitimam-se a suceder as pessoas nascidas ou já concebidas no momento da abertura da sucessão (Código Civil, Artigo 1.798). Na sucessão testamentária podem suceder as pessoas jurídicas e as pessoas jurídicas cuja organização for determinada pelo testador sob a forma de fundação (Código Civil, Artigo 1799).

Além disso, muito interessante é a hipótese legal na sucessão testamentária de serem chamados a suceder os filhos, ainda não concebidos, de pessoas indicadas pelo testador, desde que vivas estas ao abrir-se a sucessão.

Tal fato indica certa flexibilidade jurídica em relação a liberdade do testador na escolha de seus herdeiros. Com efeito, permite-se ao testador beneficiar em seu testamento seus netos ainda não concebidos.

Digno de nota, contudo, é que embora exista a permissão de contemplação de *prole futura* de um indivíduo indicado pelo testador, existe uma limitação temporal de dois anos para que o herdeiro esperado seja concebido. Logo, se decorridos dois anos após a abertura da sucessão, não houver a concepção, os bens reservados, salvo disposição em contrário

---

[175] *Cfr.* VAZ TOMÉ, Maria João; CAMPOS, Diogo Leite de. *A Propriedade Fiduciária (Trust), Estudo para a sua Consagração no Direito Português*. Coimbra: Almedina, 1999, p. 256.

do testador, caberão aos seus herdeiros legítimos (Código Civil, Artigo 1.800, § 4º).

Como decorrência, então, verificamos outra fundamental limitação à prossecução eficaz do planejamento patrimonial através do testamento. Com efeito, o *Trust* permite um planejamento patrimonial a longo prazo, capaz de satisfazer as necessidades reais das famílias modernas, por vezes alcançando várias gerações.

Nesse quadro, lembramos que no âmbito dos *Trusts* da *common law*, pudemos identificar a existência da *rule against perpetuities*, que surgiu com o objetivo de coibir a duração do *Trust* por um longo prazo, declarando que isso seria um obstáculo à circulação de riquezas.

Entretanto, existe a tendência à ampliação do prazo[176] ou até mesmo a extinção da regra contra a perpetuidade, tanto em relação ao *Trust*, quanto em relação aos instrumentos similares a ele existentes nos países de *civil law* considerados.

Em outras palavras, percebeu-se que o espírito geral dos países analisados é o de permitir uma maior liberdade na disposição da propriedade e no princípio da autonomia da vontade. De fato, entendemos que o limite temporal imposto ao controlo da propriedade após a morte, tende a ser ampliado ou até mesmo extinto.

Na verdade, as novas demandas sociais e econômicas carecem de modernos instrumentos que correspondam às atuais necessidades familiares, ante a rigidez dos instrumentos e regras hoje disponíveis.

Conquanto o testamento possa até a vir alcançar um ou outro objetivo do *de cujus*, somente o faz atrelando vários institutos jurídicos com regras muito distintas como, por exemplo: a realização de um testamento com várias cláusulas organizando a substituição fideicomissária, o usufruto, a constituição de renda e a substituição do beneficiário da cláusula a favor de terceiros. Por sua complexidade, é incomum observarmos tais disposições testamentarias no Direito brasileiro.

Dessa forma, resta claro que o testamento apresenta maior complexidade na hora de adaptar-se às exigências do disponente em relação a escolha do beneficiário, a atribuição de benefícios e a administração da

---

[176] Esse movimento de ampliação do prazo pode ser comprovado na análise internacional dos Trusts realizada em nosso livro "O Direito dos Trusts na Perspectiva Internacional". São Paulo: Almedina, 2020.

herança. Fórmulas alcançadas naturalmente e de forma muito simples através da constituição de um *Trust*.

Nesse sentido, é que concluímos, neste ponto, que existe a necessidade e a oportunidade de admitir no Direito brasileiro, alternativas aos meios clássicos de disposição e expressão da vontade do falecido.

b) A *substituição fideicomissária* –No Brasil, pode o testador instituir herdeiros ou legatários, estabelecendo que por ocasião de sua morte, a herança ou o legado se transmita ao fiduciário, resolvendo-se o direito deste, por sua morte, a certo tempo ou sob certa condição, em favor de outrem, que se qualifica de fideicomissário (Código Civil, Artigo 1.952).

Neste caso, existe a dupla liberalidade do *de cujus* (*fideicomitente*) que pode transmitir toda a herança, ou parte dela, de forma sucessiva ao *fiduciário* e depois ao *fideicomissário*.

Dessa forma, o *fideicomitente* (*de cujus*) pode indicar que determinado patrimônio seja primeiramente transferido ao fiduciário, com a condição de que este transmitirá a uma terceira pessoa (fideicomissário) após a sua morte, ou após o decurso de certo tempo, ou a ocorrência de determinado fato.

Para DINIZ, trata-se de uma técnica hábil de planejamento sucessório que, inserida pelo Código Civil brasileiro (2002), permite que o testador proteja alguém ainda não existente no tempo da sucessão[177].

Apesar disso, se ao tempo da abertura da sucessão, já tiver nascido o *fideicomissário*, este adquire a nua propriedade dos *bens fideicomitidos*, convertendo-se o instrumento em *usufruto*.

Nesse quadro, podemos dizer que a substituição fideicomissária é um instrumento jurídico que pode ser considerado funcionalmente próximo ao *Trust* da *common law*.

Tal como o *Trust*, é a *substituição fideicomissaria* um ato unilateral de vontade do instituidor, e tem por objetivo onerar os bens fiduciados, impedindo a sua livre disposição *mortis causa* pelo herdeiro.

---

[177] *Cfr.* DINIZ, Maria Helena. *Curso de Direito Civil Brasileiro – Direito das Sucessões.* Volume 4. São Paulo: Saraiva, 2019, p. 340. *Vide* MOREIRA, Carlos Roberto Barbosa. *Fideicomisso e sucessores não concebidos: exame de uma questão controvertida*, Revista Forense, Rio de Janeiro, v. 399, Ano 104, p. 49-63, setembro-outubro de 2008.

De fato, devemos elogiar o legislador brasileiro por permitir a figura no ordenamento jurídico do Brasil, que consente, embora de forma mais limitada do que no *Trust*, o planejamento sucessório.

Porém, desde logo, notamos alguns pontos limitativos, que seguem:

Primeiramente, a substituição fideicomissária somente se permite em favor dos não concebidos ao tempo da morte do testador. Dessa forma, diversamente dos *Trusts*, o *fideicomisso* só é permitido em favor de prole eventual da pessoa por ele indicada no testamento (Código Civil, Artigos 1.799, inciso I, e 1.800, § 4º). Depois, são nulos os *fideicomissos* além do segundo grau, o que enfraquece a eficácia do instrumento no uso do planejamento patrimonial sucessório (Código Civil, Artigos 1.952 e 1.959).

Na mesma linha, observa-se que o fiduciário é mais próximo de um beneficiário do que de um *trustee*. Conquanto no *Trust* o *trustee* também possa ser um dos beneficiários do *Trust* que administra, essa não é a regra.

Existem, de fato, aqui, dois beneficiários que recebem a propriedade de *forma sucessiva*, vislumbrando-se dupla vocação hereditária.

Em um primeiro momento, ocorre a instituição de um herdeiro ou legatário (fiduciário), que recebe a herança, com a obrigação de transmiti-la a outra pessoa (fideicomissário) após a sua morte ou sob certa condição.

Logo, ao contrário do *Trust*, o fideicomissário não possui de imediato qualquer direito real sobre a propriedade fideicomitida. Aqui, os direitos dos beneficiários apenas nascem no tempo da abertura da substituição.

Por tal razão, o direito do fideicomissário pode caducar se ele falecer antes de se esgotar o direito conferido ao fiduciário, hipótese em que a propriedade se consolida no fiduciário (Código Civil, Artigos 1.958 e 1.959).

Nesse sentido e em oposição, o beneficiário de um *Trust* já possui, em regra, um direito adquirido, ainda que ele seja um beneficiário sucessivo, ou seja, mesmo que apenas o possa exercer ao tempo da extinção dos direitos do beneficiário anterior.

Sendo assim, se os últimos beneficiários do *Trust* não virem o seu direito penetrar as suas esferas jurídicas, quando repudiam ou falecem sem herdeiros, os bens ou direitos retornam ao patrimônio do *settlor* ou de seus herdeiros, e não ao patrimônio do primeiro beneficiário. Logo, os direitos dos beneficiários do *Trust* não caducam se ele falecer durante o prazo do *Trust*.

Além disso, enquanto no *Trust* o *trustee* recebe uma remuneração fixa em razão do exercício de sua função, o fiduciário pode perceber todos os frutos e rendimentos gerados pelo patrimônio fideicomitido, os usando e consumindo sem qualquer limitação à sua disponibilidade.

Perceba-se, então, que no *Trust* tais frutos se revertem imediatamente ao beneficiário ou devem ser investidos e mantidos na *trust property*. Portanto, jamais pertencem ao *trustee*. Excetuam-se somente os casos em que o *trustee* também for nomeado como um dos beneficiários do *Trust*.

De fato, em oposição ao *trustee*, o fiduciário não é um profissional remunerado, ao passo que administra a propriedade em seu próprio interesse.

Tal aspecto nos indica outra fundamental diferença em relação ao *Trust*, pois em oposição ao *trustee*, o fiduciário pode administrar o patrimônio fideicomitido no seu próprio interesse, sem a obrigatoriedade de seguir as instruções conferidas expressamente pelo testador.

Nesse sentido, lembramos que, nos *Trusts*, o *trustee* se obriga a administrar a propriedade tendo em vista somente os interesses dos beneficiários, além de seus atos serem vinculados às diretrizes estabelecidas pelo *settlor* no *trust instrument*.

Por outro lado, assim como no *Trust*, o fiduciário é considerado proprietário da herança ou legado, e os direitos sobre essa propriedade também são exercidos de forma limitada. É dizer, em outras palavras, que a propriedade do fiduciário é restrita e resolúvel (Código Civil, Artigo 1.953).

Sendo assim, o fiduciário deve conservar os bens ou o seu valor na medida que tem uma propriedade limitada, sem, contudo, ter direito ao reembolso das despesas de conservação.

Dessa forma, diferencia-se do *Trust* na medida em que o *trustee* tem o direito de se reembolsar de todas as despesas realizadas no exercício de sua função, pois que administra a propriedade no interesse de outros.

Em alinhamento, também devemos mencionar, que ao contrário do *trustee* o fiduciário pode adquirir a propriedade plena dos bens fiduciados. Isso ocorrerá no caso de renúncia do *fideicomissário*, inexistindo disposição em contrário no instrumento constitutivo. Igualmente, sobrévem essa hipótese no caso de o fideicomissário falecer antes do testador, ou antes, de realizar-se a condição resolutória do direito do fiduciário.

Por fim, é oportuno bem claro deixar-se, que os poderes de disposição do fiduciário em relação à propriedade fideicomitida são mais limitados do que os poderes confiados ao *trustee*. Em outras palavras, embora possa usar, gozar, dispor, gravar e reivindicar o bem, o domínio do fiduciário sobre a herança ou o legado é resolúvel. Significando que, embora seja o proprietário, a alienação porventura feita pelo fiduciário tornar-se-á ineficaz se o domínio vier a resolver-se, e o adquirente deverá devolver o bem ao fideicomissário (Código Civil, Artigo 1.359).

Nesta esteira, DINIZ complementa que é habitual quando o testador deseja que a coisa fideicomitida seja resguardada para o fideicomissário, a estipulação de uma cláusula de inalienabilidade[178].

Por outro lado, em regra, o *trustee* pode vender ou até mesmo transmitir a título gratuito os bens em *Trust*. Vimos que em razão das regras da *equity*, ocorrerá a sub-rogação real ou pessoal.

Na verdade, embora sopesemos o *fideicomisso* como um instrumento bastante interessante, sem dúvida a sua finalidade é bem mais específica, reduzindo a sua capacidade competitiva em relação aos *Trusts*, especificamente no âmbito do planejamento sucessório.

Dentro do prisma atual, o *Trust* é capaz de satisfazer de uma forma mais eficaz e ampla os desejos do *settlor,* principalmente quando o objetivo primordial do testador é a administração profissional de sua riqueza, atrelada a um planejamento patrimonial eficaz, e não somente a transferência da herança.

Como vimos, é possível através dos *Trusts* adequar os benefícios fixos ou discricionários, de acordo com a situação particular de cada um dos beneficiários; também é possível estabelecer direitos fixos sobre o capital e o rendimento; ainda, é admitida a indicação pelo *settlor* de beneficiários diferentes do capital e do rendimento.

Este enfoque nos permite afirmar que a extensa gama de combinações que podem ser estabelecidas através da estrutura dos *Trusts*, faz dele um instrumento moderno vastamente escolhido no planejamento patrimonial familiar.

c) A Administração de Bens de Terceiros: Mandato e Gestão de Negócios. Alguns proprietários de empresas familiares fazem seus filhos se sentirem obrigados a participar da empresa. Tal obrigação pode

---

[178] *Cfr.* DINIZ, Maria Helena. *Curso de Direito Civil Brasileiro – Direito das Sucessões*. Volume 4. São Paulo: Saraiva, 2019, p. 341.

provocar a ruína da empresa, se for realizada por gestores despreparados e muitas vezes desinteressados em estar à frente dos negócios da família.

Por outro lado, também é comum os pais enfatizarem que sua prole é livre para participar do negócio, se assim escolherem. Se a empresa for bem sucedida, possivelmente as escolhas profissionais conferidas aos jovens ampliam, ante a riqueza familiar. Geralmente, esta situação traduz-se em uma promessa tácita de que *"há sempre um lugar para você aqui na empresa"*, o que pode levar o jovem a ver seu papel na empresa como uma segunda opção.

Muito conveniente seria nestes casos a organização de um *Trust inter vivos* revogável.

Em verdade, um indivíduo, que a certa altura de sua vida, não deseja mais estar à frente dos negócios da família, pode optar pela nomeação de um *trustee* profissional para administrar seu patrimônio, ao invés de seus descendentes ou parentes.

No Direito brasileiro, tal objetivo poderia ser parcialmente alcançado através da figura jurídica do Mandato. Contudo não com a mesma dinâmica e simplicidade com que é realizado através da estrutura dos *Trusts*.

Fundamentalmente, no mandato existe a representação, pois que o mandatário age em nome do mandante. Por outro lado, no *Trust*, o *trustee* age em nome próprio, e não vincula o *settlor* nos contratos que realiza com terceiros. Destaca-se, que o *trustee* não é um representante do *settlor*.

Ademais, todos os bens ou valores permanecem em nome do mandante, não formando um patrimônio segregado e, portanto, protegido. Lembramos, aqui, que a proteção do patrimônio da família é um dos objetivos principais que levam a opção pelo *family trust*.

Também, podemos apontar que no mandato os poderes do mandatário são mais limitados. De fato, o mandato só confere poderes de administração ordinária. Assim sendo, para alienar, transigir, hipotecar, dependerá o mandatário de poderes especiais e expressos, por serem atos que exorbitam a administração ordinária.

Tais pontos contrastam fortemente com a celeridade e flexibilidade dos *Trusts*, nomeadamente quando o objetivo é a administração eficaz de bens ou direitos, e a proteção da riqueza familiar.

Nesse mesmo contexto, cabe indicarmos um tipo especial de mandato permitido no Direito brasileiro, o mandato em causa própria.

Em regra, o mandato em causa própria é outorgado no interesse do mandatário, que é isento de prestar contas ao mandante, e tem amplos poderes de administração.

É nesse sentido, que a procuração em causa própria pode até ser adaptada para fins de administração de bens alheios, ao passo que o mandatário possui amplos poderes de administração sobre os bens ou direitos, podendo inclusive transferir os bens ou direitos objeto do mandato para seu nome.

Contudo, além de ser irrevogável, impossibilitando o retorno dos bens ou direitos à esfera jurídica do mandante, dispensa-se a prestação de contas por parte do mandatário. Por tais razões, o mandatário permanece completamente descoberto e desprotegido, características incompatíveis com os direitos adjudicados aos beneficiários dos *Trusts*.

De fato, em muitos instrumentos oferecidos pela *civil law*, tais como o mandato, além do tempo gasto na realização de *procurações específicas* – que, por vezes, são necessárias à realização de determinados negócios – existem os altos custos registais envolvidos. Tudo, pois, sustenta a opção pelo *Trust*.

À derradeira, interessante também indicarmos neste ponto a Gestão de Negócios, prevista no Código Civil brasileiro, no Título VII que trata dos "Atos Unilaterais".

São fatos jurídicos voluntários lícitos, que criam uma relação obrigacional entre as partes, sem que estas tenham convencionado criá-las.

Logo, embora em um primeiro momento seja um ato unilateral semelhante aos *Trusts*, é um ato unilateral por parte do gestor, e não do dono dos negócios.

Trata-se, pois, de uma intervenção, não autorizada, de uma pessoa (gestor de negócio) na direção dos negócios de outra (dono do negócio), feita segundo o interesse, a vontade presumível e por conta desta última (Código Civil, Artigo 861). Não existe aqui o mandato, ou seja, uma autorização formal de um indivíduo para que alguém exerça atos jurídicos em seu nome.

Implica, em regra, no abandono de bens ou direitos por seu proprietário, sendo necessária a intervenção de um terceiro para gerir o patrimônio desamparado. Também, podem ocorrer circunstâncias em que o dono do negócio fica impedido, transitoriamente, de gerir seus próprios bens ou direitos.

Normalmente, emana de situações imprevisíveis, que acarretam a necessidade da interferência de terceiros (o gestor), para prover de cuidado os negócios de outrem, evitando danos que podem ser irreparáveis.

Importante mencionar, que o gestor assume a administração dos bens de outrem, espontaneamente, desinteressada e gratuitamente. Em verdade, se encarrega de praticar atos no interesse de outrem, sem que este o tenha incumbido de assim agir. Nesse sentido, o gestor é obrigado a atuar de boa-fé e no interesse da outra parte (chamada *dominus negotti*) e a terminar a gestão de negócios iniciada.

Em breve analogia com o *trustee*, o gestor fica responsável perante o dono do negócio e perante aquelas pessoas com quem tratar. De fato, aquele que age sem mandato, fica diretamente responsável perante o dono do negócio e também em relação a terceiros com quem contratou.

Certamente estando em desuso no Direito brasileiro, poderíamos dizer que a gestão de negócios é, no máximo, comparável ao *constructive trust* já estudado[179], em razão das situações semelhantes que surgem.

d) A Administração de Bens de Terceiros: *Private Bank*, *Family Offices* e *Holding* Familiar. No Brasil, o universo de famílias abastadas não para de crescer. De destacar é, a este propósito, que segundo mapeamento global feito pelo Credit Suisse, as famílias ricas no Brasil reuniam ativos da ordem de US$ 3,5 trilhões no fim de junho de 2019, com um aumento de US$ 312 bilhões no intervalo de um ano[180].

De fato, o Brasil aparece na décima quarta posição no ranking mundial do setor, estando entre as nações que mais criaram ricos nos últimos anos.

Justifica-se, portanto, o fato da administração especializada do patrimônio e o planejamento sucessório, serem hoje áreas geradoras de forte concorrência bancária no Brasil. Tais ferramentas de gestão e planejamento são concretizadas através da realização de um contrato entre o administrador do patrimônio (Banco) e o proprietário dos ativos. Trata-se do seguimento bancário designado de *Private Bank*.

---

[179] *Vide*: Parte I, Capítulo II, Secção III, ítem 2 – Implied *Trust – Resulting Trust* e *Constructive Trust*.
[180] Credit Suisse – Global wealth report. Disponível em: https://www.credit-suisse.com/about-us/en/reports-research/global-wealth-report.html Acesso em: 13.02.2020.

Nessa linha, bancos estrangeiros, tais como o UBS Wealth Management Brasil, J.P. Morgan, Goldman Sachs, Credit Suisse, RBC Wealth Management, ao mesmo tempo, que grandes bancos nacionais como o Banco do Brasil, Itaú, Santander e Bradesco, se movimentam fortemente nesse sentido.

Tais Bancos possuem equipes especializadas em serviços que auxiliam na gestão de fortunas, na sucessão patrimonial, na governança familiar, e no planejamento tributário, com o foco em famílias abastadas.

Efetivamente, oferecem serviços de assessoramento e consultoria às famílias, que se formalizam através de um contrato de prestação de serviços.

Nos últimos anos, no Brasil, também se observa a multiplicação dos *Family Offices*, que são escritórios especializados na gestão patrimonial.

Os *Family Offices* são formados por profissionais de investimentos, especializados em administração de fortunas. Tais escritórios oferecem uma lista de serviços de interesse da família, tais como: serviços jurídicos, tributários, contábeis e, principalmente, apresentam profissionais para auxiliar na escolha de investimentos do patrimônio familiar. Aliás, enfatizam o atendimento mais personalizado, do que aquele fornecido pelos *private banks*.

De qualquer modo, em ambos os casos, o liame contratual criado revela que no incumprimento do acordado, ocasionará responsabilidade de natureza meramente obrigacional. De fato, a relação jurídica é estabelecida entre os sujeitos envolvidos, gerando, assim, obrigações pessoais entre eles.

Em oposição, o vínculo estabelecido entre as partes no *Trust* é mais intenso: em razão de sua natureza fiduciária, da formação do patrimônio separado (com a adequada separação e identificação dos ativos que formam a *trust property*). Além disso, o beneficiário do *Trust* adquire um direito real sobre os ativos (*beneficial title*), não concorrendo, em caso de falência do *trustee*, com os demais credores do mesmo[181].

Não obstante, os *private bank* e os *family offices* americanos oferecem entre seus serviços o de *"trusteeship services"*. Nesse sentido, disponibilizam a estrutura dos *Trusts* como instrumento de gestão de riquezas.

---

[181] *Cfr.* DASH, Jan. *All in the family: ownership and management options for private trust companies.* Trusts & Trustees, United Kingdom, v. 19, n. 6, p. 650–657, july 2013, p. 650-651.

Aliás, nesse sentido é a definição de DASH *in verbis*: "*A family office can be defined as an international business company which has been incorporated for the specific purpose of acting as the trustee of a single trust structure or a group of related trust structures*"[182].

Em arremate importante, urge trazer-se a contexto breve abordagem sobre a constituição de uma *holding familiar*, também com propósitos de planejamento patrimonial e sucessório.

No Brasil, a lei nº 6.404 de 15 de dezembro de 1976, que dispõe sobre a sociedade por ações, permite em seu Artigo 2°, §3°, a constituição de companhia que tenha por objeto a participação em outras sociedades. A participação é facultada como meio de realizar o objeto social, ou para beneficiar-se de incentivos fiscais[183].

Por igual, a *holding* pode ser constituída sob a forma de uma sociedade limitada ou de outros tipos societários previstos no Código Civil brasileiro. De fato, não existe impedimento legal para que a sociedade *holding* tenha outras formas constitutivas, desde que respeitados os requisitos legais impostos a cada uma das espécies societárias.

Destaca-se, que por sua singular natureza contratual, a sociedade limitada é muito apropriada para esta finalidade de cunho familiar. Além disso, a sua constituição é relativamente mais simples e menos burocrática do que a organização de uma sociedade anónima.

O que caracteriza basicamente uma sociedade *holding* é o fato de ter por objeto a participação em outras empresas, normalmente exercendo o controlo sobre elas. Da mesma forma, pode ser utilizado o acordo de acionistas, definindo de antemão como os membros da família irão votar sobre determinados assuntos, e também como se operará a transmissão/sucessão de ações ou quotas da sociedade.

Com efeito, então, é possível através da constituição de uma *holding* familiar, concentrar todos os bens da família nas mãos de um gestor, com

---

[182] Em complemento sobre a inclusão dos *Trusts*, entre os serviços oferecidos por um *family office*, Cfr. DASH, Jan. *All in the family: ownership and management options for private trust companies.* Trusts & Trustees, United Kingdom, v. 19, n. 6, p. 650–657, july 2013, p. 650.

[183] *Vide* GAYA, Karyna Saraiva Leão. *Planejamento Sucessório: uma Saudável Preocupação com o Futuro.* Revista Síntese – Direito da Família, São Paulo, Ano XIII, n. 70, p. 124-125, fev-mar de 2012.

vistas a prosseguir o andamento dos negócios no caso de falecimento do chefe familiar.

A vantagem de realizar o planejamento sucessório através da estrutura de uma *holding*, é que por ter seu capital social dividido em ações ou quotas, é mais simples a realização do inventário e a divisão das quotas entre os sucessores, do que inventariar vários bens e realizar a partilha dos mesmos individualizados. Assim sendo, é um meio de organizar melhor a sucessão familiar.

Por outro lado, pode não ser conveniente do ponto de vista tributário, integralizar o capital da *Holding* Familiar, com todos os diferentes tipos de bens que normalmente fazem parte do patrimônio de um grupo familiar. Por exemplo, se por um lado pode ser conveniente integralizar o capital social com participações em sociedades do grupo familiar, e com arrendamentos advindos de bens imóveis (urbanos ou rurais) destinados para renda, por outro lado imóveis destinados a moradia e lazer não devem confundir-se com o patrimônio da empresa.

Importante esclarecer, então, que uma das vantagens da constituição dos *Trusts* para a proteção da família é justamente a possibilidade de preservar a unidade do patrimônio familiar.

Além disso, ao formar um patrimônio segregado, a *trust property* fica ao abrigo de contingências, e tal patrimônio não responde pelas dívidas pessoais do *trustee*. Sendo possível, também, através da adoção de cláusulas (*spendthrift*), que o patrimônio em *Trust* fique livre de eventuais dívidas dos próprios beneficiários.

Com efeito, em ambas entidades jurídicas (*Trusts* e sociedades comerciais), se verifica a separação entre a administração e a titularidade dos bens. O que vai diferenciar uma da outra é o grau de exposição dos bens administrados ao risco, em ordem à satisfação das expectativas dos seus titulares (beneficiários do *Trust*).

Nos *Trusts* ocorre a criação de um patrimônio separado, desprovido de personificação, não somente com a finalidade da realização de sua gestão separada, mas sobretudo para a garantia dos herdeiros (beneficiários).

Na sociedade limitada, ocorre a formação de um patrimônio autônomo, com personalidade jurídica, e que responderá pelas dívidas de seus credores até o limite de seu capital social.

Entretanto, segundo dispõe o Artigo 50 do Código Civil brasileiro, estabelece, *in verbis*:

Art. 50. Em caso de abuso da personalidade jurídica, caracterizado pelo desvio de finalidade ou pela confusão patrimonial, pode o juiz, a requerimento da parte, ou do Ministério Público quando lhe couber intervir no processo, desconsiderá-la para que os efeitos de certas e determinadas relações de obrigações sejam estendidos aos bens particulares de administradores ou de sócios da pessoa jurídica beneficiados direta ou indiretamente pelo abuso." (Incluído pela Lei nº 13.874, de 2019)

§ 1º Para os fins do disposto neste artigo, desvio de finalidade é a utilização da pessoa jurídica com o propósito de lesar credores e para a prática de atos ilícitos de qualquer natureza.

§ 2º Entende-se por confusão patrimonial a ausência de separação de fato entre os patrimônios, caracterizada por: (Incluído pela Lei nº 13.874, de 2019)

I – cumprimento repetitivo pela sociedade de obrigações do sócio ou do administrador ou vice-versa; (Incluído pela Lei nº 13.874, de 2019)

II – transferência de ativos ou de passivos sem efetivas contraprestações, exceto os de valor proporcionalmente insignificante; e (Incluído pela Lei nº 13.874, de 2019)

III – outros atos de descumprimento da autonomia patrimonial. (Incluído pela Lei nº 13.874, de 2019)

§ 3º O disposto no caput e nos §§ 1º e 2º deste artigo também se aplica à extensão das obrigações de sócios ou de administradores à pessoa jurídica. (Incluído pela Lei nº 13.874, de 2019)

§ 4º A mera existência de grupo econômico sem a presença dos requisitos de que trata o caput deste artigo não autoriza a desconsideração da personalidade da pessoa jurídica. (Incluído pela Lei nº 13.874, de 2019)

§ 5º Não constitui desvio de finalidade a mera expansão ou a alteração da finalidade original da atividade econômica específica da pessoa jurídica. (Incluído pela Lei nº 13.874, de 2019)

Logo, a proteção dos ativos dos beneficiários, aqui revestidos pelo patrimônio social, é mais frágil do que a tutela conferida a eles no âmbito dos *Trusts*. Isso é assim, ao considerarmos a transmissão ilícita dos bens administrados a terceiros por parte do administrador, e da mesma forma no caso de falência da sociedade.

Igualmente ao *Trust*, o credor particular do sócio pode, na insuficiência de outros bens do devedor, fazer recair a execução sobre o que a este couber nos lucros da sociedade, ou na parte que lhe tocar em liquidação (Código Civil, Artigo 1.031). Entretanto, cabe lembrar que tal efeito pode ser evitado através dos *Trusts* discricionários, não podendo, em regra, os credores pessoais do *setllor* ou dos beneficiários alcançarem a *trust property*.

A relevância dessa dicotomia é que a imunidade do patrimônio separado nos *Trusts* ante os credores do *settlor*, *trustee* e beneficiário é mais sólida do que nas soluções oferecidas pelos sistemas jurídicos de *civil law*. Tal fato chama a atenção para os *Trusts*, principalmente quando se trata de proteger o patrimônio familiar de futuras contingências, e garantir a assistência dos entes queridos de forma organizada em um único instrumento de Direito.

Adicionalmente, o *Trust* evita a incidência de vários atos jurídicos diferentes e dos consequentes custos de transação daí decorrentes, por ser um instrumento único.

Por fim, mais uma vez devemos ressaltar que o *Trust* não visa somente a gestão patrimonial de grandes riquezas, podendo ser ajustado a todo e qualquer patrimônio familiar.

e) Contratos – Segundo DINIZ, o contrato é o acordo de duas ou mais vontades, na conformidade da ordem jurídica, destinado a estabelecer uma regulamentação de interesses entre as partes, com o escopo de adquirir, modificar ou exigir relações jurídicas de natureza patrimonial[184].

No âmbito dos Direitos dos Contratos nominados, a estipulação em favor de terceiros, a constituição de renda, a doação condicional e a procuração em causa própria, por vezes, podem alcançar efeitos similares aos *Trusts*.

Ainda, os contratos inominados são permitidos no Direito brasileiro desde que não contrariem a lei e aos bons costumes, ante a atenção ao princípio da autonomia da vontade nas relações contratuais.

Nesse prisma, seguidamente veremos algumas ferramentas contratuais que vêm sendo utilizadas no âmbito da família.

A Doação possui caráter contratual, ou seja, requer para a sua formação a intervenção de duas partes contratantes, o doador e o donatário, cujas vontades se entrosam para que se perfaça a liberalidade por ato *inter vivos*.

---

[184] Cfr. DINIZ, Maria Helena. *Curso de Direito Civil brasileiro – teoria das obrigações contratuais e extracontratuais*. Volume 3. São Paulo: Saraiva, 2019, p. 21.

Assim, não é possível realizar uma doação que só se concretizaria após a morte do doador. Distinguindo-se, pois, do testamento, que é uma liberalidade *mortis causa*.

A doação poderá apresentar-se sob a forma de subvenção periódica ou sucessiva, extinguindo-se com a morte do doador se este não dispuser de outra forma no instrumento de doação. Não obstante, jamais poderá ultrapassar a vida do donatário. Neste caso, não ocorre a entrega do bem ao donatário, pois o doador assume o dever de prestar, periodicamente, um auxílio monetário ao donatário. Trata-se, aqui, de um favor pessoal do doador para com o terceiro necessitado, se extinguindo a obrigação após a morte do doador. Sob este prisma, traduz-se na constituição de renda a título gratuito, que perdura enquanto viver o donatário, por ser uma liberalidade *intuito personae*.

Em alinhamento, também pode o doador estipular expressamente uma cláusula de reversão, ou seja, que os bens doados voltem ao seu patrimônio, se sobreviver ao donatário; os frutos, porém pertencerão ao donatário. Não pode ser estabelecida no Direito brasileiro *cláusula de reversão* a favor de terceiros, proibindo-se, assim a doação sucessiva (Código Civil, parágrafo único do Artigo 547). Dessa forma, a cláusula de reversão tem caráter *intuito personae*.

Várias são as espécies de doação, destacaremos algumas que sugerem ter um mecanismo capaz de atingir um resultado semelhante ao *Trust*.

A Doação Modal ou com Encargo, prevista no Artigo 553 do Código Civil, é aquela em que o doador impõe ao donatário uma incumbência em seu benefício, em benefício de terceiro ou do interesse geral.

A Doação Condicional é aquela que depende da realização de uma condição para se tornar perfeita, logo, surte efeitos somente a partir de certo momento, ou ao findar certa circunstância.

A Doação Conjuntiva é a feita em comum a mais de uma pessoa, sendo distribuída por igual entre os diversos donatários, exceto se o contrato estipular o contrário.

Tais espécies acima mencionadas sugerem a possibilidade de o doador planejar, em certa medida, a distribuição de seu patrimônio, com observância das necessidades de quem ele almeja beneficiar.

Entretanto, por exemplo, o donatário que recebe a propriedade com encargos, embora possa administrar a propriedade em prol de terceiros, não possui deveres fiduciários como o *trustee*. Além disso, a ausência de regras específicas nesse sentido, faz da doação com encargos um instrumento não hábil para esse tipo de planejamento patrimonial.

De fato, haveria a necessidade de se estabelecer, em por menores, todos os deveres e direitos do donatário, regras estas já muito bem estabelecidas quando falamos de um *trustee*.

Além disso, não existem regras impeditivas em relação a venda da propriedade pelo donatário a terceiros, ainda que a venda seja acompanhada do respectivo encargo. Igualmente, não proíbe-se a negociação do donatário com o terceiro beneficiário, pela extinção do encargo. Lembramos, que o *trustee* não pode adquirir o *beneficial title*.

Outro ponto de destaque, é que os deveres do donatário que recebe a propriedade com encargos são devidos ao doador, e não ao beneficiário. Logo, o beneficiário não possui qualquer direito de ação contra o donatário.

Também podemos mencionar aqui, que o Código Civil brasileiro não menciona a hipótese de o encargo ser imposto no interesse do próprio onerado como, por exemplo, estipular uma condição de que a doação dos bens só se concretizará após a formação do onerado/donatário em uma faculdade de Administração de Empresas.

Para DINIZ, tal cláusula constituiria uma violação à liberdade individual do donatário e, portanto, passível de ser considerada inválida[185].

Nesse contexto, por sua própria natureza, o instituto jurídico da doação veda a estipulação de encargo demasiadamente oneroso. De fato, na doação o donatário deverá enriquecer na medida em que o doador empobrece, e dependendo do encargo criado isso pode não acontecer, alterando substancialmente a natureza da doação.

Dessa forma, existem diferenças fundamentais entre a doação e os *Trusts*, quer em suas características básicas, quer em suas funcionalidades.

Fundamentalmente, em um *Trust inter vivos* revogável, poderá o *settlor* transferir bens ou direitos ao *trustee*, exercendo poderes sobre tais ativos, incluindo poderes de modificação de seus termos. Aqui, o instituidor considera a necessidade de seus familiares ao longo da vida, influenciando no tempo e no montante da distribuição de rendimentos a eles. Tal objetivo é impossível de ser alcançado através da doação, ainda que com cláusula de reversão.

---

[185] *Cfr.* DINIZ, Maria Helena. *Curso de Direito Civil brasileiro – teoria das obrigações contratuais e extracontratuais*. Volume 3. São Paulo: Saraiva, 2019, p. 244.

Ainda, em breve analogia a um *Trust* testamentário, observamos que é impossível através da doação conseguirmos os mesmos resultados, mesmo com a imposição de encargos ao donatário para que este beneficie terceiros. Lembramos que os *Trusts* permitem a administração especializada de bens ou direitos, com a formação de um patrimônio segregado e, portanto, protegido, conferindo direitos bem delineados aos seus beneficiários, e correspondentes aos deveres fiduciários ao *trustee*.

Nesse sentido, por todas as suas peculiaridades, o *Trust* se torna instrumento mais atraente para a finalidade que aqui encontra-se em análise, do que as modalidades de doações analisadas.

Em prosseguimento, poderíamos considerar a constituição de renda, como uma forma de assegurar a administração de um patrimônio em benefício de outra pessoa, aproximada ao que ocorre na relação criada nos *Trusts*.

O contrato de constituição de renda é previsto nos artigos 803 e seguintes do Código Civil brasileiro, que o define como sendo o contrato em que uma pessoa, obriga-se para com outra a uma prestação periódica, a título gratuito.

Também a lei autoriza a constituição do contrato a título oneroso, entregando-se bens móveis ou imóveis à pessoa que se obriga a satisfazer as prestações a favor do credor ou de terceiros. Igualmente, se permite sua constituição por sentença judicial.

Interessante indicar, que é possível alcançar certa proteção patrimonial em relação a renda constituída por título gratuito. Admite-se, por ato do instituidor, que a renda constituída a favor de terceiros seja impenhorável, e assim sendo, isenta de todas as execuções pendentes e futuras (Código Civil, Artigo 813).

Já com caráter limitativo, a renda apenas poderá ser instituída em favor de pessoa viva, impedindo a sua constituição a favor de nascituros ou concepturos (Código Civil, Artigo 808).

Além disso, a lei estabelece que o contrato de constituição de renda será feito a prazo certo, ou por vida, podendo ultrapassar a vida do devedor, mas não a do credor, seja ele o contratante ou terceiro. Além disso, é um contrato formal, que requer para a sua validade a elaboração de uma escritura pública.

Outro ponto de destaque é que, ao contrário do que ocorre no *Trust*, não se tira em favor do beneficiário todo o proveito que os bens ou direitos possam gerar, mas somente a renda predeterminada na constituição do contrato. Além disso, a propriedade é transferida definitivamente e, portanto, é exclusiva da pessoa que se obrigou.

Diferentemente dos *Trusts*, a morte do credor ou do devedor da renda são causas extintivas da constituição de renda, se esta for vitalícia. Nunca a constituição de renda pode ser perpétua, além de não ser permitido a sua constituição de forma sucessiva.

De fato, o *Trust* permite com maior eficácia e garantia a constituição de renda em prol de um beneficiário, pelo tempo e valor que o *settlor* desejar, de acordo com as suas necessidades. Igualmente, o *Trust* permite, ante a sua flexibilidade, a nomeação de um *trustee* com poderes discricionários.

Além de garantir a qualificada administração dos ativos transferidos, todo o proveito obtido pelo *trustee* será em benefício exclusivo dos beneficiários dos *Trusts*. Ainda, o beneficiário possui Direitos concretos sobre a renda em caso de falência do *trustee*. Lembramos que no *Trust* o patrimônio é separado dos ativos pessoais do administrador, o que resguarda, sobremaneira, os direitos dos beneficiários dos *Trusts*.

Há um último instituto no Direito brasileiro que merece nossa atenção, quando se busca uma aproximação com os *Trusts* no âmbito da proteção familiar: é a estipulação de cláusula contratual em favor de terceiro.

Trata-se de um contrato estabelecido entre duas pessoas, em que uma (estipulante), convenciona com outra (promitente) certa vantagem patrimonial em proveito de terceiro (beneficiário) alheio à formação do vínculo contratual.

Podemos considerar que, através desse mecanismo, é possível beneficiar um terceiro, nos moldes do *Trust*. Igualmente, há certa analogia em sua estrutura que, subjetivamente, determina três partes: o estipulante, o promitente e o terceiro beneficiário.

De fato, embora o estudo comparativo dos *Trusts* com a estipulação contratual em favor de terceiros, possa sugerir pontos semelhantes entre eles, tal como a estrutura subjetiva dos instrumentos, tal analogia se depara com diversas dificuldades.

Primeiramente, a estrutura objetiva do *Trust* sugere que os bens ou direitos, objeto do negócio jurídico, sejam transferidos ao *trustee* e após tal ato, normalmente, o *settlor* se retira da estrutura subjetiva, restando um vínculo entre o *trustee* e o beneficiário.

Lembramos, que tais bens ou direitos transferidos ao *trustee*, formam uma propriedade separada da propriedade do *trustee*, o que confere ampla proteção aos direitos dos beneficiários. Além disso, o beneficiário possui um direito real sobre tais ativos detidos em *Trust*.

Logo, ainda que o promitente, assim como o *trustee*, se obrigue a beneficiar o terceiro, caso ele não cumpra com seus deveres, o estipulante pode exigir o cumprimento da obrigação. Ao terceiro, também é permitido exigi-la, ficando, todavia, sujeito às condições e normas do contrato, se a ele anuir, e o estipulante não o inovar.

Neste ponto, por igual ao *settlor*, poderá o estipulante da cláusula a favor de terceiros se reservar ao direito de substituir o terceiro designado no contrato, independentemente da sua anuência e da do outro contratante. A referida substituição pode ser feita por ato entre vivos ou por disposição de última vontade.

Em breve dicotomia, o direito do beneficiário da *cláusula a favor de terceiros* se resume em poder exigir a realização da obrigação. Igualmente ao beneficiário do *Trust*, porém, fica sujeito às condições e normas do contrato que lhe conferiu o direito ao benefício.

Contudo, e como já ressaltado por várias vezes, o beneficiário do *Trust*, para além do direito de fiscalizar o *trustee* e o de exigir a distribuição de seu benefício, adquire a *equitable ownership*. Logo, os beneficiários do *Trust*, em caso de violação do *Trust* pelo *trustee*, podem recorrer a ação de *tracing* e recuperar os bens ou o produto da sua alienação.

No caso da cláusula a favor de terceiros, resta ao terceiro lesado em seus direitos, uma ação de natureza pessoal contra o promitente e, dessa forma, o crédito devido concorrerá com todos os demais eventuais credores do promitente.

Sobretudo, não há aqui nenhuma obrigação fiduciária entre o terceiro beneficiário e o promitente.

Enfim, concluímos, que a cláusula a favor de terceiros é um mecanismo que possibilita, de certa forma, beneficiar um terceiro, nomeadamente quando existe a constituição de renda temporária ou vitalícia a um beneficiário.

Entretanto, é impróprio quando o resultado pretendido é a realização de um efetivo planejamento patrimonial. Do mesmo modo é ineficaz quando o objetivo almejado é a proteção financeira do beneficiário, considerando que o *Trust*, por tudo quanto já exposto, é mais adequado para tais efeitos.

f) Os *Trusts* e o Usufruto – Em arremate importante, urge trazer-se a contexto breve abordagem sobre o *usufruto*, que acolhido no Direito brasileiro, pode proporcionar alguns resultados semelhantes aos obtidos através dos *Trusts*.

Para WALD, *é um meio de garantir a subsistência de determinada pessoa pela utilização ou fruição de certo bem, sem dar a ela a propriedade do bem em questão*[186].

Com efeito, o *usufruto* permite o desmembramento de certos atributos da propriedade, com a repartição de suas titularidades a pessoas distintas. Logo, permite-se a transmissão de certos direitos sobre a propriedade por um tempo determinado, admitindo certa programação patrimonial.

No *usufruto*, a propriedade permanece com o nu-proprietário, enquanto o usufrutuário, tem um direito real sobre seus frutos. Dessa forma, pode ser considerado como um direito vinculado ao "*real interest*".

De fato, trata-se de um direito real limitado, criado sobre parte ou a totalidade de bens móveis ou imóveis, conferindo o direito pleno de uso e gozo da *res fructuaria* ao usufrutuário.

Ocorre, por conseguinte, uma fragmentação no direito de possuir, usar e gozar. Contudo, o usuário, que é o usufrutuário, não se torna proprietário da coisa, e dessa forma não pode alienar seu benefício, embora possa locar.

Com efeito, a constituição do usufruto confere um direito real a todos os frutos naturais decorrentes da *res fructuaria*, como, por exemplo, um direito a toda a renda produzida pelo capital organizado em usufruto. Por outro lado, subsiste a "nua-propriedade".

Pode ser estipulado pelo seu instituidor um período fixo de vigência, ou ele se extinguirá pela cessação do motivo que originou o usufruto (Código Civil, Artigo 1.410). Tal como a constituição de renda, o usufruto somente pode beneficiar pessoa que já exista, aqui também podendo beneficiar uma pessoa jurídica.

Ao contrário dos *Trusts*, o usufruto é limitado, pois que ao ser constituído em favor de um indivíduo, não pode ser concedido por um período superior a vida dele (usufrutuário) e, no caso de usufruto concedido a uma pessoa coletiva, não pode exceder a um período de 30 anos (Código Civil, Artigo 1.410, III). Dessa forma, veda a lei brasileira o usufruto sucessivo.

---

[186] *Cfr.* WALD, Arnoldo. *Direito Civil – Direito das Coisas*. 13ª Edição. São Paulo: Saraiva, 2012, p. 277.

Além disso, o usufrutuário não possui o direito de disposição da propriedade gravada, limitando sobremaneira a administração dinâmica dos bens.

Ainda, à semelhança da substituição fideicomissária, no usufruto o usufrutuário administra a propriedade em seu próprio benefício e não em benefício do terceiro (nu-proprietário). Seria necessário um outro contrato em apartado para definir direitos do beneficiário, com efeitos meramente obrigacionais.

Embora o usufrutuário se assemelhe a um beneficiário com direito a renda, e o nu-proprietário ao beneficiário do capital dos *Trusts*, se diferem a partir do momento em que o usufrutuário também é o *trustee*, com direito aos frutos gerados pela *trust property*.

À derradeira deve-se enfatizar, então, que os *Trusts* diferem do usufruto consideravelmente, por sua flexibilidade e maior grau de controlo sobre os ativos, especialmente quando a finalidade almejada é o planejamento hábil do patrimônio.

2. Finalidades dos *Trusts* nos Contextos Financeiro, Empresarial e na Gestão Especializada de Bens

Neste plano, superada a verificação mínima a respeito da utilização dos *Trusts* como instrumento de proteção da família, urge se proceda a análise da sua utilização como instrumento nos contextos financeiro, empresarial e na gestão especializada de bens.

Sobre a importância dos *Trusts* em tais contextos, interessante destacar desde logo a opinião de WATER (2006), *in verbis*: "*There can be no doubt, so far as the size of trust funds is concerned, that internationally the future will continue to lie with the trusts that are found in the business and commercial world*"[187].

De fato, nos últimos anos observou-se o crescimento do uso dos *Trusts* para investimentos, onde chama a atenção na securitização, mas também como instrumento de garantia para os credores, e como estrutura organizacional à formação de *holdings*[188].

---

[187] *Cfr.* WATERS, Donovan. *The Future of the Trust Part II.* Journal of International Trust and Corporate Planning, v.13, n. 4, 2006, p. 1.
[188] *Cfr.* WATERS, Donovan. *The Future of the Trust Part II.* Journal of International Trust and Corporate Planning, v.13, n. 4, 2006, p. 1.

Na Europa, os *Trusts* ganham hodierna atenção dos juristas da Suíça e de Luxemburgo. Ambos os países, tal como Mônaco, já há tempos, se envolvem na prática do planejamento imobiliário internacional, por terem muitos residentes ingleses e norte-americanos (atraídos muitas vezes por questões tributárias), cujos testamentos e acordos refletem à doutrina da *common law* e da *equity*, métodos com os quais estão mais familiarizados.

Foi nesse contexto que, Luxemburgo, aprovou a Convenção de Haia de 1985 sobre o *Trust* e seu reconhecimento, através da implementação da Lei de 27 de julho de 2003. Da mesma forma, a Suíça ratificou a Convenção em 2007, permitindo o reconhecimento de *Trusts* estrangeiros no Direito Civil, com base em normas internacionalmente reconhecidas. Ressalta-se, que o efeito que isso pode vir a ter sobre o Código Civil Suíço deve ser considerável[189].

Além da Suíça, Liechtenstein assinou e ratificou a Convenção de Haia sobre o Direito Aplicável aos *Trusts* e ao seu Reconhecimento, em vigor desde 1 de Abril de 2006. Lembramos que Liechtenstein é a única jurisdição de Direito Civil da Europa continental que adotou, sob a forma codificada, o *Anglo-American common law trust*.

Também, com foco primordial nos *Trusts* financeiros e comerciais, Malta adotou a Convenção de Haia sobre a lei Aplicável ao *Trust* e ao seu Reconhecimento, já em 1996 e, por conseguinte, reconhece os *Trusts* que são regidos por Leis estrangeiras adequadas[190]. Também os *Trusts* são previstos nos artigos 958A e seguintes do seu Código Civil e, ainda, no *Trusts and Trustees Act* (CHAPTER 331).

---

[189] Foi igualmente, nesse contexto, que a China promulgou em 2001 sua *Trust Law*. Vide POHRIB, Aurelia Marina. *China's 2001 Import of the Classic Anglo-American Concept of Trust*. In: Albany Law School, Chinese Law Paper Series, Government Law Center, 2011; XUEREB, Maria. *Securitisation in China*. Trusts & Trustees, United Kingdom, v. 11, Issue 4, p. 11-14, march 2005; HO, Lusina. *China: trust law and practice since 2001*. Trusts & Trustees, United Kingdom, v. 16, n. 3, p. 124–127, april 2010; GRAHAM, Toby; STEENY, Peter. *The Chinese trust*. Trusts & Trustees, United Kingdom, v. 18, n. 1, p. 36–42, january 2012; LEE, Rebecca. *Conceptualizing the Chinese Trust*. Cambridge University Press, International and Comparative Law Quarterly, v. 58, Issue 03, p. 655-669, july 2009; HO, Lusina. *Trust law in China*. Malaysia: Sweet & Maxell Asia, 2003.

[190] *Cfr.* HCCH – *Hague Conference on Private International Law- Convention of 1 July 1985 on the Law Applicable to Trusts and on their Recognition*. Disponível em: http://www.hcch.net/index_en.php?act=conventions.status&cid=59. Acesso em: 10.10.2012.

Igualmente, e pelas mesmas razões comerciais e financeiras, a República de San Marino reconheceu definitivamente os *Trusts*, através do Estatuto de 1 de Março de 2010, n º 42.

Entre as jurisdições pioneiras que ratificaram a Convenção encontra destaque a Itália, que desde a década de 1990, desenvolve um verdadeiro *trust interno*, empregado tanto para a proteção e distribuição de riqueza da família, como para propósitos comerciais de menores dimensões, associados com os indivíduos e famílias.

É necessário, ressaltar, aqui, que os *Trusts* para os propósitos comerciais e financeiros ganharam destaque nos Estados Unidos da América no início de 1930, e hoje sua utilização para tais desígnios é provavelmente mais extensa e variada em comparação com qualquer outra jurisdição do mundo.

Não podemos deixar de destacar a utilização dos *Trusts* nas jurisdições da Ásia, onde o crescimento econômico tem sido espetacular, e os *Trusts* também aparecem como instrumento fundamental nesse crescimento. De fato, os *Trusts* são reconhecidos na China, Japão, Singapura, Chipre, Índia, Emirados Árabes Unidos, Malaysia, Sri Lanka, Rússia e Coreia do Sul.

De fato, o uso mais frequente dos *Trusts* nos tempos modernos, está dentro de tais contextos.

Hoje, as empresas utilizam o *Trust* considerando a sua flexibilidade, capaz de proporcionar a dinâmica estruturação dos negócios almejados por elas. Além disso, ao optar pelo *Trust*, todas as características fundamentais dos *Trusts* o acompanham, incluindo o dever fiduciário do *trustee*, a separação patrimonial entre *legal* e *equitable property* e as implicações sob a insolvência do *trustee*. Importante indicar aqui, que dependendo da jurisdição, tais *Trusts* comerciais também possuem benefícios fiscais[191].

Nesse passo, especial importância assume a opinião de WATERS ao afirmar que: "*The enthusiasm encouraged by the trust has been for a flexible, tax efficient and less costly way in which investment, and also provision of property security for commercial loans, can be had without the insertion of a legal persona between the beneficiary of management and the investment manager*"[192].

---

[191] Para mais informações sobre a tributação do instituto, indicamos a leitura de: FREIRE E ALMEIDA, Verônica Scriptore. *A Tributação dos Trusts*. Coimbra: Almedina, 2009.

[192] Cfr. WATERS, Donovan. *The Future of the Trust Part II*. Journal of International Trust and Corporate Planning, v.13, n. 4, 2006, p. 3.

Sob tal prisma, pois, entre as várias funções acolhidas através da estrutura dos *Trusts*, ressaltamos a possibilidade de conferir a terceiros a gestão de bens ou direitos para o cumprimento de propósitos específicos, sendo isto, sem dúvida, um dos maiores atrativos dos *Trusts*.

Aliás, nesse sentido esclarece RWOOD, in verbis: "(...) *in the financial and commercial field it is the recognition of the trust on bankruptcy which is the crucial point*"[193].

De fato, o *Trust* moderno confere vantagens significativas para as negociações comerciais e transações corporativas. Isso significa a proteção contra a falência do *trustee*, pessoa física ou jurídica, e a aplicação dos mais altos padrões de conduta exigíveis na gestão em causa. Além disso, o *Trust* oferece muitas opções de variação em sua estrutura e no *modus* de gestão.

Principalmente, o *Trust* significa facilidade e dinâmica na criação, modificação e extinção de relações jurídicas ou de Empresas.

Na verdade, com simplicidade, o *Trust* torna possível a administração de bens ou direitos, ou até mesmo a gestão de situações negociais temporárias como, por exemplo, a utilização da estrutura dos *Trusts* como ferramenta de administração de empresas em processo de fusão ou aquisições.

Com efeito, em razão de sua flexibilidade, os *Trusts* permitem a gestão de ativos e passivos, a curto prazo ou a longo prazo, a depender dos objetivos a serem alcançados, que determinaram a sua constituição.

De uma forma simples, percebeu-se que o *Trust* significa a formação de um fundo separado sob a administração de um *trustee*, para o benefício de outrem, ou em prol de um objetivo.

Logo, presentes seus elementos constitutivos, independentemente da atividade econômica organizada que exerçam, empresas estruturadas em *Trusts* possuem um modo mais simples e flexível de formação.

Neste tópico, então, nos dedicaremos à verificação das formas de utilização dos *Trusts* nos mais variados tipos de negócios, relevantes no contexto comercial e financeiro.

---

[193] *Cfr.* RWOOD, Philip. *Commercial trusts in an international context*. Trusts & Trustees, United Kingdom, v. 19, n. 3 e 4, p. 267-274, april/may 2013, p. 270.

2.1. Condução de Empresas através de Trusts Structures

Entre as principais estruturas empresariais disponíveis no Direito brasileiro, estão as Sociedades Anônimas (S/A), as Sociedades de Responsabilidade Limitada (LTDA), e a Empresa Individual de Responsabilidade Limitada (EIRELI).

Nesse quadro, a legislação brasileira fornece um conjunto de regras contratualistas, ou de cunho estatutário, que prediz a governança interna ou a administração da organização. Estas são regras que preveem, por exemplo, os poderes e deveres dos administradores e os direitos e deveres dos sócios administradores/beneficiários. Além disso, a legislação fornece um conjunto de regras próprias relativas à abrangência da responsabilidade dos sócios.

Logo, são regras que permitem a separação da propriedade da organização empresarial da propriedade particular de seus gestores, sócios administradores e sócios investidores. O particionamento das responsabilidades requer, entre outras coisas, a delimitação expressa da autoridade/poderes dos gerentes e diretores, para vincular a organização nas relações destes com terceiros. Igualmente, depende de regras processuais para estabelecer a capacidade da organização empresarial e de terceiros para processarem uns aos outros.

Com efeito, normalmente, a principal missão do Direito organizacional é a constituição de determinado padrão dos direitos dos credores. Além disso, é importante a delimitação da responsabilidade patrimonial dos titulares da organização, dos beneficiários e também dos administradores diante dos credores da "entidade jurídica" formada. Igualmente, é importante delimitar a responsabilidade patrimonial da *entidade jurídica* em si, perante os credores dos seus titulares, beneficiários ou administradores.

A marca característica do *Trust* é a separação dos direitos de propriedade: o *trustee* tem o título legal da propriedade fiduciária enquanto os beneficiários têm o título equitativo ou benéfico. Dessa forma, dois pontos principais surgem a partir dessa divisão entre a propriedade legal e a equitativa: os poderes e deveres do *trustee* e os correspondentes direitos do beneficiário em relação à propriedade fiduciária e contra o *trustee* e; o efeito sobre os direitos de terceiros em relação à propriedade fiduciária contra a propriedade pessoal do *trustee*.

Nessa linha, o *business* ou *commercial Trust* moderno surge como modalidade ideal de organização empresarial, mormente na delimitação das responsabilidades das partes. Além disso, a responsabilidade fiduciária inerente ao cargo de *trustee* e a agilidade que ele possui no exercício de sua função, tornam o *Trust* como instrumento dinâmico na condução de empresas.

De fato, a estrutura dos *Trusts* indica a sua simplicidade frente às complexas formas organizacionais existentes, incluindo as parcerias e as sociedades em suas formas variadas. Através dos *Trusts* permite-se uma adequada organização das responsabilidades das partes envolvidas, estipulando direitos e obrigações, deveres e poderes, com uma eficácia difícil de ser alcançada através dos meios contratuais ou das estruturas empresariais disponíveis, em razão dos exagerados custos de transação.

A corroborar com esse raciocínio, destaca SITKOFF que no *Trust*, o *settlor* não precisa "soletrar" com especificidades no *trust instrument* cada ato do *trustee*, prevendo todas as circunstâncias futuras possíveis. Trata-se de uma tarefa impossível, dados os custos de transação e a falta de clarividência do *settlor*[194].

Nesse sentido, muito bem observa TIMM, ao expressar que o Direito Comercial *deve ser dinâmico e flexível, feito pelos empresários*[195].

Importante mencionar aqui, que a revista britânica *"The Economist"*, em recente reportagem intitulada *"Brazil isn't growing – so why are Brazilians so happy?"*, indica que se o Brasil quiser se juntar às fileiras dos países ricos, um dos pontos a serem melhorados é justamente a burocracia que envolve as empresas brasileiras, assinalada com o termo *"enterprise-killing bureaucracy"*[196].

Ainda, em guia sobre o Brasil, organizado pela UK Trade & Investment, intitulado de *"Doing business in Brazil? We can help"*, a burocracia também é identificada como sendo um dos obstáculos à entrada no mercado brasileiro de empresas estrangeiras, nestes termos: *"Brazil has a high level of bureaucracy and a very intricate legal system, and any deals or processes can be conducted at a very slow pace"*[197].

---

[194] *Cfr.* SITKOFF, Robert H. *Trust Law as Fiduciary Governance Plus Asset Partitioning*. In: SMITH, Lionel. *The Worlds of the Trust*. Cambridge: Cambridge University Press, 2013, p. 431.

[195] *Cfr.* TIMM, Luciano Benetti. *Precisamos de um novo Código Comercial?*. In: Jornal Valor Econômico, 31/01/2013.

[196] *Cfr.* The Economist. *Brazil isn't growing–so why are Brazilians so happy?*. May 7th 2013.

[197] UK Trade & Investment. *Doing business in Brazil? We can help*. Brazil Business Guide, p. 63.

De acordo com o relatório *"Doing Business"* (2020), do Banco Mundial, ranking do que analisa a regulamentação do ambiente de negócios, o Brasil caiu 15 posições. Entre 190 economias, o país caiu da 109º para 124º. Com efeito, o excesso de leis, regulamentos, impostos, burocracia e tempo para cumprir os requisitos em relação a abertura ou gestão de uma empresa, são em geral as razões apontadas. Diante esse panorama, consideramos que os *Trusts* admitem, com maior eficácia, a dinâmica e a flexibilidade exigida hodiernamente ao desenvolvimento das empresas e à concretização dos negócios.

Além disso, a estrutura dos *Trusts* consente o controlo dos direitos dos credores, porquanto permite-se a segregação de um conjunto distinto de ativos, limitando, sobremaneira, a responsabilidade dos envolvidos. De fato, além de manter os ativos dos *Trusts* geridos profissionalmente, a separação de tais ativos admite a blindagem destes à realização de propósitos específicos, e em benefício de determinados credores.

Com efeito, por mais uma vez devemos ressaltar que tal característica dos *Trusts* permite um maior alívio nas transações empresariais e financeiras, seduzindo investidores nacionais e especialmente estrangeiros.

Tal como os *Trusts*, algumas estruturas empresariais admitidas pelo direito brasileiro, sobretudo a sociedade limitada e a anónima, permitem uma adequada limitação da responsabilidade dos sujeitos, respondendo a empresa por todas as suas dívidas.

Contudo, em determinados casos, ocorre a responsabilidade subsidiária do empresário, com o alcance de seus bens pessoais por dívidas empresariais, de acordo com o já mencionado Artigo 50 do Código Civil brasileiro, que considera a hipótese de *desconsideração da personalidade jurídica*.

Isso ocorre, certamente, nos casos de comprovada prática de atos fraudulentos, a fim de evitar que a pessoa jurídica seja utilizada para finalidades antijurídicas, e diversas de seu objeto social.

De fato, embora na *common law* também existam decisões que conferem nulidade aos *Trusts* constituídos com a finalidade de fraudar credores, em regra, o patrimônio do *Trust* responde somente pelas dívidas a ele relacionadas, conferindo garantia a um número determinado de credores vinculados às obrigações geradas no âmbito dos *Trusts*, respeitando-se o propósito para o qual foi criado.

Excetua-se, aqui, o caso onde o *settlor* se mantém no controlo da *trust property*, hipótese em que seus credores pessoais podem satisfazer os seus créditos no patrimônio do *Trust*.

Com efeito, a procura pela maior flexibilização dos métodos negociais, e de uma maior delimitação das responsabilidades através da estrutura dos *Trusts*, vem atingindo proporções internacionais, conforme pudemos vislumbrar a partir da análise do Capítulo I da presente parte.

O século XXI se caracteriza fortemente pela dinâmica dos negócios internacionais, e é nesse quadro que as empresas concorrem entre si, em uma escala global, tornando muito relevantes as ferramentas competitivas que disponibilizam.

Nessa perspectiva, governos e empresas têm buscado estratégias que garantam ganhos em competitividade, acesso a mercados, diminuição dos riscos de operação, novas fontes de financiamento, entre outros.

Observa-se a intensificação da integração dos países e empresas ao mercado mundial e a busca pela superação dos desafios, dentro de um cenário caracterizado pelo forte ritmo de crescimento dos negócios internacionais.

De fato, a internacionalização de empresas assume um papel crucial, principalmente para as economias emergentes que formulam políticas para o crescimento econômico, buscando a realização de negócios com sistemas jurídicos diversos.

Diante desse panorama, os governos devem procurar modernizar as técnicas jurídicas existentes, disponibilizando às empresas melhores instrumentos jurídicos, para que gozem de uma capacidade superior de concorrência em relação a outras empresas.

Sob a globalização, as empresas se transnacionalizam perdendo as amarras ou vínculos com o país de onde se originaram. Nesse sentido, o conhecimento amplo dos instrumentos jurídicos nacionais e internacionais que rodeiam as empresas é muito necessário para a clareza dos negócios, sobretudo evitando-se litígios judiciais desnecessários.

No mundo globalizado, acreditamos que o livre exercício da atividade econômica deve ser visto em conexão com a disponibilização às empresas de ferramentas jurídicas mais modernas e menos burocráticas, garantindo-se a competitividade.

Nesse quadro, observamos a implementação dos *Trusts* como muito adequada, principalmente sob dois aspectos que seguem.

Em um primeiro momento, disponibilizaria mais um tipo de estrutura organizacional, acrescentando um instrumento de competitividade aos empresários brasileiros no âmbito internacional.

Ressalta-se, pois, que a *razão comercial* tem se tornado o principal motivo pela qual os ativos são mantidos em *Trusts*. Nesse sentido, a disponibilização desse modelo organizacional (*Trusts*), reconhecido internacionalmente pode ter extrema utilidade, nomeadamente no fomento da economia e no desenvolvimento das atividades empresariais no mercado, principais geradoras de riqueza nacional.

Sob outro aspecto, ao positivar regras sobre os *Trusts*, por via de consequência, significaria proporcionar o conhecimento necessário sobre o instrumento aos operadores de Direito e empresas, que hoje são submetidas a diversos ordenamento jurídicos. Logo, ainda que optem por outra estrutura organizacional (parcerias ou sociedades), as empresas nacionais se deparam, frequentemente, com os *Business Trusts* no âmbito internacional.

Nesse sentido, pois, o estabelecimento de regras sobre os *Trusts*, proporcionará informações básicas adequadas e necessárias aos vários interessados – advogados, juízes e empresários – tornando mais transparente os relacionamentos entre os agentes, logo, conferindo maior credibilidade aos negócios nacionais e internacionais envolvendo *Trusts*.

De fato, a rápida expansão do uso do *Trust* para *fins comerciais* o tornou forte concorrente das demais estruturas empresariais hoje existentes, por sua dinâmica e ampla flexibilidade. Fundamentalmente, o *Trust* é livre de muitas das restrições impostas sobre os tipos de sociedades, até mesmo em comparação com as mais liberais como a sociedade limitada, que se caracteriza pela sua ampla contratualidade.

Lembramos que o *trustee* é proprietário legal dos bens ou direitos a ele transferidos, que administra tais ativos com liberdade e autonomia, sendo adstrito somente aos fins que levaram à criação dos *Trusts*. Logo, na violação de seus deveres incorre o *trustee* em sérias responsabilidades. Vimos, ainda, que normalmente o *trustee* pode inclusive dispor desses ativos se entender que tal disposição será uma mais valia aos beneficiários.

Nessa linha, de fato, o *trustee* possui o controlo completo da *trust property* e, dessa forma, a agilidade necessária para atingir maiores ganhos para seus beneficiários, acompanhando as rápidas mudanças do mercado.

Por exemplo, o *Trust* não precisa adotar um conselho de administração, onde os membros são eleitos pela assembleia geral e por ela são destituíveis a qualquer tempo. Além disso, é mais flexível em relação a emissão de valores mobiliários, pois pode agir sem a necessidade de autorização especial dos acionistas, o que gera uma óbvia vantagem em relação à dinâmica do mercado de valores.

Por outro lado, muito bem explanam FOX e LORSCH ao refletirem sobre as estruturas das sociedades brasileiras, *in verbis*: *"O caminho à frente de executivos e acionistas parece obstruído. Executivos se queixam, com certa razão, de que, devido à ingerência e ao questionamento de acionistas, é cada vez mais difícil fazerem bem o seu trabalho"*[198].

Nesse sentido, lembramos, que a *trust law* confere amplos poderes de gestão ao *trustee*, juntamente com a obrigação de um alto padrão de administração. De fato, no exercício de seus poderes o *trustee* está sujeito a revisão posterior de seus atos, por prazo indeterminado, ante a imprescritibilidade já mencionada. Logo, a qualquer momento pode ser averiguado, e confrontado judicialmente, o cumprimento dos seus deveres fiduciários de lealdade e prudência.

Em complemento, já esclarecia COMPARATO, *in verbis*: *"controlar uma empresa significa poder dispor dos bens que lhe são destinados, de tal arte que o controlador se torna senhor de sua atividade econômica"*[199].

De fato, como vimos, esse é o padrão de cuidado imposto ao *trustee* no exercício de suas funções, como se fosse o *"senhor de sua atividade econômica"*. Contudo, agindo em benefício de outrem.

Com efeito, os *Trusts* partem da premissa de que o *trustee* possui autonomia e discricionariedade na administração da *trust property*, em benefício dos seus titulares. Consequentemente, por tal liberdade de gestão o *trustee* assume sérias responsabilidades, podendo responder, inclusive, com seu patrimônio pessoal por perdas ocorridas na *trust property*.

No mesmo contexto, lembramos que, em regra, não existe nos *Trusts* um número determinado de beneficiários (titulares de ações ordinárias

---

[198] *Cfr.* FOX, Justin; LORSCH, Jay W. *Investidor devia aportar capital, informação e disciplina. Não raro fica devendo nos três quesitos.* Harvard Business Review Brasil, p. 29-37, Julho de 2012, p. 30.
[199] *Cfr.* COMPARATO, Fábio Konder. O Poder de controle na sociedade anônima. São Paulo: Forense, 1983, p. 92.

nas companhias anónimas) com poderes de escolha e destituição dos *trustees* (diretores da empresa), nem com poderes de voto nas principais decisões que envolvem a empresa. Não podemos esquecer da hipótese de existirem acionistas (beneficiários) incompetentes, porém, com capacidades amplas sobre a gestão da companhia. O *Trust* evitaria isso.

Neste quadro, a opção pelos *Trusts*, impede, sobretudo, o conflito de interesses entre os beneficiários.

Na verdade, quando há múltiplos acionistas com interesses potencialmente contraditórios, ao Diretor da companhia deve, necessariamente, ser dada alguma discrição para agir no equilíbrio entre os diversos interesses conflitantes.

Nessa circunstância, a nosso ver, uma solução pode ser alcançada através da adoção dos *Trusts*, ao passo que o *trustee* pode administrar e tomar suas decisões mais tranquilamente. Obviamente, o *trustee* atuará no melhor interesse dos objetivos dos *Trusts*, e no cumprimento de seus deveres de imparcialidade em relação aos beneficiários. Especialmente, sem a ameaça de ser destituído do cargo caso não atue no interesse de determinados beneficiários.

É claro que também, no *Trust*, aos beneficiários podem ser conferidos poderes de nomeação e destituição do *trustee*, principalmente quando ele não cumprir com seus deveres fiduciários[200]. Não obstante, ainda assim, o *trustee* possui maior autonomia na administração dos *Trusts*, sempre em prol dos melhores interesses dos beneficiários e em conexão com os objetivos para o qual o *Trust* foi constituído.

É nesse quadro, pois, que o *business* ou *commercial trust* assume hoje grande relevância no âmbito dos mercados de capitais e nas transações comerciais.

Precisamente, porquanto os *Trusts* determinam muito bem as relações entre as três partes principais – o *settlor*, o *trustee*, e o beneficiário – mas, além disso, organiza as relações entre essas pessoas e terceiros com os quais lidam. Aqui, novamente chamamos a atenção para esse último relacionamento que, devido aos altos custos de transação, não podem ser facilmente obtidos pela simples via contratual.

---

[200] *Vide* GALLARATI, Alberto. *Trust e Società – análise economico-giuridica*. Torino: Giappichelli Editore, 2008, p. 77.

Oportuna a menção aqui de que o *business trust* começou a se destacar em Massachusetts, no século XIX, como um tipo que se diferenciava dos clássicos *private trusts* da *common law*.

É de se lembrar nesse ponto, que o *business trust* envolve simplesmente o uso da estrutura dos *Trusts* na condução dos negócios por conta de investidores de capital, que se tornam os beneficiários dos *Trusts*, papel que também pode ser exercido por uma *holding*.

Aqui, os *trustees* se caracterizam por sua alta especialização em vários portfólios de investimentos, além de ser um profissional com ampla capacidade intelectual e reputação ilibada. Nesse sentido, se organizam na forma de *corporate trustees, trust companies* ou *trusts departments* de instituições financeiras.

Outro ponto marcante dos *Trusts* a ser recordado, é a possibilidade de organizar um número determinado de ativos, em favor dos credores sociais, que são os investidores de capitais. Logo, a propriedade gerenciada pelo *trustee* não é separada somente para a finalidade de uma gestão apartada, mas também para fins de garantia de um grupo distinto de credores.

De fato, os modernos usos comerciais dos *Trusts* ilustram claramente o papel crucial que os direitos dos credores desempenham no âmbito do Direito dos *Trusts*.

É sob este prisma, que a escolha pela estrutura dos *Business Trusts* é notória no mercado de capitais.

Neste caso, as atividades dos *trustees* são em grande parte voltadas à gestão de um conjunto de ativos líquidos financeiros, em benefício de um grupo de investidores. Perceba-se, a forma peculiar de especialização de garantia patrimonial permitida pelo *Trust*.

A esse propósito, VAZ TOMÉ considera que trata-se da *"exigência económica de obter proveitos e eficiência, susceptível de ser cumprida pela destinação de massas patrimoniais à satisfação de determinados grupos de credores"*[201].

Nesta perspectiva, pois, que os *Trusts* ganham a atenção no contexto das transações financeiras estruturadas, nomeadamente na titularização de créditos, nos fundos comuns de investimento e nos fundos de pensões. Considera-se a estrutura dos *Trusts* capaz de proporcionar menos

---

[201] *Vide* VAZ TOMÉ, Maria João Romão Carreiro. *Sobre o Contrato de Mandato sem Representação e o Trust*. Revista da Ordem dos Advogados, Lisboa, v. III, Dezembro 2007, p. 2.

riscos em ordem à satisfação das expectativas dos titulares de créditos (ora beneficiários dos *Trusts*).

Não obstante a estrutura dos *Trusts* ser principalmente encontrada na indústria de fundos mútuos, os *Business Trusts* também podem ser constituídos na organização de empresas, envolvidas na fabricação de produtos ou outros setores que envolvem a produção ou a distribuição de bens e serviços complexos.

Lembramos, que no Direito Inglês, os *Trusts* que desempenham atividades empresariais, são chamados de *trading trust*, e assim como o *Business Trusts norte-americano*, o *trustee* exerce uma atividade empresarial em benefício de beneficiários. Em breve apanhado a respeito, ele é constituído através do *trust instrument*, que pode designar amplos poderes ao *trustee*, inclusive os discricionários. Normalmente, prevê uma adequada remuneração ao *trustee*.

Poderá, obviamente, ser utilizado como uma alternativa para estruturas empresárias tal como as sociedades de responsabilidade limitada.

No entanto, conveniente relembrar, que para uma organização que goza de personalidade jurídica, tal como a sociedade limitada ou anônima, a separação dos ativos é simples. O patrimônio da organização empresarial é detido em nome da própria pessoa jurídica, as participações societárias encontram-se em nome dos próprios sócios. Existe uma linha clara e óbvia entre a propriedade pessoal e a propriedade empresarial. Cada um pode processar ou ser processado em relação à propriedade separada de cada um.

No caso do *Trust*, formalmente, como vimos, o *Trust* não é uma pessoa jurídica. Logo, o *Trust* não pode processar ou ser processado. De fato, não pode manter a propriedade ou transações em seu próprio nome. Em vez disso, o *trustee* como proprietário legal da *trust property*, processa e é processado, detém a propriedade e a movimenta em caráter fiduciário.

Como consequência, os *trustees* são pessoalmente responsáveis para com os credores da empresa, nomeadamente na violação de seus deveres fiduciários e na prática de atos *ultra vires*. Contudo, os *trustees*, e os credores por meio de sub-rogação, podem obter uma indenização da *trust property* caso os atos lesivos dos *trustees* decorram de atos normais de gestão, e com a observância dos seus deveres fiduciários.

Interessante destacar, sobre esse último ponto, que pode ser estabelecido no *trust instrument*, de forma minuciosa, todos os deveres, poderes e responsabilidades do *trustee*. E, neste caso, operam-se em conjunto: os grandes deveres de lealdade e prudência, mais as normas supletivas especificadas no ato constitutivo do *Trust*. Entretanto, a vantagem do *Trust*, é que se nada for estabelecido, os deveres fiduciários do *trustee* são implícitos. Logo, se o *trustee* agir de uma forma que é prejudicial aos interesses do beneficiário, o beneficiário pode invocar os deveres gerais de lealdade e prudência, por prazo indeterminado[202].

Em prosseguimento, veremos determinados tipos de *Trusts* anglo-americanos criados para algumas finalidades mais específicas, enquanto opção de estrutura empresarial à administração especializada de bens ou direitos. Igualmente, veremos alguns interesses empresariais que podem ser alcançados com maior eficácia através da nomeação de um *trustee*.

2.2. Os Trusts como Veículo de Titularização de Créditos

Em uma operação típica de securitização de ativos, uma sociedade por ações constitui um *private trust*, e transfere a ele títulos de um subconjunto de ativos da companhia, por exemplo, as suas contas a receber, ou seja, títulos que produzem um fluxo de renda. Nesse sentido, o *private trust* organizado com tais ativos, emitem títulos que são apoiados por ele, e pagam o produto da venda desses títulos para a companhia.

Explicam CAMPOS E MONTEIRO, que o credor cede os créditos a uma sociedade que os coloca no mercado através de *Trusts*, em número, dimensão e características adequadas à procura. Para os autores, o *Trust* permite um fácil e econômico fatiamento da carteira de créditos, em termos de taxa de juro, risco e vencimento[203].

Esclarecem, CAMPOS e SAAVEDRA PINTO, que a titularização é um processo de conversão de ativos em títulos negociáveis, tratando-se de uma operação complexa *"que se inicia pela transmissão de um conjunto de activos entre o cedente ("originator") que os detinha no seu balanço e o cessionário (entidade intermediária) que os compra ou de início se torna seu fiel depositário ou fiduciário. Feita a cessão, cabe ao cessionário a emissão de títulos, garantidos*

---

[202] Vide SITKOFF, Robert H. *Trust Law as Fiduciary Governance Plus Asset Partitioning* (p. 428-453). In: SMITH, Lionel. *The Worlds of the Trust*. Cambridge: Cambridge University Press, 2013, p. 432.

[203] Cfr. CAMPOS, Diogo Leite de; MONTEIRO, Manuel. *Titularização de Créditos – Anotações ao Decreto-Lei nº 453/99, de 5 de Novembro*. Coimbra: Almedina, 2001, p. 13.

por tais activos, títulos estes que se colocará depois nos mercados de capitais para aquisição pelos investidores, sendo o produto da subscrição daqueles títulos aplicado no financiamento necessário para a sua aquisição em bloco. Por último, os capitais e juros pagos pelos devedores dos créditos ou rendimentos dos activos cedidos serão utilizados para reembolsar os investidores e pagar todos os custos e encargos da operação"[204].

Assim, os *Trusts* são usados como intermediário (*Special Purpose Vehicle – SPV*) em uma transação na qual uma empresa compromete alguns de seus ativos como garantia, para fazer a emissão desses títulos negociáveis.

Para HAYTON, isso evita que a dívida da SPV para com seus credores apareça no balanço patrimonial do proprietário original da carteira de créditos. Complementa o autor, que onde há uma escassez nos mercados financeiros de títulos classificados AAA ou de títulos de alto rendimento, é possível usar o *Trust* para organizar um fundo circunscrito para fins específicos, com pacotes de títulos corporativos, para ajudar a satisfazer tal carência[205].

Neste ponto, destacam CAMPOS E MONTEIRO, que os *"trusts"* são muito usados (mais, são imprescindíveis) em matéria de titularização de créditos e de outros ativos (*"securitization"*) nos EUA e em diversos outros ordenamentos jurídicos de carácter anglo-saxónico ou continental (como a Argentina)[206].

De fato, os *Trusts* são avaliados como uma excelente forma de entidade organizacional criada para transações de securitização (SPV), em razão de sua fácil constituição e extinção, uma vez que seus propósitos foram realizados.

---

[204] *Cfr.* CAMPOS, Diogo Leite de; SAAVEDRA PINTO, Cláudia. *Créditos Futuros, Titularização e Regime Fiscal.* Coimbra: Almedina, 2007, p. 13-14. *Vide* MORGAN, Samantha; MUNRO, Philip. *A question of trusts- purpose trust have come into their own as a flexible legal vehicle, with most centres now embracing them in one form or another.* In: The Lawyer, News, 27 July 2009; MATIAS, Armindo Saraiva. *Titularização – Um novo Instrumento Financeiro.* Belo Horizonte: Malheiros, Revista de Direito Mercantil, Industrial, Econômico e Financeiro, Ano XXXVI, n. 112, p. 48-54, outubro-dezembro 1998, p. 48-49.

[205] *Cfr.* HAYTON, D.J. *The Trust Concept.* Roma: Assotrusts, Relazione Convegno Confedilizia Assotrust Pisa, 12.4.2003, p. 9.

[206] *Cfr.* CAMPOS, Diogo Leite de; MONTEIRO, Manuel. *Titularização de Créditos – Anotações ao Decreto-Lei nº 453/99, de 5 de Novembro.* Coimbra: Almedina, 2001, p. 13.

Lembramos, ainda, que não necessariamente constarão os nomes do *settlor* e dos beneficiários do *Trust*, somente sendo imprescindível a identificação do *trustee*, conferindo sigilo às relações em *Trust*.

Além disso, a preferência aos *Trusts* se dá porque a sua estrutura permite uma divisão muito clara do acervo da companhia em diferentes subgrupos de ativos, que podem ser oferecidos separadamente, adjudicando segurança aos diferentes grupos de credores. Dessa forma, isso resulta na redução dos custos totais de monitoramento para os credores da companhia.

Em alinhamento, VAZ TOMÉ e CAMPOS explicam que é possível, através dos *Trusts*, diversificar facilmente as carteiras de créditos, quanto ao rendimento, prazo e garantias[207].

Importante destacar, pois, que os ativos da entidade de origem transferidos aos *Trusts*, ora representante dos investidores, não são afetados pela falência da companhia de origem dos créditos.

De fato, a estruturação da cessão de créditos através dos *Trusts* permite a proteção de um determinado portfólio de ativos, para um número determinado de credores. Destaca-se, que os ativos não podem ser alcançados por credores da companhia de origem, nem se valer da liquidação pelos acionistas da entidade de origem, nem mesmo por àqueles do próprio *Trust*. Tal efeito é chamado de *"bankruptcy remote"* na linguagem da securitização.

Nesse quadro, pois, o *Trust* não será afetado pela falência da empresa e, em particular, em razão da especialização da gestão, o *trustee* mantém os ativos que detém (ou seja, as contas a receber da empresa) livre dos atrasos potenciais ou de compromissos que podem resultar do processo de falência.

Assim, por exemplo, as contas a receber garantem os títulos emitidos pelo *Trusts* de uma forma mais dinâmica do que se fossem emitidos pela própria companhia, sendo, por isso, uma estrutura mais hábil à atração de investidores.

Por este meio, as empresas que, consideradas no seu conjunto, apresentam um nível relativamente elevado de risco para seus credores, são

---

[207] Cfr. VAZ TOMÉ, Maria João; CAMPOS, Diogo Leite de. *A Propriedade Fiduciária (Trust), Estudo para a sua Consagração no Direito Português*. Coimbra: Almedina, 1999, p. 311.

capazes de assegurar o financiamento através da emissão de títulos de alta qualidade.

Mais uma vez, aqui, então, é a proteção patrimonial conferida pela segregação da *trust property* (formada aqui pelas contas a receber), que confere ampla atenção aos *Trusts* como veículo hábil à securitização de créditos, a partir da falência do cedente (*settlor*/empresa) e do gestor (que seria a empresa na ausência do *Trust*).

Em suma, pois, os *Trusts contribuem* essencialmente para tais transações, em razão de sua rápida e pouco onerosa constituição, além da proteção conferida aos ativos, sendo, por isso, as vias (*Special Purpose Vehicle-SPV*) mais utilizadas nos países anglo-saxónicos.

2.3. Fundos de Investimentos

Nesse contexto, também podemos indicar a importância da utilização dos *Trusts* na estruturação dos fundos de investimentos. Operações bancárias e financeiras modernas frequentemente requerem a manutenção dos ativos por um gestor, e a segregação desses ativos de outros ativos pertencentes a este gestor. O *Trust* é a ferramenta ideal para organizar tal estrutura e para produzir os efeitos dessa segregação. Foi sob essa perspectiva que os *Trusts* se alastraram em vários países de origem *civil law*.

Em alinhamento, segundo GRAZIADEI, MATTEI e SMITH, *in verbis*: "*Frequent contacts between the anglophone world and the banking and the financial communities of continental europe during the twentieth century rendered the use of trust to segregate assets familiar to money managers throughout Europe*"[208].

De fato, também hodiernamente os *Trusts* se destacam e são muito utilizados à administração de fundos de investimentos, voltados a pequenos ou grandes investidores, em nível regional ou nacional.

É claro, pois, que o *trust fund* pode ser estabelecido por um único indivíduo, com seus próprios recursos e em benefício de si próprio. Por outro lado, também é muito comum *Trusts* constituídos com ativos diversos, pertencentes a mais de uma classe de investidores, cujos membros contribuem conjuntamente para o *trust fund*.

---

[208] *Cfr.* GRAZIADEI, Michele; MATTEI, Ugo; SMITH, Lionel. *Commercial trusts in European private law*. Cambridge: Cambridge University Press, 2005, p. 24.

Nessa mesma linha, os *Trusts* podem ter por objeto a captação de recursos junto a investidores institucionais ou corporativos de grande porte, com disponibilidade apreciável de capital para investimento, ou, por outro lado, o próprio particular com recursos limitados, mas, igualmente interessados em investir em *unit trusts*.

Perceba-se, então, que entre outros benefícios, a implementação dos *Trusts* no Brasil com vistas à administração de fundos de investimentos, pode ser vista como uma forma de incentivo à poupança individual, bem como a geração e manutenção de poupança interna.

Em países em desenvolvimento, como é o caso do Brasil, o desenvolvimento de políticas públicas com incentivos à poupança interna, é sem dúvida uma mais valia, acarretando numa menor dependência do capital externo para financiamento do seu crescimento econômico.

Nesse quadro, MAILSON fala sobre o drama da baixa poupança interna do Brasil, esclarecendo, *in verbis*: "*A poupança tem duas fontes: a doméstica e a externa. Quando a primeira é insuficiente, a segunda pode suprir a lacuna, mas à custa da geração de uma dependência de capitais externos*"[209].

Além disso, podemos destacar as seguintes apreciações, *in verbis*:

> "*De fato o Brasil chega ao atual momento histórico com uma situação política e socioeconômica invejável, que poderia vir a ser o início de um ciclo de crescimento de décadas, mas com o entrave da poupança doméstica baixa*". (FGV- Estudo recente da Fundação Getúlio Vargas- Carta do IBRE, de agosto de 2011)[210].

> "*O principal desafio para o Brasil se tornar um país desenvolvido é aumentar o nível de poupança interna*". (Martin Wolf, principal colunista de economia do jornal Britânico *Financial Times*, em reportagem à BBC Brasil)[211].

---

[209] Cfr. NÓBREGA, Mailson. *O drama da baixa poupança interna do Brasil*. In. Jornal Estadão – Radar Econômico. São Paulo, 29 de agosto de 2011.

[210] Cfr. FUNDAÇÃO GETÚLIO VARGAS. *Baixa poupança: o que fazer no curto e no longo prazo*. In: Carta do IBRE, Agosto de 2011. Disponível em: http://www.fgv.br/mailing/ibre/carta/agosto.2011/08Ce2011%20CIBRE.pdf. Acesso em: 12.12.2013.

[211] Wolf é um dos especialistas ouvidos pela BBC Brasil para a série de reportagens intitulada: "O Que Falta ao Brasil?". A reportagem que aqui citamos foi realizada por: WASSERMANN, Rogerio. *Brasil precisa aumentar poupança interna para se desenvolver, diz colunista-chefe do 'FT' Rogerio Wassermann*. BBC Brasil em Londres, 30 de setembro de 2010.

A maior confiança nos mecanismos de poupança privada, e um maior número de produtos financeiros disponíveis podem estimular o aumento à poupança interna brasileira, e isso pode ser alcançado através da implementação dos *Trusts*.

Hodiernamente, vários fatores aproximam o brasileiro a procurar formas de poupar. Entre eles, podemos citar a desconfiança que grande parte da população tem no sistema de previdência, de saúde e de educação públicos, sentindo a necessidade de poupar para aposentadoria futura, emergências médicas e estudo dos filhos.

No Reino Unido, prefere-se os *Trusts* às companhias para tais finalidades, não somente em razão da proteção dos credores de um determinado fundo, mas também pela redução de comportamentos oportunistas por parte dos gestores. Com efeito, as regras que recaem sobre os *Trusts* impõem rigorosas responsabilidades fiduciárias aos *trustees* quando em comparação com as normas regulamentares das *Corporation*.

Adicionalmente, os *Trusts* normalmente oferecem menores custos operacionais quando comparado a outros veículos utilizados na gestão de fundos, e uma flexibilidade que a legislação societária não permite às empresas que atuam como administradoras de investimentos.

Sob uma perspectiva global, WATERS destaca, *in verbis*: *"The trust has already shown its paces as a financial investment tool; it is utilised widely as an alternative to the corporation as an engine of economic growth"*[212].

Em alinhamento, explica WARBURTON, que as decisões jurisprudenciais inglesas demonstram mais complacência em relação aos deveres de lealdade e diligência do administrador de uma *Corporation* do que em relação ao *trustee*[213].

De fato, o rigor das regras da *common law* em relação aos deveres fiduciários dos *trustees* permite a mitigação mais efetiva de comportamentos oportunistas do *trustee*. Adicionalmente, o *Trust* oferece um custo de constituição normalmente mais baixo do que a composição de uma companhia para tais finalidades.

---

[212] Cfr. WATERS, Donovan. *The Future of the Trust Part I*. Journal of International Trust and Corporate Planning, v. 13, n. 4, 2006, p. 179.

[213] Cfr. WARBURTON, A. Joseph. *Trusts Versus Corporations: An Empirical Analysis of British Mutual Funds*. Michigan: Ross School of Business, University of Michigan, 2010. Disponível em: http://ssrn.com/abstract=1290722 ou http://dx.doi.org/10.2139/ssrn.1290722. Acesso em: 16.03.2012.

Outra vantagem, é que o *trustee* obriga-se a comprar as participações dos beneficiários/investidores, caso estes desejem vendê-las. Nesse sentido, fica previamente estipulado no *trust instrument* o valor que será pago pelo *trustee* no caso de os beneficiários/investidores almejarem vender suas participações. Em oposição, nas companhias, o investidor desejoso em alimentar suas ações deve oferecê-las a terceiros no mercado mobiliário, e a preço de mercado (flutuante).

Embora o *trustee* se responsabilize pessoal e ilimitadamente perante terceiros alheios ao *Trust*, perceba-se que, normalmente, o *trustee* que atua no setor econômico possui baixo risco em relação a terceiros. Ainda assim, é recomendável que o *trustee* contrate um seguro de responsabilidade civil, que se previsto no *trust instrument*, pode ser pago a cargo dos bens do *Trust*.

Oportuno, novamente mencionar aqui, que os fundos de investimentos são, em regra, organizados na *common law* em *unit trusts*, onde o capital é dividido em um número de unidades e distribuído aos seus titulares/beneficiários.

A introdução de *unit trusts* para o investidor privado revolucionou as formas de investimento de todo o mundo ocidental, e uma proliferação rápida semelhante de tais *Trusts* é esperada na China continental.

Esses *Trusts* distinguem-se pelo fato de que aos subscritores do fundo são emitidos certificados de unidade, semelhante às ações das sociedades anônimas. Tais certificados (*units*) representam o montante/valor que o subscritor adquire, com base no valor do seu investimento no *Trust*. O objetivo é que os certificados, assim como as ações, possam ser comprados e vendidos pelo investidor a qualquer momento.

Em alinhamento, explica WATERS que, em regra, os *unit trusts* são fundos abertos, e que seu baixo custo atrai a sua constituição por um *"trustee sponsor"*, que atua como *"fee-paid investment managers"*, introduzindo os *investment trusts* no mercado de varejo. Tais *units* podem não só serem compradas e vendidas entre os investidores, mas também serem resgatadas pelo *trustee sponsor*, ao longo da duração do *Trust*[214].

---

[214] Cfr. WATERS, Donovan. *The Future of the Trust Part II*. Journal of International Trust and Corporate Planning, v. 13, n. 4, 2006, p. 5.

Geralmente, então, constitui um *Unit Trust* aqueles que pretendem desenvolver uma atividade de investimento através do apelo ao público investidor[215]. De fato, trata-se de um tipo de "investimento coletivo".

Por conseguinte, explica LUPOI que o *Unit Trust* tem início através da celebração de um acordo entre o gestor do fundo (gerente) e um *trustee* (individual ou *trust companies*)[216].

Nesse sentido, o gerente de um fundo, compra ações de diferentes empresas formando um *pool* de ações (portfólio ou carteira). Inicialmente, então, o gestor do fundo é o único beneficiário do *Trust*, no qual subdivide o próprio interesse equitativo em unidades (*units*), oferecendo ao público. Nessa linha, investidores compram unidades (*units*) desse fundo, e o dinheiro investido por eles forma o *trust fund*. Consequentemente, os rendimentos do *trust fund* pertencem aos beneficiários, ou seja, a cada titular de uma *unit*.

Oportuna a menção aqui, que a estrutura dos *unit trusts* é a de um fundo mútuo sem personalidade jurídica, regidos por leis especiais. Tal estrutura permite que os fundos mantenham os ativos (portfólio de ações) e repassem os lucros totalmente aos proprietários individuais das *units*, ao invés de reinvesti-los no fundo. O investidor é efetivamente o beneficiário do *trust fund*.

Por isso, o patrimônio constituído em *Trusts* fica protegido de eventuais dívidas do gestor do fundo e, igualmente, dos credores dos *trustees*. De fato, o patrimônio formado pelo fundo é destacado à promoção de finalidades específicas, somente respondendo por dívidas vinculadas a essa massa patrimonial autónoma.

As *units* conferem aos seus titulares um direito sobre o respectivo patrimônio, incluindo os resultados nos investimentos, sendo retido apenas valores referentes a remuneração do gestor e as despesas gastas previamente previstas no *trust intrument*, que reflete no preço de compra e venda das *units*. Aqui, cada unidade confere o direito a uma parte indivisível da renda do *Trust* e, ainda, de uma proporção fixa da *trust property* em caso de dissolução. Geralmente, os beneficiários são designados por *holders of units*.

---

[215] *Cfr.* LUPOI, Maurizio. *Trusts*. Milano: Giuffrè Editore, 2001, p. 239.
[216] *Cfr.* LUPOI, Maurizio. *Trusts*. Milano: Giuffrè Editore, 2001, p. 239; PETTIT, Philip H. *Equity and the Law of Trusts*. Oxford: Oxford University Press, 2006, p. 17.

Posto tudo isso, oportuna a menção aqui de que os *investments trusts* usualmente trabalham com portfólios diversificados de investimentos. Nesse sentido, o *trustee* deve investir o *trust fund* em mais de uma entidade ou tipo de bens ou valores, sujeitos a diferentes forças de mercado. Logo, assegurando, simultaneamente, a garantia e a rentabilidade dos fundos, com a consequente diminuição dos riscos.

Neste ponto, o *trustee* está naturalmente vinculado ao dever de diversificação dos investimentos, mormente quando trata-se de um *investment trust*. Tudo isso vem a permitir que muitas oportunidades de investimentos estejam disponíveis aos investidores. Tais noções, em verdade, permitem aos pequenos investidores a diversificação de seus investimentos, com diferentes *unit trusts*, atuando em vários setores do mercado. Eles podem, portanto, investir com a redução de custos e riscos, motivos estes que podem ser impeditivos em relação a aquisições de ações individuais.

Saliente-se, enfim, que a estrutura dos *Trusts* utilizada à finalidade aqui averiguada, permite a participação de investidores sem conhecimento no mercado mobiliário, e sem experiência de diversificação, que conjecturem um rendimento fixo ou variável.

Também podemos indicar neste tópico o *real estate development trust*, um tipo especial de *Trust*, em que o proprietário, um fomentador, e/ou um promotor, juntamente com um banco e/ou investidor, reúnem um conjunto de ativos sob a administração de uma *trust company*. Nesse sentido, o *trustee* nomeado ficará responsável pela supervisão da administração dos fluxos de caixa e cronogramas de um projeto de construção, transferindo ao final as unidades construídas para os compradores e os lucros para os beneficiários.

Em derradeiro, interessante citarmos o *capital ventures trust*, projetado para incentivar investimentos em uma série de pequenas empresas com potencial de crescimento, que não possuem suas ações e títulos listadas na bolsa de valores. Neste caso, o *trust fund* será gerido por um *trustee*, e os investidores/beneficiários podem subscrever ou comprar as ações emitidas pelo *Trust*, que investirá tais ativos em empresas comerciais, proporcionando-lhes recursos para ajudá-las a desenvolver e crescer.

2.4. Vacância Gerencial e Sucessão em Empresa Familiar

Em prosseguimento, neste ponto, também é o *Trust* uma ferramenta utilizada como instrumento técnico de administração de bens de terceiros.

Conforme discorremos, pode ser muito útil conferir a propriedade e administração de bens ou direitos à especialistas, tendo uma mais valia nos casos de vacância gerencial e de sucessão em empresa familiar.

O *Trust*, enquanto organização empresarial, chamam atenção para além da segregação patrimonial que permite, e de sua simplicidade constitutiva. Sobretudo, se destaca em razão das sérias responsabilidades fiduciárias inerentes ao exercício da função do *trustee*, além da sua capacidade administrativa.

Tais noções, em verdade, conferem maior agilidade, dinâmica e segurança, na consideração de soluções nos casos de vacância gerencial e nas sucessões empresariais.

Tanto na sociedade, quanto nos *Trusts*, a duração pode ser por um longo período, permitindo relações a longo prazo e a continuidade das relações com terceiros. Contudo, os *Trusts* admitem, verdadeiramente, a programação a longo prazo da gestão qualificada da empresa, com a manutenção de suas especificidades, se essa for a vontade do instituidor.

De fato, um *Trust* pode ser criado para gerir uma empresa em benefício do próprio *settlor*, de beneficiários sucessivos, ou de uma classe de pessoas. Nesse quadro, por exemplo, uma pessoa com idade avançada pode criar um *Trust* para o seu próprio benefício, estabelecendo um *trustee* para investir e administrar seus bens, em favor de si mesmo. Nessa sequência, pode estabelecer que, após a sua morte, o *Trust* seja administrado em benefício de seus sucessores.

Sobre tal prisma, pode um indivíduo constituir uma empresa através da estrutura jurídica dos *Trusts*. Em assim sendo, organiza um *trust inter vivos* revogável, transferindo a ele a atividade econômica de sua empresa. Em um primeiro momento, pode o *settlor* se resguardar de poderes de gestão sobre o *Trust*, atuando sozinho ou em conjunto com um *co-trustee*.

Somente a partir daí, é possível garantir que na ausência do *settlor-trustee*, o *co-trustee* opere na gestão completa do *Trust*, dando prosseguimento nos negócios empresariais, sem interrupções ocasionadas pela sucessão. Principalmente, atenuando ou até mesmo anulando, qualquer interferência, por vezes, desastrosas, dos sócios/beneficiários, ora herdeiros do *Trust*.

Da mesma forma garante-se o cumprimento do *trust deed* – realizado entre o *settlor* e o *trustee* – sem agredir os interesses dos beneficiários, que seguem recebendo os benefícios do *Trust*, mas com a segurança de que o patrimônio deixado não será dilapidado. Além disso, confere-se maior confiança a terceiros/investidores ou parceiros empresariais, de que a companhia terá sua continuidade e prosseguirá com uma gestão qualificada.

De fato, os *Trusts* são vistos como uma excelente ferramenta no cumprimento dos princípios da preservação e continuidade da empresa, sobretudo quando estamos falando de empresas de cunho familiar.

Admitindo os *Trusts*, o contrato social de uma Empresa (de qualquer modalidade constitutiva) pode prever que em caso de falecimento do sócio administrador, nomeadamente nos casos de empresas familiares, a continuidade da empresa seja conferida a um *trustee* profissional.

Nesse mesmo contexto, também o *Trust* é solução nos casos de prazo mais curto, como o de vacância gerencial, onde um *trustee* profissional será nomeado para dar prosseguimento na gestão da empresa, preservando os negócios, até que seja investido um outro administrador.

Tal disposição pode ser prevista no contrato social da empresa, estabelecendo que nos casos de incapacidade superveniente do administrador da empresa, retirada ou exclusão, seja nomeado um *trustee* provisório. Em razão das responsabilidades fiduciárias inerentes ao seu cargo, o *trustee* pode ser uma solução mais eficaz e segura, enquanto a vacância permanecer.

Em verdade, pode ser temerário e inconveniente que a continuidade da empresa seja conferida a pessoas inexperientes e desconectadas com a atividade econômica exercida pela empresa. É certo que é mais seguro e viável a previsão no contrato social de, em determinados casos, ocorrer a nomeação de administradores profissionais, seja um *trustee* individual ou uma *trust company*, para dar continuidade as atividades empresariais.

No Brasil, uma solução no caso de incapacidade superveniente do empresário individual, por exemplo, é a de conferir a continuidade da empresa a terceiros através do exercício da curatela, a depender de autorização judicial. Tal transposição de gestão não é célere, e, portanto, pode ser prejudicial na continuidade dos negócios da empresa, e certamente gerará desconfiança no mercado em que atuar.

Ainda assim, normalmente, a continuidade da empresa se dará por um ente da família, na maioria das vezes, sem competência de gestão. Com efeito, a gestão profissional por um *trustee* evitaria a insegurança por parte dos clientes e credores da empresa, garantindo-se que os negócios não serão geridos por familiares do empresário ausente, muitas vezes descapacitados para assumir o encargo deixado.

Nomeadamente, a continuidade da empresa garante ao empresário inválido os benefícios e cuidados necessários à sua recuperação, ou, se esta não for possível, implicaria em rendimentos durante a sua vida, e após, para os seus sucessores.

Já no caso das sociedades previstas no ordenamento jurídico brasileiro, em regra, permite-se através de previsão expressa no contrato social que o sócio administrador que se tornou incapaz seja substituído na sociedade por um representante. Tal indicação deve ser realizada no contrato social da sociedade, prevendo expressamente a possibilidade de sua indicação em um momento oportuno.

Contudo, na ausência de tal disposição, o sócio inválido pode ser excluído judicialmente da sociedade (Código Civil, Artigo 1.030), com o pagamento de seus haveres.

No caso de falecimento de um dos sócios da sociedade limitada, pode ser previsto no contrato social da sociedade a sua substituição por seus herdeiros. Por outro lado, se nada dispuser o contrato social, por acordo com os herdeiros, a sociedade pode regular a substituição do sócio falecido, ou excluir o sócio falecido com o pagamento de seus haveres aos herdeiros (Código Civil, Artigo 1.028, II).

Por outro lado, em sendo uma sociedade de capital, tal como a sociedade anónima, os herdeiros do acionista, se tornam acionistas da sociedade.

Nesse sentido, se o *de cujus* for o acionista controlador, os seus herdeiros passam a influenciar diretamente na administração da companhia.

Neste caso, pode ser muito conveniente a nomeação de um *trustee* profissional para dar continuidade nos negócios, e evitar a interferência imediata dos herdeiros. De fato, ainda que atue de forma temporária, o *trustee* é primordial na transição de controlo da companhia, contemporizando lides familiares, em prol dos objetivos da empresa e harmonizando diversos interesses.

É de se lembrar nesse ponto, por fim, sobre a hipótese de constituição de uma *holding* familiar para este propósito – planejamento da sucessão ante a existência de empresas familiares no espólio – sendo porém constituída sob a forma de *Trusts*, em razão da simplicidade constitutiva e de todas as demais características típicas do instituto, que ora se proclama.

2.5. Joint Ventures

No Direito brasileiro a característica essencial de uma *joint venture* é a intenção de realizar um projeto ou empreendimento comum utilizando a forma societária, com a criação de uma empresa, com nova e distinta personalidade jurídica; ou a forma contratual, criando uma associação regida por contratos de associação.

Nesse quadro, PAIS DE VASCONCELOS esclarece que a *joint venture* é um contrato legalmente atípico e socialmente típico. Explica o autor que muitas vezes a *joint venture* origina a celebração de vários contratos (satélites), podendo determinar a celebração de *verdadeiras constelações* de contratos. Ainda, indica que o grau de complexidade possível é ilimitado[217].

Sob tal prisma, então, pode ser mais interessante considerar a estrutura dos *Trusts* na formação de *Joint Ventures*, por todas as suas singulares características. Indubitavelmente, além da maior simplicidade de sua constituição, a segregação patrimonial dos bens ou direitos, e a delimitação das responsabilidades das partes, conferem maior garantia ao cumprimento dos objetivos visado pela *joint venture*.

Aqui, as empresas interessadas em associar-se para determinados fins, nomeiam um *trustee* para a gestão de tal empreendimento, garantindo-se que o bens ou direitos transferidos em *Trust* serão empregados para tal propósito específico para o qual a associação foi criada. Logo, são destinados a assegurar somente um número limitado de credores, unidos pela *joint venture*.

2.6. Limited Liability Trust

Também podemos considerar a possibilidade dos chamados *Limited Liability Trust*. Como já abordado, normalmente o *trustee* responde pessoalmente e ilimitadamente por dívidas ocorridas no exercício de suas funções.

Em síntese, insta lembrar, que o *trustee* age em nome próprio, e não com representatividade. Logo, a contraparte negocial do *trustee* tem o poder de executar os seus direitos a expensas do patrimônio pessoal deste, mas não dos bens ou direitos constituídos em *Trust*. Nestas circunstâncias, o *trustee* tem o direito de ser reembolsado pelo *"trust fund"* pelo pagamento

---

[217] Cfr. PAIS DE VASCONCELOS, Pedro. *Contratos Atípicos*. Coimbra: Almedina, 2009, p. 224-225.

das dívidas assim contraídas. Por outro lado, se agir em violação de seus deveres, perde o direito de reembolso.

Sob tal prisma, então, despertou-nos o interesse em mencioná-lo no presente tópico.

Nos Estados Unidos da América, mais precisamente nos estados de *Delaware* e *Alaska*, existem os chamados *Delaware Business Trust* e *Alaska Business Trust*, que permitem a responsabilidade limitada do *trustee*.

Por igual, no Japão, podemos citar o *Limited Liability Trust* (LLT) que é um tipo de *Trust* em relação ao qual apenas a *trust property* está disponível para satisfazer as dívidas do *Trust*. Isto significa que o *trustee* de um LLT não é, em princípio, pessoalmente responsável pelas dívidas do *Trust*, sendo, no entanto, responsável por dívidas decorrentes de atos ilícitos realizados no curso de gestão do *Trust*[218]. Tal tipo de *Trust*, por exemplo, é comumente utilizado no Japão como um *securitized trust*[219].

Os *Trusts* com responsabilidade limitada também podem ser úteis nos casos de *family trusts*, onde o *trustee* é um parente do beneficiário, e não recebe qualquer remuneração como um *trustee*.

Aqui, o propósito fulcral do *trustee* é o de controlar e gerenciar a *trust property*, exclusivamente para o benefício do beneficiário indicado por um parente falecido. Logo, trata-se de uma responsabilidade demasiadamente pesada para um parente, se considerarmos a sua responsabilidade pessoal e ilimitada, e o exercício gratuito e benévolo de sua função.

Para que os *Trusts* gerem tais efeitos, concernentes à limitação da responsabilidade do *trustee* exige-se, em regra, que tal limitação esteja expressamente indicada no *trust instrument*, devidamente registado, nos termos da lei, para que gere efeitos em relação a terceiros.

Ainda, à semelhança das sociedades limitadas e anónimas, deve conter a indicação da limitação da responsabilidade no nome do *Trust*. Logo, o nome deve incluir a expressão *Limited Liability Trust*, e as pessoas que tratem com o *Trust* devem ser notificadas sobre a limitação da responsabilidade do *trustee*. Por tal limitação, é vedada a descapitalização do *Trust*, que possui uma contabilidade mais rigorosa.

---

[218] *Vide* Artigos 217 e 21, (1, viii) da *Trust Act. Cfr.* JAPÃO. *Trust Act (Act N.º 108 of December 15, 2006)*.

[219] *Vide* Artigos 248 e seguintes da *Trust Act. Cfr.* JAPÃO. *Trust Act (Act N.º 108 of December 15, 2006)*.

2.7. Acordo de Acionistas e Reorganização Societária

Neste ponto, primeiramente, devemos indicar que o acordo de acionistas se mostra cada vez mais imprescindível como instrumento de organização societária das companhias, e podem ser realizados com grande eficácia através da constituição dos chamados *voting trusts*.

Trata-se de uma ferramenta utilizada para manter o controlo sobre as deliberações sociais, assegurando que as decisões estejam alinhadas aos interesses dos negócios corporativos.

No Direito brasileiro, os acionistas podem, no uso do princípio da autonomia da vontade, compor seus interesses por acordo que celebrem estre si. Eles terão, em decorrência, a proteção que a lei dispensa aos contratos em geral.

O acordo de acionistas é realizado através de um contrato plurilateral e, em regra, a companhia não é parte contratante. Entretanto, sendo o documento entregue à sociedade para arquivo, ficará ela obrigada a respeitar seus termos (Art, 118 da Lei 6.404/76, Lei que rege as sociedades anónimas no Brasil). Nesse sentido, importará o registo às seguintes modalidades de tutela: a sociedade anónima não poderá praticar atos que contrariem o conteúdo do acordo; poderá ser obtida a execução específica do avençado, mediante ação judicial.

Afinal, não cumprido o acordo, cabe a qualquer dos acionistas a ele vinculado promover a execução das obrigações assumidas dentro das condições do contrato realizado.

Nesta perspectiva, um *Trust* pode ser criado através do acordo entre um grupo de acionistas e o *trustee*, a quem será transferido o direito de voto. Esse acordo normalmente fornece diretrizes ao *trustee* de como deverá exercer o seu voto.

Consequentemente, o *trustee* não possui nenhum poder discricionário, devendo agir em consonância com a confiança nele depositada, e exatamente em conformidade com os termos do instrumento que o nomeou.

Em alinhamento, MOLLOY esclarece, *in verbis*: *"In every case, the trustee is accountable not only for what he actually has got in on behalf of the trust, but also for what he should have got in"*[220].

---

[220] Cfr. MOLLOY, Tony. *Trustees of controlling shareholdings who take directorships or senior executive posts in the company*. Trusts & Trustees, United Kingdom, v. 16, n. 9, p. 741–749, october 2010, p. 742.

Deste modo, as ações são transferidas ao *trustee*, que além de legitimação para o exercício do direito de voto, possui a propriedade legal das ações, evitando, assim, a interferência de terceiros no mecanismo deliberativo.

O *Trust* constituído para essa finalidade também almeja, por vezes, proteger a sociedade contra *takeovers*.

É de se destacar, que com a mudança do controlo das empresas, ora por abertura de capital, por profissionalização ou em razão de alianças estratégicas, a participação de executivos profissionais pode ser de extrema importância à continuidade dos negócios.

Em alinhamento, esclarecem VAZ TOMÉ E CAMPOS *in verbis*: "*poderá o trust concentrar a propriedade e a gestão do capital da sociedade num momento em que a dispersão do seu capital ou a má gestão a tornem susceptível a aquisições hostis*"[221].

Muitas vezes, o que se deseja é a perpetuidade dos negócios, e a gestão especializada pode garantir isso aos sócios fundadores, bem como a maximização da riqueza de seus herdeiros.

Nesse mesmo contexto, é que os *Trusts* também podem ser utilizados como instrumento nos processos de reorganização societária.

Durante esse período, de reorganização da sociedade, o *trustee* conduz temporariamente os negócios abrangidos em uma fase que pode ser fulcral à segurança jurídica e patrimonial das partes envolvidas, resguardando todos os interesses de uma forma imparcial e com profissionalidade.

Sabemos que tais negociações, podem ser simples ou complexas, envolvendo valores e operações de pequena, média ou grande monta. Por vezes, quando se trata de incorporação ou fusão, submetem-se a aprovação do órgão de defesa econômica, que no Brasil é desenvolvido pelo CADE (Conselho Administrativo de Defesa Econômica)[222].

Logo, em regra, demandam um longo tempo. Nesta fase, é de extrema importância a proteção do patrimônio envolvido, bem como a garantia da

---

[221] Cfr. VAZ TOMÉ, Maria João; CAMPOS, Diogo Leite de. *A Propriedade Fiduciária (Trust), Estudo para a sua Consagração no Direito Português*. Coimbra: Almedina, 1999, p. 314.

[222] Segundo o §2 do artigo 36, da Lei nº 12.529, de 30 de novembro de 2011, depende de autorização do CADE, sempre que a reorganização societária resultar em posição dominante no mercado, ou seja, sempre que uma empresa ou grupo de empresas for capaz de alterar unilateral ou coordenadamente as condições de mercado ou quando controlar 20% (vinte por cento) ou mais do mercado relevante, podendo este percentual ser alterado pelo Cade para setores específicos da economia.

dinâmica dos negócios. Sem dúvida, tais objetivos podem ser alcançados com maior eficácia, simplicidade, flexibilidade e segurança através da nomeação de um *trustee* profissional.

2.8. Debenture Trustees

Em sequência, aqui a função primordial do *trustee* será a de administrar um *trust fund* formado basicamente por debêntures de companhias. Possui como fundamental dever o de assegurar a liquidez dessa carteira para seus beneficiários.

Normalmente é feito um *trust deed* entre o *trustee* e os titulares das debêntures. Logo, o *trust fund* é formado pelas debêntures a ele transferidas, constituindo um único patrimônio segregado.

Com efeito, é vantajoso confiar o monitoramento de debêntures a profissionais familiarizados com este tipo de negócio, e com a necessária habilidade para a obtenção de êxito no recebimento das mesmas.

De fato, o *trustee* como uma única entidade, vai agir em nome de todos os debenturistas, observando seus deveres fiduciários de cuidado e diligência.

Além de evitar uma série de ações diferentes por debenturistas distintos, é uma vantagem para os titulares individuais de tais valores mobiliários. Neste ponto, há paridade de tratamento dos diversos beneficiários, pois que, normalmente, o *trust deed* prevê que todos os beneficiários devem ser pagos proporcionalmente.

No Direito brasileiro a Lei que trata sobre as Sociedades por Ações (Lei nº. 6.404/76), regulamenta, em seus Artigos 66 a 70, a figura do *agente fiduciário dos debenturistas*, inspirada no *trustee* da *common law*[223].

O agente fiduciário é a pessoa que satisfaça os requisitos para ser administrador de companhia ou instituição financeira, nomeado em escritura de emissão de debêntures para representar os direitos dos debenturistas (Art. 66, § 1º, da Lei nº. 6.404/76).

No Brasil é obrigatória a nomeação de um *agente fiduciário dos debenturistas* somente quando ocorre a escritura de emissão pública de ações, para representar a comunhão dos debenturistas.

---

[223] *Cfr.* BORBA, José Edwaldo Tavares. *Direito Societário*. 8ª Edição. Rio de Janeiro: Renovar, 2003, p. 301.

Entretanto, o agente fiduciário se diferencia do *trustee* na medida em que ele não detém a titularidade das debêntures, sendo simplesmente um representante dos debenturistas, de cunho meramente contratual, assemelhando-se a um mandatário.

2.9. Falência e Recuperação de Empresas

Tema de extrema importância é a utilização dos *Trusts* no processo de falência e recuperação de empresas, exercendo o *trustee* o papel do administrador judicial.

Na maior parte dos ordenamentos jurídicos a massa falida constitui patrimônio afetado à realização do ativo para liquidação do passivo, com vistas à satisfação dos credores. O falido, embora titular da massa falida perde o poder de administrá-la.

No caso da falência, o administrador judicial recebe a função de realizar o escopo unificador da massa falida. Nesse sentido fica responsável, basicamente, pela verificação do crédito, pelo relatório inicial, pelas contas mensais (receitas e despesas da massa falida) e por realizar o relatório final. Por outro lado, também cabe ao administrador judicial atuar na recuperação das empresas com dificuldades financeiras, tendo um papel, em regra, fiscalizatório.

Nesse contexto, sabemos da importância da empresa e da continuidade de suas atividades no regime econômico da livre iniciativa, como é o caso brasileiro. Logo, pode o juiz da falência optar pela continuação provisória da empresa do falido, buscando uma maximização dos recursos do falido, no interesse dos credores e da sociedade. De fato, ao manter a empresa em funcionamento, pode ocorrer a sua venda com a continuidade dos negócios a ela vinculados.

Na verdade, muitas vezes a decretação da quebra e o encerramento das atividades da empresa pode agravar o prejuízo dos credores, além de prejudicar o desenvolvimento da economia local, regional ou até mesmo nacional.

Por tais motivos, pode ser mais conveniente que o juiz autorize a continuação provisória dos negócios, que pode ser realizada através da nomeação de um *trustee* profissional. Neste caso, a função do *trustee* será a de preparar a empresa para sua venda, elevando ao máximo os recursos do falido, conferindo credibilidade aos novos adquirentes.

Por outro lado, ao invés da venda, pode o juiz considerar a viabilidade da recuperação da empresa, afastando o sócio administrador e nomeando um *trustee* profissional para o exercício da função.

Com efeito, de qualquer forma, seja administrando a massa falida, seja no processo de recuperação da empresa, o *trustee* deve satisfazer as reivindicações dos credores da melhor maneira possível.

No Direito norte-americano o *Bankruptcy Trustee* é nomeado pelo *United States Department of Justice* ou pelos credores envolvidos em um caso de falência[224]. Por sua vez, no Reino Unido, o *Insolvency Act 2000* estipula que a massa falida automaticamente é atribuída ao *trustee* da falência, como receptor oficial. Contudo, poderá ser atribuída a outra pessoa apontada pela lei.

Perceba-se, então, que a opção pelo *trustee* no gerenciamento da falência ou da recuperação da empresa, confere, além da garantia de uma administração especializada, a fundamental agilidade na tomada das decisões administrativas (tendo em vista que o *trustee* é titular da *legal property*), seguida da responsabilidade fiduciária inerente ao cargo que ele exerce.

Com efeito, aqui, mais do que tudo, a confiança, o tempo e o custo são elementos preciosos. Igualmente, a ausência de burocracias demasiadas, pode levar a uma maior agilidade na recuperação da empresa em questão.

É por demais oportuno citarmos aqui LÉPAULLE, que já chamava a atenção para esse aspecto do *Trust*, acima destacado, nestes termos:

> *"(...) el "trust" es superior a causa de su infinita flexibilidad; permite todas las combinaciones y todas las soluciones, en tanto que la quiebra y liquidación judicial son más estrechas y rígidas; obligan generalmente a matar un negocio enfermo para repartir sus despojos"*[225].

---

[224] O Departamento de Justiça dos Estados Unidos instituiu o U.S. *Trustee Program*. Tal programa é parte do Departamento de Justiça, e é responsável por supervisionar a administração dos processos de falência e os *private trustees* que atuam na administração da falência. Nessa linha, no Direito norte-americano, o *Bankruptcy Code* estipula as normas que conduzem o *Bankruptcy Trustee*. *Cfr.* U.S. *Bankruptcy Code*. Disponível em: http://uscode.house.gov/download/title_11.shtml. Acesso em: 30.07.2012; U.S. Department of Justice. U.S. *Trustee Program*. Disponível em: http://www.justice.gov/ust/index.htm . Acesso em: 30/07/2012.

[225] *Cfr.* LÉPAULLE, Pierre. *Tratado teórico y práctico de los trusts: en derecho interno, en derecho fiscal y en derecho internacional*. Texas: Editorial Porrúa, 1975, p. 56.

No Brasil, a Lei Nº 11.101, de 9 de fevereiro de 2005, regula a recuperação judicial, a extrajudicial e a falência do empresário e da sociedade empresária.

Em suma, ao entrar com o pedido de recuperação, a empresa tem 60 dias para apresentar um plano de recuperação aos seus credores. Esse projeto tem um custo significativo, principalmente para as micro e pequenas empresas.

A possibilidade da constituição judicial de um *Trust* compulsório, nos casos de dificuldades financeiras da empresa, com o afastamento temporário dos seus sócios e administradores, e a assunção imediata por um *trustee* ou por uma *trust company*, pode significar maior agilidade, menor custo e mais efetividade na recuperação da empresa.

A dinâmica e segurança permitida pela estrutura dos *Trusts* consente maior normalidade nos negócios da empresa atingida, aumentando as chances de sua eventual recuperação. De fato, aguardar a elaboração de um plano de recuperação, pelos atuais administradores da empresa, muitas vezes, será ineficaz e de caráter duvidoso.

Em verdade, a recuperação judicial no Brasil, em regra, não implica o desapossamento nem a perda da gestão empresarial, somente se comprovada a sua má gestão. Nesse sentido, o devedor e seus administradores podem praticar os atos normais de gestão, ainda que sob a fiscalização do administrador judicial. Logo, ainda que de forma mais restrita, permanecem os administradores na condução dos negócios da empresa.

Interessante, nesse sentido, destacar que a empresa em recuperação sob a administração de seus diretores, não raramente pode incorrer em fraude contra credores, sendo necessária a destituição posterior da diretoria e a nomeação de um gestor judicial, em momento que pode ser demasiado tardio aos objetivos que se perseguem.

Por outro lado, pode ocorrer a substituição administrativa judicial, nomeando-se um administrador, desde que a crise econômica/financeira da empresa resulte de administração negligente ou ruidosa, diagnosticando-se atos dissipatórios do patrimônio da empresa e gestão ilícita/fraudulenta.

Perceba-se, porém, que tais fatos devem ser apurados judicialmente, respeitando-se o devido processo legal. Além disso, podem levar um tempo considerável à conclusão, incorrendo em prejuízos que podem ser irreparáveis.

Nesse sentido, pois, somos muito favoráveis à constituição imediata de um *trustee* e o consequente afastamento dos diretores, ainda que de forma temporária, até a apuração das responsabilidades.

Logo, o *trustee* no papel de administrador-gestor é quem analisará e avalizará a possibilidade ou não dos administradores permanecerem na administração durante a recuperação da empresa, colaborando na condução dos negócios.

Na verdade, essa hipótese tende a conferir maior credibilidade aos credores da empresa, e também aos demais envolvidos no processo sem, no entanto, lesar os interesses dos administradores da empresa, sobrepondo os interesses sociais.

Dessa forma, também incumbirá ao *trustee* a realização do plano de recuperação judicial e a elaboração do laudo econômico-financeiro. Normalmente tais estudos envolvem auditoria financeira, auditoria do ativo, diagnóstico financeiro e estrutural, além de uma minuciosa análise estratégica.

Enfim, o *trustee* profissional terá um panorama geral dos problemas da sociedade em questão, sem sofrer a influência de seus sócios/proprietários; conferindo maior veracidade aos problemas encontrados, bem como maior empenho nas soluções; evitando a descapitalização da empresa e a fraude aos credores. Igualmente, recebendo os créditos e pagando os débitos da empresa com equidade entre os credores, e muitas vezes, intermediando a negociação entre os devedores e credores.

2.10. Fundos de Pensão

Em prosseguimento, também já observamos as vantagens na constituição de *Trusts* para a gestão de fundos de pensão.

Com efeito, a aposentadoria é uma preocupação geral e real para diversas pessoas no mundo todo. Nesse sentido, os *pension trusts* podem ser criados por uma empresa ou por um grupo de empresas, como forma de atração de novos profissionais, ou de manutenção dos seus funcionários mais qualificados.

Na verdade, os *pension trusts* já são uma parte essencial da estrutura econômica em todos os países da *common law*, e não há dúvida que é um instrumento muito adequado para essa finalidade. Nesse sentido, complementa MATTHEWS, *in verbis*: "*The existence of large pension funds in the UK has led directly to the dominance in Europe (if not more widely) of London as a financial centre. Moreover, pension funds are paid for by workers today to save for their own retirement tomorrow*"[226].

Logo, o *Trust* surge em consequência da existência de uma relação de emprego, onde empregador e empregado realizam um acordo no qual parte do salário do empregado é investido em um *Trust*, formando um fundo para a cobertura de necessidades sociais dos empregados e de seus dependentes – sobretudo a aposentadoria e a pensão.

Os empregados/beneficiários podem realizar aportes periódicos, ficando o *trustee* responsável em tornar rentável esse fundo, investindo de forma cuidadosa. Após determinado período estipulado, fica o *trustee* encarregado em distribuir os rendimentos ao trabalhador ou a sua família em forma de aposentadoria, invalidez, enfermidade ou pensão por morte.

Logo, o *trustee* possui o poder limitado em tornar o fundo produtivo, aumentando os benefícios para os beneficiários. De fato, estes possuem uma expectativa legítima de que os poderes do *trustee* serão exercidos em seu favor e de acordo com os termos do *trust instrument*.

Traduz-se, pois, em uma segurança aos trabalhadores e em um consequente benefício ao Estado. Por essa razão, podem ser conferidos benefícios fiscais, e, normalmente, este *Trust* pode ser perpétuo.

Na mesma linha pode ser criado um *Trust* pelo empregador em benefício de seus empregados, onde os recursos do fundo são arrecadados por contribuições realizadas somente pelo empregador.

Aqui, pode o *settlor* transferir uma determinada quantia em dinheiro a um *Trust*, designando como beneficiários seus empregados. Nesse sentido, fica o *trustee* obrigado a investir esse dinheiro em ações da própria companhia do *settlor*, que por via de consequência, garante uma efetiva participação nos lucros a seus funcionários.

Ainda, além de comprar ações da companhia os *trustees* também podem investir, por exemplo, emprestando dinheiro para a empresa, ou ainda, através de contratos de *leasing* na compra de instalações ou maquinários/equipamentos para posterior locação para a própria empresa.

---

[226] Cfr. MATTHEWS, Paul. *The place of the trust in English law and in English life*. Trusts & Trustees, United Kingdom, v. 19, n. 3 e 4, p. 242-254, april/may 2013, p. 250. *Vide* LANGBEIN. John H. *The Secret Life of the Trust – The Trust as an Instrument of Commerce*. The Yale Law Journal, v. 107, 1997, p. 168-169.

Para HAYTON, a constituição desse tipo de *Trust* confere uma vantagem para companhias sem cotação em bolsa de valores, gerando um mercado para suas ações, uma vez que o *Trust* terá recursos para adquirir essas ações. E, por outro lado, em razão de sua finalidade, pode gerar benefícios fiscais em relação ao Imposto de Renda Coletivo[227].

Lembramos, que em ambos os casos, acima destacados, o empregado é o beneficiário final dos *Trusts*, através dos benefícios sociais da aposentadoria ou pensão.

Em apontamento final a respeito, é interessante também indicarmos que as organizações empresariais podem criar outros tipos de *Trusts* para o benefício de seus empregados. Em exemplo, podemos citar os *sickness trusts*, fundo criado com o objetivo de assegurar a doença dos funcionários de uma empresa, ou de um grupo de empresas. Aqui, o objetivo primordial é proporcionar aos empregados acesso a medicamentos e equipamentos médicos, incluindo hospitalização.

Em geral, pois, com simplicidade e segurança, podem ser criados fundos destinados aos mais diversos objetivos, tais como o planejamento de férias e a faculdade dos filhos. Igualmente o *Trust* pode muito bem atuar como instrumento de incentivo à *poupança*, sendo oferecida aos empregados uma rentabilidade maior do que o mercado, com uma taxa administrativa menor.

2.11. Gestão Especializada de Universidades

Para o mesmo foco de estudos, revela-se de todo coerente, indicarmos a constituição dos *Trusts* para a gestão especializada de Universidades.

Com efeito, vimos que as Universidade Públicas ou Privadas podem optar pela gestão especializada por uma *Board of Trustees*.

Conforme já mencionamos, a *Board of Trustees* possue a incumbência de exercer a administração da Universidade sob a responsabilidade fiduciária, no alcance dos objetivos institucionais. Entre outras obrigações, possui o encargo de sopesar e respeitar as características peculiares de cada organização, sua missão, tradição e cultura acadêmica. Os *trustees* aqui devem representar os interesses da sociedade e defender os valores fundamentais da instituição.

---

[227] *Cfr.* HAYTON, D.J. *The Law of Trusts*. London: Sweet e Maxwell, 1998, p. 57.

Perceba-se, pois, que os deveres fiduciários impostos a função do *trustee* e sua imparcialidade, permitem maior efetividade no cumprimento dos propósitos e finalidades de uma organização educacional.

Consideramos que a opção pelo *trustee*, garante, sobremaneira, que seus gestores agirão com boa-fé e diligência em nome da Universidade e no fiel cumprimento dos seus objetivos, tendo em vista a competência profissional da equipe e as já observadas responsabilidades inerentes à função de *trustee*.

Por fim, merece enfoque, alguns exemplos de importantes Universidades administradas por *trustees*, como: *Harvard Clinical Research Institute*, *Dubai Harvard Foundation*, a *University of Alabama, Princeton University, Yale University, Columbia University, University of Illinois, New York University* e ainda a *Cambridge University*.

2.12. O Trust como Ferramenta de Garantia

Entre as diversas finalidades dos *Trusts*, interessante destacar a sua utilização como forma de constituição de garantia, no âmbito das instituições financeiras e dos negócios empresariais, tais como no depósito bancário ou nas operações de compensação internacional[228].

Com efeito, a relevância do presente tipo de *Trust* é observada principalmente nos contextos comercial e financeiro.

Em alinhamento, salienta SANTISTEBAN, *in verbis*: "*El security trust, empleado sobre todo por bancos y empresas, puede constituirse ad hoc para garantizar una operación concreta y um acredor específico, o como una estructura permanente destinada a perdurar em el tiempo y a abarcar diferentes operaciones, pero denominador común a todas las formas de security trust es el proporcionar una segura garantía de recuperación del crédito a favor de los credores*"[229].

Sob a forma de garantia, o *settlor* atribui o título legal de vários ativos para o *trustee*, a fim de garantir uma obrigação que tem para com ele. Uma vez que todas as obrigações sejam cumpridas, o *trustee* irá transferir os ativos de volta ao *settlor*.

---

[228] Cfr. VAZ TOMÉ, Maria João; CAMPOS, Diogo Leite de. *A Propriedade Fiduciária (Trust), Estudo para a sua Consagração no Direito Português*. Coimbra: Almedina, 1999, p. 313.
[229] Cfr. SANTISTEBAN, Sonia Martín. *El instituto del trust em los sistemas legales continentales y su compatibilidad com los principios de civil law*. Navarra: Editora Aranzadi, 2005, p. 182.

Por outro lado, se no vencimento da obrigação garantida, o *settlor* estiver em mora, permite-se ao *trustee* a venda de tais ativos, para que ele retire do produto da venda o que lhe é devido pelo *settlor*. Vale ressaltar, que o valor que exceder o pagamento da obrigação, deve ser necessariamente devolvido ao *settlor*.

Economicamente, o *Trust* aqui vem a substituir o penhor, com a vantagem de não implicar, necessariamente, na desapropriação do devedor.

É de se lembrar, neste ponto, o *Quistclose Trust* que é uma forma de realização de empréstimos garantidos. Muitas vezes surge em uma transação comercial, onde uma pessoa empresta uma soma de dinheiro (ou outras coisas de valor) para outra pessoa apenas para uma finalidade específica. Se o propósito não for, por qualquer motivo, realizado, a pessoa que recebeu o dinheiro é legalmente obrigada a devolver o dinheiro para o "credor" em vez de usá-lo para qualquer outro fim.

Da mesma forma, a prática comercial muitas vezes ocasiona o depósito bancário de certa quantia em dinheiro para dar prosseguimento a determinadas operações, como forma de garantir o cumprimento de obrigações.

Neste caso, o recurso aos *Trusts* tranquiliza o credor que o devedor está temporariamente despojado da posse do bem que constitui sua garantia, e assegura a ambas as partes que o objeto da garantia não é suscetível de ser executado por terceiros, seja credores do devedor, da instituição financeira ou do próprio credor. Adicionalmente, na medida em que a função de garantia vem acompanhada com a função de gestão do *trustee*, o *Trust* pode servir para proporcionar uma ótima rentabilidade ao montade depositado.

2.13. Equivalentes Funcionais Existentes no Direito Brasileiro

Algumas ferramentas disponíveis no ordenamento jurídico brasileiro, sugere que as finalidades alcançadas pelos *Trusts* nos contextos financeiro, empresarial e na gestão especializada de bens, possam ser parcialmente alcançadas, na ausência dos *Trusts*.

Entre os instrumentos nacionais, destacaremos, neste tópico, os fundos de investimentos, a securitização de créditos imobiliários e a sociedade empresária, por mais se aproximarem da estrutura jurídica dos *Trusts* e por conferirem alguns de seus principais efeitos.

Contudo, desde já, destaca-se, que os instrumentos que serão aqui considerados distinguem-se dos *Trusts* em razão de sua dinâmica, flexibilidade e simplicidade constitutiva. Além disso, em regra, formam um vínculo contratual entre as partes, em oposição a relação estabelecida por meio dos *Trusts*, que tem natureza real.

Por fim, é preciso reconhecer que a partir de uma perspectiva econômica, a divisão sobre os direitos de propriedade conferida sob a estrutura dos *Trusts* é mais eficiente que os outros instrumentos utilizados para os mesmos fins, segundo muito bem apontam GRAZIADEI, MATTEI e SMITH, *in verbis*: *"By granting proprietary protection to the beneficiary the law reduces agency costs. By granting proprietary powers to the trustee the law facilitates transfers to more efficient uses"*[230].

Em geral, os custos de transação são reduzidos significativamente, porque o *trustee* pode dedicar seu tempo na captação de oportunidades de negócio, em vez de trabalhar sobre como obter o consentimento do investidor (beneficiário) para uma determinada transação oportuna. Por outro lado, através da contratação de um profissional, o investidor (beneficiário) poderá se dedicar às suas atividades profissionais principais mais livremente, em vez de dedicar seu tempo à procura de oportunidades de negócios mais rentáveis[231].

a) **Fundos de Investimentos e Securitização** – No Brasil um fundo de investimento possui a sua organização jurídica na forma de um condomínio de investidores, e trata-se de uma pessoa jurídica. É relevante por promover a aplicação coletiva dos recursos de seus participantes.

O gestor da carteira de investimento, será o responsável pela gestão do patrimônio do fundo, e pode ser uma pessoa física ou uma pessoa jurídica. Em ambos os casos necessitam de um registo junto a Comissão de Valores Mobiliários (CVM).

O administrador do fundo será o responsável pela representação deste perante os órgãos de fiscalização do governo federal (Comissão de Valores Mobiliários – CVM ou o Banco Central do Brasil) e, necessariamente,

---

[230] *Cfr.* GRAZIADEI, Michele; MATTEI, Ugo; SMITH, Lionel. *Commercial trusts in European private law.* Cambridge: Cambridge University Press, 2005, p. 41.
[231] *Cfr.* GRAZIADEI, Michele; MATTEI, Ugo; SMITH, Lionel. *Commercial trusts in European private law.* Cambridge: Cambridge University Press, 2005, p. 41.

deverá ser uma instituição financeira autorizada pelo Banco Central do Brasil.

Ainda, o custodiante, será o responsável pela guarda dos títulos que compõem a carteira de investimento do fundo, e deve ser uma empresa com autorização do Banco Central do Brasil para exercer essa função.

Trata-se de um mecanismo de investimento coletivo, organizado com a finalidade de captar e investir recursos no mercado financeiro, com vantagens, sobretudo, para o pequeno investidor individual.

No Brasil, a Lei de Mercado de Capitais (Lei Nº 4.728/1965), disciplinou em seus artigos 49 e 50 as sociedades e os fundos de investimentos, entretanto, não menciona sobre a formação de um patrimônio de afetação em relação ao fundo constituído, aludindo apenas à formação de condomínios.

Todos os fundos de investimentos no Brasil são regulados pela Comissão de Valores Mobiliários, e a instrução Nº 409, de 18 de agosto de 2004 regulamenta a constituição, a administração, o funcionamento e a divulgação de informações dos fundos de investimento.

Os fundos de investimento no Brasil são divididos em uma série de tipos e classes, conforme definido nas instruções editadas pela CVM (Comissão de Valores Mobiliários).

Ganham destaque, por exemplo, o fundo de investimento em direitos creditórios (FIDC), os fundos de investimento imobiliário (FII), os fundos de investimento em empresas emergentes, e os fundos de investimento vinculados exclusivamente a planos de previdência complementar ou a seguros de vida.

De forma não muito clara, o Artigo 80, da referida instrução da CVM, dispõe que o patrimônio dos fundos de investimento não se confunde com o patrimônio da instituição administradora, ao estabelecer que o fundo deve ter escrituração contábil própria, devendo as contas e demonstrações contábeis do mesmo, serem segregadas das do administrador.

Adicionalmente, a instrução estabelece em seu Artigo 121 os procedimentos a serem adotados na hipótese de falência do administrador, nestes termos: *"Art. 121. Em caso de decretação de intervenção, administração especial temporária, liquidação extrajudicial, insolvência, ou falência do administrador do fundo, o liquidante, o administrador temporário ou o interventor ficam obrigados a dar cumprimento ao disposto nesta Instrução. Parágrafo único. É facultado ao liquidante, ao administrador temporário ou ao interventor, conforme o caso, solicitar à CVM que nomeie um administrador temporário ou convocar assembleia geral de cotistas para deliberar* **sobre a transferência da administração do fundo para outra instituição financeira ou credenciada pela CVM ou sobre a sua liquidação.**" (grifo nosso)

Nesse contexto, então, no caso de eventual liquidação financeira ou a falência de um intermediário financeiro – que poderá exercer a atividade de prestador de serviço de administração de carteira – os bens de terceiros continuarão pertencendo aos legítimos proprietários. Entretanto, somente após a intervenção da instituição pelo Banco Central do Brasil, órgão competente na matéria, os clientes da instituição administradora envolvida serão chamados para habilitarem seus créditos, ocasião em que os mesmos deverão demonstrar a propriedade de suas aplicações.

Para CHALHUB, embora a Lei em questão (Lei 4.728/65 – Lei de Mercado de Capitais) não explicite quanto à segregação do patrimônio dos fundos, sua dinâmica e estruturação apontam para tal separação[232].

A corroborar com esse raciocínio, podemos exemplificar o caso do Banco Santos S/A, que teve sua falência decretada em 20/09/2005, e os fundos por ele administrados foram transferidos para novos administradores, após deliberação de seus cotistas[233].

Por sua vez, a Lei 8.668/65 que disciplina a constituição de fundos de investimento imobiliário, claramente instituiu em seu artigo 7º, o patrimônio de afetação, nos seguintes termos:

> "Art. 7º *Os bens e Direitos integrantes do patrimônio do Fundo de Investimento Imobiliário, em especial os bens imóveis mantidos sob a propriedade fiduciária da instituição administradora, bem como seus frutos e rendimentos, não se comunicam com o patrimônio desta, observadas, quanto a tais bens e Direitos, as seguintes restrições: I – não integrem o ativo da administradora; II – não respondam direta ou indiretamente por qualquer obrigação da instituição administradora; III – não componham a lista de bens e Direitos da administradora, para efeito de liquidação judicial ou extrajudicial; IV – não possam ser dados em garantia de débito de operação*

---

[232] *Cfr.* CHALHUB, Melhim Namem. *Negócio Fiduciário.* São Paulo: Renovar, 2009, p. 363.
[233] *Vide* Banco Santos – *Massa falida.* Disponível em: http://www.bancosantos.com.br/. Acesso em: 2504.2013.

da instituição administradora; V – não sejam passíveis de execução por quaisquer credores da administradora, por mais privilegiados que possam ser; VI – não possam ser constituídos quaisquer ônus reais sobre os imóveis."

Já para os efeitos da securitização de créditos, podemos encontrar a separação patrimonial na Lei de Securitização de Créditos Imobiliários (Lei nº 9.514/1997).

A securitização de créditos imobiliários constitui a operação por meio da qual uma sociedade emite e coloca no mercado títulos lastreados em créditos imobiliários que possui.

Segundo dispõe o artigo 3º, *in verbis*: *"Art. 3º As companhias securitizadoras de créditos imobiliários, instituições não financeiras constituídas sob a forma de sociedade por ações, terão por finalidade a aquisição e securitização desses créditos e a emissão e colocação, no mercado financeiro, de Certificados de Recebíveis Imobiliários, podendo emitir outros títulos de crédito, realizar negócios e prestar serviços compatíveis com as suas atividades".*

Neste caso, a securitização limita-se a créditos imobiliários.

A sociedade securitizadora que emitiu os títulos neles lastreados, podem constituir patrimônio segregado. Para tanto, optam por instituir o regime fiduciário, prerrogativa conferida pelo artigo 10 da citada Lei, nestes termos:

*"Art. 10. O regime fiduciário **será instituído mediante declaração unilateral da companhia securitizadora** no contexto do Termo de Securitização de Créditos, que, além de conter os elementos de que trata o art. 8º, submeter-se-á às seguintes condições: I – a constituição do regime fiduciário sobre os créditos que lastreiem a emissão; II – a constituição de patrimônio separado, integrado pela totalidade dos créditos submetidos ao regime fiduciário que lastreiem a emissão; III – a afetação dos créditos como lastro da emissão da respectiva série de títulos; IV – a nomeação do agente fiduciário, com a definição de seus deveres, responsabilidades e remuneração, bem como as hipóteses, condições e forma de sua destituição ou substituição e as demais condições de sua atuação; V – a forma de liquidação do patrimônio separado".*
(grifo nosso)

Dessa forma, resta clara aqui uma diferença fulcral com os *Trusts*, onde obrigatoriamente formam-se relações fiduciárias, e necessariamente o *trust fund* é segregado.

Nesse caso, o regime fiduciário será discricionariamente instituído, mediante a declaração unilateral da companhia securitizadora no contexto do Termo de Securitização de Créditos.

Em breve analogia aos *Trusts*, aqui também deve ser nomeado um agente fiduciário, com a definição de seus deveres, responsabilidades e remuneração, bem como as hipóteses, condições e forma de sua destituição ou substituição, e as demais condições de sua atuação (Artigo 10, IV da Lei Nº. 9.514/1997).

Em sendo conferido o regime fiduciário, os ativos transferidos à Companhia securitizadora formam, à semelhança dos *Trusts*, um patrimônio separado, que não se confunde com o da companhia securitizadora.

Logo, tal patrimônio deve ser apartado do patrimônio da companhia securitizadora, e somente respondem à liquidação dos títulos a que estiverem afetados, bem como ao pagamento dos respectivos custos de administração e de obrigações fiscais.

Da mesma forma que nos *Trusts*, os ativos mantidos no patrimônio separado estão isentos de qualquer ação ou execução pelos credores da companhia securitizadora, e não são passíveis de constituição de garantias ou de execução por quaisquer dos credores da companhia securitizadora, por mais privilegiados que sejam (Artigo 11, V, da Lei). Ressalva a lei, a responsabilidade pelas obrigações inerentes aos títulos a ele afetados.

Acrescente-se, que no termo da securitização de créditos, poderá ser conferido aos beneficiários e demais credores do patrimônio separado, se este se tornar insuficiente, o direito de haverem seus créditos contra o patrimônio da companhia securitizadora.

Dessa forma, a lei estabelece que a totalidade do patrimônio da companhia securitizadora responderá pelos prejuízos que esta causar por descumprimento de disposição legal ou regulamentar, por negligência ou administração temerária ou, ainda, por desvio da finalidade do patrimônio separado (Artigo 12, Parágrafo único, da Lei).

Nesse contexto, lembramos que nos *Trusts* trata-se de direito que é naturalmente conferido aos beneficiários, podendo inclusive se estender ao patrimônio pessoal do *trustee*. Em adição, vimos que o beneficiário possui um crédito privilegiado em relação aos credores gerais do *trustee*, em razão de sua *equitable ownership*. O que faz do *Trust* um instrumento privilegiado para tal finalidade.

De fato, pois, o *trustee* possui uma responsabilidade pessoal ilimitada perante os beneficiários, por todo e qualquer incumprimento de seus deveres enquanto *trustee*, assim como, mesmo no caso de ausência de qualquer incumprimento, pelos proveitos que retire da administração da *trust property*.

Por igual aos *Trusts*, protege-se o patrimônio separado da eventual insolvência da companhia securitizadora, que não afetará os patrimônios separados que ela tenha constituído.

Nessa sequência, interessante, ainda, aludirmos neste tópico em análise, sobre a já mencionada figura do agente fiduciário dos debenturistas, outro instituto que insinua alguma semelhança com os *Trusts*.

A Lei das Sociedades por Ações (Lei Nº 6.404, de 12 de dezembro de 1976) estabelece que todas as ofertas públicas de debêntures devem ter necessariamente a interferência do agente fiduciário de debenturistas. Trata-se de um indivíduo ou instituição financeira que irá representar os interesses comuns dos debenturistas vis-à-vis a companhia emissora[234].

Entre outras obrigações estabelecidas em lei, é dever do agente fiduciário proteger os direitos e interesses dos debenturistas, empregando no exercício da função o *"cuidado e a diligência que todo homem ativo e probo costuma empregar na administração de seus próprios bens"* (Lei das Sociedades por Ações, Artigo 68, § 1º).

Sob tal prisma, as sociedades corretoras de títulos e valores mobiliários no Brasil são constituídas sob a forma de sociedade anónima ou por quotas de responsabilidade limitada, e dentre seus principais objetivos está o de exercer funções de agente fiduciário. (Resolução do Conselho Monetário Nacional 1.655, de 1989).

Devemos indicar que o papel dos agentes fiduciários nos mercados de valores e capitais é recente no Brasil, e espera-se um maior desenvolvimento de seu papel.

Em alinhamento, conveniente citarmos aqui, uma importante decisão judicial que tende a reforçar a responsabilidade fiduciária do agente fiduciário dos debenturistas no Brasil, ampliando a segurança jurídica de um mercado tão importante, quanto fundamental, para a economia. Trata-se de uma decisão proferida no Rio de Janeiro, pela juíza Flávia

---

[234] *Cfr.* BRASIL. INSTRUÇÃO CVM Nº 28, DE 23 DE NOVEMBRO DE 1983 – Dispõe acerca do exercício da função de Agente Fiduciário dos Debenturistas.

de Almeida Viveiros de Castro, no ano de 2009, em ação de cobrança ajuizada pela debenturista Fundação de Previdência da Companhia de Saneamento do Distrito Federal – Fundiágua, em desfavor do agente fiduciário "*SLW Corretora de Valores e Câmbio Ltda.*" e da prestadora de serviços *Oliveira Trust Servicer Ltda.* ("Oliveira Trust")[235]. Em suma, a *SLW* e a *Oliveira Trust* atuaram na emissão de debêntures da CEL Participações S.A – Celpar ("Celpar"), que foram adquiridas pela Fundiágua. Segundo dados do relatório da Comissão de Valores Mobiliários (CVM), a empresa Celpar obteve cerca de R$ 10 milhões em valores da época, com a emissão das debêntures, que nunca foram pagas. Todavia, a garantia oferecida pela Celpar, consubstanciada em hipotecas sobre imóveis, não teria sido devidamente formalizada, razão pela qual os debenturistas ficaram duplamente prejudicados: pelo não pagamento das debêntures emitidas, e pela ineficácia das garantias. Em sua decisão, a juíza Flávia Almeida Viveiros de Castro, da 6ª Vara Cível da Barra da Tijuca, no Rio de Janeiro, afirmou que o agente fiduciário – a SLW – tinha a responsabilidade de defender os interesses dos debenturistas, e que a *Oliveira Trust* era a responsável pela verificação do cumprimento das obrigações dispostas na escritura – entre elas a de assessorar o agente fiduciário na cobrança de garantias constituídas pelos debenturistas. A juíza também cita a Instrução nº 28 da CVM, que prevê como dever do agente fiduciário proteger os direitos e os interesses dos debenturistas[236]. As duas empresas recorreram da decisão, porém tiveram o provimento aos recursos negado pelo Tribunal recursal, com a manutenção da sentença de 1º grau[237]. Por fim, essa sen-

---

[235] Cfr. BRASIL. *Comissão de Valores Mobiliários*. Sessão de Julgamento – Do Processo Administrativo Sancionador CVM Nº RJ2005/0305; Poder Judiciário do Estado do Rio de Janeiro – Regional da Barra da Tijuca – 6ª Vara Cível –Processo Nº 0004313-18.2004.8.19.0209.
[236] Cfr. RJ. Poder Judiciário do Estado do Rio de Janeiro – Regional da Barra da Tijuca – 6ª Vara Cível –Processo Nº 0004313-18.2004.8.19.0209.
[237] *Vide* Processo Nº 0004313-18.2004.8.19.0209 – APELAÇÃO CÍVEL AÇÃO DE COBRANÇA EMISSÃO DE DEBENTURES GARANTIAS AGENTE FIDUCIARIO RESPONSABILIDADE – Ação de Cobrança dos valores nominativos das debêntures emitidas com interveniência do primeiro e segundo réu, cuja responsabilidade é assegurar que o emitente cumpra as cláusulas contratuais. Prescrição afastada. Caracterizada está a cobrança de valor líquido oriundo de contrato, o que leva à aplicação do art. 206 § 5º do Código Civil de 2002. Ademais, o prazo prescricional vintenário do Código Civil de 1916, diante da regra de transição, afasta, também, a alegada prescrição no caso de responsabilidade civil por ato ilícito. Incompetência do Juízo que se afasta, vez que não há discussão

tença evidencia e apoia o papel do agente fiduciário dos debenturistas, bem como as responsabilidades a que estão sujeitos.

Devemos ressaltar a importância da atuação dos Tribunais brasileiros ao proferirem decisões no sentido de resguardar o papel da confiança nos negócios jurídicos. De fato, decisões nesse sentido acarretam mudanças de comportamento, fundamentais na formação e atuação desses profissionais no Brasil.

Não se pode negar que o desempenho dos Tribunais brasileiros frente às questões fiduciárias é de extrema relevância, nomeadamente frente aos países que buscam negócios com o Brasil.

Sem dúvida, a eficiente administração sob *Trust*, depende da disposição dos Tribunais da *civil law* em intervir de forma severa na violação dos deveres fiduciários, quando estes são devidos. Fundamental, reforçarmos a tutela da confiança nas relações jurídicas.

Por fim, neste ponto, é fundamental ressaltarmos que o agente fiduciário é a figura que mais se aproxima do *trustee* no Direito brasileiro.

Nesse diapasão, é igualmente importante trazermos à tona os fundos de pensão constituídos sob a égide da legislação brasileira. Primeiramente, fundamental ressaltarmos, que os fundos de pensão são uma forma excelente de proporcionar às empresas mecanismos de valorização do trabalho e de cumprimento de sua função social; tanto ao retribuir aos seus empregados a dedicação ao trabalho por meio de um complemento de aposentadoria; quanto a proteger o trabalhador e a sua família contra os riscos de invalidez, doença ou morte, durante a fase laborativa.

Aliás, nesta sequência, especial consideração assume a menção feita por MATTHEWS, *in verbis*:

societária na relação jurídica objeto deste recurso. Emissão de debêntures cujas garantias não estavam devidamente constituídas, acarretando o inadimplemento da obrigação contratual. Proteção eficiente aos Direitos e interesses dos debenturistas a cargo do agente fiduciário, cabendo-lhe a responsabilidade da administração de bens de terceiros. Falha das intervenientes na administração, o que leva ao dever de indenizar os prejuizos sofridos pela autora. Manutenção da decisão. RECURSOS NÃO PROVIDOS. TJ/RJ – 19/5/2013 15:44 – Segunda Instância –Órgão Julgador: NONA VARA CÍVEL – Relator: DES. MARCO AURELIO DOS SANTOS FROES – Revisor: DES. CARLOS SANTOS DE OLIVEIRA – APTE: SLW CORRETORA DE VALORES E CAMBIO LTDA e outro. APDO: FUNDACAO DE PREVIDENCIA DA COMPANHIA DE SANEAMENTO DO DISTRITO FEDERAL FUNDIAGUA.

> *"They go to reduce the impact of the current demographic changes in the developed world whereby the number of people in active employment goes down while the number of persons in retirement goes up. In countries where the majority of pensions of persons retiring are paid for out of taxation of those still in work, this is a serious problem, which will become more serious as the years pass. At some point, at least one generation will have to pay twice"*[238].

No Brasil, podem ser constituídos fundos de pensão denominados de *"entidades fechadas de previdência complementar"*, regulamentados pela Lei Complementar nº 109, de 29 de maio de 2001.

Trata-se de uma ferramenta de extrema importância para o desenvolvimento econômico, e por sua introdução no Direito brasileiro, congratulamos o legislador.

Tais entidades são organizadas sob a forma de fundação ou sociedade civil, sem fins lucrativos, e são acessíveis aos empregados de uma empresa ou grupo de empresas, ou aos servidores da União, dos Estados, do Distrito Federal e dos Municípios, entes denominados patrocinadores, ou aos associados ou membros de pessoas jurídicas de caráter profissional, classista ou setorial, denominadas instituidores[239].

A fiscalização das entidades fechadas de previdência complementar cabe à Superintendência Nacional de Previdência Complementar – Previc, e é regulada pela Secretaria de Políticas de Previdência Complementar (SPPC), do Ministério da Previdência Social do Brasil.

À semelhança dos *Trusts*, os responsáveis pela gestão dos recursos deverão manter segregados e totalmente isolados o seu patrimônio dos patrimônios do instituidor e da entidade fechada (§ 3º, Artigo 31, da Lei Complementar nº 109/2001).

Com relação à proteção patrimonial dos recursos frente aos beneficiários do fundo, devemos indicar que as entidades fechadas sujeitam-se apenas à liquidação extrajudicial, que será decretada quando reconhecida a inviabilidade de recuperação da entidade de previdência complementar, ou pela ausência de condição para seu funcionamento (Art. 47 e seguintes da Lei Complementar nº 109/2001)

---

[238] Cfr. MATTHEWS, Paul. *The place of the trust in English law and in English life*. Trusts & Trustees, United Kingdom, v. 19, n. 3 e 4, p. 242-254, april/may 2013, p. 250.
[239] Vide artigo 31 da Lei Complementar Nº 109, De 29 de Maio de 2001.

Neste caso, o liquidante organizará o quadro geral de credores e, neste sentido, os participantes (inclusive os assistidos dos planos de benefícios) ficam dispensados de habilitarem seus respectivos créditos, estejam estes sendo recebidos ou não.

Contudo, diferentemente dos *Trusts*, os participantes e os assistidos dos planos de benefícios terão privilégio especial sobre os ativos garantidores das reservas técnicas e, caso estes não sejam suficientes para a cobertura dos direitos respectivos, um privilégio geral sobre as demais partes não vinculadas ao ativo (Artigo 50 da Lei Complementar nº 109/2001).

Neste ponto, interessante indicar que, no Direito brasileiro, a classificação dos créditos obedece à seguinte ordem: os créditos derivados da legislação do trabalho, limitados a 150 (cento e cinquenta) salários-mínimos por credor, e os decorrentes de acidentes de trabalho; os créditos com garantia real até o limite do valor do bem gravado; créditos tributários, independentemente da sua natureza e tempo de constituição, excetuadas as multas tributárias; os créditos com privilégio especial; créditos com privilégio geral; os créditos quirografários; e por fim, os créditos subordinados[240].

Lembramos, por necessário, que os beneficiários do *Trust* têm tratamento privilegiado relativamente a terceiros, permitindo-se aos empregados lesados/beneficiário o exercício de uma pretensão de natureza real sobre os bens ou direitos em *Trust*, não tendo os credores gerais do *trustee* o poder de se satisfazerem às expensas daqueles. Logo, nota-se uma maior proteção dos interesses dos beneficiários de um *Trust*.

Nessa sequência, acrescente-se, que todos os dirigentes, procuradores com poderes de gestão e membros de conselhos estatutários, possuem deveres fiduciários, e responderão civilmente pelos danos ou prejuízos que causarem, por ação ou omissão, às Entidades Fechadas de Previdência Complementar.

Vale mencionar, ainda, que os administradores dos respectivos patrocinadores serão responsabilizados pelos danos ou prejuízos causados às entidades de previdência complementar, especialmente pela falta de aporte das contribuições a que estavam obrigados (Artigo 58 da Lei Complementar nº 109/2001).

---

[240] *Cfr.* BRASIL. Artigo 83 da Lei Nº 11.101, de 9 de Fevereiro de 2005, que regula a recuperação judicial, a extrajudicial e a falência do empresário e da sociedade empresária.

Sendo assim, os administradores, controladores e membros de conselhos estatutários das entidades de previdência complementar sob intervenção, ou em liquidação extrajudicial, ficarão com todos os seus bens indisponíveis, não podendo, por qualquer forma, direta ou indireta, aliená-los ou onerá-los, até a apuração e liquidação final de suas responsabilidades (Artigo 59 da Lei Complementar nº 109/2001).

Nesse quadro, por fim, diferentemente dos *Trusts*, os administradores somente respondem com seu patrimônio pessoal se for apurada e comprovada a sua responsabilidade na quebra do fundo.

b) O *Trust* e as Sociedades Empresariais – para fins de administração – O ordenamento jurídico brasileiro, assim como em qualquer economia de mercado desenvolvida, prevê a constituição de entidades jurídicas. Nomeadamente, destaca-se entre as sociedades contratuais, a Sociedade Limitada (prevista no Código Civil brasileiro); e entre as estatutárias a Sociedade Anônima, regida pela Lei Nº 6.404/76.

Em virtude da necessidade almejada em limitar as responsabilidades, são tais sociedades as mais utilizadas presentemente no Direito brasileiro. Além disso, possuem pontuais semelhanças com os *Trusts*, que aqui serão consideradas.

Em tais sociedades, além da separação dos ativos que detém do patrimônio particular dos sujeitos que delas participam, existe a gestão especializada e a responsabilidade limitada dos seus envolvidos. Isto significa que a empresa – particularmente em suas modernas formas flexíveis – muitas vezes pode ser vista como um substituto do *Trust*.

Entretanto, o Direito dos *Trusts*, enquanto Direito organizacional, não constitui personalidade jurídica. O maior significado de tal distinção é que o *Trust* possui sua forma constitutiva relativamente mais simples, em comparação a de uma sociedade contratual ou estatutária. Dessa forma, é o *Trust* uma entidade jurídica com a vantagem da ausência de burocracia, que reflete imediatamente na dinâmica dos negócios, e na redução dos custos constitutivos e de manutenção.

Da mesma forma, enquanto a constituição de uma sociedade origina a formação de uma pessoa jurídica, o *Trust* simplesmente origina a formação de um patrimônio separado, sobre a titularidade legal de uma mesma pessoa, o *trustee*.

Ressalta-se que o patrimônio separado não se confunde com a autonomia patrimonial da pessoa jurídica. Quer isso dizer, que o patrimônio da pessoa jurídica, embora voltado à realização do objeto social, é personificado, ou seja, cria-se um novo sujeito de Direito para a titularidade dessa massa patrimonial. Por outro lado, o patrimônio separado criado através dos *Trusts* não resulta em um novo sujeito de Direito, convivendo a mesma pessoa singular (*trustee*) ou coletiva (*trust company*), com mais de um patrimônio, cada qual com uma destinação própria.

Nesse quadro, é possível, através do *Trust*, a admissão de patrimônios separados com vistas à consecução de determinada finalidade. Segundo tal solução, garante-se, com exclusividade, os credores relacionados ao escopo do *Trust*, traduzindo-se em um mecanismo jurídico hábil para assegurar, da maneira mais plena possível, a realização da finalidade que ensejou a segregação patrimonial. Com efeito, procura-se blindar o patrimônio separado das vicissitudes atinentes ao patrimônio geral.

Segundo explica CHALHUB, "(...) *a segregação patrimonial não visa somente a delimitação de risco que se busca mediante a constituição de uma sociedade comercial, mas persegue também a constituição de garantia, para a qual não se presta a constituição de uma pessoa jurídica*".[241]

Ainda, conforme já destacamos, os credores do *Trust* devem satisfazer os seus créditos, diretamente no patrimônio pessoal do *trustee* que pode, posteriormente, se indenizar às expensas do *Trust*. Embora possa ser instituído no *trust deed* diversamente, essa é uma característica significativa dos *Trusts*, que o diferencia das demais sociedades comerciais.

Por igual aos *Trusts*, se o patrimônio social não for suficiente à solução das dívidas sociais existentes, em regra, os credores sociais não poderão excutir os seus Direitos no patrimônio pessoal dos seus sócios. Por outro lado, os credores pessoais dos sócios podem excutir sobre o patrimônio da sociedade, pois que sua participação na sociedade é considerada como parte de seu patrimônio geral, e, portanto, "*O devedor responde, para o cumprimento de suas obrigações, com todos os seus bens presentes e futuros*"[242].

Esse efeito é possível ser evitado nos *Trusts*, conferindo uma cláusula *spendthrift* no *trust deed*, blindando-se os ativos pertencentes aos

---

[241] *Cfr.* CHALHUB, Melhim Namem. *Trust*. Rio de Janeiro: Renovar, 2001, p. 92.
[242] *Cfr.* Artgo 735 do *Código de Processo Civil Brasileiro* – LEI N° 5.869, DE 11 DE JANEIRO DE 1973.

beneficiários sob os *Trusts*. Neste caso, será possível somente a penhora dos Direitos benéficos do beneficiário após o recebimento do mesmo, não alcançando o capital em *Trust* – originário da renda. Logo, conferindo ampla garantia aos fins para o qual o *Trust* foi constituído.

Outro ponto de destaque é a garantia conferida aos beneficiários do *Trust* no caso de falência do *trustee*.

Sob a constituição dos *Trusts*, os beneficiários passam a ter Direitos de natureza real sobre seus interesses benéficos. Logo, caso tais interesses tenham sido transferidos indevidamente pelo *trustee*, em violação aos objetivos do *Trust*, eles possuem um Direito de sequela, tendo preferência sobre os credores gerais do *trustee*.

Por sua vez, os sócios/acionistas de uma sociedade por ações perdem, normalmente, seus interesses benéficos. Com efeito, em caso de falência da sociedade, os acionistas/beneficiários possuem créditos subordinados a todos os demais créditos sociais. Logo, em oposição aos beneficiários do *Trust*, quando o sócio administrador ou acionista controlador, gerir mal a sociedade, em violação de seus deveres, perdem os demais acionistas/investidores seus Direitos benéficos, por possuírem somente Direitos pessoais contra o *trustee* (de natureza obrigacional), assim como todos os demais credores do mesmo.

Por isso, pode o *Trust* ser preferível, por exemplo, na constituição de uma sociedade *holding*. Além disso, não podemos deixar de mencionar que o *Trust* confere sigilo nas relações jurídicas, não sendo necessária a exposição dos nomes dos beneficiários/acionistas do *Trust*/ *holding*.

Sobre este ponto, em específico, complementa HAYTON que em razão do *Trust* não constituir personalidade jurídica, ele possui a vantagem de sua ampla mobilidade. De fato, em contraste com a inamovibilidade típica da pessoa jurídica, é inerente ao *Trust* a sua locomoção de um país para o outro, ao passo que os *trustees* são capazes de mover-se de uma jurisdição para outra, desde que não sejam organizados em *trustees companies*. Contudo, em regra, muda-se a lei que rege o *Trust*[243].

c) O *Trust* e o Mandato – Quando falamos da administração especializada de bens ou direitos, lembramos da figura jurídica do Mandato.

---

[243] *Cfr.* HAYTON, D.J. *Foundations and trusts contrasted.* Trusts & Trustees, United Kingdom, v. 17, n. 6, p. 462–469, july 2011, p. 465.

Diferentemente dos *Trusts*, no Mandato existe a representação, ao passo que o mandatário age em nome do mandante.

A corroborar como esse raciocínio, o Artigo 653 do Código Civil brasileiro, deixa claro que: *"Opera-se o mandato quando alguém recebe de outrem poderes para, em seu nome, praticar atos ou administrar interesses. A procuração é o instrumento do mandato"*.

Devemos acrescentar, que em consonância com WALD a representação é a utilização de serviços alheios para a prática de negócios jurídicos e pode surgir em virtude de disposições legais (representação legal do absolutamente incapaz); de decisões judiciais (nomeação de um advogado dativo ou do defensor público para os necessitados) ou; em razão do acordo de vontades, surgindo então o aspecto de representação convencional, ou de mandato propriamente dito. Ainda, o autor classifica o mandato como, mandato com representação, se o mandatário atua em nome do mandante, e mandato sem representação, se o mandatário atua por conta do mandante[244].

Nessa linha, segundo esclarece PAIS DE VASCONCELOS, *in verbis*: *"O mandato com representação, enquanto negócio misto de procuração e mandato, tem um regime jurídico que regula, quer questões de representação, quer questões de práticas de actos por conta de outrem"*[245].

Em sequência, merece enfoque o artigo 663 do Código Civil brasileiro, *in verbis*:

> *"Art. 663. Sempre que o mandatário estipular negócios expressamente em nome do mandante, será este o único responsável; ficará, porém, o mandatário pessoalmente obrigado, se agir no seu próprio nome, ainda que o negócio seja por conta do mandante".*

No caso de mandato sem representação, o mandatário assume as obrigações decorrentes dos atos que celebra, surgindo a necessidade de um ato posterior destinado a transferir os resultados obtidos para a esfera jurídica do mandante ou de terceiros.

---

[244] *Cfr.* WALD, Arnoldo. *Direito Civil – Contratos em Espécie*. 19ª Edição. São Paulo: Saraiva, 2012, p. 248. *Vide* também nesse sentido: GONÇALVES, Carlos Roberto. *Direito Civil Brasileiro – Contratos e atos unilaterais*. Volume III. São Paulo: Saraiva, 2008, p. 389-390.

[245] *Cfr.* PAIS DE VASCONCELOS, Pedro. *A Procuração Irrevogável*. Coimbra: Almedina, 2002, p. 43.

Nesse contexto, a base do mandato é fiduciária, pois uma pessoa confia a outra a realização de determinados atos jurídicos. Logo, trata-se de um contrato *intuitu personae*, sendo fundamental a pessoa do mandatário, seja ela pessoa física ou jurídica. Entretanto, embora a representação seja também vinculada ao elemento fidúcia, ou seja, na confiança do mandante na diligência do mandatário, as diferenças são inegáveis.

Desde já podemos citar uma diferença fulcral entre os instrumentos, apontada por SANTORO: o *Trust* possui eficácia real enquanto o mandato possui efeitos meramente obrigacionais[246].

No caso do *Trust*, o *trustee* realiza seus atos sem representação, sendo pessoalmente responsável pelas obrigações assumidas. Adiciona-se que as atividades do *trustee* se dirigem de forma imediata ao beneficiário, na medida em que este também é titular da *trust property*. Logo, os frutos resultantes dos atos negociais do *trustee* transmitem-se imediatamente aos beneficiários do *Trust*.

De fato, o *trustee* age em nome próprio e não está vinculado a quaisquer instruções do beneficiário. Com efeito, embora o dever primordial do *trustee* seja o de zelar pelos interesses do beneficiário, o *trustee* não é seu mandatário.

Nesse contexto, estando os bens ou direitos em nome do *trustee*, ele consequentemente possui maior disponibilidade e poderes sobre os mesmos, refletindo diretamente na dinâmica necessária e forçosa a todos os tipos de negócios, sobretudo, nos atinentes ao mercado de capitais.

Sob tal prisma, consideramos o mandato inviável economicamente quando o que se está em jogo é a dinâmica dos negócios empresariais e financeiros. Lembramos, que os poderes do mandatário são mais limitados que os do *trustee*, acarretando a paralisação, ainda que temporária, dos negócios.

De fato, o mandato só confere poderes de administração ordinária. Assim sendo, para alienar, transigir, hipotecar, firmar compromisso, emitir ou endossar títulos, dar fiança e praticar atos de liberalidade em geral, dependerá de poderes (procurações) especiais e expressos, por serem atos que exorbitam da administração ordinária.

Quer isso dizer que, a realização de negócios através de mandatos, pode levar a realização de um novo mandato para cada caso prático.

---

[246] Cfr. SANTORO, Laura. *Il trust in Italia*. Milano: Giuffrè Editore, 2009, p. 228.

De fato, para acompanhar a dinâmica dos negócios, o mandato teria que ser constantemente adaptado e, portanto, suscitando custo e disponibilidade de tempo (burocracias). Ainda, normalmente o mandatário não possui o conhecimento adequado e a habilidade técnica imprescindível para dar todas as instruções em relação às aplicações financeiras, necessárias para seu êxito.

Vale ressaltar, que todos os bens ou valores permanecem em nome do mandante não formando um patrimônio segregado e, portanto, protegido. Por sua vez, no *Trust*, a separação patrimonial ocasiona a imunização da *trust property*, no interesse de terceiros. Verificamos que tais bens só podem ser agredidos pelos credores do próprio negócio jurídico constituído.

De fato, a segregação patrimonial implica na não sujeição dos bens ou direitos em *Trust* às obrigações assumidas pelo *trustee*. Logo, a *trust property* não integra a garantia geral a favor dos credores pessoais do *trustee*.

Entretanto, inverso ocorre em relação aos atos respeitantes aos bens em *Trust*, que reagem sobre o patrimônio geral do *trustee*, quer nas relações com terceiros – quando este assume obrigações no exercício de sua função sem limitar a responsabilidade aos bens do *Trust* – quer perante os beneficiários, quando de algum modo não respeita o seu dever de segregação patrimonial.

Nessa sequência, outro ponto de destaque se refere aos Direitos conferidos aos beneficiários do *Trust*, que possuem eficácia real. Com efeito, no mandato, o mandante apenas pode intentar uma ação de natureza meramente pessoal contra o mandatário, que se destina a obter o cumprimento de uma obrigação. Por outro lado, os beneficiários do *Trust* gozam do Direito de sequela.

Em oposição, não se reconhece ao beneficiário do mandato qualquer titularidade real sobre os bens administrados pelo mandatário, logo, não é o mandato uma alternativa eficaz ao *Trust*.

Lembramos, que no âmbito da segregação patrimonial operada pelo *Trust*, os bens são susceptíveis de serem transformados, convertidos, de sofrerem incrementos ou diminuição de valor sem que isso afete, de maneira mínima, as obrigações do *trustee* ou os Direitos dos beneficiários[247].

---

[247] *Vide* VAZ TOMÉ, Maria João Romão Carreiro. *Sobre o Contrato de Mandato sem Representação e o Trust*. Revista da Ordem dos Advogados, Lisboa, v. III, Dezembro 2007, p.23.

Dessa forma, opera-se a sub-rogação real ou pessoal, protegendo-se, sempre, os Direitos benéficos do beneficiário do *Trust*.

Na ausência dos *Trusts*, algumas de suas funções poderiam ser consideradas através do mandato. Contudo, em implementando os *Trusts*, passaremos a disponibilizar mais de um modelo jurídico que, por vezes, serão concorrentes. Na verdade, caberá às partes apreciarem quais deles possuem maior dinâmica e um custo operacional inferior. Nestes pontos, consideramos que o *Trust* contrasta fortemente com o mandato, por sua simplicidade constitutiva, dinamismo e flexibilidade, especialmente quando o objetivo maior é a administração eficaz de bens ou direitos.

d) Direitos Reais de Garantia – Primeiramente temos o penhor, que é um direito real de garantia que recai, em regra, sobre coisas móveis que ficam de posse do credor a fim de evitar a destruição ou desvio dos bens onerados. Em casos especiais, pode recair sobre imóveis por acessão, como por exemplo, as máquinas fixadas no solo (penhor industrial), e a colheita (penhor agrícola). O penhor pode ser legal ou convencional, e necessariamente deve ser seguido da tradição dos bens dados em garantia ao credor.

Já a hipoteca é o direito real de garantia que o credor exerce sobre o preço venal do imóvel, no caso de não ser pago, na ocasião determinada, o débito garantido. O imóvel fica na posse do devedor no período de carência do débito, ou seja, até o vencimento deste e a execução do bem.

Por sua vez, a anticrese é um direito real de garantia, acessório de um Direito de crédito que é o principal – estando vinculado a um imóvel cuja renda pode servir para amortizar a dívida ou pagar os juros do capital. O credor anticrético usufrui do imóvel até o pagamento da dívida. Aqui não existe Direito à venda do imóvel para obter o pagamento da dívida. Contudo, tem o credor o Direito de reter a coisa, e fruir os rendimentos dela, até a completa amortização de sua dívida.

Destaca-se que é nula a cláusula que autoriza o credor pignoratício, anticrético ou hipotecário a ficar com o objeto da garantia, se a dívida não for paga no vencimento. Entretanto, após o vencimento, poderá o devedor dar a coisa em pagamento da dívida (Código Civil, Artigo 1.422). Nestes casos, o credor hipotecário e o pignoratício têm o Direito de excutir a coisa hipotecada ou empenhada.

Para CAMPOS, as garantias tradicionais sofrem sérias limitações. Menciona o autor o caso do penhor, que exige o desapossamento; além dos constrangimentos causados ao devedor e ao credor quanto a hipoteca e ao penhor em razão da proibição do pacto comissório. Para o autor, a obrigação que impende sobre o credor de fazer vender a coisa e pagar-se pelo resultado da venda, acarreta-lhe inconvenientes sérios, assim como para o devedor[248].

Logo, diferentemente do que observamos nos *Trusts* constituídos para fins de garantia, onde os bens ou direitos já se encontram em nome do *trustee* e, vencida a dívida, pode o *trustee* se apropriar do bem ou vender o mesmo. Conferindo, pois, maior flexibilidade e agilidade aos fins para o qual foi constituído, além de evitar despesas com taxas judiciais.

Por fim, outra diferença observada é que o credor pignoratício tem o Direito de se apropriar dos frutos da coisa empenhada que se encontra em seu poder (Código Civil, Art. 1.433, V). Lembramos que, nos *Trusts*, não pode o *trustee* se apropriar do rendimento da *trust property*, salvo cláusula que o autorize.

3. Os *Trusts* e as Relações Fiduciárias

A esse respeito, é de começar por dizer que as relações fiduciárias comparáveis àquelas decorrentes do *Trust* nos países da *common law*, são ajustadas na *civil law* de maneiras distintas. Em razão disso, tem uma estrutura diferente e os Direitos conferidos às partes envolvidas são de natureza diversa.

Em termos gerais, as técnicas fiduciárias, tal como são aplicadas nos ordenamentos da *civil law*, apresentam um caráter menos genérico do que o *Trust*.

Em termos práticos, pois, na *civil law* não existe uma técnica fiduciária geral, mas um número de específicas instituições fiduciárias que variam de acordo com as partes envolvidas, ou o propósito ambicionado.

O Código Civil brasileiro regula a propriedade fiduciária com o propósito de garantia, em seus Artigos 1.361 a 1.368 A, e este último determina que as demais espécies de propriedade fiduciária ou de titularidade

---

[248] *Cfr.* CAMPOS, Diogo Leite de. *A Alienação em Garantia*. Revista Doutrinária, Instituto Ítalo-Brasileiro de Direito Privado e Agrário Comparado. Rio de Janeiro: Lúmen Juris, p. 63-77, 2000, p. 64.

fiduciária submetem-se à disciplina específica de suas respectivas leis especiais[249]. Com a constituição da propriedade fiduciária, dá-se o desdobramento da posse, tornando-se o devedor possuidor direto da coisa (Código Civil, Artigo 1.361, § 1º).

No Brasil, para o que mais nos interessa, separamos para o presente tópico, as relações fiduciárias de garantia de bem móvel e de bem imóvel. Para o mesmo foco, será abordada a realização do negócio fiduciário, enquanto contrato inominado.

3.1. Relações Fiduciárias de Garantia

Sob a égide da legislação brasileira, é possível alcançar alguns efeitos semelhantes aos dos *Trusts* criados com finalidade de garantia através da Alienação Fiduciária em Garantia. Do ponto de vista econômico e jurídico, trata-se de uma ferramenta útil para conferir a garantia de uma obrigação.

A título introdutório, WALD define a alienação fiduciária como um negócio jurídico em que uma das partes (fiduciante) aliena a propriedade de uma coisa móvel ou imóvel ao financiador (fiduciário), até que se extinga o contrato pelo pagamento ou pela inexecução[250].

Em breve análise comparativa, VAZ TOMÉ E CAMPOS, explicam que, nos negócios fiduciários a transferência da propriedade serve única e exclusivamente para o objetivo de garantir uma dívida, ao passo que nos *Trusts* também objetiva-se a administração dos bens alheios por parte do fiduciário[251].

Além disso, complementa CHALHUB que o elemento "confiança" é desnecessário à realização do contrato de alienação fiduciária, pois a lei sempre protege o fiduciante contra qualquer espécie de abuso[252].

---

[249] Interessante mencionar, em complemento, a tentativa na década de 50 de introduzir-se na legislação brasileira o negócio fiduciário, no "Projeto do Código das Obrigações", resultante de trabalho de Comissão formada por Orozimbo Nonato (Presidente), Caio Mario da Silva Pereira (Relator), Orlando Gomes, Sylvio Marcondes, Teófilo de Azevedo Santos e Nehemias Gueiros.

[250] *Cfr.* WALD, Arnoldo. *Direito Civil – Contratos em Espécie*. 19ª Edição. São Paulo: Saraiva, 2012, p. 52.

[251] *Cfr.* VAZ TOMÉ, Maria João; CAMPOS, Diogo Leite de. *A Propriedade Fiduciária (Trust), Estudo para a sua Consagração no Direito Português*. Coimbra: Almedina, 1999, p. 200.

[252] *Cfr.* CHALHUB, Melhim Namem. *Negócio Fiduciário*. São Paulo: Renovar, 2009, p.132.

Em razão das funções que a alienação fiduciária exerce, e de suas semelhanças com os *Trusts*, passaremos, então, às espécies do instrumento de garantia admitidas no Direito brasileiro.

No Brasil, a alienação fiduciária de bens móveis foi introduzida pelo artigo 66 da Lei nº 4.728/1965, com alterações incluídas pela Lei nº 10.931, de 2004. Por sua vez, a Lei nº 9.514/1997 introduziu a alienação fiduciária em relação aos bens imóveis[253].

Nessa sequência, podem-se constituir, sob a égide da legislação brasileira, duas espécies de propriedade fiduciária de bens móveis para fins de garantia. Primeiramente, e com aplicação geral, a propriedade fiduciária é prevista no Art. 1.361, do Código Civil Brasileiro, nestes termos: *"Considera-se fiduciária a propriedade resolúvel de coisa móvel infungível que o devedor, com escopo de garantia, transfere ao credor"*.

Já a alienação fiduciária de coisa fungível e a cessão fiduciária de Direitos sobre bens móveis, bem como sobre títulos de crédito em geral, encontram fundamento legal no artigo 66B, da Lei nº 4.728/65 (Artigo incluído pela Lei nº 10.931, de 2 de agosto de 2004). Neste caso, a propriedade fiduciária serve, exclusivamente, para garantia de créditos constituídos no âmbito do mercado financeiro e de capitais, bem como do fisco e da previdência social.

De qualquer forma, o contrato de alienação fiduciária de bens móveis é o título constitutivo da propriedade fidúciária. Nestes termos, a propriedade fiduciária constituída é uma propriedade limitada pelas restrições que sofre em seu conteúdo, considerada a finalidade para a qual foi criada, tendo sua duração vinculada ao escopo do negócio.

Em ambos os casos, o devedor conserva a posse do bem alienado, sendo a propriedade adquirida pelo credor resolúvel e onerada com encargo.

Efetivado o pagamento, operam-se automaticamente os efeitos da condição convencionada no contrato de alienação fiduciária, revertendo a propriedade do bem ao patrimônio do devedor-fiduciante (Código Civil, Artigo 1.359).

Por outro lado, se vencida a dívida, e não for paga, fica o credor obrigado a vender, judicial ou extrajudicialmente, a coisa a terceiros. A venda só pode ser realizada após a consolidação da propriedade no credor, que

---

[253] *Vide* DANTZGER, Afranio Carlos Camargo. *Alienação fiduciária de coisa imóvel*. Revista Forense, Rio de Janeiro, v. 416, Ano 108, p. 3-42, julho-dezembro de 2012, p. 4-5.

se verifica após 5 dias da execução da liminar de busca e apreensão do bem[254].

Por sua vez, a alienação fiduciária de bens imóveis objetiva, mormente, o fomento ao comércio de imóveis com pagamento parcelado[255].

Diferente da hipoteca, que é um direito real sobre coisa alheia, trata-se de um direito real sobre coisa própria. Em suma, desdobra-se a posse, ficando o credor-fiduciário com a posse indireta, e o devedor-fiduciante com a posse direta do imóvel.

Em tratando-se de bens imóveis, para a hipótese de falta de pagamento do financiamento, cabe ao oficial do competente registo de imóveis, as diligências de notificação para a purgação da mora; não purgada a mora, certificará esse fato e promoverá os assentamentos necessários à consolidação da propriedade em nome do credor-fiduciário. Segundo disposição do Artigo 27 da Lei nº 9.514/97, o credor deve promover a realização de dois leilões, sendo que o segundo somente será necessário se no primeiro for oferecido um valor inferior ao do imóvel. Por fim, deve o credor entregar ao devedor o valor que sobejar, após dedução da dívida e das despesas realizadas.

As ações judicias decorrentes da alienação fiduciária de bens imóveis são basicamente: aquela que confere ao credor-fiduciário a reintegração de posse, uma vez não pago o débito pelo devedor-fiduciante; e, por outro lado, a ação de obrigação de fazer contra o credor-fiduciário, que se negar a dar quitação ao fiduciante, após o pagamento de seus débitos.

Enfim, em semelhança aos *Trusts*, na alienação fiduciária garante-se ao credor que os bens móveis ou imóveis não serão atingidos no caso de falência do devedor-fiduciante. Igualmente, a propriedade fiduciária não agrega a massa falida do credor-fiduciário.

---

[254] *Vide* Art. 56, § 1º, da Lei Nº 10.931, de 02 de agosto de 2004 (BRASIL) – Lei que dispõe sobre o patrimônio de afetação de incorporações imobiliárias, Letra de Crédito Imobiliário, Cédula de Crédito Imobiliário, Cédula de Crédito Bancário. MONTEIRO, Washington de Barros. *Curso de Direito Civil – Direito das Coisas*. 37ª Edição. São Paulo: Saraiva, 2003, p. 249.

[255] "Art. 22. A alienação fiduciária regulada por esta Lei é o negócio jurídico pelo qual o devedor, ou fiduciante, com o escopo de garantia, contrata a transferência ao credor, ou fiduciário, da propriedade resolúvel de coisa imóvel". Lei nº 9.514/ 97.

3.2. O Negócio Fiduciário

Segundo CHALHUB, entende-se por negócio fiduciário o negócio jurídico inominado pelo qual uma pessoa (fiduciante) transmite a propriedade de uma coisa ou a titularidade de um Direito, a outra (fiduciário), que se obriga a dar-lhe determinada destinação e, cumprido esse encargo, retransmitir a coisa ou Direito ao fiduciante, ou a um beneficiário indicado no pacto fiduciário[256].

O negócio fiduciário, enquanto contrato inominado, não é regulamentado pela legislação brasileira. Em outras palavras, também não é proibido por lei.

Logo, desde que observados os princípios gerais do Direito, e as regras pertinentes à validade dos negócios jurídicos, é possível criar sob a égide da legislação brasileira um contrato fiduciário atípico.

Com efeito, os contratos inominados se afastam dos modelos legais, pois não são disciplinados ou regulamentados expressamente pelo Código Civil. São permitidos, desde que não contrariem a lei e os bons costumes. Entendemos que são imprescindíveis aos novos negócios jurídicos contratuais, pois podem ser estruturados em conformidade com o interesse das partes.

A corroborar com esse raciocínio, DINIZ, argumenta que a Lei não pode prever todas as espécies contratuais impostas pela necessidade do comércio jurídico[257]. Portanto, sem dúvida, um contrato inominado pode estabelecer relações fiduciárias atípicas, moldando-se às necessidades negociais hodiernas.

Entretanto, em sendo constituída uma relação fiduciária, neste formato, o Direito do fiduciante é de natureza meramente obrigacional. O beneficiário da fidúcia não dispõe de qualquer tutela de natureza real, mas apenas uma *proteção in personam*. Com efeito, os bens transferidos sob um contrato fiduciário atípico, não se encontram separados daqueles do fiduciário e, na insolvência deste, o disponente é tratado como um credor geral do administrador.

De fato, o contrato acima mencionado, compõe uma relação jurídica de cunho obrigacional, gerando efeitos apenas entre as partes contratantes.

---

[256] *Cfr.* CHALHUB, Melhim Namem. *Negócio Fiduciário*. São Paulo: Renovar, 2009, p. 32.
[257] *Cfr.* DINIZ, Maria Helena. *Curso de Direito Civil Brasileiro – Teoria das obrigações contratuais e extracontratuais*. Volume 3. São Paulo: Saraiva, 2008, p. 95.

Dessa forma, se o fiduciário agir com excesso de poderes, ou em violação ao contrato realizado, seu ato não será nulo nem anulável, apenas gera responsabilidade civil, resolvendo-se em perdas e danos, assim como qualquer outro ato ilícito contratual.

Por outro lado, vimos que nos *Trusts* a relação jurídica estabelecida tem natureza real, o que difere do negócio jurídico acima exposto. Em complemento, lembramos, aqui, que a ampla utilização dos *Trusts*, nos contextos econômico e financeiro, se dá, nomeadamente, em razão da segregação patrimonial e da proteção jurídica conferida aos beneficiários. Além, é claro, da responsabilidade fiduciária do *trustee*.

Dentro deste contexto, muito bem observa CHALHUB ao dizer que: *"Na sociedade moderna, a celeridade com que se desenvolve os negócios e se intensifica o uso do crédito reclama a criação de novas garantias, pois as existentes nos sistemas de origem romana se mostram insatisfatórias para a proteção do direito de crédito"*[258].

No mesmo sentido, GONÇALVES, é da opinião de que a complexidade da vida moderna gerou a necessidade da criação de novos instrumentos de garantia ao lado daqueles de cunho tradicional mencionados anteriormente (penhor, hipoteca, anticrese)[259].

Nesse quadro, CAMPOS muito bem elucida ao dizer que o mutuante necessita de garantias para além da garantia geral constituída pelo patrimônio do devedor (que ele não conhece), que pode ser insuficiente ou de controlo impossível"[260].

Com efeito, o *Trust*, como situação jurídica, tem natureza real, e a titularidade do fiduciário (*trustee*) é limitada à finalidade do *Trust*, e é oponível a terceiros (credores do *trustee*)[261]. Sobretudo, sua constituição pode se dar nas mais variadas situações negociais com o intuito de compor garantias ao credor.

Para PAIS DE VASCONCELOS, o princípio da autonomia privada permite que, com o recurso aos contratos fiduciários, se modelem e

---

[258] *Cfr.* CHALHUB, Melhim Namem. *Negócio Fiduciário*. São Paulo: Renovar, 2009, p. 34.
[259] *Cfr.* GONÇALVES, Carlos Roberto. *Direito Civil Brasileiro – Direito das Coisas*. Volume V. 3ª Edição. São Paulo: Saraiva, 2008, p. 403.
[260] *Cfr.* CAMPOS, Diogo Leite de. *A Alienação em Garantia*. Revista Doutrinária, Instituto Ítalo-Brasileiro de Direito Privado e Agrário Comparado. Rio de Janeiro: Lúmen Juris, p. 63-77, 2000, p. 64.
[261] *Cfr.* PAIS DE VASCONCELOS, Pedro. *Contratos Atípicos*. Coimbra: Almedina, 2009, p. 275.

ponham em vigor, sem grandes dificuldades, situações e relações jurídicas semelhantes ao *"trust"*[262].

Dessa forma, na ausência de regras sobre os *Trusts*, os negócios indiretos podem ser capazes de suprir lacunas do Direito positivo, pois que sob o princípio da autonomia privada e com base na liberdade contratual, as partes podem celebrar negócios jurídicos de natureza fiduciária. Entretanto, em existindo uma Lei que regulamente os *Trusts*, estes são preferíveis aos negócios indiretos. De fato, na prática, não consideramos o contrato inominado um substituto diligente para o *Trust*.

Nesse sentido, muito bem esclarece SORIANO, *in verbis*: *"Sin embargo, sus efectos son diferentes al Trust. La propriedad pasa al fiduciario y el fiduciante tiene frente a él un derecho obligacional, no un derecho real. El fiduciante tiene una posición en un sentido más fuerte que la del constituyente del Trust, pues es parte de un contrato ordinario con él, pero por otra más débil, pues la propriedad pasa de un modo absoluto al fiduciario. A su vez, la posición del beneficiario es también más débil; puede quedar protegida por el Derecho de obligaciones (configurando el contrato fiduciario como contrato em beneficio de tercero), pero no con fuerza de vínculo real. De ahí que se llegue afirmar que la respuesta a si el Trust es una fiducia es sin más negativa y una discusión sobre esta base, infructuosa"*[263].

Por todas as suas peculiaridades, o *Trust* é o único instrumento jurídico capaz de se adequar às mais diversas modalidades de negócios, com a vantagem de já possuir regras gerais bem definidas, conferindo, por isso, ampla garantia às partes. Com efeito, o *Trust* ganha cada vez mais atenção dos juristas por ser um instrumento capaz de prover às necessidades, adequando-se, com simplicidade, à dinâmica da atividade econômica global.

É imprescindível notar, que não basta a adaptação de velhos instrumentos jurídicos com o surgimento de cada novo contexto. De fato, a lentidão do processo legislativo não coaduna com a agilidade necessária à ordem econômica. Em especial, porque os negócios e as empresas são incompatíveis com a inércia jurídica.

---

[262] *Cfr.* PAIS DE VASCONCELOS, Pedro. *Contratos Atípicos*. Coimbra: Almedina, 2009, p. 276. *Vide* em complement: FIGUEIREDO, André. *O Negócio Fiduciário perante Terceiros, com aplicação especial na gestão de valores mobiliários*. Faculdade de Direito da Universidade Nova de Lisboa. Novembro de 2011, p. 145-146.

[263] *Cfr.* SORIANO, Miguel Virgos. *El Trust y El Derecho Espanol*. Navarra: Thomson Civitas, 2006, p. 50-51.

Entendemos, enfim, que o dinamismo inerente à hodierna atividade económica mundial, demanda por soluções e instrumentos tão seguros quanto flexíveis e, sobretudo, reconhecíveis em mais de um ordenamento jurídico.

4. O *Trust* com fins de Interesse Público

Os *Trusts* também são almejados para o cumprimento de finalidades públicas, além das domésticas e comerciais acima já analisadas.

Basicamente, é um *Trust* constituído para um propósito de interesse geral, ou seja, cultural, educativo, filantrópico, religioso ou científico.

Dessa forma, o *Trust* em questão não possui como finalidade principal a realização de lucro ou o funcionamento de uma empresa. Oportuno novamente mencionar aqui, que são *Trusts* criados visando finalidades que, pela lei, são tratadas como intenções públicas ou caritativas.

Por esse motivo, o *Charitable Trust* também é intitulado de *Public Trust* e possui consequências favoráveis, nomeadamente, em relação a *rule against perpetuites* e a questões tributárias. Quer isso dizer que um *trust charitable* pode ter beneficiários incertos, depois, pode ter duração indeterminada e, ainda, pode ter benefícios tributários.

Permite-se que os fins de caridade sejam indicados de forma ampla e abstrata como, por exemplo, auxiliar a pobreza. Sob tal prisma, o cumprimento dos objetivos do *Trust* pode ter duração indefinida. Igualmente terá duração indeterminada quando for indicado no *trust deed* que a renda do *Trust* será transferida de *charity* para outra *charity*, indefinidamente.

É por demais oportuno, nesse passo, realizarmos um estudo reflexivo entre os *Trusts* e a fundação, por ser considerada a ferramenta da *civil law* (assim sendo, também brasileira), que mais se assemelha a este tipo de *Trust*, em suas finalidades.

Nesse contexto, especial importância assume a opinião de VAZ TOMÉ e CAMPOS, ao afirmarem que: "*O charitable trust corresponde, grosso modo, à fundação, pois que ambos visam assegurar a prossecução de uma finalidade de interesse social do instituidor, mediante o suporte de uma massa patrimonial que a isso é afectada*"[264].

---

[264] Cfr. VAZ TOMÉ, Maria João; CAMPOS, Diogo Leite de. *A Propriedade Fiduciária (Trust), Estudo para a sua Consagração no Direito Português*. Coimbra: Almedina, 1999, p. 264.

No Brasil, veremos que a fundação constitui pessoa jurídica de Direito Privado, e poderá estabelecer-se para fins semelhantes aos do *Trust Charitable*, sendo eles religiosos, morais, culturais ou de assistência.

4.1. O Charitable Trust e as Fundações

Para criar uma fundação no Brasil o seu instituidor fará, por escritura pública ou testamento, dotação especial de bens livres, especificando o fim a que se destina, e declarando, se quiser a maneira de administrá-la. A fundação somente poderá constituir-se para fins religiosos, morais, culturais ou de assistência[265].

Explica DINIZ, que a fundação deve almejar a consecução de fins nobres, para proporcionar a adaptação à vida social, a obtenção de cultura, do desenvolvimento intelectual, e o respeito aos valores intelectuais, artísticos, materiais ou científicos. Veda-se o abuso, como por exemplo, desvirtuando-se os fins fundacionais para atender a interesses particulares do instituidor[266].

Conforme já mencionamos, as fundações constituem pessoas jurídicas de Direito Privado, que implica no seguimento de regras estruturais básicas. Lembramos, pois, que o *Trust* não configura uma pessoa jurídica. Por conseguinte, a constituição da fundação requer formalidades, que são ausentes no *Trust*, tal como a organização de um estatuto, submetendo-o, em seguida, à aprovação da autoridade competente, com recurso ao juiz. Após, ainda, requer o registo do respectivo ato constitutivo (Código Civil, Artigo 65).

Quando a fundação for constituída por negócio jurídico entre vivos, a transferência da propriedade para a fundação deve ser realizada. Neste caso, o instituidor é obrigado a transferir-lhe a propriedade, ou outro direito real, sobre os bens dotados, e, se não o fizer, serão registrados, em nome dela, por mandado judicial. (Código Civil, Artigo 67).

Tanto o *settlor* de um *Trust* quanto um fundador de uma fundação podem desempenhar um papel ativo na administração, com a reserva

---

[265] *Vide* Parágrafo único do Artigo 62 do Código Civil Brasileiro. *Cfr.* BRASIL. Lei Nº 10.406, de 10 de janeiro de 2002.
[266] *Cfr.* DINIZ, Maria Helena. *Curso de Direito Civil Brasileiro.* Teoria Geral do Direito Civil. São Paulo: Saraiva, 2019, p. 238.

de poderes de revogação, nomeação de administradores ou alteração de seus termos.

Entretanto, no Brasil, para que se possa alterar o estatuto da fundação, é mister que a reforma: I – seja deliberada por dois terços dos competentes para gerir e representar a fundação; II – não contrarie ou desvirtue o fim desta; III – seja aprovada pelo órgão do Ministério Público, e, caso este a denegue, poderá o juiz supri-la, a requerimento do interessado (Código Civil, Artigo 67).

Perceba-se, ainda, que quando a alteração não houver sido aprovada por votação unânime, cabe aos administradores da fundação, submeterem o estatuto ao órgão do Ministério Público (Código Civil, Artigo 68). Verifica-se, então que há ampla participação do Ministério Público, como fiscal da lei.

Igualmente, no *Trust Charitable* existe a necessidade de fiscalização e de autorização governamental para a prática de determinados atos dos *trustees*, bem como para as alterações de suas finalidades, em razão dos benefícios tributários que gozam.

Em ambos os institutos, as transferências realizadas para os *trustees* ou para a fundação podem ser anuladas pelo Tribunal, se foi realizada com a intenção de fraudar ou prejudicar credores, ou se foi feita dentro de um período legal especificado antes da falência do cedente.

Como é uma pessoa jurídica, a fundação pode processar e ser processada, e submete-se à execução de seus credores. Por sua vez, em razão do *Trust* não ser uma pessoa jurídica, é o *trustee* que pode processar e ser processado, pois é ele quem é o proprietário da *trust property*, embora no interesse de outros. Além disso, os *trustees* são pessoalmente responsáveis por qualquer violação do *trust deed*, com seu próprio patrimônio privado. A responsabilidade do *trustee*, contudo, pode ser atenuada, se for estipulado de forma contrária no *trust instrument*, restringindo essa responsabilidade, por exemplo, à extensão do *Trust Fund*. Ou, ainda, na existência de uma legislação especial aprovada para restringir a responsabilidade dos *trustees*, por exemplo, quando eles informarem a outra parte contratante de sua condição de *trustee*.

Em complemento, HAYTON destaca que ao conselho de administração de uma fundação podem ser conferidos amplos poderes previstos no estatuto de sua constituição, e muitos deveres são similarmente impostos. Contudo, em regra, isentam-se de responsabilidade por violação de seus deveres, quando agirem com lealdade e boa-fé, e são dispensados de seus deveres de natureza fiduciária em relação aos beneficiários da fundação[267]. Com efeito, o dever fundamental dos membros do conselho é para com a fundação.

Em breve síntese, consideramos, que o *Trust* e a Fundação são institutos que se assemelham do ponto de vista estrutural e funcional, possuindo vários pontos análogos, tais como: a separação patrimonial, a constituição unilateral, a realização de fins de interesse geral. Logo, avaliamos que ambos os instrumentos podem ser considerados aptos à realização da caridade ou finalidades públicas.

Por outro lado, também é verdade que o *Trust* carece de personalidade jurídica, significando que sua constituição não está sujeita ao requisito da forma e, portanto, não precisa submeter o seu ato constitutivo a aprovação de um juiz, nem ao posterior respectivo registo, condição indispensável à aquisição da personalidade jurídica. Acresce que, em regra, a extinção dos *Trusts* também ocorre mais facilmente, após o prazo estipulado pelo *settlor*, ou a ocorrência de determinada situação por ele estabelecida. Por outro lado, a extinção de uma fundação depende, também, de autorização do Ministério Público.

Por suas muitas semelhanças, se a lei brasileira permitisse a criação de fundações para finalidades privatísticas, poderíamos considerar a utilização desta estrutura para alcançar alguns dos efeitos conferidos pelos *Private Trusts*. Contudo, ainda assim, compreendemos que a constituição do *Trust* seja mais simples.

A esse propósito, PAIS DE VASCONCELOS considera que a restrição a um fim de interesse social e a exclusão de fundações de interesse particular é uma reminiscência da proibição da *mão morta*, que não encontra já hoje justificação. Ainda, especial destaque merece a menção do ilustre autor, *in verbis*: "*A maleabilização do regime de constituição de fundações civis permitiria a prossecução de finalidades privadas lícitas e úteis, tal como sucede com algumas modalidades de trust*"[268].

---

[267] *Cfr.* HAYTON, D.J. *Foundations and trusts contrasted*. Trusts & Trustees, United Kingdom, v. 17, n. 6, p. 462–469, july 2011, p. 466.
[268] *Cfr.* PAIS DE VASCONCELOS, Pedro. *Teoria Geral do Direito Civil*. Coimbra: Almedina, 2010, p. 196.

Não obstante, entendemos que a estrutura da Fundação para chegar a alguns dos efeitos conferidos pelos *Private Trusts*, é demasiadamente complexa, considerando sua utilização no interesse de apenas uma, ou de poucas pessoas, além de serem fiscalizadas pelo Ministério Público, o que excluiria a flexibilidade inerente aos *Trusts*.

Também, outra fundamental diferença é que a posição dos destinatários dos benefícios procedentes da fundação é significativamente mais precária, se comparada à proteção conferida aos beneficiários do *Trust*, que possuem um Direito de caráter pessoal e real sobre o *trust fund*.

Capítulo 3
A Compatibilidade e os Desafios da Implementação do Instituto dos Trusts no Direito Brasileiro

1. Aproximação ao Tema
Na apreciação da compatibilidade do instituto anglo-saxão com o Direito continental, consideramos que seja fundamental uma abordagem das características identificadoras do *Trust* que provocam determinados conceitos arraigados na *civil law*, apresentados como desafios à sua introdução.

Primeiramente, enquanto o *Trust* organiza-se através de um ato jurídico unilateral de vontade do *settlor*, tendencialmente, as jurisdições de *civil law* o envolvem como um contrato. Em verdade, compreendemos que existem diferenças fundamentais que o distanciam do contrato, conforme veremos no decorrer do presente Capítulo.

Outra característica dos *Trusts*, vista na *civil law* com ressalvas, é a transferência da titularidade da propriedade para o *trustee*. Neste ponto, veremos que a transferência está plenamente vinculada aos deveres fiduciários inerentes à função do *trustee* e ao princípio da boa-fé objetiva. Além disso, necessária será a abordagem de alguns antecedentes civilísticos comparáveis no Direito romano – que coadunam com a transferência de propriedade realizada no *Trust* – tais como a *enfiteuse*, o *fideicomisso, a fiducia cum amico* e a *fiducia cum creditore*.

Nesta mesma sequência, outro desafio indicado à introdução dos *Trusts* por países de origem *civil law* é a essencial divisão dos Direitos sobre a propriedade nos *Trusts* – entre a *legal* e a *equitable ownership* – que se distingue do conceito unitário de propriedade.

Além disso, aos beneficiários dos *Trusts* são conferidos Direitos de natureza real. Por sua vez, na *civil law* os direitos reais estão estruturados de forma taxativa na Lei (*numerus clausus*).

Ainda, outro ponto a ser analisado é a formação do patrimônio separado sob os *Trusts*, que não significa a formação de uma pessoa jurídica distinta. Neste caso, a introdução dos *Trusts* pode, supostamente, encontrar óbice no princípio da responsabilidade patrimonial universal. Afirmamos, supostamente, porque veremos que a formação do patrimônio separado encontra seu fundamento jurídico no princípio da autonomia da vontade das partes, e na justa atribuição de ativos direcionados ao cumprimento de fins e objetivos preestabelecidos, ou seja, na "especialização patrimonial".

Por fim, em sede dos desafios, será considerada a questão da privacidade das relações em *Trust*, que confronta o Princípio da Publicidade dos Direitos Reais.

Consideramos que são desafios plenamente transponíveis, na medida em se estuda o instrumento e se adquire um maior conhecimento sobre o tema.

Muito bem explicam VAZ TOMÉ E CAMPOS, sobre a implementação dos *Trusts* no sistema de Direito continental, ao discorrerem, *in verbis*: "*O uso que dele se fará inicialmente será tímido. Enquanto a estrutura conceptual básica não estiver claramente definida, o trust será sempre visto como um instituto alheio e, até adquirir contornos mais precisos, a sua utilização será sempre algo inibida. De qualquer modo deve proceder-se à harmonização deste instituto com os princípios gerais do sistema jurídico*"[269].

Ainda, concordamos com os ilustres autores, ao refletirmos sobre seus esclarecimentos, *in verbis*: "*Deve-se evitar a tentativa de continentalização do trust, tratando-o como uma manifestação específica de uma instituição já existente. O abandono da procura de analogias no Direito continental parece inevitável, pois que o trust tem um estatuto diferente e dignidade própria. Merece, com efeito, reconhecimento enquanto instituto da common law com características peculiares não assimiláveis por nenhum instituto da civil law*"[270].

---

[269] Cfr. VAZ TOMÉ, Maria João; CAMPOS, Diogo Leite de. *A Propriedade Fiduciária (Trust), Estudo para a sua Consagração no Direito Português*. Coimbra: Almedina, 1999, p. 302.

[270] Cfr. VAZ TOMÉ, Maria João; CAMPOS, Diogo Leite de. *A Propriedade Fiduciária (Trust), Estudo para a sua Consagração no Direito Português*. Coimbra: Almedina, 1999, p. 302.

De fato, o sistema continental merece a possibilidade de possuir o instituto do *Trust*, como tal, disponível para seus utilizadores (pessoas e empresas).

Em verdade, a globalização da economia e a busca por novas ferramentas mais flexíveis de atração de capital e investimento, transforma aos poucos o cenário jurídico mundial, conectando-se os Direitos e afastando-se as incompatibilidades.

Então, porque não introduzir o *Trust*?

Veremos na presente Secção, que as respostas para essa questão são fragilmente sustentadas nas supostas dificuldades de caráter dogmático, adicionadas pela fraca alegação de que existem alternativas semelhantes ao *Trust*, e da mera hipótese de seu uso indevido para fins ilícitos, tais como a fraude a credores ou evasão tributária.

Sobre esse último aspecto, MATTHEWS muito bem esclarece, *in verbis*: "*Of course there are a few people who seek to use trusts for improper or even unlawful purposes. (...) We have to separate the good uses from the bad, just as we do in all other aspects of life. In this respect, trusts are no different from contracts or other legal institutions*"[271].

Em geral, tais alegações – que para nós são oriundas do superficial conhecimento do tema, que pretendemos suprir com este livro – encontram crescente oposição, conforme pudemos constatar através do estudo realizado no Livro "O Direito dos Trusts na Perspectiva Internacional", onde vislumbramos a gradual implementação do instituto dos *Trusts* por sistemas jurídicos de *civil law* (com o consequente contorno dos desafios apontados).

Nessa perspectiva, muito bem avaliam VAZ TOMÉ e CAMPOS, ao afirmarem que: "*Não é o homo oeconomicus que é feito para o Direito, mas o Direito que é feito para o homo oeconomicus. Haverá sempre que abandonar as técnicas e métodos em uso sempre que a "tecnologia" estrangeira seja mais eficaz*"[272].

Assim, o interesse prático global hodierno pelos *Trusts* tende a contribuir para a superação dos desafios que serão aqui ponderados, ante a necessidade de sua implementação.

---

[271] Cfr. MATTHEWS, Paul. *The place of the trust in English law and in English life*. Trusts & Trustees, United Kingdom, v. 19, n. 3 e 4, p. 242–254, april/may 2013, p. 254.

[272] Cfr. VAZ TOMÉ, Maria João; CAMPOS, Diogo Leite de. *A Propriedade Fiduciária (Trust), Estudo para a sua Consagração no Direito Português*. Coimbra: Almedina, 1999, p. 320.

2. Ato Jurídico Unilateral de Vontade do *Settlor*

O *trust deed* é formado por regras elaboradas *unilateralmente* pelo *settlor*, que pode estipular livremente, como melhor lhe convier, a disciplina de seus interesses. Diferentemente do contrato, não é o *Trust* um *acordo de vontades* entre o *settlor* e o *trustee*, muito menos entre ele e seu beneficiário.

Por mais uma vez devemos mencionar que o *settlor* tem ampla liberdade de indicar todos os termos do *Trust*, bem como o livre-arbítrio na escolha do *trustee*, dos bens constituintes do patrimônio do *Trust* e, ainda, dos objetivos do *Trust*, indicando um ou vários beneficiários ou, ao invés, um propósito específico a ser perseguido. Com efeito, e nesta linha, o *settlor* pode fixar todo o conteúdo do *trust instrument*, provendo as diretrizes que melhor lhe agradar, consagrando, assim, a ampla flexibilidade fornecida pelo *Trust*.

Por outro lado, cabe ao *trustee* aceitar ou não o exercício da sua função e, em aceitando, passa a concordar com os termos estabelecidos no *trust instrument*, compreendendo os Direitos e deveres inerentes ao seu cargo – tanto os estipulados no ato constitutivo do *Trust* pelo *settlor*, quanto os estabelecidos legalmente.

Dessa forma, embora o ato constitutivo do *Trust* seja um ato unilateral de vontade do *settlor*, a aceitação do *trustee*, expressa ou implícita, é crucial para que ele se torne sujeito aos deveres fiduciários impostos ao cargo.

De uma forma geral, sob a perspectiva dos países que buscam a implementação interna dos Trusts no sistema continental, as relações jurídicas análogas aos *Trusts* baseiam-se essencialmente nos contratos (Direito das obrigações), enquanto o *Trust* anglo-americano se fundamenta nos Direitos reais.

A esse respeito, em substância, de merecido destaque é a opinião de LUPOI que considera *in verbis*: "*It is a basic tenet of trust law that trusts are not contracts*"[273].

Isso não significa que os *Trusts* não possam ser organizados sob a forma contratual, assim como a francesa *fiducie* é um contrato[274].

---

[273] Cfr. LUPOI, Maurizio. *Trusts in Italy: A Living Comparative Law Laboratory*. Trusts & Trustees, United Kingdom, v. 18, n. 5, p. 383–389, june 2012, p. 388.
[274] *Vide* LUPOI, Maurizio. *The Civil Law Trust*. Vanderbilt Journal of Transnational Law, v. 32, 1999, p. 5.

Nessa linha, para FIGUEROA, *"It is broadly believed in Latin American civil law that a contractual form provides more certainty than verbal agreements or unilateral statements of commitments. This explains the preference for a contractual trust instead of the unilateral approach to trust creation found in common law"*[275].

No entanto, concordamos com FOERSTER, de que a solução contratual é desafiadora e não reproduz uma *trust structure* na sua substância integral[276].

Em alinhamento, complementa LUPOI, *in verbis*: *"Civil law scholars tend to use analogies without any foundation, such as regarding the contract in favor of third parties or with the fideicommissum"*[277].

Por fundamental, cabe também destacarmos as palavras de VAZ TOMÉ E CAMPOS, *in verbis*: *"Em um mundo ideal, onde todos os interessados dispõe de informação correcta e adequada e podem atingir os respectivos objectivos mediante a celebração de contratos eficientes e desprovidos de custos, o mecanismo do trust surge como supérfluo"*[278].

Nesse sentido, os *Trusts* não são contratos. Os *Trusts* expressamente constituídos têm sua origem em um ato jurídico unilateral de vontade do *settlor*, e é assim que ele deve ser visto e implementado. Para corroborar com essa assertiva, passaremos, seguidamente, à análise fundamental de algumas diferenças basilares entre os *Trusts* e os contratos.

a) O *Trust* e o Contrato – Em primeiro lugar, importa registrar breve síntese conferida por LUPOI, *in verbis*: *"Trusts e contratti appartengono a mondi giuridici distinti; l'attrazione del trust verso il contratto è una inevitabile*

---

[275] *Cfr.* FIGUEROA, Dante. *Civil law trusts in latin america: is the lack of trusts an Impediment for expanding business opportunities in latin america?*. In: Arizona Journal of International & Comparative Law, v. 24, n. 3, 2007, p. 705.

[276] *Cfr.* FOERSTER, Gerd. *O "Trust" do Direito anglo-americano e os negócios fiduciários no Brasil*. Porto Alegre: Sergio Antonio Fabris Editor, 2013, p. 543. *Vide* WAI LAU, Ming. *The Economic Structure of Trusts – Towards a Property-based Approach*. New York: Oxford University Press, 2011, p. 22-23; LANGBEIN, John H. *The Contractarian Basis of the Law of Trusts*. The Yale Law Journal, v. 105, 1995, p. 627.

[277] *Cfr.* LUPOI, Maurizio. *The Civil Law Trust*. Vanderbilt Journal of Transnational Law, v. 32, 1999, p. 12.

[278] *Cfr.* VAZ TOMÉ, Maria João; CAMPOS, Diogo Leite de. *A Propriedade Fiduciária (Trust), Estudo para a sua Consagração no Direito Português*. Coimbra: Almedina, 1999, p. 173.

tendenza del civilista, la quale produce irreparabili guasti se le si consente di turbare l'analisi comparatistica"[279].

É hora então, por pertinente, de considerarmos as características do contrato no Direito brasileiro, em contraposição com os aspectos peculiares dos *Trusts*, para bem claro deixarmos a impossibilidade de sugerirmos relações de *Trust* como se relações contratuais fossem.

Nesse passo, cabe apreciarmos, desde logo, o conceito de contrato, que segundo DINIZ é o acordo de duas ou mais vontades, na conformidade da ordem jurídica, destinado a estabelecer uma regulamentação de interesses entre as partes, com o escopo de adquirir, modificar ou exigir relações jurídicas de natureza patrimonial[280].

Acrescente-se, que como parte do Direito das obrigações, o contrato é norteado pelo princípio da autonomia da vontade e, em regra, as partes têm liberdade de criação, de eleger o outro contraente e de fixar o conteúdo desse contrato. Entretanto, a autonomia privada das partes encontra limites impostos pelo princípio da função social do contrato, pelas normas de ordem pública, pelos bons costumes e pela revisão judicial dos contratos. Tal como no contrato, a autonomia privada não é no *Trust* ilimitada, pois como vimos também o *Trust* não pode ser constituído para fins ilícitos.

Ainda, outro princípio fundamental que orienta os contratos, é o *princípio da relatividade dos efeitos dos contratos*, que estabelece que o acordo realizado apenas vincula as partes que nele interferiram, não aproveitando, nem prejudicando, terceiros, salvo raras exceções.

De fato, para o que mais nos importa aqui, é possível através da *estipulação em favor de terceiros*, excepcionalmente, vincular uma pessoa que não é parte interveniente no contrato. Tal exceção conduz inevitavelmente a comparação errônea dos contratos com os *Trusts* – onde pode-se entender que o *Trust* é simplesmente uma forma contratual entre o *settlor* e o *trustee*, em benefício de terceiros, que têm o Direito de impor os termos do *Trust* contra os *trustees*/administradores. Este, definitivamente, não é o caso, o que resta claro quando um detalhado contraste é feito entre o conceito de *Trust* e o de contrato, pois que tais conceitos se excluem mutuamente.

---

[279] *Cfr.* LUPOI, Maurizio. *Trusts.* Milano: Giuffrè Editore, 2001, p. 155.
[280] *Cfr.* DINIZ, Maria Helena. *Curso de Direito Civil brasileiro – teoria das obrigações contratuais e extracontratuais.* Volume 3. São Paulo: Saraiva, 2019, p. 21.

Por outro lado, considerando as várias finalidades em que um *Trust* pode ser constituído, concordamos com LUPOI ao dizer *in verbis*: "*It could be argued that some trust types are contract, while other are no*".[281]

De uma forma geral, o *Trust* substitui muitos contratos de uma só vez, já o contrato pode substituir apenas alguns tipos de *Trusts*, alcançando apenas finalidades muito específicas. Além disso, enquanto os Direitos e deveres sob os *Trusts* são de natureza estatutária (*trust law*), para os mesmos efeitos, as partes de um contrato devem descrever detalhadamente todos os termos que regem a relação estabelecida.

Enfim, apesar de um contrato poder ser realizado com vistas a criação de um *Trust*, e um *Trust* também poder ser criado vislumbrando os efeitos de um contrato (de empréstimo, por exemplo), existem diferenças fundamentais entre um e outro, que serão vistas, da mesma forma, seguidamente:

A transferência do título de propriedade – Neste ponto, deve ser recordada, a definição de *Trust* conferida pelo artigo 2º da Convenção de Haia sobre o Direito Aplicável aos *Trusts* e o seu Reconhecimento, de 1985, nestes termos:

> Art. 2º. "*For the purposes of this Convention, the term "trust" refers to the legal relationships created – inter vivos or on death – by a person, the settlor, when assets have been placed under the control of a trustee for the benefit of a beneficiary or for a specified purpose*"[282].

Através da definição do instituto, e após a análise de sua estrutura objetiva, notamos que o mecanismo do *Trust* conduz, necessariamente, na transferência do título de propriedade do *settlor* para o *trustee*.

De fato, ao analisarmos a estrutura objetiva do instituto, observamos que a declaração de vontade do *settlor* não é suficiente para constituir validamente um *Trust*. Com efeito, o funcionamento do *Trust* impõe que a *trust property* esteja na esfera jurídica do *trustee*. Nesse sentido, o *trustee*

---

[281] *Cfr.* LUPOI, Maurizio. *Trusts in Italy: A Living Comparative Law Laboratory*. Trusts & Trustees, United Kingdom, v. 18, n. 5, p. 383-389, june 2012, p. 389.

[282] *Cfr.* HCCH. *Convention on the Law Applicable to Trusts and on their Recognition*. Disponível em: http://hcch.e-vision.nl/index_en.php?act=conventions.text&cid=59. Acesso em 13.03.2006.

adquire a propriedade legal dos bens a ele transferidos, enquanto o beneficiário aufere o título benéfico sobre os mesmos bens.

Por sua vez, tal mecanismo de divisão de propriedade acima delineado, não é, condição objetiva de validade do contrato em consonância com a lei brasileira.

Em breve menção a respeito, o contrato, requer, para a sua validade, a observância dos requisitos indicados no Artigo 104 do Código Civil brasileiro, que são: "agente capaz; objeto lícito, possível, determinado ou determinável; forma prescrita ou não defesa em lei". Assim, perceba-se, que o citado artigo versa sobre os requisitos subjetivos, objetivos e formais.

Façamos, então, algumas considerações a respeito dos requisitos objetivos do contrato, em razão do paralelo aqui proposto.

Os requisitos objetivos do contrato dizem respeito ao objeto do contrato, ou seja, a obrigação constituída, modificada ou extinta. Assim sendo, a validade e a eficácia de um contrato dependem da licitude de seu objeto; da possibilidade física ou jurídica do objeto; da determinação do objeto, pois que, este deve ser certo, ou ao menos, determinável; e da economicidade de seu objeto. Logo, a válida constituição do *Trust* requer, além dos requisitos objetivos estabelecidos aos contratos, a transferência dos bens ou direitos (*res* do *Trust*) ao *trustee*.

Sobretudo, uma vez transferida a propriedade ao *trustee*, ocorre a separação do direito de propriedade entre o *trustee* e o beneficiário (o *settlor*, em princípio, sai da relação jurídica). Como detidamente já visto, a propriedade legal do *trustee* e a propriedade equitativa do beneficiário, gerada no *Trust*, confere aos seus titulares Direitos reais. Significando esta, uma característica inerente a **todos os tipos de *Trusts*** constituídos.

Particularmente, então, a transferência da propriedade para o *trustee*, como condição de validade dos *Trusts*, vincula o Direito dos *Trusts* aos direitos reais.

Por outro lado, no direito dos contratos, o ponto principal é o vínculo obrigacional constituído entre as partes. Logo, as partes vinculadas ao contrato contraem obrigações e adquirem direitos mútuos, mas apenas direitos pessoais (obrigacionais).

No entanto, determinados tipos contratuais específicos podem conduzir relações semelhantes às constituídas no Direito dos *Trusts*. Por exemplo, um contrato pode resultar na constituição, transferência, modificação ou renúncia de direitos reais. Logo, pode ocorrer à transferência do título legal de uma propriedade (objeto do contrato), como é o caso do contrato de compra e venda; ou, à limitação ao Direito de propriedade, como ocorre na hipoteca, no penhor, no arrendamento mercantil ou na alienação fiduciária em garantia. Entretanto, a transferência da propriedade não é um requisito de validade de todos os contratos, como é no caso do *Trust*.

Além disso, após a transferência da propriedade ao *trustee*, em regra, o *settlor*/instituidor desaparece completamente do quadro estrutural dos *Trusts*, sobejando uma relação bipartite entre o *trustee*/administrador e os beneficiários. Por exemplo, a morte posterior do *settlor* ou a sua incapacidade mental, é irrelevante, assim como qualquer violação subsequente do *Trust* pelo *trustee*, porque o que é avaliado, é o vínculo criado entre *trustee* e beneficiário. Inclusive, após a criação do *Trust*, em regra, o *settlor* e o *trustee* não têm Direitos um contra o outro.

Por fim, e em contraste, um contrato não precisa estar relacionado a qualquer transferência de propriedade, e as partes do contrato possuem, necessariamente, direitos uns contra os outros, embora sejam apenas Direitos pessoais (direito obrigacional).

O *settlor* pode ser o único *trustee* – Como já antes sinalizado, permite-se o estabelecimento de um *Trust* onde o *settlor* e o *trustee* são a mesma pessoa. Esse mecanismo legal, é chamado de *declaration of trust*, existente na *trust law* americana e inglesa. Neste caso, o *settlor* se declara como proprietário de bens ou direitos, mas como *trustee* para terceiros beneficiários. Por outro lado, uma pessoa não pode contratar consigo mesma, sendo necessário o acordo de duas ou mais vontades para gerar um contrato válido.

Os *Trusts* podem ser criados unilateralmente – Em oposição aos contratos, os *Trusts* podem ser criados de forma unilateral, sem a concordância de um *trustee*. Já o contrato, é formado pela conjunção de duas ou mais vontades coincidentes ou concordantes, pois que é um negócio jurídico bilateral ou plurilateral. Sem o mútuo consenso, expresso ou tácito, não haverá qualquer vínculo contratual. Dessa forma, o acordo de vontades, emitidas por duas ou mais partes, é requisito básico ou essencial à formação do contrato, e só o termo contratual tem a virtude de produzir os correspectivos Direitos e deveres.

Por sua vez, em regra, o *trustee* apenas aceita o exercício de seu cargo. Lembrando que quando uma pessoa aceita a função de *trustee*, consequentemente ela concorda com o estipulado pelo *settlor* no *trust instrument*, bem como com as imposições legais inerentes ao cargo que será por ele exercido.

Embora seja aconselhável, não é necessária a comunicação formal ao *trustee* da formação do *Trust*, e a aceitação da função também pode ser implícita. Por outro lado, em regra, a recusa ao cargo é normalmente realizada de forma expressa, em razão da onerosa função que se tem em questão. Além disso, assim que a *trust property* é transferida ao *trustee*, surgem naturalmente os interesses equitativos dos beneficiários. Uma vez criado o *Trust*, nasce a relação entre o *trustee* e o beneficiário, que é independente do instrumento de criação.

Expressa ou implícita, a aceitação do cargo pelo *trustee* é crucial para que ele se torne sujeito aos deveres inerentes a função. Os deveres e direitos do *trustee* são inerentes ao cargo de *trustee*, e independem de cláusulas contratuais. Logo, diferente do direito dos contratos, o *trustee* não possui direitos contratuais contra o *settlor*, e vice-versa.

Enfim, enquanto os *Trusts* podem ser criados de forma unilateral, sem a participação do *trustee* na elaboração de seus termos, os contratos baseiam-se especialmente na concordância de todos os seus termos, pelas partes.

Os *Trusts* criam *proprietary interests (equitable/legal)* que proporcionam uma maior proteção econômica do que contratos que só criam Direitos pessoais – É de se lembrar nesse ponto, que no *Trust* ocorre a divisão dos direitos sobre a propriedade, entre *legal* e *equitable property*.

Dessa forma, a transferência do patrimônio do *settlor* ao *trustee*, confere imediatos direitos aos beneficiários. Ressalta-se, que não são apenas direitos pessoais contra o *trustee*, mas também *proprietary interests*, designados de *equitable interests*, que vinculam o *trustee* e quaisquer destinatários subsequentes da *trust property*.

Para GRETTON, a maior distinção entre *Trusts* e os contratos é justamente a relação preferencial que o beneficiário possui frente ao patrimônio do *Trust*, inclusive e mormente, em relação aos credores particulares do *trustee*[283].

---

[283] *Cfr.* GRETTON, L. George. 'Trusts without Equity'. *International and Comparative Law Quarterly*, v.49, 2000, p.602-603.

Logo, esta prioridade que os beneficiários do *Trust* possuem sobre os credores em caso de insolvência do *trustee*, é algo que está além do direito dos contratos, pois que é resultado dos direitos equitativos conferidos aos beneficiários.

Isso significa, que no caso de violação do *Trust*, os beneficiários podem agir contra um terceiro/estranho que injustamente (e, talvez, inocentemente) recebeu uma parte do *trust fund*, enquanto as ações *in personam*, geradas pela violação do contrato, são apenas contra a parte inadimplente. Além disso, o fato dos beneficiários possuírem interesses de proprietário sobre a coisa, também implicaria na acusação de crime de roubo de propriedade, perpetrado pelo *trustee*.

A Propriedade Equitativa do Beneficiário do *Trust* é Ligada ao *Trust Fund* – Um "*fundo*" é um conjunto de bens ou direitos, mantidos sob o mesmo título, embora cada item individual dentro desse fundo possa mudar.

Normalmente, o *trustee* possui poderes para alterar o conteúdo desse fundo. São considerados atos de gestão, com vistas a tornar o fundo produtivo para o benefício dos beneficiários. Sobre tal prisma, então, em regra, o beneficiário não tem um determinado direito a qualquer um dos bens em específico do fundo, ele possui um direito equitativo sobre o fundo em si.

Dessa forma, a propriedade equitativa do beneficiário não respeita apenas aos ativos originais que primeiramente formaram a *trust property*, mas a todos os bens que, de tempos em tempos, compõem o fundo. Assim, quando um *trustee* no exercício de seus poderes de investimento, vende as ações de uma companhia originária do *Trust*, e compra ações de outra companhia, as ações compradas substituem automaticamente as ações vendidas, como parte do fundo de crédito realizado em benefício dos beneficiários.

No entanto, se o *trustee*, ambicionando agir em seu próprio benefício, usa o dinheiro do *Trust* na compra de um imóvel não autorizado pelo *trust deed*, os beneficiários do *Trust* têm as seguintes escolhas:

- Se o imóvel adquirido acrescentar valor aos seus ativos, ou seja, for um bom investimento, eles podem aceitar a compra, e o imóvel passa a fazer parte do *trust fund*.

– Por outro lado, se não for um bom investimento, os beneficiários podem exigir que o *trustee* reembolse o *trust fund*, devolvendo o valor perdido, em violação do *Trust*; caso os recursos privados do *trustee* sejam insuficientes para reparar o *trust fund*, os beneficiários podem, ainda, em proveito do gravame existente sobre o imóvel adquirido, vendê-lo e aplicar os recursos da venda no reembolso de suas perdas. Afinal, eles podem provar que o dinheiro do *Trust* foi usado indevidamente na compra do imóvel pelo *trustee*, sendo vedado o enriquecimento ilícito do *trustee*, ou de seus credores particulares em detrimento dos beneficiários do *Trust*.

Assim, o *trust fund* compreende todos os ativos, que podem ou não legitimamente serem representados pelos originariamente transferidos. Além disso, o *trust fund* também inclui ativos que representam ilicitamente os ativos originais. Por exemplo, nos casos onde o *trustee* vende um ativo do *Trust* e adquire outro não autorizado pelo *trust instrument*, em seu benefício, ou no benefício de alguém de sua família. Por decorrência, os beneficiários podem reivindicar tais ativos, pois que possuem um direito de propriedade sobre eles.

Enfim, perceba-se, que o contrato é vinculado ao objeto nele perpetrado, impossibilitando a flexibilidade acima descrita.

O *Trustee* é sempre Titular de um Cargo –Um *trustee* é o titular de um cargo e, portanto, pode ser removido e um novo *trustee* ser nomeado por alguém (por exemplo, pelo *settlor* ou pelo protetor). Tal poder de nomeação deve ser previsto no *trust deed* ou fornecido pelo Tribunal. Por outro lado, a pessoa que for parte de um contrato é sempre "parte do contrato", embora determinados motivos possam conduzir à extinção do contrato antes do prazo, tais como: a violação fundamental de uma de suas cláusulas, a morte ou a incapacidade mental de uma das partes.

Novamente, devemos mencionar, que o interesse de um beneficiário em um *Trust* pode surgir sem o conhecimento do *trustee*, e continua mesmo após a morte ou incapacidade mental do *trustee* ou, ainda, se ocorrer a violação dos termos do *Trust* por parte do *trustee*. De fato, diferente do contrato, o *Trust* persiste até o momento determinado no *trust instrument*, ou até o período máximo estabelecido legalmente.

Com efeito, nesse sentido, REUTLINGER (1998) afirma, *in verbis*: *"(...) a trust will not fail for want of a trustee"*[284].

Dessa forma, então, não é causa extintiva do *Trust* a ausência de um *trustee*, a não ser que isso esteja previsto no *trust instrument*, em razão do caráter personalíssimo conferido pelo *settlor* à função do *trustee* originariamente nomeado.

Porém, em regra, o *Trust* nunca vai perder seus efeitos em razão da ausência de um *trustee*. Se nada for previsto no *trust deed* à respeito de sua substituição, o Tribunal nomeará um novo *trustee*, para que o *Trust* tenha seu curso normal, até a ocorrência de uma de suas causas extintivas.

As Obrigações Fiduciárias e Equitativas se Vinculam Automaticamente ao Cargo de *Trustee* – Vinculado ao cargo do *trustee* encontram-se os seus deveres fiduciários, objetivando que os *trustees* deixem de lado seus próprios interesses privados, preferindo os interesses dos beneficiários do *Trust*. Igualmente, visa a imposição de deveres fiduciários, garantir que o *trustee* somente perpetre o que ele está autorizado pelo *trust instrument*, e empregue seus poderes de gestão sempre de forma justa em prol dos beneficiários do *Trust*.

Embora possa o *settlor* eximir o *trustee* de determinadas responsabilidades, os deveres fiduciários do *trustee* formam um núcleo básico do *Trust*, e não podem ser reduzidos. Logo, são obrigações típicas do *Trust*: o exercício da função de *trustee* de forma honesta, diligente, e de boa-fé, para o benefício dos beneficiários. Por outro lado, nenhum dever fiduciário é automaticamente associado às partes de um contrato, embora a lei impeça o abuso da parte mais forte de um contrato de consumo, primando pelo critério de razoabilidade e pelo equilíbrio contratual.

Além disso, nos contratos de adesão, existe o repúdio a quaisquer cláusulas abusivas, por provocarem o desiquilíbrio de direitos e deveres, protegendo-se o aderente ante a superioridade situacional do contratante, que estipula cláusulas pré-elaboradas.

Por fim, também a boa-fé é uma obrigação imposta às partes contratantes. Nesse sentido, na interpretação do contrato, é preciso ater-se mais à intenção do que ao sentido literal da linguagem. Ainda, em prol

---

[284] *Cfr.* REUTLINGER, Mark. *Wills, Trusts, and Estates, Essencial Terms and Concepts.* Second Edition. New York: Aspen Publishers, 1998, p. 155.

do interesse social de segurança das relações jurídicas, as partes deverão agir com lealdade e confiança recíprocas, auxiliando-se mutuamente na formação e na execução do contrato.

Os Danos não são pagos a um Específico Beneficiário de um *Trust*; O *Trustee* Demandado Deverá Restituir ao *Trust Fund* os Valores Perdidos em Razão de sua Violação – O papel punitivo do Tribunal em disciplinar os *trustees* não é realizado através da emissão de ordens de pagamento por danos particulares sofridos por um beneficiário exclusivo. No caso de violação do *Trust*, os tribunais se preocupam, sobretudo, com a contabilidade do *Trust*, adulterações e sobretaxa de valores, ordenando a restauração do *trust fund*. Neste caso, o *trustee* pode ser demandado tanto pelos beneficiários do *Trust*, quanto pelo novo *trustee* que substituiu o *trustee* delituoso.

Além disso, ressalta LUPOI que em sendo os *Trusts* considerados contratos, seu incumprimento resultaria em uma ação por quebra de contrato, resultando em sua extinção, o que contraria a essência própria do *Trust*[285].

Conforme já mencionamos, em caso de violação do *Trust*, o *Trust* deve prosseguir, podendo ocorrer a substituição do *trustee* infrator.

b) Autonomia da Vontade e a Liberdade Contratual – Em prosseguimento, por fundamental aos objetivos deste trabalho, analisaremos os principais fundamentos da instituição dos *Trusts* considerando-o como sendo um negócio jurídico constituído no exercício da máxima autonomia da vontade, em prol de interesses privados. Além disso, ponderando a liberdade de celebração e de estipulação das cláusulas de um *trust deed*, bem como na correspondente liberdade de aceitação de suas cláusulas pelo *trustee*/administrador.

Em linhas gerais, para MARTINS, a autonomia significa a liberdade nativa das partes, quando da escolha de seu próprio regramento, submetido aos contratos confeccionados por pessoas livres, tendo um objeto lícito e possível[286].

---

[285] *Cfr.* LUPOI, Maurizio. *Trusts in Italy: A Living Comparative Law Laboratory*. Trusts & Trustees, United Kingdom, v. 18, n. 5, p. 383–389, june 2012, p. 389.

[286] *Cfr.* MARTINS, Juliano Cardoso Schaefer. *Contratos Internacionais, A Autonomia da Vontade na Definição do Direito Material Aplicável*. São Paulo: LTr, 2008, p. 58.

Embora sejam os princípios da autonomia da vontade e da liberdade contratual, típicos do Direito contratual, também podem ser sopesados na constituição dos *Trusts* como fundamento de sua implementação no Direito brasileiro.

Conquanto existem outras formas de constituição do *Trust* através dos chamados *implied trusts (constructive ou resulting)*, neste ponto, cabe considerarmos tão somente o *private trust* constituído expressamente, em razão de sua similaridade, neste tópico, com o contrato.

Como vimos, o *express trust* é o tipo de *Trust* mais usualmente constituído, e é normalmente formalizado na forma de um acordo (*trust deed*), também designado de *trust instrument*. Trata-se, em suma, do "documento do *Trust*" que fornece os critérios e orientações que devem ser observadas pelo *trustee*, até que a extinção do *Trust* sobrevenha.

Embora não seja o *Trust*, em si, um contrato, a formação consensual e a autonomia das partes sobre seus termos, podem ser encontradas em determinados tipos de *Trusts*, e ambas são características definidoras do Direito contratual.

Resta claro que, por vezes, o *Trust* adquire particularidades de um contrato; e é nessa linha que cabe averiguarmos, de forma sucinta, em que medida verdadeiramente se estabelece um acordo de vontades na relação jurídica criada entre seus agentes: *settlor/trustee*/beneficiário.

Para a sua válida constituição, o *settlor* deve ter a intenção de criar um *Trust*, estabelecer uma propriedade determinável e atribuir a propriedade absolutamente para o *trustee*; ainda, deve indicar os beneficiários dos *Trusts* e seus respectivos benefícios ou; em sendo um *purpose trust*, deve estabelecer suas finalidades.

Entre outras coisas, cabe ao *settlor* definir como a renda ou o capital principal do *Trust* serão repassados aos beneficiários pelo *trustee*. Logo, ele decide se a renda gerada pelo *trust fund* será totalmente distribuída ao beneficiário, ou se poderá o *trustee* acumular a renda no capital inicial do *Trust*. Ainda, pode o *settlor* permitir que o *trustee* distribua o próprio capital do *Trust*.

Em todos esses aspectos, meramente exemplificativos, em regra, o *trustee* não intervém. De fato, o *trustee* normalmente será indiferente às disposições que estipulam as condições fundamentais do *Trust*, por exemplo, em relação a escolha dos beneficiários e a determinação de seus benefícios.

Vimos, ainda, que sob os *Trusts* podem ser estabelecidas as mais variadas cláusulas e diretrizes administrativas, afastando até mesmo a Lei geral dos *Trusts* – no que for permitido – se esse for o desejo de seu instituidor. Neste momento, embora possa o *settlor* receber auxílios externos de advogados ou consultores, em regra, ele exerce um ato unilateral, a depender exclusivamente de sua vontade – em ponderação à sua situação familiar e patrimonial.

Por outro lado, existem cláusulas no *trust instrument* que, inegavelmente, podem ser instituídas com a participação direta de um *trustee*, especialmente aquelas que lhe dizem respeito.

Ao *trustee* é conferido o poder de manter, investir, gerenciar e distribuir os bens do *Trust*, em favor de beneficiários determináveis ou para o cumprimento de algum propósito específico. Ainda, para o exercício de sua função pode lhe ser atribuído poderes discricionários, que, como vimos, são acompanhados de sérias responsabilidades e de uma remuneração que deve ser compatível com sua função.

Sob esses aspectos, poderá, sim, ocorrer um acordo de vontades entre *settlor* e *trustee* – dentro do que pode legalmente ser ajustado – tendo em vista a ampla gama de deveres e responsabilidades que o *trustee* assume. Logo, neste quadro vislumbramos a possibilidade de existência de negociações, seguida da necessária aceitação, ou não, da função pelo *trustee*.

Na verdade, um *trustee* profissional vai desejar fixar o seu preço, e vai insistir para excluir do *trust deed* disposições administrativas que lhe sejam demasiadamente danosas, observadas as exclusões vedadas por Lei. Por exemplo, não se admite a exclusão dos deveres fiduciários do *trustee*, mas pode ser negociado que sua responsabilidade recaia de forma limitada ou subsidiária.

Ressalta-se, que tal como nos contratos, a autonomia da vontade no âmbito dos *Trusts* não é totalmente irrestrita. Existem as óbvias proibições de *Trusts* que violem as políticas públicas, bem como de *Trusts* constituídos para finalidades ilegais.

A nossa posição sobre esse tópico é a de que, embora os *Trusts* tenham alguma afinidade com os contratos, e até mesmo possam ser celebrados contratos por meio de *Trusts*, os *Trusts* não são relações contratuais – uma vez que não podem ser enquadrados *simplesmente* na categoria dos direitos obrigacionais. Igualmente, o *Trust* não pode ser visto como um mecanismo exclusivo do direito das coisas.

Ante o até aqui examinado, apreciamos que para sua assimilação, identificação, funcionamento e credibilidade jurídica, os *Trusts* devem ser vistos enquanto *Trusts*, com todas as suas particulares regras de direito concernentes à sua formação, funcionamento e extinção.

Como um novo mecanismo de administração e disposição de bens ou direitos, ele possui características, requisitos e natureza jurídica própria. Dessa forma, não cabe a sua adequação às regras já existentes, mas, sim, a sua implementação através da inovação legislativa: uma lei sobre os *Trusts*.

Nessa linha, embora aquiesçamos com a sua constituição preferencialmente através da forma escrita, ela não será essencialmente realizada mediante um acordo de vontades, ou seja, de forma negociada bilateralmente.

Em outra abordagem, a partir do momento em que o *trustee* ajusta com o *settlor* a respeito de sua remuneração ou responsabilidades, o *Trust* pode ser visto enquanto um acordo de vontades entre eles. Mas, ainda assim, não será o *Trust* um contrato, ao passo que o seu incumprimento não levará a extinção do *Trust*, como ocorreria se fosse um contrato. Certamente, em desacordos entre *settlor/trustee* ou *trustee/beneficiário*, pode ocorrer a substituição do *trustee* com a nomeação (judicial ou extrajudicial) de um novo *trustee*.

Sobretudo, porque embora o vínculo jurídico seja constituído entre o *trustee* e o beneficiário, em nenhum momento de sua formação vislumbra-se a participação dos beneficiários.

Oportuno, novamente mencionar aqui, que o contrato inominado é permitido no Direito brasileiro, dentro da perspectiva dos princípios da liberdade contratual e da autonomia da vontade.

Segundo define PAIS DE VASCONCELOS, a autonomia é a liberdade que as pessoas têm de se regerem e vincularem a si próprias, umas perante as outras, de prometerem e de se comprometerem[287].

Para WATERS o contrato inominado seria a única forma de aproximação dos *Trusts* concebível àqueles que pretendem ajustá-lo inteiramente dentro dos princípios e das regras da *civil law*, já existentes[288].

---

[287] *Cfr.* PAIS DE VASCONCELOS, Pedro. *Teoria Geral do Direito Civil*. Coimbra: Almedina, 2010, p. 15.
[288] *Cfr.* WATERS, Donovan. *The Future of the Trust Part I*. Journal of International Trust and Corporate Planning, v. 13, n. 4, 2006, p. 193.

Entretanto, embora o *Trust* possa ser constituído no âmbito de um contrato inominado, não apoiamos que esta seja a solução adequada para se criarem relações de *Trusts* no Brasil.

Com efeito, o *Trust* deve ser implementado enquanto estrutura abrangente, e ao mesmo tempo segura, e para isso é necessária a adoção de um conceito próprio do instituto, de forma independente e autossuficiente. Onde, com fundamento nos mesmos princípios **da liberdade contratual e da autonomia da vontade**, deixaremos ao **livre arbítrio das partes**, a opção pelo instrumento de melhor técnica jurídica, **que melhor se adequar às suas necessidades e expectativas**.

A corroborar com esse raciocínio, complementa, PAIS DE VASCONCELOS, *in verbis*: *"Na celebração do negócio, o papel do livre arbítrio não se confina à livre determinação quanto à sua celebração; o autor tem também o poder de determinar em que termos se quer vincular, qual conteúdo da regulação que com o negócio vai pôr em vigor, quais moldes em que o seu negócio vai produzir modificações na sua esfera jurídica"*. Além disso, destaca o autor: *"A autonomia privada corresponde ao espaço de liberdade imposta pela dignidade humana"*[289].

No exercício da autonomia da vontade, os diversos institutos jurídicos devem ser analisados tendo em conta a sua praticidade e potencialidade para reduzir custos econômicos e conferir segurança nas relações estabelecidas. E sob tais perspectivas, caberá ao indivíduo escolher qual ferramenta jurídica é mais útil e eficaz ao fim ao qual se propõe.

3. A Transferência da Titularidade da Propriedade para o *Trustee*

Na análise da estrutura objetiva dos *Trusts*, pudemos observar que para a formação dos *Trusts*, necessariamente, os bens ou direitos que organizarão a *trust property* devem ser transferidos ao *trustee*.

De fato, lembramos que *Trust* é criado por um instituidor/*settlor*, que confia alguns ou todos os seus bens a uma pessoa de sua escolha (o *trustee*), transmitindo de forma efetiva o título legal da propriedade para ela. Por outro lado, o *settlor* atribui o título equitativo da mesma propriedade a um beneficiário por ele designado. Essa é uma das características fundamentais do *Trust*.

---

[289] *Cfr.* PAIS DE VASCONCELOS, Pedro. *Teoria Geral do Direito Civil*. Coimbra: Almedina, 2010, p. 419.

Dois aspectos podem ser apartados dessa transferência: primeiramente, a transferência da propriedade em si para o cumprimento das finalidades do *Trust* e, além disso, a divisão dos direitos sobre a propriedade resultantes dessa transferência *(legal* e *equitable property)*.

Com efeito, insta relembrar, que embora o *trustee* adquira o *legal title*, ele é obrigado a lidar com a *trust property* somente no melhor interesse dos beneficiários, conforme especificado pelo *settlor* no *trust instrument*. Portanto, ele adquire uma propriedade limitada sobre a *trust property*, e não uma propriedade plena.

Ante o já examinado, o *trustee* detém o *legal title* da propriedade somente com a finalidade de protegê-la ou de conservá-la para os beneficiários dos *Trusts*. Sob tal prisma, são atributos basilares do direito de propriedade no Direito brasileiro: o poder ou o direito de transferir e o direito de possuir e usufruir da propriedade e/ou de sua renda.

Nesse quadro, o *trustee* não tem o poder para transferir a *trust property* em seu proveito, nem pode aproveitá-la (frutos) para seu próprio benefício. Ele, sem dúvida, possui a *trust property*, mas a posse é limitada para o benefício de outrem.

A transferência da propriedade para o *trustee* é um requisito objetivo fundamental de validade dos *Trusts*. Com razão, uma das maiores vantagens da transferência da propriedade sob os *Trusts* é, precisamente, a flexibilidade proporcionada em razão dos bens ou direitos já se encontrarem em nome do *trustee*. Pois é dessa forma que, de posse da titularidade da *trust property*, mais rapidamente o *trustee* responde aos anseios do mercado, sem a necessidade de constantes autorizações e procurações para cada ato que ele realizar, buscando a gestão tão eficaz quanto diligente do patrimônio confiado a ele.

A esse respeito, em substância, de merecido destaque é a opinião de GRAZIADEI, MATTEI e SMITH, *in verbis*: *"This is particulary important in the business world where quick, reliable and unimpaired decision-making is per se an important asset that an agent, in principle, does not enjoy, but that the trustee does"*[290].

Pois bem, um dos desafios de caráter dogmático à introdução dos *Trusts* que poderia ser apontado é justamente a transmissão da propriedade

---

[290] *Cfr.* GRAZIADEI, Michele; MATTEI, Ugo; SMITH, Lionel. *Commercial trusts in European private law.* Cambridge: Cambridge University Press, 2005, p. 38.

ao *trustee* que, por um lado, acarreta na divisão dos direitos sobre a propriedade entre ele e o beneficiário do *Trust* – desconhecida como tal no ordenamento jurídico brasileiro – e, por outro lado, a transferência da propriedade para o *trustee* em confiança demanda a adequada proteção jurídica do beneficiário, pois confere ao *trustee* o Direito de disposição sobre a mesma.

Contudo, a transposição de tais entraves impostos ao livre exercício dos Direitos privados encontra abrigo nos princípios da *autonomia da vontade* – pelo reconhecimento de que a capacidade jurídica da pessoa humana lhe confere o poder de praticar ou abster-se de certos atos, conforme a sua vontade; e no da *liberdade de estipulação negocial* – devido a permissão aos indivíduos de outorgar Direitos e de aceitar deveres, nos limites legais, dando origem a seus próprios negócios jurídicos.

Ponderamos, outrossim, que os limites legais à liberdade de estipulação negocial devem acompanhar a evolução do homem em sociedade, portanto, não constitui barreira jurídica imutável. Adicionalmente, através do reconhecimento de que o homem pelo seu trabalho ou de outras formas de aquisição admitidas por lei, pode adquirir bens móveis ou imóveis que passam a constituir seu patrimônio. Consequentemente, deve ser conferido a ele o poder sobre seu patrimônio, incluindo o poder de transmiti-los a quem ele desejar.

Destacamos, novamente, que não recomendamos a estruturação de *Trusts* objetivando prejudicar terceiros, ou em violação às leis brasileiras e à ordem pública. Mas, claramente advertimos, a necessidade dos ordenamentos jurídicos se adequarem à nova realidade social, através da transformação qualitativa de seus dogmas.

Nesse quadro, para a correta implementação dos *Trusts* em um ordenamento jurídico de *civil law*, é fundamental o reconhecimento da titularidade legal do *trustee* dos bens ou direitos transferidos a ele pelo *settlor*, para que não ocorra a frustração do *Trust*.

Na mesma linha de raciocínio, também é basilar o reconhecimento dos Direitos dos beneficiários em relação à mesma propriedade, porquanto a *equitable ownership* detida pelo beneficiário é a sua garantia maior de que o *Trust* será administrado no seu interesse, permitindo-lhe a tomada de medidas rigorosas para a defesa de seus Direitos.

A esse propósito, é a opinião de GRETTON, *in verbis*: *"Just as the trustee's ownership is an odd sort of ownership, but owners hip nonetheless, so the beneficiary's personal right is an odd sort of personal right, but personal nonetheless*"[291].

Nesse quadro, desdobra-se a transferência da propriedade sob os *Trusts*, em questões importantes a serem consideradas seguidamente:

- A transferência da propriedade legal de um indivíduo (*settlor*) para outro (*trustee*), com propósitos específicos de administração ou disposição, implica na imposição de deveres fiduciários ao *trustee*.
- A transferência da propriedade legal de um indivíduo (*settlor*) para outro (*trustee*), provoca a divisão dos direitos sobre a mesma propriedade à duas pessoas: o *trustee* e o beneficiário.

Tal característica dos *Trusts* nos conduz à ponderação de determinadas regras existentes na *civil law*, sugerindo pontos que devem, necessariamente, ser confrontados: a teoria da unidade dos direitos reais; o princípio *numerus clausus* dos Direitos reais; o *tracing* e o direito de sequela.

- A transferência da propriedade legal de um indivíduo (*settlor*) para outro (*trustee*) com finalidades específicas e a divisão do Direito sobre a propriedade não são noções desconhecidas no Direito continental. Para um maior esclarecimento, veremos alguns antecedentes comparáveis com os *Trusts* no Direito Romano, que também o municiam de compatibilidade com o Direito brasileiro: *enfiteuse, fideicomisso, fiducia cum amico* e a *fiducia cum creditore*.
- A transferência da propriedade legal de um indivíduo (*settlor*) para outro (*trustee*), com propósitos específicos de administração ou disposição, implica na formação de um patrimônio separado.

A característica acima, também não desconhecida do Direito brasileiro (pois ela pode ser observada em outros institutos jurídicos), leva a necessária consideração das regras que norteiam o direito sucessório e o direito dos credores frente a formação e a segregação patrimonial do suposto devedor.

---

[291] Cfr. GRETTON, George. *A History of Private Law in Scotland*. Volume 1. New York: Oxford University Press, 2000, p. 482.

Ao final, pretende-se demonstrar, o que já esclareceu LUPOI, *in verbis*: *"The mere fact that trusts exist in civil law countries should prove the point that there is no basic incompatibility with civil law structures"*[292].

a) Deveres Fiduciários do *Trustee* – A seriedade, a probidade e a boa-fé, resultam na continuidade das relações entre as pessoas. Contudo, a segurança do vínculo por elas ajustado, deve ser obtida através do reconhecimento dos direitos e deveres das partes pelos aplicadores do Direito, determinando o cumprimento das obrigações voluntariamente assumidas e a responsabilização pelos danos eventualmente causados.

Por conseguinte, além da fundamental participação do poder legislativo na elaboração ou alteração de regras que acompanhem a evolução dos Direitos, fulcral é a conduta do poder judiciário nas relações privadas, na restauração de um equilíbrio moral ou patrimonial desfeito e na coibição do enriquecimento ilícito, sempre em conformidade com os ditames da justiça.

As relações sob os *Trusts* surgiram independente do consentimento de regras jurídicas já estabelecidas. Nasceram das relações humanas e das necessidades elevadas em razão das circunstâncias da época. Basearam-se, principalmente, na *confiança* de uma pessoa em outra, conceito que deve ser elevado e protegido sob todos os aspectos de forma contínua e absoluta, sobretudo no âmbito das relações jurídicas. O *Trust* teve origem na confiança depositada pelo *settlor* no *trustee*, que ao receber a titularidade legal de bens ou direitos, a exerce em benefício de outros. Depois, a tutela jurídica conferida pelo Tribunal da equidade ao *Trust* adiciona ao instrumento o elemento *"Justiça"*, através da imposição dos deveres fiduciários ao *trustee* e do reconhecimento dos direitos dos beneficiários.

Podemos dizer que a base fundamental dos *Trusts* é a confiança depositada pelo *settlor* no *trustee*, logo, no "elemento confiança", que por vezes é apontado como um *elemento* que não se enquadra no Direito continental.

Explica LUPOI, *in verbis*: *"a notion that left Europe's ius commune or common law in the 15th–16th centuries to become embedded in English law (as is apparent in the longstanding expression "trust and confidence"), while on the Continent*

---

[292] Cfr. LUPOI, Maurizio. *The Civil Law Trust*. Vanderbilt Journal of Transnational Law, v. 32, 1999, p. 10.

it progressively lost significance. 'Confidence', according to many, is at the root of trusts and fiduciary obligations"[293].

Por outro lado, hodiernamente, concordamos com PAIS DE VASCONCELOS ao discorrer que a tutela da confiança ganha cada vez mais vigor no Direito continental, e que são pobres os argumentos de que a confiança anglo-americana contrasta com a mentalidade latina de desconfiança[294].

Em complemento, muito bem elucida FRADA ao mencionar que cabe a qualquer ordem jurídica a missão indeclinável de garantir a confiança dos sujeitos, porque ela constitui um pressuposto fundamental de qualquer coexistência ou cooperação pacífica, isto é, da paz jurídica. Acrescente-se, aqui, que o renomado autor, ao tratar a respeito da *Confiança e o Direito*, em sua ilustre Tese de Doutoramento intitulada *"Teoria da Confiança e Responsabilidade Civil"*, proporciona um correttíssimo entendimento sobre a Confiança e a necessidade de sua tutela *"para conseguir um funcionamento aceitável do sistema social em seu conjunto"*[295].

Essencialmente, FRADA relata que o caráter insuficiente e a precariedade relativa das medidas de controlo e de segurança instituídas *"exige redobrados "níveis de confiança" da parte dos sujeitos e obriga a uma sua tutela particularmente eficaz"*[296].

É nessa linha de coerência, que as relações criadas a partir de um *Trust* devem ser protegidas, e, assim sendo, a natureza fiduciária dos poderes do *trustee*.

A partir do momento em que os bens ou direitos estão em seu nome, o *trustee* possui todos os poderes considerados necessários à administração dos *Trusts*. Pelo mesmo motivo, perante terceiros ele figura como o único titular da *trust property*. De fato, a sua titularidade jurídica é dotada de eficácia *erga omnes*, sendo uma autêntica titularidade *in rem*, podendo, em princípio, realizar qualquer negócio jurídico necessário.

---

[293] *Cfr.* LUPOI, Maurizio. *Trusts in Italy: A Living Comparative Law Laboratory*. Trusts & Trustees, United Kingdom, v. 18, n. 5, p. 383–389, june 2012, p. 386.

[294] *Cfr.* PAIS DE VASCONCELOS, Pedro. *Contratos Atípicos*. Coimbra: Almedina, 2009, p. 276.

[295] *Cfr.* FRADA, Manuel A. Carneiro da. *Teoria da Confiança e Responsabilidade Civil*. Coimbra: Almedina, 2007. Coimbra: Almedina, 2007, p. 19.

[296] *Cfr.* FRADA, Manuel A. Carneiro da. *Teoria da Confiança e Responsabilidade Civil*. Coimbra: Almedina, 2007, p. 19.

Entretanto, por ser uma criação da equidade, os atos dos *trustees* são conectados ao *Trust* constituído, de forma que todos os seus atos (deveres e direitos) devem ser realizados em harmonia com as finalidades dos *Trusts*, e na medida exata do cumprimento de seus objetos.

Logo, os poderes dos *trustees* são plenamente vinculados aos seus deveres fiduciários, em razão dos muito amplos poderes e ele conferidos.

A esse propósito, FRADA esclarece que no quadro dos negócios que envolvem a confiança, dois comportamentos fundamentais existem e podem ser reclamados. Em primeiro lugar, o autor se refere ao *"amplo dever de informar ou revelar a outra parte (ao confiante) as várias circunstâncias susceptíveis de lhe interessar, que recaiam no âmbito da relação estabelecida"*; o segundo, diz respeito ao padrão de conduta exigível, sendo este *"mais estrito do que aquele que vigora para os contratos em geral"*. Nas palavras do autor: *"Reclama-se aí um comportamento da máxima correcção por forma a não defraudar a outra parte; a usar, pois, da diligência e lealdade que a relação, pela sua natureza, impõe"*[297].

Sem dúvida, a natureza fiduciária da sua função impõe sobre o *trustee* pesadas responsabilidades no exercício de seus atos de gestão e disposição dos bens a ele transferidos. Nesse sentido, o *trustee* deve sempre procurar as soluções mais adequadas e justas aos problemas surgentes no *Trust*, porque é essa a maior expectativa do *settlor*. De fato, quando o *settlor* considera a hipótese de constituir um *Trust*, logo ele realiza a seleção do *trustee*, levando em conta a sua capacidade profissional e a confiança que ele inspira.

Na verdade, a fidúcia observada nos *Trusts* está, desde a sua origem, primeiramente conectada à escolha do *trustee* pelo *settlor*. Somente mais tarde verificou-se a tutela legal da relação, de modo a coibir o excesso praticado pelo *trustee*, e a proteção dos Direitos dos beneficiários. Por conseguinte, é o *trustee* um fiduciário que detém o título legal da *trust property* exclusivamente para o benefício dos beneficiários, ou para a realização dos propósitos dos *Trusts*.

Nesse sentido, todos os poderes que o *trustee* possui de gestão e controlo da propriedade devem ser exercidos de forma consistente com

---

[297] *Cfr.* FRADA, Manuel A. Carneiro da. *Teoria da Confiança e Responsabilidade Civil*. Coimbra: Almedina, 2007, p. 550-551.

as disposições do *trust instrument* e sopesando suas obrigações fiduciárias impostas pela Lei. Com efeito, o *trustee* é obrigado a administrar o *Trust*, de acordo com ambos: os termos do *trust instrument* e a Lei que o regula.

As obrigações fiduciárias dos *trustees* compreendem principalmente os deveres de lealdade, cuidado e diligência, em uma perspectiva muito mais exigente do que a esperada em uma relação constituída com a ausência da fidúcia entre as partes. Ademais, o padrão de cuidado, diligência e lealdade, normalmente não podem ser subtraídos no *trust instrument* por acordo entre *trustee* e *settlor*.

De fato, como já antes sinalizado, embora existam as chamadas *trustees exemption clauses*, não pode o *settlor* inserir cláusulas no *trust instrument* estabelecendo situações de exclusão da ilicitude ou culpa do *trustee*. Não é permitido que o *settlor* afaste a responsabilidade do *trustee* que agir contra seus deveres fiduciários de lealdade, boa-fé e prudência, pois que tal exclusão é veementemente contrária à ordem pública e aos princípios basilares do Direito dos *Trusts*, e, por conseguinte, contra os princípios da *equidade*.

Deve ser notado, que o dever de cuidado exige que o *trustee* mantenha sua habilidade e razoabilidade em todas as circunstâncias no exercício de seus deveres. Especialmente naquelas em que ressaltou ter um maior conhecimento ou experiência especial.

De fato, se ele age como *trustee* no exercício de uma profissão ou negócio, é pressuposto que ele possua conhecimentos ou experiências razoáveis no exercício desse tipo de negócio ou profissão, e por isso ele se responsabiliza.

Por consequência, quando um *trustee* é removido de seu cargo por má conduta, claramente, ele tem o direito de tentar comprovar a sua inocência, contestando as alegações, ou outros motivos apresentados pelo *settlor* ou pelos beneficiários para a sua remoção. De fato, o *trustee* tem o legítimo interesse em proteger o seu nome e reputação profissional. Inclusive, pode ser prevista uma indenização ao *trustee* em casos onde ele é removido ou substituído sem motivos justificáveis.

A responsabilidade do *trustee* surge quando ele incorre em violação do *Trust*, não exercendo adequadamente os seus deveres e poderes *fiduciários*. Na prática, não há nenhuma diferença se o *trustee* praticou atos *ultra vires* ou *intra vires* avaliando-se, em geral, a violação dos deveres de diligência, cuidado, lealdade e boa-fé[298]. De fato, devido aos critérios de conduta serem derivados da natureza fiduciária dos seus deveres, facilmente o *trustee* pode incorrer em violação do *Trust*.

Como já antes sinalizado, comumente os Tribunais ingleses são mais rigorosos quanto ao cumprimento dos deveres fiduciários do *trustee* de lealdade e de diligência, do que ao decidirem em razão de violação de tais deveres por um administrador – inserido em outras figuras jurídicas disponíveis, tal como a *corporation* – o que confere ao instituto do *Trust* maior segurança e confiança.

Nesse contexto, considerando os deveres fiduciários do *trustee*, vislumbramos outros pontos que especialmente devem ser desenvolvidos neste tópico em análise: o princípio da boa-fé objetiva e a responsabilidade objetiva do *trustee*, e a qualificação profissional do *trustee*.

b) O Princípio da Boa-Fé Objetiva e a Responsabilidade Objetiva – Em primeiro lugar, a boa-fé apresenta duas facetas, a objetiva e a subjetiva.

Nesse sentido, esclarece REALE que *"a boa-fé subjetiva corresponde, fundamentalmente, a uma atitude psicológica, isto é, uma decisão da vontade, denotando o convencimento individual da parte de atuar em conformidade com o Direito. Já a boa-fé objetiva apresenta-se como uma exigência de lealdade, modelo objetivo de conduta, arquétipo social pelo qual impõe o poder-dever que cada pessoa ajuste a própria conduta a esse arquétipo, obrando como obraria uma pessoa honesta, proba e leal"*[299]. Para o autor, a boa-fé objetiva se qualifica como normativa de comportamento leal. A conduta, segundo a boa-fé objetiva, é assim entendida como noção sinônima de honestidade pública.

Nesse quadro, devemos acrescentar que, em consonância com PAIS DE VASCONCELOS, na perspectiva subjetiva da boa-fé, *"tem grande importância o conhecimento ou o desconhecimento subjectivo por parte do agente*

---

[298] Conforme vimos, a violação do *Trust* pode ocorrer de duas formas. Em decorrência de ato *ultra vires* ou em consequência de culpa do *trustee* (negligência, imperícia, imprudência) atos que se praticados corretamente seriam considerando *intra vires*. Na prática não há nenhuma diferença se o *trustee* praticou atos *ultra vires* ou *intra vires*, considerando-se em geral, a violação de deveres fiduciários de diligência, cuidado, lealdade e boa-fé. *Vide* FOX, David. *Non-excludable trustee duties*. Trusts & Trustees, United Kingdom, v. 17, n. 1, p. 17–26, february 2011, p. 20.

[299] *Cfr.* REALE, Miguel. *A Boa-Fé no Código Civil*. Artigo publicado em 16.08.2003. Disponível em: http://www.miguelreale.com.br/artigos/boafe.htm. Acesso em: 20.06.2013.

de uma vicissitude ou de um vício da situação jurídica em questão". Já sob a perspectiva objetiva, "*a boa fé constitui critério de acção correcta, de ortonomia*". Aqui, "*a boa fé surge como portadora de critérios de actuação honesta e honrada, como padrão ou "standard" jurídico*"[300].

Ainda, esclarece MENEZES CORDEIRO que a "*boa fé objectiva é entendida como do domínio do Direito jurisprudencial: o seu conteúdo adviria não da lei, mas da sua aplicação pelo juiz*"[301].

Em conformidade com o analisado até o momento, a relação fiduciária estabelecida no *Trust*, reforça a importância da consideração da boa-fé objetiva e da confiança nas relações humanas.

O que se impõe, em verdade, é que a confiança depositada pelo *settlor* no *trustee* seja *fielmente* levada em consideração nas avenças judiciais que surgem. Essencialmente, no firme propósito de coibir o *trustee* nomeado, no sentido de adimplir, sem tergiversações e delongas, aquilo que foi promulgado ou pactuado e, principalmente, aceito voluntariamente por ele. Deve o juiz, ao decidir um litígio envolvendo um *trustee*, analisar conforme o caso concreto, essencialmente considerando a intenção e expectativas do *settlor* ao constituir o *Trust*.

Isto, porque, como regra geral, o *Trust* confere um dever jurídico especial de cuidado e boa-fé na gestão da *trust property* pelo *trustee*, por tratar-se de relação fiduciária. Nesse sentido, ETHERTON, na já mencionada Conferência organizada pelo *Trust Law Committee*, designada de *The Future of Trust* (abril-2012), ressalta a importância da lealdade e da boa-fé nas relações de *Trust*, *in verbis*: "*Its existence and function depend upon duties of good faith, selflessness, honesty and integrity. This is necessarily so where the legal ownership and management of property are separated from the beneficial ownership, and where the trust is imposed, or the duty to account as a trustee is required by law, to set right the otherwise unconscionable conduct of the defendant*"[302].

---

[300] *Cfr.* PAIS DE VASCONCELOS, Pedro. *Teoria Geral do Direito Civil*. Coimbra: Almedina, 2010, p. 22-23.

[301] *Cfr.* MENEZES CORDEIRO, António. *Da Boa Fé no Direito Civil*. Coimbra: Almedina: 2007, p. 43.

[302] *Cfr.* ETHERTON, Terence Michael Elkan Barnet. *Day 1 Chairman's introduction – The Future of Trusts*, 2012. Trusts & Trustees, United Kingdom, v 19, v. 3 e 4, p. 240–241, april/may 2013, p. 240.

Com efeito, consideramos que o padrão de conduta esperado do *trustee* é condizente com a boa-fé objetiva, e é sob essa perspectiva que suas condutas devem ser analisadas.

A partir do momento em que a relação fiduciária é vista como aquela fundada na máxima confiança depositada em uma pessoa, por outra, em razão de sua integridade e fidelidade, ela merece uma proteção suplementar dos órgãos judiciais.

Como já reiteradamente mencionado, um fiduciário tem o dever de agir principalmente para o benefício do outro em questões ligadas ao compromisso consolidado, e não agir visando seu próprio interesse pessoal. Com isto, desejamos dizer que a *boa-fé* é elemento fundamental de qualquer relação em *Trust*.

Importante esclarecer, ainda, que o dever de boa-fé – sob a perspectiva objetiva – imposto ao *trustee*, vai além do simples cumprimento das cláusulas do *trust instrument*. Em verdade, envolve muito mais *"como"* o *trustee* deve proceder no cumprimento destas cláusulas. Impõe-se que o *trustee* se comporte de forma honesta, leal e correta, evitando causar danos ao *Trust* e logo, aos beneficiários (dever de proteção), garantindo o conhecimento de todas as circunstâncias relevantes para o *Trust* (dever de informação). Evidente que é o comportamento do *trustee* que faz prosperar os *laços de confiança* entre as partes envolvidas no *Trust*.

Trata-se de um padrão de conduta esperado do *trustee* e, por ser intrínseco a qualquer *Trust*, a sua inobservância importa em violação do *Trust*. Essa violação deve ser analisada pelo magistrado da mesma forma que o faria no caso de inadimplemento de cláusula expressamente prevista, com implicações jurídicas mais severas por tratar-se de uma *relação de confiança*. Logo, é através da análise do *padrão de conduta* utilizado pelo *trustee* nas tomadas de suas decisões, que será cominada sua responsabilidade sobre perdas ocorridas no *Trust*.

Por conseguinte, devemos indicar que o Código Civil brasileiro estabelece o princípio da boa-fé como cláusula geral do direito das obrigações, nestes termos: *"Art. 422. Os contratantes são obrigados a guardar, assim na conclusão do contrato, como em sua execução, os princípios de probidade e boa-fé"*[303].

---

[303] Igualmente merece destaque o artigo 113 do mesmo dispositivo legal, que estabelece, *in verbis*: *"Art. 113. Os negócios jurídicos devem ser interpretados conforme a boa-fé e os usos do lugar de sua celebração"*.

Aliás, nesse sentido, especial consideração assume a menção feita por TOMÉ, in verbis: "*A primeira finalidade da boa-fé é de gerar segurança para as obrigações, em especial celebradas por meio dos contratos. Esta segurança é necessária para a realização do interesse geral, que consiste no intercâmbio de bens e serviços, os quais são viabilizados com base no estabelecimento de uma "relação de confiança" que é alcançada pelo princípio da boa-fé*"[304]. Ainda, complementa a autora, que a boa-fé objetiva é uma regra de conduta, é um dever de agir, que deve nortear toda e qualquer relação jurídica, por isso trata-se de um princípio geral e necessário para o sistema jurídico.

Em alinhamento, complementa MARTINS COSTA que a expressão boa-fé indica um modelo de comportamento, um *standard* valorativo de concretos comportamentos humanos. Esse *standard* considera modelar justamente um agir pautado por certos valores socialmente significativos, tais como a solidariedade, a lealdade a probidade, a cooperação e a consideração aos legítimos interesses alheios[305].

Por todo o exposto, ponderando a fundamental importância da boa-fé no Direito dos *Trusts*, na implementação dos *Trusts* no Direito brasileiro consideramos basilar que seja ressaltada a boa-fé objetiva como cláusula geral dos *Trusts*.

Em prosseguimento a este tópico em análise, devemos fazer breve menção em relação à responsabilidade objetiva e à responsabilidade do *trustee*.

No Direito brasileiro a responsabilidade civil pode ser classificada considerando diferentes perspectivas. Para o que nos interessa no presente momento, devemos considerar a classificação da responsabilidade civil, em relação ao seu fundamento, que pode ser objetiva e subjetiva. Nesse sentido, a responsabilização subjetiva se justifica na comprovada existência de culpa ou dolo do *trustee*, enquanto a objetiva advém independentemente da existência de tais elementos. Logo, a responsabilidade objetiva determina que o agente também possa ser impelido à reparação pelos danos sofridos, ainda que não tenha agido com culpa ou dolo.

---

[304] Cfr. TOMÉ, Patrícia Rizzo. *A boa-fé na relação obrigacional*. Revista Forense, Rio de Janeiro, v. 416.

[305] Cfr. MARTINS COSTA, Judith. *A boa-fé objetiva e o adimplemento das obrigações*. Revista Brasileira de Direito Comparado, Rio de Janeiro, n. 25, p. 229-279, 2º semestre de 2003, p. 232.

Essas hipóteses decorrem de leis específicas ou de situações em que a própria atividade exercida pelo agente implique em risco para terceiros.

A responsabilidade objetiva funda-se num princípio da equidade, onde impõe-se que aquele que lucra com uma situação deve responder pelo risco ou pelas desvantagens dela resultantes, e tem como fundamento a atividade exercida pelo agente.

Nesse sentido, DINIZ explica que a responsabilidade civil será classificada como objetiva quando seu fundamento for o risco. Logo, considera-se o *risco* do agente em causar prejuízo à vítima ou a seus bens[306].

A corroborar como esse raciocínio, o artigo 927 do Código Civil brasileiro deixa claro que: *"Art. 927. Aquele que, por ato ilícito (arts. 186 e 187), causar dano a outrem, fica obrigado a repará-lo. Parágrafo único. Haverá obrigação de reparar o dano, independentemente de culpa, nos casos especificados em lei, ou quando a **atividade normalmente desenvolvida pelo autor do dano implicar, por sua natureza, risco para os Direitos de outrem".* (grifo nosso)

Em alinhamento, explica DINIZ que o dever de indenizar é imposto a certas pessoas independentemente da prática de qualquer ato ilícito, considerando que determinadas atividades humanas criam um risco especial para outrem[307].

Entendemos que a responsabilidade do *trustee* se aproxima muito com a responsabilidade objetiva do Direito Civil. Em regra, a responsabilidade do *trustee* surge quando ele age em desconformidade com as cláusulas do *trust instrument,* ou em violação de seus deveres e das normas que regem sua função. Sendo irrelevante a demonstração de culpa na violação do *Trust*, satisfazendo o nexo de causalidade entre a conduta do *trustee* e o dano verificado.

Em um primeiro momento, o *trustee*, na qualidade de fiduciário, se responsabiliza pessoalmente e com seu patrimônio pessoal por atos ilícitos cometidos no exercício de sua função. Por outro lado, mesmo que o *trustee* atue dentro do limite de seus poderes, mas desonestamente ou

---

[306] *Cfr.* DINIZ, Maria Helena. *Curso de Direito Civil Brasileiro.* Responsabilidade Civil. São Paulo: Saraiva, 2019, p. 128.

[307] *Cfr.* DINIZ, Maria Helena. *Curso de Direito Civil Brasileiro – Responsabilidade Civil.* São Paulo: Saraiva, 2019, p. 52.

com negligência, ele será responsabilizado pela lesão ocorrida no *Trust*, se tal perda não tivesse advindo senão em razão de sua conduta.

Embora sua responsabilidade possa ser atenuada perante os Tribunais, o fato de que não houve intenção de fraudar por parte do *trustee* é irrelevante, pois ele ainda assim pode ser responsabilizado por perdas ocorridas na *trust property* em razão da violação do *Trust*.

Nesse contexto, MENNEL esclarece que a "quebra do *Trust*" é a quebra de um dever, e que em razão do alto padrão de conduta imposto pelos deveres fiduciários do *trustee*, a quebra pode facilmente acontecer[308].

Explicam, ainda, VAZ TOMÉ E CAMPOS, que a "*sua obrigação ressarcitória reveste sempre conteúdo restitutório, ou seja, o trustee deve devolver ao Trust tanto os bens ou direitos de que este se viu privado, como a utilidade que o mesmo teria produzido na ausência de incumprimento*"[309].

Logo, perceba-se, que o *trustee* responde frente aos beneficiários do *Trust* por todos os danos causados em razão do incumprimento de seus deveres, independentemente de sua boa ou má-fé. Além disso, o *trustee* se responsabiliza pessoal e ilimitadamente frente a terceiros com quem se relaciona. Exceto se ele comunicou ao terceiro que estava agindo na condição de *trustee* ou, se ele limitou a sua responsabilidade à *trust property*.

Em ponteamento final a respeito, deve-se ater que os *Trusts*, como novo instrumento, gera deveres e responsabilidades próprias do instituto. Logo a noção de "obrigação fiduciária do *trustee*", como entendido na *common law*, é crucial.

Os *Trusts* são apenas um dos relacionamentos que são dignos de proteção por causa de sua natureza fiduciária. Ainda podemos citar as relações entre advogado e cliente, médico e paciente, entre muitas que nascem de um relacionamento de confiança e, assim, devem ser protegidos com maior vigor e respeito pelos Tribunais.

c) Qualificação Profissional do *Trustee* – Ante o examinado, percebemos que, comumente, os países de *civil law* que procuram a implementação dos *Trusts* em seu ordenamento jurídico interno, buscam impor uma

---

[308] *Cfr.* MENNEL, L. Robert. *Wills and Trusts in a Nutshell*. Second Edition, Minnesota: Thomson West, 2007, p. 276-277.

[309] *Cfr.* VAZ TOMÉ, Maria João; CAMPOS, Diogo Leite de. *A Propriedade Fiduciária (Trust), Estudo para a sua Consagração no Direito Português*. Coimbra: Almedina, 1999, p. 133.

qualificação profissional aos *trustees*, e até mesmo a exigir a realização de um seguro de responsabilidade civil.

À introdução dos *Trusts* no Direito brasileiro, apreciamos que qualquer pessoa singular ou coletiva possa realizar a função de *trustee*. Com efeito, a escolha do *trustee* caberá unicamente ao *settlor*, no uso de seu livre arbítrio e máxima autonomia da vontade. Ainda, consideramos que igual responsabilidade deve sofrer o *trustee* profissional e o *trustee* não profissional (um familiar, por exemplo). Uma vez aceita a função, o familiar deve se responsabilizar pelo patrimônio a ele confiado. Afinal, ele terá a opção de rejeitar o encargo e passar a função a um outro *trustee* profissional.

Ponderamos, outrossim, que não podem ser *trustees* as pessoas impedidas de gerir uma sociedade. Além disso será imprescindível um padrão ético de conduta. Logo, não pode o candidato a *trustee* ter sido sujeito a sanções de caráter profissional (ético-disciplinar) por Tribunal de Ética e Disciplina, de órgãos profissionais, como por exemplo a Ordem dos Advogados do Brasil – OAB, o Conselho Federal ou Regional de Contabilidade (CFC ou CRC) ou de Administração (CFA ou CRA).

Adicionalmente, as qualificações exigidas a um administrador devem ser estendidas ao *trustee* profissional.

Em harmonia com o Parágrafo 1º, do Artigo 1.011, do Código Civil brasileiro, não podem ser administradores, além das pessoas impedidas por lei especial, os condenados à pena que vede, ainda que temporariamente, o acesso a cargos públicos; ou por crime falimentar, de prevaricação, peita ou suborno, concussão, peculato; ou contra a economia popular, contra o sistema financeiro nacional, contra as normas de defesa da concorrência, contra as relações de consumo, a fé pública ou a propriedade, enquanto perdurarem os efeitos da condenação.

Nesse quadro, também recomendamos que a função do *trustee* profissional seja exercida de forma qualificada, por pessoas formadas em administração, direito, contabilidade ou gestão de negócios. Entretanto, não de uma forma imperativa. Novamente, aqui, ante ao princípio da autonomia de vontade, optamos por deixar ao *settlor* a escolha do *trustee* – com a aptidão que ele considerar compatível com a administração de seu patrimônio e com a responsabilidade que será dele exigida.

Logo, deve ser adjudicado ao livre arbítrio do *settlor* a escolha de "*seu trustee*", familiar ou profissional, individual ou coletivo, a depender do patrimônio em questão, que muitas vezes pode não demandar de uma particularização profissional mais qualificada. Isso deve ser levado em consideração pelo próprio *settlor* no momento da constituição do *Trust* e consequente nomeação do *trustee*.

Por igual, o seguro de responsabilidade civil deve ser um elemento a ser negociado entre *trustee* e *settlor* no momento da aceitação e nomeação da função. Dessa forma, com caráter complementar, pode ou não o *settlor* exigir a realização prévia do seguro à concretização da nomeação do *trustee*.

4. A Divisão dos Direitos sobre a Propriedade.

Conforme já mencionado, os *Trusts* da *common law* possuem determinadas características apontadas como de difícil acomodação nas jurisdições civis. Nomeadamente, aqui, a separação dos Direitos sobre a propriedade.

Com efeito, os princípios obrigatórios e regras sobre o Direito de propriedade, como a *unidade dos direitos reais* e o *numerus clausus*, determinam sobremaneira as posições do *trustee*, do beneficiário e da *trust property* e, por isso, ganham evidência na presente etapa.

A esse propósito, WATANABE identifica que: *"Conventionally, the biggest legal feature of a trust was said to exist in the separation between the "trustee's common-law power" and the "beneficiary's equity power"*[310].

Já LUPOI, discorre, *in verbis*: *"The civilian misunderstanding rooted in the alleged existence of two 'real' rights or rights in rem, however, still lingers on"*[311].

Trata-se, pois, da divisão de direitos sobre a propriedade privada, que igualmente à constituição de uma *relação fiduciária*, também deve ser permitida com fundamento no princípio da *autonomia da vontade* das partes envolvidas.

Além disso, a partir de uma perspectiva econômica, pode-se argumentar que uma estrutura como a dos *Trusts*, que permite a divisão ou fragmentação de direitos sobre a propriedade, em oposição a uma forte teoria unitária e monista dos Direitos sobre a propriedade, faz dos *Trusts* uma instituição de mercado mais flexível e eficiente.

---

[310] Cfr. WATANABE, Hiroyuki. *"Trusts without Equity" and Prospects for the Introduction of Trusts into European Civil Law Systems*. In: Waseda Institute for Corporation Law and Society, 2010.

[311] Cfr. LUPOI, Maurizio. *Trusts in Italy: A Living Comparative Law Laboratory*. Trusts & Trustees, United Kingdom, v. 18, n. 5, p. 383–389, june 2012, p. 383.

a) A Teoria da Unidade dos Direitos Reais – Vimos que para realizar validamente a transferência da propriedade ao *trustee*, o *settlor* deve ser titular absoluto dos bens ou direitos, que formarão a *trust property*. Entretanto, uma vez sendo criado o *Trust*, ocorrerá a divisão desse direito absoluto sobre a *res* do *Trust*, entre o *trustee* e o beneficiário.

Logo, peculiar dos *Trusts* é o fato de que durante a sua existência, ninguém tem a titularidade absoluta sobre a sua *res*. É nesta perspectiva, então, que sob os *Trusts*, os diferentes poderes conferidos pela titularidade do direito de propriedade sobre os bens são divididos entre as partes envolvidas: o poder de dispor, o poder de administrar e o poder de gozar dos frutos. Nessa essência, o *trustee* passa a ter uma propriedade tão especial que nunca chega a compreender os três elementos típicos do direito de propriedade. É, em vez disso, uma *owernship of equity*.

A esse respeito, em substância, de merecido destaque é a opinião de MARTINEZ, *in verbis*: *"(...) the most important point is found in the fact according to which the trustee does not have the enjoyment or title to the economic advantages of the property, this being so because the trustee is legally bound to give that enjoyment to a third party called the beneficiary"*[312].

A constituição do *Trust* implica, portanto, em uma situação peculiar onde uma pessoa voluntariamente abre mão da titularidade absoluta sobre sua propriedade, proporcionando a divisão dos direitos sobre a mesma em favor de outras pessoas: ficando o *trustee* com a titularidade jurídica e o beneficiário com o direito aos frutos.

Logo, opta livremente por dividir o seu Direito absoluto sobre o patrimônio, transmitindo-o para outrem (*trustee*), não para que ele tome posse, mas para que ele administre em benefício de outra pessoa (beneficiário). Em outras palavras, separa a *legal* da *equitable ownership*.

Nesse contexto, vimos que o histórico construtivo dos *Trusts* aponta uma estrutura jurídica atípica, nascente do *use*, onde em "confiança" o *trustee* adquire a propriedade legal dos bens constituídos em *Trust*, designada, originariamente, por *"legal ownership"*. Por sua vez, o beneficiário, *in equity*, possui um *equitable interest* sobre a propriedade em *Trust*, ou seja, ele adquire outros direitos reais sobre essa mesma propriedade, a *"equitable ownership"*.

---

[312] *Cfr.* MARTINEZ, Ignacío Arroyo. *Trust and the Civil Law*. Louisiana Law Review, v. 42, n. 5, Special Issue 1982, p. 1713.

Na verdade, sob os *Trusts* ocorre um *desmembramento da propriedade*, pertencendo certos atributos da propriedade (*legal ownership*) ao *trustee* e outros atributos da propriedade (*equitable ownership*) ao *cestui que trust*.

Adquire o beneficiário o direito contra o *trustee*, podendo responsabilizá-lo por qualquer violação de seus deveres fiduciários, em relação aos bens ou direitos vinculados a ele em *Trust*. Adicionalmente, o beneficiário ganha o direito de defender o seu direito equitativo de terceiros adquirentes, que tivessem conhecimento da existência do *Trust*. Perceba-se, então, a natureza real dos direitos equitativos dos beneficiários.

Ponto fundamental, então, é sopesar se a unidade do instituto da propriedade pode ser transformada ante o *princípio da autonomia da vontade* das partes. Em exame à concepção românica da propriedade, nota-se que ela se apresenta como sendo a soma de três prerrogativas reconhecidas ao proprietário: o *usus*, o *fructus*, o *abusus*.

Tais determinações são extraíveis do artigo 1.228 do Código Civil brasileiro, nestes termos: "*Art. 1.228. O proprietário tem a faculdade de usar, gozar e dispor da coisa, e o Direito de reavê-la do poder de quem quer que injustamente a possua ou detenha*".

A exclusividade é uma das características da propriedade originada do Direito Romano, e consiste em não admitir que mais de uma pessoa possa exercer o mesmo direito sobre determinado objeto.

A partir do momento em que a propriedade é no Brasil um direito real absoluto, o proprietário tem a plena faculdade de usar, gozar e dispor da sua propriedade. Entretanto, existem os casos dos direitos reais limitados, onde tais faculdades somente podem ser exercidas de forma a não agredir o direito do outro titular – também de um direito real sobre a mesma propriedade (o uso, o usufruto, a servidão, por exemplo). Logo, a propriedade pode ser plena ou onerada (limitada).

Acrescente-se que, quando a lei brasileira estabeleceu o contorno do direito de propriedade, instituindo certas limitações no interesse da colectividade e dos particulares, ela teve por base acontecimentos históricos oriundos da antiguidade e do Direito Romano.

Nesse sentido é que, no Brasil, entre as limitações existentes no interesse particular, existem: a hipótese de criação de direitos reais limitados sobre coisa alheia, que são os direitos reais limitados de gozo e fruição (enfiteuse, usufruto, servidão, uso, habitação e superfície); e a constituição de direitos reais para fins de garantia (penhor, hipoteca, anticrese, alienação fiduciária em garantia).

Adicionalmente, dentre as restrições que se fundam no interesse privado, existem outras limitações que são criadas voluntariamente através do estabelecimento de cláusulas resolutórias. Com isso, o domínio perde o seu carácter perpétuo, por exemplo: na constituição do fideicomisso, na venda com reserva de domínio e na alienação fiduciária em garantia.

Lembramos, ainda, por necessário, que entre as cláusulas contratuais que limitam o direito de propriedade de um indivíduo destaca-se a cláusula de inalienabilidade. Tal cláusula restringe o direito de dispor do proprietário e implica na incomunicabilidade e na impenhorabilidade da propriedade por ela atingida. Acrescente-se, por fim, a hipótese da instituição do bem de família.

Perceba-se, logo, que embora as limitações acima mencionadas alcancem algumas finalidades propostas pelos *Trusts*, nenhuma destas formas acompanham uma *estrutura de gestão*. Certamente, a classificação entre propriedade plena e limitada, reforça a ideia de que o desmembramento da propriedade ocorrida sob os *Trusts* não é incompatível com o Direito brasileiro.

Para LUPOI, existe uma *consagrada incompreensão* das jurisdições de *civil law* de que os *Trusts* envolvem dois direitos 'reais' ou direitos *in rem*, nenhum dos quais reconhecido pelo Direito Civil[313].

A esse propósito, MARTINS COSTA considera que o traço mais marcante dos *Trusts* reside na concepção da dupla propriedade, à primeira vista incompreensível nos sistemas marcados pelo princípio da exclusividade do domínio, mas, mesmo assim, passível de adaptação a esses sistemas, dada a sua grande maleabilidade[314].

Nesse passo, ressaltam VAZ TOMÉ E CAMPOS que não existe um consenso doutrinal sobre a definição formal desta relação jurídica, onde de um lado defende-se a existência de dois direitos reais diferentes de conteúdo diverso: um direito de propriedade e um direito equitativo;

---

[313] Cfr. LUPOI, Maurizio. *Trusts in Italy: A Living Comparative Law Laboratory*. Trusts & Trustees, United Kingdom, v. 18, n. 5, p. 383–389, june 2012, p. 383.

[314] Cfr. MARTINS COSTA, Judith. *Os Negócios Fiduciários (Considerações sobre a possibilidade de acolhimento do Trust no Direito Brasileiro)*. Revista de Jurisprudência do Tribunal de Justiça do Estado do Rio Grande do Sul, v. 17, n. 48, p. 54-79, março 1990, p. 61.

por outro lado, refere-se a uma especial obrigação *propter rem*, de natureza equitativa, imposta ao titular jurídico da plena propriedade e cujo o objeto consiste na atribuição ao beneficiário de todas as utilidades dela derivadas[315].

Fundamentalmente, o *trustee* goza do direito de administração e de disposição dos bens ou direitos; não tem, por outro lado, o direito de uso (no seu sentido amplo), nem o gozo da coisa, muito menos o direito de destruir a coisa materialmente.

Por todo esse contexto, não vemos nenhuma razão impeditiva para que, sob o princípio da autonomia da vontade, as partes convencionem sobre a constituição, a transferência, a modificação ou a renúncia de direitos reais sobre seus bens ou direitos. Sobretudo, porque o princípio da autonomia da vontade garante ao homem, a liberdade de decidir o que é melhor para si, e a responsabilidade de cumprir os pactos que fizer.

De destacar é, a este propósito, que segundo RENE DAVID esta análise da propriedade, embora tradicional, é surpreendentemente rudimentar, principalmente em comparação com os *Trusts*. Observa o jurista que é arbitrário agrupar sob o vocábulo *usus* o direito de usar a coisa, habitar a casa, e o administrar; indica que não é menos arbitrário agrupar sob o vocábulo *abusus*, prerrogativas tão diferentes como o direito de destruir materialmente a coisa e o de realizar atos de disposição[316]. Muito bem arremata o mesmo jurista ao dizer, *in verbis*: *"Quando se compreender tudo o que a nossa análise do conteúdo do direito de propriedade tem de insuficiente, chegar-se-á a compreender o trust"*.

Dentro desse quadro, VAZ TOMÉ E CAMPOS, complementam discorrendo que ao contrário da *civil law*, a *common law* opta pela flexibilidade na criação e na manipulação de poderes reais em detrimento da lógica dogmática e sistemática[317].

Dessa forma, tendo em vista a modernização do Direito, deve-se aceitar uma maior flexibilidade na criação e manipulação dos direitos sobre

---

[315] *Cfr.* VAZ TOMÉ, Maria João; CAMPOS, Diogo Leite de. *A Propriedade Fiduciária (Trust), Estudo para a sua Consagração no Direito Português*. Coimbra: Almedina, 1999, p. 281.

[316] *Cfr.* DAVID, René. *Os Grandes Sistemas do Direito Contemporâneo*. São Paulo: Martins Fontes, 2002, p. 401.

[317] *Cfr.* VAZ TOMÉ, Maria João; CAMPOS, Diogo Leite de. *A Propriedade Fiduciária (Trust), Estudo para a sua Consagração no Direito Português*. Coimbra: Almedina, 1999, p. 280.

a propriedade privada, em detrimento do rigor hoje vislumbrado sob o conceito de "propriedade autónoma e indivisível", com embasamento na máxima autonomia da vontade.

Novamente, destacamos, que como novo instrumento, o *Trust* deve ser implementado com todas as suas potencialidades. Logo, não sugerimos a alteração, imposição ou supressão de direitos privados, mas, sim, a disponibilização de uma nova ferramenta jurídica. A *escolha* de sua utilização ou a opção por outras ferramentas jurídicas já existentes, que podem bastar aos fins que se destinam, caberá exclusivamente às partes interessadas.

Primeiramente, justifica-se a disponibilidade do *Trust* no Brasil, ante o necessário desenvolvimento do Direito, que deve contemplar a sociedade atual. Portanto, evoluir. Vivenciamos um momento histórico de internacionalização das relações humanas e dos Direitos, com a vasta e fácil circulação de pessoas e negócios empresariais. Sobretudo, o Brasil é um país em pleno processo de desenvolvimento econômico, e isso demanda ferramentas flexíveis e especialmente internacionais para acomodar investimentos diretos e indiretos, hoje enfocados no Brasil.

Com efeito, não há justificativas plausíveis para permanecermos vinculados a conceitos jurídicos antigos, formulados em conexão com um dado momento histórico, e em consonância com as condições sociais e políticas de determinada época (aqui falo das codificações de Justiniano e Napoleão!). Além disso, conforme já destacado, a compatibilidade com os *Trusts* pode ser vislumbrada ao considerarmos que a natureza dicotómica da propriedade não é estranha à tradição *civil law* (a propriedade dualística já existia na história do período romano clássico, no dote ou no instituto *peculium castrense*).

Ressalta-se, neste ponto, que sob a Idade Média elaborou-se um conceito distinto de propriedade, em oposição ao exclusivismo dos romanistas. Sob o feudalismo, admitiu-se a superposição de domínios de densidades diferentes, paralelos uns aos outros. Distinguiu-se, mormente, o *dominium directum* que pertencia ao senhor e o *dominium utile*, pertinente ao vassalo.

Nesta sequência, o conceito de propriedade exclusiva ressurgiu após a revolução francesa, que aboliu os privilégios da nobreza. Além disso não podemos esquecer a distinção entre *dominio* e *possessio*, pela qual os direitos reais sobre um imóvel pode ser convenientemente dividido.

Esclarece, neste ponto, SALOMÃO NETO que além de institutos como o da enfiteuse, o Direito Romano foi por longo tempo marcardo pela dualidade de direitos de propriedade/titularidade, e que circunstâncias históricas de carácter conjuntural, e não qualquer incompatibilidade de carácter jurídico, afastaram a dualidade dos Direitos de propriedade/titularidade dos sistemas de base romanistas[318].

No mesmo quadro de análise, não podemos deixar de mencionar aqui, então, que existem antecedentes comparáveis ao *Trust* no Direito Romano: *enfiteuse, fiducia cum amico,* a *fiducia cum creditore* e o *fideicomisso*.

No Direito brasileiro, a enfiteuse conserva os mesmos caracteres da era romana. Pode ser conceituada como sendo o direito real sobre coisa imóvel alheia que autoriza o enfiteuta a exercer, restritiva e perpetuamente sobre a coisa imóvel, todos os poderes do domínio, mediante pagamento ao senhorio de uma renda anual. Na enfiteuse, o enfiteuta tem o uso, gozo e a disposição restrita do bem.

A constituição da enfiteuse foi proibida no Código Civil brasileiro de 2002, sob o argumento de que é inútil prejudicar a livre circulação de riquezas. O novo Código Civil brasileiro, com o escopo de extingui-las, paulatinamente, passou a tratá-las nas disposições transitórias, subordinando as enfiteuses ainda existentes às disposições do Código Civil anterior (1916).

Em prosseguimento, também devemos indicar, que no Direito Romano já se conhecia o negócio fiduciário. A *fiducia* romana é construída através de uma atribuição real, geralmente da propriedade, limitada por um pacto obrigacional – pacto fiduciário, no qual o cessionário deve devolver a propriedade plena do imóvel ao cedente. As manifestações da *fiducia* no Direito Romano eram separadas em dois grupos: *fiducia cum amico* e a *fiducia cum creditore*.

A *fiducia cum amigo* era justamente um acordo de confiança em que o fiduciante alienava seus bens a um amigo, com a condição de lhe serem restituídos quando terminassem circunstâncias aleatórias, muitos semelhantes às que originaram o *use*, tais como o risco de perecer em guerra, viagem, ou perdas em razão de acontecimentos políticos. Por sua vez a *fiducia cum creditore* tinha carácter assecuratório ou de garantia, pois o devedor vendia seus bens ao credor, sob a condição de recuperá-los se, dentro de certo prazo, efetuasse o pagamento do débito.

---

[318] *Cfr.* SALOMÃO NETO, Eduardo. O *Trust* e o Direito Brasileiro. São Paulo: LTR, 1996, p. 69.

A fidúcia *cum amico* surgiu no Direito Romano como uma técnica para suprir a inexistência na época, da cessão de crédito, do mesmo modo que a fidúcia *cum creditore* foi uma das primeiras formas do direito de garantia.

Observa-se, pois, que nessas duas espécies mencionadas havia uma transferência de um bem ou direito para alcançar determinado fim, com a obrigação do adquirente de restituir o bem ou direito ao alienante, depois de cumprido o objetivo almejado.

Também aqui, o ponto fulcral ao cumprimento do pactuado era a boa-fé (*fides*) do fiduciante. Com efeito, durante os primeiros tempos, na fidúcia romana, o fiduciário recebia um ilimitado poder jurídico sobre a coisa, sendo certo que, se dispusesse da coisa arbitrariamente, descumprido o *pactum fiduciae*, não se dava ao fiduciante senão o direito de haver a reparação das perdas e danos.

Tais institutos foram abolidos com Justiniano e, por via de consequência, não foram adotados pelos códigos subsequentes filiados ao sistema romano[319].

Nesse sentido, pois, não foram adotados pelo Código Civil brasileiro de 1916. Contudo, em 1965 (Lei Nº 4.728/65) ante a necessidade de constituir uma estrutura que conferisse garantia aos negócios da época (mercado de capitais), introduziu-se, no sistema jurídico brasileiro, a *alienação fiduciária em garantia*, nos moldes da *fiducia cum creditore* do Direito Romano.

Por sua vez, segundo explica FIGUEROA o *fideicomiso* é a versão latino-americana do anglo-americano *trust inter vivos*, e sua origem tem sido atribuída à fidúcia Latina, que originalmente dizia respeito à transferência da propriedade para um credor ou gestor, por um ato formal de venda, mas com o acordo de que o credor teria de volta a propriedade mediante o pagamento de uma dívida. Neste caso, o gestor da propriedade em fidúcia detém o título completo da propriedade, legal e equitativo[320].

As instituições da *fiducia* e do *fideicommissum* do Direito Romano foram identificados como antecessores do *fideicomiso*.

Nesse quadro, o Código Civil de Napoleão, inspiração para a maioria dos códigos civis latino-americanos, aboliu a *fiducia*, mas manteve o

---

[319] *Cfr.* CHALHUB, Melhim Namem. *Negócio Fiduciário*. São Paulo: Renovar, 2009, p. 13.
[320] *Cfr.* FIGUEROA, Dante. *Civil law trusts in latin america: is the lack of trusts an Impediment for expanding business opportunities in latin america?*. In: Arizona Journal of International & Comparative Law, v. 24, n. 3, 2007, p. 703.

fideicommissum, o que acabou se tornando o antecessor do fideicomiso da América Latina. Entretanto, diferencia-se o *fideicommissum* desenvolvido na lei romana, do *Trust* da *common law*, em termos funcionais e estruturais.

Hodiernamente, as relações fiduciárias análogas àquelas decorrentes do *trust* nos países da *common law* são, na *civil law*, reguladas de diferentes maneiras. Têm uma estrutura diferente e os direitos conferidos às partes envolvidas são de naturezas diversas. As técnicas fiduciárias, tal como são aplicadas nos ordenamentos da *civil law*, apresentam um carácter menos genérico do que o *trust* anglo-americano[321].

Ponto fundamental a ser indicado é que no Direito anglo-saxônico, recorre-se ao mesmo *Trust* para atingir uma infinidade de propósitos fiduciários. Por outro lado, na *civil law*, as técnicas fiduciárias disponíveis são limitadas, e variam de acordo com as partes envolvidas ou o propósito fiduciário visado.

Posto tudo isso, concluímos que a palavra-chave é amenizar o rigor vislumbrado atualmente no âmbito do direito das coisas, que têm carácter de ordem pública – conferido em razão de acontecimentos sociais e políticos de uma determinada época. Justifica-se, pois, ante a hodierna e máxima necessidade de uma mais ampla valorização do princípio da autonomia privada, já largamente respeitada sob o direito das obrigações, ante a transformação e o progresso da sociedade, hoje perspectivada num contexto internacional.

Deve-se conferir maior importância e respeito aos Direitos do titular de bens, em relação aos seus interesses privados, ante ao princípio da autonomia da vontade. É nesse mesmo contexto que não vemos incompatibilidade dos *Trusts* com o princípio *numerus clausus* dos direitos reais, que será seguidamente abordado.

b) O Princípio *Numerus Clausus* dos Direitos Reais – Para o mesmo foco de estudos, revela-se de todo coerente, abordarmos sobre os Direitos reais e o princípio *numerus clausus* dos direitos reais. De fato, a natureza real conferida aos direitos do beneficiário do *Trust*, nos conduz à apreciação de alguns caracteres jurídicos que envolvem o direito real nas jurisdições de *civil law*, como é o caso do Brasil.

---

[321] *Cfr.* VAZ TOMÉ, Maria João; CAMPOS, Diogo Leite de. *A Propriedade Fiduciária (Trust), Estudo para a sua Consagração no Direito Português*. Coimbra: Almedina, 1999, p. 199.

Segundo a dogmática clássica, existem duas espécies de direitos: os direitos reais e os direitos pessoais (direito de crédito). Essas noções resultam em ações de natureza real (ações reais), com reivindicação contra quem tem a coisa em seu poder; e ações de natureza pessoal (ações pessoais), dirigida contra um sujeito passivo, o devedor.

Nesse quadro, quando violados os direitos pessoais, atribui-se ao seu titular a ação pessoal, que se dirige apenas contra o indivíduo que figura na relação jurídica como sujeito passivo. A seu turno, os direitos reais, no caso de sua violação, conferem ao seu titular ação real contra quem indistintamente detiver a coisa. Sob tal prisma, percebemos, claramente, a natureza real dos direitos do beneficiário de um *Trust*.

Além disso, os direitos reais, são tidos como direitos absolutos por se conferirem a todos. Logo, são direitos *erga omnes*. Por sua vez o direito pessoal ou de crédito (direito obrigacional) é relativo, e tem sujeito passivo determinado.

Entretanto, enquanto o direito pessoal é um direito ilimitado, os direitos reais são definidos por lei de forma taxativa.

É nesta perspectiva, então, que a relevância da classificação acima existe, principalmente, em relação a autonomia da vontade das partes.

Conforme alude GONDINHO, o princípio do *numerus clausus* se refere à impossibilidade de criação, pela autonomia da vontade, de outras categorias de direitos reais que não as estabelecidas em lei, ou, ainda, que os direitos reais não podem resultar de uma convenção entre os sujeitos jurídicos[322].

Explicam CAMPOS e VAZ TOMÉ que, enquanto o princípio da autonomia privada encontra amplo acolhimento no seio do direito das obrigações, o mesmo não se verifica no âmbito dos direitos reais[323].

Nesse quadro, em sendo ilimitado o direito pessoal, ele é mais sensível à autonomia da vontade das partes, pois que é regido pelo princípio *numerus apertus (rol exemplificativo)*. Tal característica do direito pessoal permite, então, a criação de novas figuras contratuais que não têm correspondente

---

[322] Cfr. GONDINHO, André Pinto da Rocha Osorio. *Direito Reais e Autonomia da Vontade (O Princípio da Tipicidade dos Direitos Reais)*. Rio de Janeiro: Renovar, 2001, p. 16.
[323] Cfr. VAZ TOMÉ, Maria João; CAMPOS, Diogo Leite de. *A Propriedade Fiduciária (Trust), Estudo para a sua Consagração no Direito Português*. Coimbra: Almedina, 1999, p. 286.

na legislação. Logo, encontramos a classificação de contratos típicos e atípicos (nominados ou inominados).

A esse propósito, MERRILL e SMITH consideram, *in verbis*: *"The parties to a contract are free to be as whimsical or fanciful as they like in describing the promise to be performed, the consideration to be given in return for the promise, and the duration of the agreement"*[324].

Por sua vez, em sendo o direito real caracterizado como um direito limitado, não pode ser objeto de livre convenção, estando circunscrito e regulado expressamente por lei, constituindo essa especificação da lei um *numerus clausus*.

O princípio *numerus clausus* contém dois aspectos: em primeiro lugar, o reconhecimento de que somente os direitos reais fixados por lei podem ser criados; em segundo lugar, que o conteúdo do direito real deve permanecer dentro de tal rol taxativo.

Em contrapartida, muito bem argumentam HANSMANN e KRAAKMAN, que a intervenção/limitação legal sobre os direitos de propriedade deve assumir não uma forma de padronização/rol taxativo, mas sim a regulamentação do aviso necessário para terceiros no estabelecimento de diferentes tipos de direitos sobre a propriedade. Para os autores, estas limitações servem, não para facilitar a comunicação do conteúdo dos direitos, mas para facilitar a verificação da titularidade dos Direitos oferecidos para a transmissão[325].

Nesse contexto, constitui-se, a propriedade, no direito real mais completo, detendo o seu titular o *jus utendi*, o *jus fruendi* e *jus abutendi* ou *disponendi*. Em princípio, então, nada obsta que ele faça com que alguns de seus poderes passem a pertencer ao patrimônio de outrem, que terá dessa forma um direito real sobre coisa alheia.

Entretanto, no Brasil (assim como em outras jurisdições de *civil law*) vigora o *numerus clausus* como sendo um princípio de ordem pública em matéria de direitos reais, em razão do disposto no Artigo 1.225 do Código Civil brasileiro, *in verbis*: *"Art. 1.225. São Direitos reais: I – a propriedade;*

---

[324] Cfr. MERRILL, Thomas W.; SMITH, Henry E. *Optimal Standardization in the Law of Property: The Numerus Clausus Principle.* The Yale Law Journal, v. 110, october 2000, p. 3.

[325] Cfr. HANSMANN, Henry; KRAAKMAN, Reinier. *Property, Contract and Verification: The Numerus Clauses Problem and the Divisibilty of Rights.* In: Harvard Law School Public Law, Research Paper Nº 37, August 2002, p. 2.

II – a superfície; III – as servidões; IV – o usufruto; V – o uso; VI – a habitação; VII – o Direito do promitente comprador do imóvel; VIII – o penhor; IX – a hipoteca; X – a anticrese; XI – a concessão de uso especial para fins de moradia; XII – a concessão de direito real de uso".

Sobretudo, na opinião de SOARES, jamais poderia, um juiz brasileiro, deixar de dar efeito a um *trust*, pelo simples fato de o Direito brasileiro não contemplar restrições à propriedade real, além daquelas fixadas rigidamente em lei, como o usufruto, as servidões, e, portanto, aparentemente não autorizadas por disposições contratuais tal como o *trust*[326]. Conforme vimos, a propriedade na hipótese dos *Trusts*, não se encontra desmembrada segundo os esquemas que nos são familiares: o *usus*, o *fructus*, o *abusus*.

Segundo explica WALD, a taxatividade dos Direitos reais exige que a sua criação se dê por meio de lei, mas não necessariamente com previsão no Código Civil. Dessa forma, permite-se a criação de direitos reais por leis extravagantes, não obstando o Direito brasileiro à concepção de novos direitos reais[327].

É nesse sentido que enxergamos a criação dos direitos reais dos beneficiários dos *Trusts*. Esse efeito pode ser alcançado através da extensão do rol taxativo dos direitos reais, de forma a abranger os *Trusts* com efeitos reais, por meio da inclusão na própria lei que criar o Instrumento dos *Trusts*. É fundamental, pois, conferir ao beneficiário do *Trust* garantia contra a falência ou insolvência do *trustee*, contra a sua sucessão e contra terceiros adquirentes de má-fé.

Acresce, que outra excelente solução, já destacada no tópico anterior, seria a de incluir a autonomia privada no âmbito dos direitos reais, adjudicando aos indivíduos liberdade de criação de *direitos reais inominados*, assim como já ocorre no âmbito dos contratos inominados (direito das obrigações).

---

[326] SOARES, Guido Fernando Silva. *Common Law: Introdução ao Direito dos EUA*. São Paulo: Editora Revista dos Tribunais, 2000, p. 20.

[327] Em exemplo, a alienação fiduciária assumiu maior relevância com a reforma da legislação do mercado de capitais, como garantias nas vendas realizadas ao consumidor (Lei Nº 4.728/65, Art. 66-B). Ainda, complementa WALD (2012), que inicialmente a alienação fiduciária foi concebida como instrumento a ser usado pelas financeiras, hodiernamente sendo utilizado como instrumento de garantia em operações comerciais e civis. *Cfr.* WALD, Arnoldo. *Direito Civil – Direito das Coisas*. 13ª Edição. São Paulo: Saraiva, 2012, p. 47 e 48.

A relevância dessa solução seria a sobreposição da autonomia das partes e da flexibilidade das relações individuais ante a rigidez do *"numerus clausus"*, princípio dito como excludente dessa autonomia[328].

Hodiernamente, neste campo, as partes são levadas a optar por um dos modelos legais já estabelecidos e, uma vez selecionado, deve-se aceitá-lo por inteiro. Tal alternativa, permitiria uma maior liberdade das partes na criação de suas próprias relações jurídicas.

Nessa linha, as transações de imóveis têm seu fundamento na autonomia da vontade do proprietário, e, consequentemente, a intenção do proprietário compõe a forma e o conteúdo do direito de propriedade criado ou transferido.

Nessa linha, a pertinente opinião de VAZ TOMÉ E CAMPOS, *in verbis*: *"A regra do numerus clausus, que surge como desprovida de qualquer valor prático nesta matéria, poderia então ser abandonada ao museu da jurisprudência dos conceitos"*[329].

Por igual, para GONDINHO faltariam ao menos no campo teórico, argumentos suficientemente fortes e definitivos para justificar a exclusão da autonomia da vontade da seara da criação dos direitos reais[330].

De fato, existe um número fechado de direitos de propriedade. Entretanto, tal obstáculo é principalmente dogmático, como sendo uma ferramenta para salvaguardar os *numerus clausus*. Porém, quando observamos, sob um contexto pragmático, as objeções contra o *Trust* são menos resistentes, e podem ser claramente acomodadas, pois que uma nova lei pode suprimir ou acrescentar novos direitos reais para o rol de direitos reais reconhecidos.

A esse respeito, em substância, de merecido destaque é a opinião de LYONS, que considera que: *"(...) the civil law was historically hostile to*

---

[328] A corroborar com esse raciocínio, destaca PAIS DE VASCONCELOS (2010), *in verbis*: *"A evolução histórica que determinou o afastamento da tipicidade taxativa dos contratos exige também a consagração do numerus apertus dos negócios jurídicos unilaterais"*. Cfr. PAIS DE VASCONCELOS, Pedro. *Teoria Geral do Direito Civil*. Coimbra: Almedina, 2010, p. 511. Vide também: GONDINHO, André Pinto da Rocha Osorio. *Direito Reais e Autonomia da Vontade (O Princípio da Tipicidade dos Direitos Reais)*. Rio de Janeiro: Renovar, 2001, p. 138-141.

[329] Cfr. VAZ TOMÉ, Maria João; CAMPOS, Diogo Leite de. *A Propriedade Fiduciária (Trust), Estudo para a sua Consagração no Direito Português*. Coimbra: Almedina, 1999, p. 288.

[330] Cfr. GONDINHO, André Pinto da Rocha Osorio. *Direito Reais e Autonomia da Vontade (O Princípio da Tipicidade dos Direitos Reais)*. Rio de Janeiro: Renovar, 2001, p. 62.

trusts in the cause of individual freedom within a nation state. It is surely not unexpected that it should accommodate them, in the cause of individual freedom, **in a world in which national boundaries are of diminishing importance**". (*grifo nosso*)[331].

A corroborar com esse raciocínio, HANSMANN e KRAAKMAN advertem, *in verbis*: "*This restriction has had important practical implications; the trust form is now extensively used in U.S. financial administration, and its absence incontinental Europe has been an important handicap (...)*"[332].

Enfim, a melhor compreensão do assunto sugere que não há incompatibilidade com os *Trusts* também nesse sentido, e nos leva a dois outros pontos que devem ser ponderados: o direito de sequela e a publicidade dos direitos reais ante a privacidade nas relações em *Trust*.

c) *Tracing* e o Direito de Sequela – No *Trust* anglo-saxão, tanto o *trustee* quanto o beneficiário têm interesses na mesma propriedade. Nesse sentido, ressalta-se que a *trust property* deve ser, necessariamente, mantida separada da propriedade pessoal do *trustee*.

Em regra, os beneficiários do *Trust* têm o direito de usufruir dos benefícios do *Trust ipso jure*, salvo cláusula contrária no *trust instrument*. Quando o *trustee* dispõe da *trust property*, em violação aos termos do *Trust*, garante-se ao beneficiário o direito de propriedade frente ao adquirente posterior. Tal mecanismo é designado por *tracing* da *common law*.

O *Tracing* é frequentemente descrito como um método para recuperar a *trust property*. Contudo, o exercício do direito pelo beneficiário dependerá se o adquirente conhecia ou não da existência do *Trust*, do interesse sobre a propriedade ou de sua violação.

Quando o incumprimento do *trustee* envolve bens certos e determinados, os beneficiários podem segui-los, salvo se estes tiverem sido adquiridos a título oneroso por terceiro de boa-fé. A sequela respeita, em primeiro lugar, aos bens originariamente transmitidos ao *trustee* pelo *settlor*. Depois, em virtude de uma aplicação flexível do princípio

---

[331] Cfr. LYONS, Timothy J. *Trusts – Introduction, Topical Analyses*. Amsterdam: IBFD, 2011, section 2.3.

[332] Cfr. HANSMANN, Henry; KRAAKMAN, Reinier. *Property, Contract and Verification: The Numerus Clauses Problem and the Divisibilty of Rights*. In: Harvard Law School Public Law, Research Paper Nº 37, August 2002, p. 3.

da sub-rogação real atinge os bens adquiridos em substituição dos bens originários do *Trust*.

Nesse contexto, então, se o *trustee* confundir os bens constituídos em *Trust* com os seus bens pessoais, os beneficiários têm um tratamento privilegiado relativamente a terceiros. Essa ampla sequela afigura-se particularmente útil em caso de falência ou insolvência do *trustee*, porquanto permite ao beneficiário exercer uma pretensão de natureza real sobre os bens ou direitos constituídos em *Trust*, não tendo os credores gerais do *trustee* o poder de se satisfazerem às expensas daqueles.

No Brasil, o direito real segue seu objeto onde quer que se encontre. Nessa linha, o direito de sequela é a prerrogativa concedida ao titular do direito real de pôr em movimento o exercício de seu direito sobre a coisa a ele vinculada, contra todo aquele que a possua injustamente, ou seja, seu detentor. A *sequela* significa que o direito persegue a coisa, onde quer que ela se encontre, mesmo que tenha sido transmitida para outra pessoa (*ubi invenio, ibi vindico*)[333].

Dessa forma, em regra, os direitos reais constituídos de gozo ou garantia permanecem sobre o bem assim limitado, e a aquisição de tais direitos através da ação de sequela é sempre possível, independentemente da quantidade de vezes que o bem tenha sido transmitido, ainda que para terceiros de boa-fé.

Ponderamos que, em sendo o direito do beneficiário do *Trust* de natureza real, deve ser conferido a ele a proteção jurídica da sequela, entretanto, protegendo-se o terceiro de boa-fé, à semelhança do que ocorre nas jurisdições de *common law*. Dessa forma, ao conferir aos beneficiários o direito de sequela, mesmo que o direito do beneficiário não se encontre registado ou gravado, deve ser possibilitado ao beneficiário a hipótese de comprovar na justiça a existência de seus direitos. Porém, a tutela de seus direitos depende da prova da ciência pelo adquirente da existência do seu interesse sobre a *trust property*; bem como de sua violação.

Por fim, aplicar-se-á a sub-rogação real, ou seja, quando a *trust property* mudar a sua forma, a nova propriedade também estará sujeita ao *Trust*[334].

---

[333] *Cfr.* MENEZES LEITÃO, Luís Manuel Teles de. *Direitos Reais*. Coimbra: Almedina, 2011, p. 51.
[334] *Vide* DINIZ, Maria Helena. *Curso de Direito Civil Brasileiro – Direito das Coisas*. Volume 4. São Paulo: Saraiva, 2008, p. 25.

d) A Publicidade dos Direitos Reais ante a Privacidade nas Relações em *Trust* – A maioria dos países de Direito Civil têm um sistema de registo de propriedade altamente formalizado, sendo este um outro ponto indicado como sendo um desafio à implementação dos *Trusts* no Direito brasileiro, que é, em regra, informal, além de não estar sujeito a publicidade.

Além do princípio da tipicidade ou *numerus clausus* acima já analisado, também é princípio geral dos direitos reais o princípio da Publicidade, que significa que os fatos jurídicos relativos aos direitos reais devem ser dados a conhecer ao público em geral. De fato, conforme vimos, uma das características dos direitos reais é a eficácia absoluta, ou seja, o efeito *erga omnes*. Isso significa a necessária publicidade e conhecimento desses direitos a todos os interessados.

A esse propósito, GONDINHO referindo OLIVEIRA ASCENSÃO, sobre o tema da tipicidade dos direitos reais, destaca o seguinte trecho: "*Bastaria a utilização dos meios atualmente existentes para garantir a necessária publicidade. No que toca aos direitos reais sobre imóveis ou, mais genericamente, sobre coisas registáveis, bastaria subordinar a eficácia contra terceiros à inscrição nos registros públicos; nos direitos sobre móveis, em que esses sistemas de publicidade não possa já funcionar, tornar-se-ia, a entrega ou o desapossamento condição de existência das situações atípicas*"[335].

Nesse sentido, acreditamos que a forma ideal de se atingir essa publicidade é através do registo[336].

Passaremos, então, a apreciação de tais pontos: a forma de constituição do *Trust*; o registo, e a publicidade do instrumento constitutivo do *Trust*.

Forma do *Trust* – No Brasil, não dispondo a lei em contrário, a escritura pública é essencial à validade dos negócios jurídicos que visem a constituição, a transferência, a modificação ou a renúncia de direitos reais sobre imóveis de valor superior a trinta vezes o maior salário mínimo vigente no País (segundo estabelece o Artigo 108, do Código Civil).

---

[335] *Cfr.* GONDINHO, André Pinto da Rocha Osorio. *Direito Reais e Autonomia da Vontade (O Princípio da Tipicidade dos Direitos Reais)*. Rio de Janeiro: Renovar, 2001, p. 52.
[336] *Vide* MENEZES LEITÃO, Luís Manuel Teles de. *Direitos Reais*. Coimbra: Almedina, 2011, p. 29.

Neste ponto, a lei de implementação dos *Trusts* deve manter a informalidade como característica peculiar do instituto. De fato, não indicamos que a sua constituição seja realizada por meio de escritura pública, pois que, além de onerar demasiadamente a sua constituição, perderia a sua flexibilidade ante a burocracia e morosidade dos Cartórios Registais.

Recomendamos que o *Trust inter vivos* seja constituído por meio da elaboração de um instrumento particular, não sendo o seu registo um requisito de validade. Já o *Trust mortis causa* deve seguir as formalidades testamentárias.

Publicidade – Inicialmente, vale lembrarmos, que uma das características dos *Trusts* é que, perante terceiros, o *trustee* figura como único e verdadeiro titular da *trust property*. Dessa forma, resguarda-se a identidade dos beneficiários.

De fato, em regra, não há formalidades específicas para a válida constituição de um *Trust*. Dessa forma, não se exige normalmente para a sua validade a *forma escrita* e o registo público de seu instrumento. Com efeito, vimos que o *settlor* pode manifestar livremente a sua vontade de criar um *Trust*, inclusive, implicitamente, não lhe sendo exigida forma específica. Logo, embora muitas vezes o *settlor* institua o *Trust* através da forma escrita, por meio em um instrumento designado por *trust instrument*, a existência de tal instrumento não é requisito de validade do *Trust*, e, em existindo o instrumento, não se exige o registo público dele.

Em outras palavras, o *Trust* não está sujeito a publicidade. Logo, outra característica fundamental do *Trust* que emerge é a Privacidade.

Neste sentido, esclarece WAI LAU que a privacidade existente nas relações de *Trust* é uma consequência gerada através da regulamentação de cada Estado em particular, que pode conferir maior ou menor privacidade no momento de sua constituição[337].

---

[337] *Cfr.* WAI LAU, Ming. *The Economic Structure of Trusts – Towards a Property-based Approach.* New York: Oxford University Press, 2011, p. 5. No Reino Unido, as informações referentes aos beneficiários, *settlor* e *trustee* são elementos que estão à disposição somente da H M Revenue & Customs. *Cfr.* HERBERT, Mark. *Reality and perception in tax avoidance and mitigation.* Trusts & Trustees, United Kingdom, v. 19, n. 3 e 4, p. 356–363, april/may 2013, p. 360.

Dessa forma, muitas das jurisdições que reconhecem os *Trusts* em seu ordenamento jurídico interno, tendem a impor requisitos formais para a validade de pelo menos alguns tipos de *Trusts*.

No Reino Unido, por exemplo, os *Trusts* constituídos com bens imóveis – *"trusts of land"*- devem ser organizados por escrito e registados[338]. Nesse quadro, em sendo a *"legal property"* separada do *"beneficial interest"*, o registo do *Trust* que será realizado é referente à *legal property* e não à *equitable property*.

Assim sendo, a inscrição registra a posse da propriedade legal e não os interesses benéficos ligados a esta propriedade. Na medida do possível, as referências aos *Trusts* deve ser mantidas fora do registro.

Dessa forma, o terceiro que tratar com o *trustee* registado sabe que ele tem um poder ilimitado para alienar o imóvel, livre de qualquer obstáculo que afete a validade dessa disposição, a menos que haja uma limitação do respectivo poder de venda, inscrita no registo do imóvel, ou uma limitação imposta pela Lei (*Landy Registry*, 2002)[339].

Nessa linha, conforme já antes sinalizado, a intenção do *settlor* e suas motivações (consubstanciadas nos termos do *Trust Instrument*) são de cunho particular, e interessam somente às pessoas relacionadas ao *Trust*, ou seja, o *settlor*, o *trustee* e os beneficiários. É nesse passo que deve-se enfatizar que a essência de uma relação em *Trust* é a de um acordo privado para a gestão do patrimônio, e o conteúdo de seu instrumento diz respeito somente aos envolvidos.

O Direito Inglês, que deu origem aos *Trusts*, favorece a livre circulação dos ativos em uma relação de *Trust*, que restaria prejudicada com a

---

[338] *Cfr.* UK. *Landy Registry. Practice Guide 24 – Private trusts of land.* Disponível em: http://www.landregistry.gov.uk/professional/guides/practice-guide-24. Acesso em: 19.06.2012. Contudo, o cumprimento de tais formalidades não é uma condição prévia para a validade do *Trust* em si, neste caso, o registo do título de tais bens imóveis confere *"indefeasibility"* imediata ao titular do registo. *Cfr.* LIU, Guoqing. *The Publicity Of Trusts In Common Law And Civil Law Systems.* Faculty of Law at the University of Canberra – Canberra Law Review, Austrália, v. 10, 2011, p. 2.

[339] *Cfr.* UK. *Landy Registry. Practice Guide 24 – Private trusts of land.* Disponível em: http://www.landregistry.gov.uk/professional/guides/practice-guide-24. Acesso em: 19.06.2012. *Cfr.* UK. Land Registration Act 2002. Disponível em: http://www.legislation.gov.uk/ukpga/2002/9/contents. Acesso em: 19/06/2012.

imposição de formalidades excessivas, como o registo da propriedade equitativa dos beneficiários.

Enquanto o direito real concebe o lado público do *Trust*, o direito *in personam* representa o lado privado do *Trust*, vinculado com as relações particulares entre o *settlor*, *trustee* e beneficiários. Logo, perceba-se, que somente o *trustee* será conhecido perante terceiros, sempre sendo resguardada a identidade do *settlor* e dos seus beneficiários. É dessa forma que também indicamos que seja o *Trust* no Direito brasileiro.

Outro ponto que aqui deve ser ponderado, então, é como se daria a constituição dos *Trusts* no Brasil frente ao princípio da publicidade dos Direitos reais, de forma que se conserve protegida a identidade dos beneficiários, atributo peculiar do instituto.

Com efeito, o registo de direitos reais confere publicidade e eficácia *erga omnes*, então, em um primeiro momento, a identidade dos beneficiários seria pública, em razão do registo de seus direitos reais sobre a *trust property*. Contudo, deve restar claro, que uma vez compreendido o conceito de *Trust* e a divisão do Direito de propriedade que lhe é inerente, também se compreenderá que o Direito de propriedade do *trustee* é limitado aos interesses conferidos aos beneficiários do *Trust*.

Sob tal perspectiva, bastaria a identificação dos bens ou direitos transferidos ao *trustee*, como pertencentes a ele *"em trust"*. Tal expressão já seria o suficiente para dar conhecimento a terceiros de que àquele bem ou Direito pertence a um *Trust*, e que, portanto, alguns cuidados devem ser tomados na aquisição ou negociação com tais ativos (como, por exemplo, a apreciação dos poderes do *trustee*, que podem ser conferidos em documento separado do *trust intrument*, garantindo-se o sigilo das demais questões nele consignadas).

Dessa forma, uma vez promulgada a Lei que implementa o instituto dos *Trusts*, tal concepção será naturalmente alcançada. De fato, acreditamos que muitos dos desafios aqui apontados, inclusive o que ora se analisa, podem ser superados a partir de uma concepção adequada dos *Trusts*, em todos os seus elementos fundamentais.

A corroborar com esse raciocínio, destaca MILO, ao se posicionar sobre tais aspectos em razão da implementação dos *Trusts* na Holanda, *in verbis*: "*Numerus clausus, unity of patrimony, publicity, specificity, and ownership do not bar at all constructions which – like the common law trust – provide a vehicle to hold property in somebody else's interest. The mixed jurisdictions of*

Scotland, South Africa, Quebec and Louisiana all have a trust available which meets standards set in the civilian tradition[340].

Nessa mesma sequência, outra questão se refere à transferência *inter vivos* da propriedade imóvel para o *trustee*, que deve ocorrer através do registo do título translativo no registo de imóveis (Código Civil, Artigo 1.245). Neste ponto, e conforme já mencionamos, não recomendamos a realização de uma escritura pública para a transferência de bens imóveis ao *trustee*, bastando a realização de um instrumento particular. Assim sendo, será o *trust instrument* documento hábil para proceder a transferência da propriedade junto ao cartório de registo de imóveis em que se encontrar registada a matrícula do imóvel em questão[341].

Assim sendo, os bens imóveis que formam o patrimônio do *Trust*, devem ser registrados em nome do *trustee*, por transcrição no registro público competente, com a designação do termo "*em trust*", para surtir efeitos em relação a terceiros.

Quando a transferência dos bens móveis ou imóveis para o *trustee*, exigirem formalidades registrais, o valor dos emolumentos notariais e registrais deve ser um valor único de R$ 300,00 (trezentos reais), independentemente do número ou valor dos bens imóveis ou móveis oriundos do mesmo *Trust*, recolhidos

Com efeito, o registo da propriedade em nome do *trustee*, designando o termo "*em trust*" é um ingrediente necessário nas legislações oriundas da *civil law*, para proteger os ativos do *Trust* e os interesses dos beneficiários.

Explica WALD, que a finalidade do registo de imóveis é garantir a segurança e a publicidade nas transações imobiliárias[342].

A menção do termo "*in trust*" na matrícula da propriedade é suficiente para indicar que a propriedade possui limitações. Dessa forma, todos os interessados poderiam conhecer a existência do *Trust*. Contudo, publicitando apenas o nome do *trustee*.

---

[340] Cfr. MILO, J.M. *Country Report: The Netherlands*, p. 67- 80. In: GALLANIS, Thomas P. *The Trust in Continental Europe: A Brief Comment From a U.S. Observer*. The Columbia Journal of European Law Online, v. 18, 2012, p. 74.

[341] À semelhança do que hoje ocorre na transferência de bens ou Direitos com vistas a integralização do Capital Social de uma Empresa (Pessoa Jurídica), que inclusive é isenta do Imposto de Transmissão (ITBI).

[342] Cfr. WALD, Arnoldo. *Direito Civil – Direito das Coisas*. 13ª Edição. São Paulo: Saraiva, 2012, p. 198; DINIZ, Maria Helena. *Curso de Direito Civil Brasileiro. Direito das Coisas*. São Paulo: Saraiva, 2008, p. 135.

A publicidade dada pelo registo também seria apta a proteger os beneficiários, pois que a partir do momento que se designa o termo "em *trust*", inseparável é o fato de que existem direitos reais inerentes à propriedade. Entretanto, deve-se deixar clara a cláusula de inalienabilidade do bem, se esta existir.

Dessa forma, compreendemos que os direitos reais relativos aos interesses benéficos do beneficiário sobre coisas móveis, se adquirem com a indicação no instrumento constitutivo do *Trust*. Por sua vez, os direitos reais relativos aos interesses benéficos do beneficiário sobre bens imóveis, se adquirem por transcrição no registro público competente, com a designação do termo *"em trust"*, conforme acima explanado.

Se for necessário o exercício do seu direito de sequela, deve o beneficiário apresentar ao juiz o instrumento particular de constituição do *Trust*, comprovativo de seus direitos.

Interessante mencionar, aqui, por fim, que tal solução não está distante das averiguadas em outras jurisdições de *civil law*.

Dessa forma, em exemplo pertinente, em *Quebec*, jurisdição típica do Direito Civil resguarda-se o sigilo dos dados, característica inerente ao *Trust* da *common law*. Nesse sentido, desde que seja designado como sendo um *Trust*, ele pode ser identificado pelo nome do *settlor*, do *trustee* ou do beneficiário, ou, no caso de um *Trust* constituído para fins de utilidade privada ou social, pelo nome que reflete o seu objetivo. Da mesma forma, na Itália, optou-se pelo registo da propriedade em nome do próprio *Trust*. Por fim, em *Liechtenstein*, o registo pode ser feito em nome do *trustee*, preservando-se o anonimato do *settlor*. Além disso, destaca-se, que as identidades dos beneficiários não precisam ser reveladas.

5. A Formação de um Patrimônio Separado

Outra característica fundamental do *Trust* é a separação patrimonial. Conforme já mencionamos, a transferência da propriedade legal de um indivíduo (*settlor*) para outro (*trustee*), com propósitos específicos de administração ou disposição, implica na formação de um patrimônio separado.

Perceba-se que, tais determinações são extraíveis do artigo Artigo 2º, alínea "a", da Convenção de Haia sobre os *Trusts*, nestes termos[343]:

---

[343] Cfr. HCCH. *Convention on the Law Applicable to Trusts and on their Recognition*. Disponível em: http://hcch.e-vision.nl/index_en.php?act=conventions.text&cid=59. Acesso em 19.07.2011.

"Article 2 –(...) A trust has the following characteristics – a) the assets constitute a separate fund and are not a part of the trustee's own estate;"

Os bens ou direitos constituídos em Trust formam um patrimônio autónomo identificável pela destinação a determinada finalidade estipulada pelo *settlor*.

Veremos, nesse tópico, os principais aspectos implicantes com a formação de um patrimônio separado sob a égide da legislação brasileira.

Para tanto, inicialmente, é interessante abordarmos a noção de patrimônio.

Sob a ótica da concepção clássica, o patrimônio consiste no conjunto de bens de uma pessoa considerado como universalidade de direitos, isto é, um todo abstrato, independentemente dos elementos que o integram. Nesta compreensão, o patrimônio chega a se confundir com a personalidade, e por isso é uno e indivisível, indicando que toda pessoa pode ter somente um patrimônio.

Entretanto, considera-se modernamente que a coesão dos elementos integrantes de uma universalidade é justificada pela sua destinação comum.

A esse propósito, CHALHUB considera que: *"Na vida contemporânea, a concepção clássica da universalidade e indivisibilidade do património cedeu lugar a uma noção mais flexível a partir da ideia de afetação"*[344]. Para o autor, o patrimônio é o conjunto de bens, direitos e obrigações, suscetíveis de apreciação econômica, que corporificam o ativo e o passivo de uma pessoa, e constitui uma *universalidade de direito*. Complementa, ainda, que seus elementos não são as coisas, pois que a universalidade de Direito é o complexo de relações jurídicas de uma pessoa, dotada de valor econômico.

A opção legislativa brasileira foi a de adotar a ideia de patrimônio como sendo uma universalidade de direitos, em consonância com o que dispõe o Artigo 91 do Código Civil, *in verbis*: *"Constitui universalidade de Direito o complexo de relações jurídicas, de uma pessoa, dotadas de valor econômico".*

Independente da terminologia conferida a ele, o patrimônio segregado constitui o núcleo patrimonial pertencente a um sujeito que convive ao lado do patrimônio geral deste, submetido a disciplina jurídica própria, condizente com a finalidade a que se destina e que o unifica.

---

[344] Cfr. CHALHUB, Melhim Namem. *Negócio Fiduciário*. São Paulo: Renovar, 2009, p. 70.

Nesse passo, salienta FIGUEROA que a ideia de que um patrimônio pode ser criado e adotar uma organização independente da existência de seu proprietário, a fim de servir a um propósito particular, é comum a ambos os sistemas de direito o anglo-americano e o latino-americano. A instituição do *Trust* e do *Fideicomisso* são os veículos através dos quais estes objetivos são alcançados, só que em proporções diferentes[345].

Assim, por mais uma vez, devemos mencionar que peculiar característica do *Trust* é que os bens ou direitos transferidos ao *trustee* compõem um patrimônio separado e destacado do patrimônio pessoal do *trustee*. Contudo, a sua constituição não origina, propriamente, a constituição de uma pessoa jurídica com personalidade distinta.

Para LUPOI, as jurisdições civis tendem a ver pessoas coletivas sempre que eles têm uma chance, e, por vezes tendem a conferir *personalidade jurídica distinta* ao *Trust*, mas que não é o caso[346].

De fato, a constituição do *Trust* não determina a criação de uma pessoa coletiva. Acrescente-se, nesse sentido, que a transferência dos bens ou direitos para o *trustee* forma um *patrimônio separado* que não se confunde com a autonomia patrimonial adquirida através da formação de uma pessoa jurídica.

Explica DONATO que o patrimônio autónomo neste caso, se refere ao patrimônio da pessoa jurídica que, embora voltado à realização do objeto social, conta com a técnica da personificação, pela qual se cria um novo sujeito de direito para a titularidade desta massa patrimonial[347].

No *Trust* não há a criação de um novo sujeito de direito, convivendo a mesma pessoa, física ou jurídica, com mais de um patrimônio, cada qual com destinação própria. Dessa forma, perceba-se, que um patrimônio privado é o conjunto de direitos e obrigações legais de uma pessoa. Por conseguinte, o patrimônio compõe-se não só do lado ativo como também do passivo, compreendendo os direitos, poderes, faculdades, bem como os deveres e ônus[348].

---

[345] Cfr. FIGUEROA, Dante. *Civil law trusts in latin america: is the lack of trusts an Impediment for expanding business opportunities in latin america?*. In: Arizona Journal of International & Comparative Law, v. 24, n. 3, 2007, p. 703.

[346] Cfr. LUPOI, Maurizio. *Trusts in Italy: A Living Comparative Law Laboratory*. Trusts & Trustees, United Kingdom, v. 18, n. 5, p. 383–389, june 2012, p. 384.

[347] Cfr. OLIVA, Milena Donato. *Patrimônio Separado*. Rio de Janeiro: Renovar, 2009, p. 219.

[348] Vide CHALHUB, Melhim Namem. *Negócio Fiduciário*. São Paulo: Renovar, 2009, p. 69.

Nesse sentido, o patrimônio inclui a propriedade imóvel que uma pessoa possui, por exemplo, sua casa (bens imóveis); bem como seus livros, joias, dinheiro, carros e ações ou outros investimentos (bens móveis corpóreos). Por igual, está incluída a propriedade de bens incorpóreos (direitos autorais, reais e obrigacionais). Adicionalmente, fazem parte do seu patrimônio privado os Direitos de crédito que uma pessoa tem, bem como seus débitos, ou a reparação por danos causados injustamente; além disso o legado de um testamento ou de um benefício sob um *Trust*.

Logo, tanto as obrigações, como os direitos, fazem parte do patrimônio de uma pessoa. Como consequência, um patrimônio privado é geralmente um *estado de fluxo constante* de como a pessoa se engaja na atividade econômica que exerce. Enquanto o novo imóvel será adquirido e introduzido no patrimônio, os ativos existentes deixam a propriedade sendo transferidos para um terceiro: novos direitos surgem bem como novas obrigações serão assumidas. Em regra, no caso de insolvência, todos os bens constantes do patrimônio privado de uma pessoa são vulneráveis às reivindicações de seus credores pessoais.

No Brasil, tal preceito está disposto no Código de Processo Civil, no Artigo 789, *in verbis*: *"O devedor responde com todos os seus bens presentes e futuros para o cumprimento de suas obrigações, salvo as restrições estabelecidas em lei"*.

Entretanto, OLIVA explica que ao lado do patrimônio geral de uma pessoa, unificado em razão de o mesmo sujeito titularizar seus elementos, podem haver núcleos patrimoniais unificados em razão de uma finalidade a que se destinam, sob as nomenclaturas de *"patrimônio autônomo, afetado, separado, destacado, segregado e especial"*[349].

Com efeito, e nesta linha, quando uma pessoa se torna um *trustee*, ela adquire um segundo patrimônio: mantém o seu patrimônio privado e adquire a *"trust property"*. Embora seja da propriedade de uma mesma pessoa, o patrimônio particular do *trustee* é uma entidade legal separada da *trust property*.

Nesse sentido, aliás, observa REID que tal como os dois patrimônios devem ser distintos por lei, também devem ser diferentes na prática, por meio da identificação dos bens e Direitos, e através de uma contabilidade adequada. Com efeito, os ativos de um patrimônio, não podem ser transferidos para o outro. E se um ativo de um patrimônio for vendido, o

---

[349] *Cfr.* OLIVA, Milena Donato. *Patrimônio Separado*. Rio de Janeiro: Renovar, 2009, p. 218.

produto de sua venda deve ser incorporado ao mesmo patrimônio. Assim, cada patrimônio opera a sua própria sub-rogação real[350].

Explica OLIVA, que é imprescindível a existência do nexo de causalidade, entre o elemento que saiu e aquele que ingressou no patrimônio, e que isso não significa concomitantemente, ou seja, simultaneamente, que pela venda de um bem deve haver a aquisição de outro[351].

De fato, a compra de um bem pode ocorrer em um momento posterior, satisfazendo a demonstração de que o recurso utilizado na compra, adveio da venda do outro bem que fazia parte de tal patrimônio.

Como já antes sinalizado, quando uma propriedade é transferida do *Trust* em razão de sua violação, qualquer valor recebido pelo *trustee* torna-se automaticamente parte do *trust fund*, através da sub-rogação real, significando que a perda de um bem ou Direito constitui a causa da aquisição de outro.

Além disso, a importância da segregação patrimonial sob os *Trusts* é a proteção jurídica conferida ao patrimônio.

Com efeito, não obstante o patrimônio do *Trust* estar sob a titularidade do *trustee*, em eventual falência individual do *trustee*, seus credores particulares não podem executar essa parte específica de seu patrimônio. Da mesma forma, tais bens não entram para a sucessão do *trustee* nem são considerados no seu regime matrimonial de bens.

Ressalta-se, novamente, que apesar da *trust property* estar sob a titularidade legal de uma mesma pessoa, a ostentação de tal patrimônio na qualidade de *trustee* impede que tais ativos se misturem com o restante do patrimônio pessoal que o *trustee* seja titular. Logo, impossibilitando que a *trust property* seja executada com o restante dos bens pessoais do *trustee*, por suas dívidas particulares.

Assim, a razão pela qual o direito do beneficiário prevalece sobre as reivindicações dos credores pessoais do *trustee* se dá, simplesmente, porque os credores pessoais do *trustee* estão restritos à propriedade pertencente ao patrimônio particular do *trustee*, e não podem alcançar o patrimônio constituído em *Trust*.

---

[350] *Cfr.* REID, Kenneth G.C. *Patrimony Not Equity: the trust in Scotland*. European Review of Private Law, Netherlands, v. 8, n. 3, p. 427-437, 2000, p. 427.
[351] *Cfr.* OLIVA, Milena Donato. *Patrimônio Separado*. Rio de Janeiro: Renovar, 2009, p. 255--256.

Por outro lado, as pretensões dos credores do *Trust* devem ser satisfeitas antes do fim do *Trust*. Assim, se tendo pagado os credores do *Trust*, esgotar-se o *trust fund*, os beneficiários do *Trust* nada receberão. Em outras palavras, o direito do beneficiário para obrigar o *trustee* a cumprir os termos do *Trust* subordina-se aos direitos pessoais de todos os outros credores do *Trust Fund*.

Por sua vez, se esgotado o patrimônio do *Trust*, os credores do *Trust* não podem alcançar os bens particulares dos seus beneficiários. Já em relação ao *trustee*, presume-se a sua responsabilidade patrimonial pessoal e ilimitada pelas dívidas contraídas pelo *Trust*. Contudo, pode o *trustee* escapar dessa responsabilidade se, na conclusão dos contratos relativos ao *Trust*, ele tornar claro que age na qualidade de *trustee*.

Em alinhamento, já mencionamos que se o défice for resultado de violação do *Trust* pelo *trustee*, o beneficiário do *Trust* possui uma ação de natureza real contra o patrimônio privado do *trustee*, com a finalidade de restaurar o *trust fund*. É nesta perspectiva, que o patrimônio do *Trust* está protegido, sendo esta uma de suas principais características. Tal efeito pode ser alcançado no Direito brasileiro, ante a noção de patrimônio separado, já perfeitamente assimilado no Direito brasileiro.

A corroborar com esse raciocínio, WALD já argumentava, *in verbis*: "*a existência no Direito brasileiro, da alienação fiduciária em garantia, e o bom funcionamento dos agentes fiduciários, tanto nas execuções de créditos hipotecários, como no caso da emissão de debêntures, comprovam que não há incompatibilidade entre o nosso sistema jurídico e o anglo-americano. Também a existência de um conjunto de bens separados do resto do patrimônio do titular e afetados a uma finalidade própria já não mais repugna ao legislador. De fato ampliamos o bem de família e advoga-se a criação da sociedade unipessoal de responsabilidade limitada, que já existe em numerosos outros países. Não há mais razão para excluir a possibilidade de formar um patrimônio separado com os bens dados em Trust*"[352].

Ressalta-se, neste ponto, que a Lei nº 12.441, de 11 de julho de 2011, alterou o Código Civil brasileiro para permitir a constituição de empresa individual de responsabilidade limitada (EIRELI).

Além disso, as hipóteses legais de figuras que se valem de certa separação patrimonial, observadas no Direito brasileiro, apoiam a noção de

---

[352] Cfr. WALD, Arnoldo. *Algumas considerações a respeito da utilização do "trust" no Direito brasileiro*. Revista dos Tribunais, São Paulo, v. 34, n. 99, p. 105-120, julho-set, 1995, p. 120.

patrimônio separado para determinado fim, e à sua compatibilidade com o Direito pátrio. Aqui, podemos citar como exemplos a herança, a massa falida, usufruto, a incorporação imobiliária, o fundo de investimento imobiliário, a securitização de crédito imobiliário e, ainda, a segregação patrimonial dos recursos dos fundos de investimentos em geral (entre outros, os fundos bancários PGBL e VGBL, extremamente utilizados).

Nesse contexto, especial importância assume a opinião de SANTISTEBAN, ao afirmar que: *"El trust fund no es sino un caso más de patrimonio especial. Su titular ostenta, junto a su patrimonio personal, la titularidad sobre un patrimonio separado, carente de personalidad jurídica y afectado al cumplimiento de una determinada finalidad, merecedora de tutela jurídica"*[353].

Dessa forma, é possível e cogente libertar o patrimônio dos dogmas propostos pela sua teoria clássica, na medida em que a concepção de que uma pessoa só pode ser titular de um patrimônio não guarda conexão com a prática do hodierno ordenamento jurídico brasileiro. De fato, o interesse global por regras que possibilitem a criação de patrimônios separados, confirma a relatividade do princípio da indivisibilidade do patrimônio.

Para tanto, esclarece CHALHUB que a constituição de massas patrimoniais separadas só é admitida no Direito brasileiro nas hipóteses explicitamente autorizadas por lei, e com as limitações que a lei prescreve, pois a separação de certos bens do patrimônio de uma pessoa pode implicar redução da garantia geral dos credores, representada pelo patrimônio geral[354].

Somente através de Lei será possível estipular os principais efeitos oriundos através da separação patrimonial nos *Trusts*, de forma a estabelecer, principalmente, seus elementos basilares, nestes termos: a) que os ativos do *Trust* constituem um fundo separado e não fazem parte do patrimônio privado do *trustee*; b) que os credores pessoais do *trustee* não têm nenhuma ação contra o patrimônio do *Trust*; c) que os ativos do *Trust* não fazem parte do patrimônio privado do *trustee* no caso de sua insolvência ou falência; d) que os ativos do *Trust* não fazem parte da propriedade matrimonial do *trustee* ou do seu cônjuge, nem parte do espólio do *trustee* após a sua morte; e) que os ativos do *Trust* podem ser

---

[353] Cfr. SANTISTEBAN, Sonia Martín. *El instituto del trust em los sistemas legales continentales y su compatibilidad com los principios de civil law*. Navarra: Editora Aranzadi, 2005, p. 109.
[354] Cfr. CHALHUB, Melhim Namem. *Negócio Fiduciário*. São Paulo: Renovar, 2009, p. 73.

recuperados quando o *trustee*, em violação do *Trust*, misturou os ativos do *Trust* com seus ativos particulares; ou alienou os ativos do *Trust* sem para isso estar autorizado[355]; f) A hipótese de sub-rogação real.

Em suma, deve restar clara a possibilidade de uma pessoa titularizar mais de um patrimônio; a responsabilidade pelas dívidas relacionadas somente ao patrimônio separado; a limitação da responsabilidade dos beneficiários do *Trust* em relação a essas dívidas; a sub-rogação real.

Por fim, devemos ressaltar, que para garantir de forma eficaz os direitos dos beneficiários dos *Trusts*, além da segregação patrimonial será necessária a extensão do *numerus clausus* dos direitos reais, de forma a garantir o direito de sequela do beneficiário, no caso de violação dos termos do *Trust* (mencionada no tópico anterior).

Dessa forma, através da aprovação de um texto legal específico sobre os *Trusts*, a "Lei dos *Trusts*", será possível no Direito brasileiro admitir a segregação patrimonial dos bens ou direitos em *Trust*, além da inclusão dos *Trusts* com efeitos reais, ampliando o rol do *numerus clausus*.

Em arremate importante, urge trazer-se a contexto breve abordagem sobre o princípio da responsabilidade patrimonial universal, e alguns aspectos do direito sucessório.

a) O Princípio da Responsabilidade Patrimonial Universal – Também é necessário, por conseguinte, aludirmos a respeito da relação criada sob o *Trust* e a relação do *trustee* com terceiros. Cabe aqui analisarmos a responsabilidade patrimonial do *trustee* sob dois aspectos: em relação aos seus credores particulares e em relação aos credores do *Trust*.

Conforme já mencionamos, o *Trust* não é uma pessoa jurídica, e nem um patrimônio sem titularidade. É nessa perspectiva que o *trustee* é titular de dois patrimônios, o seu patrimônio privado e a *trust property*. Logo, estando o patrimônio do *Trust* em nome do *trustee*, outra dificuldade apontada à sua introdução seria o princípio da responsabilidade patrimonial universal.

Segundo este princípio o devedor responde, para o cumprimento de suas obrigações, com todos os seus bens presentes e futuros, salvo as

---

[355] Tais noções podem ser extraídas da Convenção de Haia sobre o Reconhecimento dos *Trusts*, em seus artigos 2º e 11º.

restrições estabelecidas em lei. No Brasil, este princípio está expressamente estabelecido no Artigo 789 do Código de Processo Civil, que trata da responsabilidade patrimonial.

Na verdade, este risco não existe no *Trust*. De fato, através do estabelecimento de Direitos reais na esfera do beneficiário, e também em razão da separação entre o patrimônio do *Trust* e o patrimônio privado do *trustee*, protege-se a *trust property*.

Nesse sentido, a *trust property* não está exposta à execução por dívidas particulares do *trustee*, ao passo que seus credores particulares somente podem excutir os seus Direitos em seu patrimônio privado. Da mesma forma, a *trust property* não está sujeita a uma eventual falência do *trustee*.

De uma forma geral, a estrutura dos *Trusts* consente o controlo dos Direitos dos credores, porquanto permite-se a segregação de um conjunto distinto de ativos, limitando-se, sobremaneira, a responsabilidade dos envolvidos. De fato, além de manter os ativos dos *Trusts* geridos profissionalmente, a separação de tais ativos admite a blindagem desses ativos à realização de propósitos específicos, e em benefício de determinados credores ligados a tais propósitos.

Ante esse quadro, novamente, devemos ressaltar, que a proteção e administração de ativos experimenta um período realmente sem precedentes, em termos de atenção dos legisladores de uma forma global.

Não é de hoje que se observa a busca por estruturas legais que possibilitem a prática de atividades econômicas com uma responsabilidade limitada. Esse efeito foi primeiramente alcançado através das sociedades anónimas. Depois, vislumbrou-se o grande sucesso alcançado pelas sociedades limitadas, com uma forma constitutiva mais simples e menos dispediosa[356]. Além da empresa individual de responsabilidade limitada (EIRELI), introduzida no Brasil através da promulgação da Lei

---

[356] Com efeito, da Alemanha (1892) à Portugal (1901), onde designou-se de "sociedade por quotas", e chegou ao Brasil por iniciativa de parlamentares, para atender ao interesse de pequenos e médios empreendedores, que queriam beneficiar-se, na exploração de atividade económica, da limitação da responsabilidade típica das anónimas, mas sem atender às complexas formalidades destas, nem se sujeitar à prévia autorização governamental. Tal implemento se deu através do Decreto 3.708 de 10 de janeiro de 1919 – "Sociedade por quotas de responsabilidade limitada", e continha apenas 19 artigos. Posteriormente revogado tacitamente pelo Código Civil, Lei Nº 10. 406/2002, que passou a tratar do tema em "Sociedade Limitada", em 36 artigos (1.052 a 1.087).

Nº 12.441, de 11 de Julho de 2011[357], recente inovação legislativa (2019) introduziu a sociedade limitada criada por apenas um sócio, permitindo a sociedade unipessoal limitada, ambas estruturas com vistas à limitação patrimonial no desenvolvimento da atividade econômica exercída por apenas um empresário.

A segurança nas relações jurídicas também sempre foi uma preocupação, razão pela qual os direitos de garantia surgiram em uma fase de desenvolvimento do crédito, em que as garantias para este o tornaram indispensáveis no sistema jurídico vigente. Nesse sentido, embora a *fiducia cum amico e cum creditore* tenham desaparecido, novas formas contratuais de garantia surgiram, tais como o penhor, o comodato, a hipoteca, a alienação fiduciária em garantia, a anticrese e o penhor.

Lembramos aqui, pois, as palavras de VAZ TOMÉ, *in verbis*: *"Assiste-se, com efeito, a uma forte pressão do tráfico jurídico para a criação de patrimônios separados desprovidos de personificação ou subjetivização e para a especialização da garantia patrimonial"*[358].

Nesse sentido, especialmente os países em pleno desenvolvimento, devem rever os seus dogmas jurídicos, designadamente em relação à limitação dos riscos patrimoniais da atividade empresarial, e considerando a satisfação das expectativas de investidores diretos e indiretos.

O *Trust* permite a redescoberta de mecanismos de segregação patrimonial que, como vimos, não são estranhos da cultura jurídica continental. Separar um ativo para assegurar que determinadas condições de uma transação sejam cumpridas, através do penhor de um bem móvel, levaria esse ativo empenhado para longe de seu proprietário; através da hipoteca seria necessário um procedimento demasiadamente pesado e custoso a ser aplicado e, quando necessário, extinto.

Por outro lado, uma vez que o bem em questão se torna sujeito a uma relação de *Trust*, os interesses das partes envolvidas são devidamente protegidos, de uma forma mais dinâmica e menos custosa para as partes.

---

[357] Em Portugal, designada de Estabelecimento Individual de Responsabilidade Limitada (EIRL), figura jurídica criada pelo Decreto-Lei Nº 248/86, de 25 de Agosto, que permite a constituição de um património autónomo ou de afectação especial ao estabelecimento através do qual uma pessoa singular explora a sua empresa ou atividade, mas ao qual, diferente da EIRELI do Brasil, não é reconhecida personalidade jurídica.

[358] Cfr. VAZ TOMÉ, Maria João Romão Carreiro. *Sobre o Contrato de Mandato sem Representação e o Trust*. Revista da Ordem dos Advogados, Lisboa, v. III, Dezembro 2007, p. 2.

Embora um dos efeitos da separação patrimonial seja a limitação da responsabilidade do devedor, esclarece OLIVA que a limitação da responsabilidade não é a sua causa[359]. Explica a autora, que a limitação da responsabilidade aos créditos ligados à afetação decorre precisamente da destinação do núcleo patrimonial a determinado fim, e não o contrário, ou seja, a separação patrimonial não advém da limitação da responsabilidade.

O fato do patrimônio especial garantir exclusivamente os credores relacionados ao escopo que o unifica constitui eficiente mecanismo jurídico para assegurar, da maneira mais plena possível, a realização da finalidade que enseja a segregação patrimonial, haja vista que tem como importante e fundamental consequência blindar o patrimônio separado das contrariedades do patrimônio geral[360].

Esclarece CHALHUB que a lei autorizadora da separação do patrimônio excepciona o princípio segundo o qual o patrimônio constitui garantia geral dos credores e, ainda, o princípio da livre utilização do patrimônio por parte de seu titular[361].

Por essa razão, a criação de um patrimônio separado para dar cumprimento às finalidades dos *Trusts* não confrontam o princípio da responsabilidade patrimonial universal. Contudo, a criação do patrimônio separado não significa a autorização para fraude à execução ou fraude aos credores. Com efeito, a formação de um patrimônio separado submete-se as mesmas restrições impostas à alienação de bens e à validade dos negócios jurídicos, em geral.

Igualmente, somente será oponível perante terceiros se tiver efeito *erga omnes*, por isso, é interessante o registro do *trust instrument*, sobretudo quando composto por bens imóveis. Conforme já mencionamos, tal identificação deverá ser feita designando-se um nome para o *Trust*, ou em nome do próprio *trustee (identificado como trustee)*, resguardando-se o nome do *settlor* e dos beneficiários se assim o *settlor* desejar.

Em prosseguimento, cabe ainda mencionarmos a respeito da responsabilidade patrimonial do *trustee* em relação aos credores do *Trust*.

Primeiramente, insta relembrar, que o *trustee* age em nome próprio, e não com representatividade. Logo, em regra, a contraparte negocial do

---

[359] *Cfr.* OLIVA, Milena Donato. *Patrimônio Separado*. Rio de Janeiro: Renovar, 2009, p. 231.
[360] *Cfr.* OLIVA, Milena Donato. *Patrimônio Separado*. Rio de Janeiro: Renovar, 2009, p. 231.
[361] *Cfr.* CHALHUB, Melhim Namem. *Negócio Fiduciário*. São Paulo: Renovar, 2009, p. 73.

trustee tem o poder de executar os seus direitos às expensas do patrimônio pessoal deste, mas não em relação aos bens ou direitos constituídos em *Trust*. Dessa forma, em princípio, os credores do *Trust* têm o poder de executar os seus direitos a expensas do patrimônio pessoal do *trustee*, mas não dos bens ou direitos constituídos em *Trust*. Nestas circunstâncias, o *trustee* tem o direito de ser reembolsado pelo "*trust*" do pagamento das dívidas assim contraídas. Entretanto, no caso de agir em violação de seus deveres, o *trustee* perde o direito de reembolso.

Conforme já mencionamos, um dos pontos que pode ser negociado no *trust instrument*, além da remuneração do *trustee* profissional, é que a sua responsabilidade seja limitada ao *Trust Fund*, de forma a autorizar que os credores do *Trust* executem diretamente a *trust property*. Tal cláusula tem por objetivo conferir maior atratividade comercial aos *Trusts*.

Destaca-se, ainda, que a responsabilidade pessoal do *trustee* é o escudo protetor do *Trust*. Dessa forma, uma vez segregado o patrimônio, limitada está a responsabilidade do beneficiário, não sendo ele responsável por obrigações contratuais, ressarcitórias ou por qualquer outra obrigação decorrente da mera titularidade dos bens ou direitos em *Trust*.

Em arremate importante, urge trazer-se a contexto, breve abordagem a respeito da proteção conferida à *trust property* em relação aos credores particulares do *settlor*.

Em regra, os credores do *settlor* não podem agredir os bens ou direitos constituídos em *Trust*. De fato, vimos que após a transferência dos bens para o *trustee*, o *settlor* desaparece da relação jurídica. Seguindo essa lógica, "pressupõe-se" que os credores do *settlor* não estão sendo iludidos, ao passo que os bens já não estão em seu nome, e também não titulariza uma propriedade aparente. Diverso, porém, é o caso do *settlor* também ser o beneficiário do *Trust*, caso em que *a trust property* pode ser alcançada.

É de se lembrar nesse ponto, que também na *common law*, tal como a *Trust Law* Inglesa, o *Trust* constituído para uma finalidade ilegal é nulo. Do mesmo modo será nulo o *Trust* organizado para segregar bens com o objetivo de fraudar credores, ou fraudar à execução[362].

---

[362] Aqui podemos citar o *Insolvency Act, 1986*, que estabelece uma espécie de ação revogatória falimentar do ato constitutivo do *Trust*. Considera-se para tal efeito revogatório, os *Trusts* criados pelo falido a título gratuito ou em troca de uma contraprestação não adequada nos dois anos anteriores a apresentação da falência. Também prevê regras que visam a proteção dos credores do *settlor*, em caso de fraude à execução ou fraude a credores.

Nesse quadro, a segregação patrimonial alcançada nos *Trusts* não é incompatível com o princípio da responsabilidade patrimonial universal. A possibilidade de segregar determinado patrimônio para tutelar os interesses de credores específicos não viola os princípios da ordem pública, uma vez que a limitação da propriedade para tais finalidades terá a adequada publicidade. Além disso, conforme vimos, existem outros casos no ordenamento jurídico brasileiro que já vislumbram a separação patrimonial.

Por fim, de outra perspectiva, insta relembrar a disposição do Artigo 789, do Código de Processo Civil brasileiro, *in verbis*: "*O devedor responde com todos os seus bens presentes e futuros para o cumprimento de suas obrigações, salvo as restrições estabelecidas em lei*".

Nesse sentido, perceba-se que, em uma interpretação mais apurada do dispositivo legal, embora os bens ou direitos estejam em nome do *trustee*, a *trust property* não pertence ilimitadamente a ele, mas somente para propósitos específicos. Exclusivamente por uma questão de flexibilidade e dinâmica das relações, os bens ou direitos encontram-se sob a sua titularidade legal. Logo, lembramos que ele não detém a propriedade absoluta dos bens, uma vez que lhe são retirados o *jus fruendi*. Essencialmente, a *trust property* não é legítima para arcar com os débitos pessoais do *trustee*.

b) Aspectos do Direito Sucessório – Tema último que se põe nesta esfera, então, atine à validade do *Trust* diante dos Direitos assegurados aos herdeiros necessários.

Entre os princípios basilares que norteiam todo conteúdo do Direito Civil brasileiro, encontramos o da autonomia da vontade, o da liberdade de estipulação negocial, o da propriedade individual, o da intangibilidade familiar, o da legitimidade da herança e do direito de testar.

O princípio da intangibilidade familiar reconhece a família como uma expressão imediata de seu ser pessoal; o da legitimidade da herança e do Direito de testar, pela aceitação de que, entre os poderes que as pessoas têm sobre seus bens, se inclui o de poder transmiti-los, total ou parcialmente, a seus herdeiros.

Nesse quadro, a pergunta que aqui se coloca é a seguinte: pode um indivíduo dispor livremente de seus bens ou direitos? Logo, pode o *settlor* dispor livremente de seu patrimônio constituindo um *Trust*?

Aqui devemos considerar duas circunstâncias, as disposições realizadas *inter vivos* e as disposições concretizadas *mortis causa*. Além disso, cabe a análise sob a perspectiva do *Trust* revogável e do *Trust* irrevogável. Na verdade, essa classificação determina se a transferência realizada pelo *settlor* é definitiva ou não.

É de se lembrar nesse ponto, que as utilidades do *Trust* como instrumento de planejamento sucessório são múltiplas. Neste caso o *settlor* delega a um terceiro (*trustee* profissional) o encargo de administrar o patrimônio hereditário durante o período necessário, até que se faça a designação mais correta aos herdeiros, considerando as circunstâncias existentes. Por exemplo, avaliam-se a idade dos herdeiros, sua capacidade mental ou física, bem como a aptidão profissional para gerir determinados bens ou direitos que serão herdados.

O planejamento sucessório é uma prevenção muito adequada, pois que garante a correta administração dos bens ou direitos, ou da própria atividade empresarial exercida pelo *de cujus*, mantendo unido o patrimônio enquanto vigente o *Trust*, inclusive *pulando*, se necessário, uma geração de herdeiros.

Para a mesma finalidade de planejamento patrimonial, pode o *settlor* constituir um *trust* mediante um ato *inter vivos* e com caráter revogável. Neste caso, o *settlor* transfere a propriedade dos bens a um *trustee profissional* (reservando-se os benefícios, ou conferindo os benefícios à terceiros beneficiários, familiares ou não). O objetivo, aqui, é acompanhar a gerência do *trustee*, ainda em vida. Assim, no caso de insatisfação, o *settlor* pode revogar o *Trust*, ou nomear outro *trustee*.

Se, neste caso acima, o *settlor* falecer durante a existência do *Trust*, deve o *trustee*, primeiramente, verificar quais são as orientações deixadas pelo *settlor* no *trust instrument*. Se não deixou nenhuma instrução, extingue-se o *Trust*, e segue-se a sucessão legal.

Em outra situação, ainda, pode o *settlor* constituir um *trust* mediante um ato *inter vivos* e com caráter irrevogável e, não sendo ele o beneficiário, dispõe definitivamente de seus ativos (total ou parcialmente). Logo, perceba-se, novamente, a total liberdade de testar na *common law*, pois que, em regra, não existem limites de ordem pública relevantes no Direito sucessório.

Para a correta implementação dos *Trusts* no Direito brasileiro, tais regras devem ser harmonizadas com o sistema sucessório do Brasil, de forma a não prejudicar a legítima necessária, embora o nosso posicionamento seja a plena liberdade de testar. Na verdade, a partir do momento em que um indivíduo tem a total liberdade de dispor, em vida, de todo o seu patrimônio, (ressalvadas as incapacidades específicas), não vemos razões para a vedação da disposição planejada *pos mortem* (resguardando-se somente os direitos dos incapazes e a meação do cônjuge).

Entretanto, não pretendemos realizar, neste livro, tal discussão – tema que merece um adequado aprofundamento e apreciação dogmática – cabendo-nos, então, aceitar a adequação dos *Trusts* às regras sucessórias hoje vigentes em no ordenamento jurídico brasileiro.

Lembramos, por propício, as seguintes indagações: Pode um indivíduo dispor livremente de seus bens ou direitos? Logo, pode o *settlor* dispor livremente de seu patrimônio constituindo um *Trust*?

- Apreciamos que o *Trust* pode ser constituído sem restrições, por ato *inter vivos ou testamentário,* sobre a parte disponível do *settlor*, ainda que os beneficiários não sejam os herdeiros necessários.
- Igualmente, porém, consideramos que o *Trust inter vivos irrevogável* pode ser constituído livremente sobre a universalidade do patrimônio do *settlor*, tendo em vista que a ninguém é defeso dispor do seu patrimônio em vida e, neste caso, o *settlor* dispõe definitivamente dos bens ou direitos transferidos ao *trustee*.

Precisamente, porque um "futuro herdeiro" apenas possui uma *expectativa de Direito*, pois o momento da transmissão da herança é o da morte do *de cujus*. Dessa forma, enquanto vivo for, o *de cujus* pode dispor da totalidade de seu patrimônio; inclusive ele pode dilapidar seu patrimônio contraindo muitas dívidas, a ponto de o patrimônio deixado em herança servir apenas à realização de seu passivo, nada restando aos herdeiros necessários.

Aliás, nesse sentido é a disposição do Artigo 1.997 do Código Civil brasileiro, *in verbis*: "*A herança responde pelo pagamento das dívidas do falecido; mas, feita a partilha, só respondem os herdeiros, cada qual em proporção da parte que na herança lhe coube*".

Nesse diapasão, o indivíduo tem a liberdade de dispor de seus bens até o último momento de sua vida, por conseguinte, à vedação legal dos chamados *pactos sucessórios*. No ordenamento jurídico brasileiro, essa regra é prevista no Artigo 426 do Código Civil, nestes termos: *"Não pode ser objeto de contrato a herança de pessoa viva"*.

Além do mais, cabe aqui compreender, que a transferência da propriedade para o *trustee* não faz deste o beneficiário de uma *doação*, não sendo aplicável, portanto, a regra do Artigo 549 do Código Civil brasileiro, que estabelece que *"é nula a doação quanto à parte que exceder à de que o doador, no momento da liberalidade, poderia dispor em testamento"*.

Com efeito, a introdução de um texto legal sobre os *Trusts*, ensejará uma nova forma de transmissão de bens. Isso significa que a transferência de bens do *settlor* para o *trustee*, não deve ser considerada uma doação ou uma venda.

- Uma outra situação seria a do *Trust* constituído por testamento, sobre a universalidade do patrimônio do *settlor*.

Aqui, perceba-se, que a transferência da propriedade do *settlor* para o *trustee* ocorre em um momento posterior a sua morte, sendo, neste caso, legítima a observação dos direitos dos herdeiros necessários.

No Direito brasileiro, segundo dispõe o Artigo 1.857 do Código Civil, toda pessoa capaz pode dispor, por testamento, da totalidade dos seus bens, ou de parte deles, para depois de sua morte. Entretanto o § 1º do referido artigo, veda que a legítima dos herdeiros necessários seja incluída no testamento.

Sob tal prisma, o testador está expressamente impedido de dispor da parte legítima da herança, sempre que houver herdeiros necessários (Código Civil, Artigo 1.576). Por isso, e porque a herança transmite-se aos herdeiros necessários tão logo seja aberta a sucessão, o *Trust* constituído por testamento estará limitado à metade disponível do testador, sendo nulo no que a exceder.

Ainda, assim, cabe-nos analisar o que segue:

Através da elaboração de um testamento o *de cujus* pode adequadamente exprimir a sua vontade. É a forma mais adequada para que uma pessoa delibere, por escrito, o destino de seu patrimônio após a sua morte. De fato, traduz-se o testamento em forma hábil para controlar as transferências de patrimônio do *de cujus*.

O *Trust mortis causa* pode ser constituído para duas finalidades principais: o planejamento sucessório, onde o *Trust* possui uma duração mais longa, e os ativos vão sendo gradualmente transferidos aos beneficiários até a completa extinção do *Trust*; ou é utilizado no processo de liquidação e partilha, transmitindo-se os bens ou direitos ao *trustee* com a morte do *de cujus* que, posteriormente, (em um prazo mais curto do que o primeiro caso) e da forma determinada pelo *settlor*, realizará a partilha, nos moldes do executor testamentário.

Novamente, aqui, invocamos o princípio da liberdade privada, e indicamos as seguintes hipóteses à válida constituição dos *Trusts mortis causa* acima mencionados:

I) Primeiramente, conforme já citamos, em qualquer caso o *Trust* pode ser constituído sem restrições por testamento, sobre a parte disponível do *settlor*, ainda que os beneficiários não sejam herdeiros necessários.

II) Por outro lado, o *Trust* pode ser constituído sem restrições nos dois casos por testamento, ainda que sobre a totalidade dos bens do *settlor*, desde que com a aceitação dos herdeiros necessários dos termos do *trust instrument*. O aceite pode ser prévio ou posterior, cabendo à família respeitar voluntariamente o desejo do *de cujus*.

Ressalta-se, por necessário, que segundo a legislação brasileira, são herdeiros necessários os descendentes, os ascendentes e o cônjuge, e pertence aos herdeiros necessários, de pleno direito, a metade dos bens da herança, constituindo a legítima (segundo disposição dos Artigos 1.845 e 1.846 respectivamente).

Por sua vez, o Artigo 1.806 do Código Civil brasileiro trata da hipótese de renúncia da herança pelos herdeiros necessários (total ou parcialmente), indicando que tal renúncia deve constar expressamente de instrumento público ou termo judicial. Logo, se não se impugna o direito do herdeiro de renunciar à herança na abertura da sucessão, não é coerente vedar-lhe a liberdade da renúncia antecipada nos termos de um acordo (*trust instrument*).

Nesse quadro, apreciamos que essa abordagem (II) seria plenamente válida, pois que pode o *settlor*, no momento da constituição de seu testamento, esclarecer os motivos das disposições realizadas, promovendo previamente a aceitação ou a renúncia dos termos do *Trust*. Nada impede, no entanto, que a aceitação ou renúncia dos familiares ocorra em um momento posterior, no momento da abertura da sucessão.

Destaca-se, portanto, que o *Trust* presumir-se-á válido, podendo, entretanto ser anulado mediante a oposição de seus familiares sobre seus termos.

III) Em consonância com o Artigo 794, do Código Civil brasileiro, exclui-se da herança o valor obtido em razão do seguro de vida ou de acidentes pessoais para o caso de morte. Ainda estabelece o referido dispositivo legal que tal capital recebido não está sujeito às dívidas do segurado.

Assim sendo, nada impede, em alinhamento, que um *Trust* seja constituído *mortis causa*, com o capital advindo do seguro de vida.

Não podemos deixar de mencionar, nesse quadro, que ao planear um *Trust mortis causa*, o desejo do *settlor* é justamente assegurar determinados beneficiários após a sua morte, tendo a mesma finalidade que o seguro de vida e, portanto, não vemos incompatibilidade com o que já permite a legislação brasileira.

Logo, uma vez que a Lei criou a hipótese de um indivíduo pagar as mensalidades de uma apólice de um seguro de vida (muitas vezes custosa) em benefício de alguém, não vemos objeções para que o mesmo indivíduo crie um *trust fund inter vivos* para a proteção de alguém após a sua morte.

Por fim, ressalta-se, que uma vez constituído o *Trust*, o planejamento sucessório realizado através dele deve ser considerado, respeitando-se as regras que lhe são inerentes e a vontade do seu instituidor. Com isso, desejamos dizer, que uma vez que se opta voluntariamente pelo *Trust*, não se aplicam a ele as regras legais aplicáveis a outros instrumentos jurídicos disponíveis, tais como as regras limitadas da substituição fideicomissária.

Contudo, não se exclui, a apreciação judicial de seus termos, quando necessária e solicitada pelo beneficiário que se viu prejudicado em sua parte legítima garantida por lei, ou em razão da alteração das circunstâncias não previstas pelo instituidor no momento da formação do *trust deed*.

6. A Tributação dos *Trusts*

A ausência do adequado conhecimento sobre a estrutura e as finalidades dos *Trusts*, pode levar a falsa e superficial percepção de que se trata de um mecanismo usado, supostamente, como ferramenta para evasão tributária e lavagem de dinheiro. Assim, nesta parte, devemos esclarecer que a partir do momento em que se compreende a estrutura dos *Trusts*, as regras sobre a sua tributação naturalmente são abrangidas e trabalhadas.

Desta forma, embora o *Trust* possa ser utilizado como ferramenta de economia e planeamento fiscal, assim como outras estruturas jurídicas disponíveis, tal como as *holdings*, a vantagem fiscal não lhe é essencial, mais, sim, um privilégio conferido por determinados países. Deste modo, as vantagens tributárias podem ou não ser atribuídas, ou até mesmo eliminadas pelos mesmos.

Nesse sentido, muito bem esclarece RICHES, *in verbis*: "*It is therefore with some irony that, if one looks in a wider international context, that significant wealth held by families from emerging jurisdictions is being transferred into international trusts for non-tax reasons primarily those driven by business continuity, family governance, and asset protection motivations*"[363].

Claramente, os paraísos fiscais existem e são independentes da existência dos *Trusts*. Com efeito, não estamos sozinhos e isolados do Mundo, e o que não podemos mudar temos que compreender para melhor influenciar ou negociar, ou até mesmo coibir ou permitir.

Apreciamos que essa abordagem, de conferir privilégios fiscais a determinados tipos de negócios, não pode ser vista como um ponto negativo a ser adotado por um país em desenvolvimento. Deve ser notado que num tempo de globalização e competitividade, aliada à fácil movimentação das empresas e dos investimentos, o capital move-se muito facilmente para onde encontrar condições mais favoráveis.

Não há dúvida que a alta carga tributária do Brasil e os custos dos negócios podem frear o desenvolvimento econômico. Já a internacionalização de empresas é muito positiva para a economia brasileira. Nesse sentido, podemos, sim, considerar os entraves tributários e burocráticos como sendo, efetivamente, desafios ao desenvolvimento do Brasil, e não todos os antes aqui apontados à implementação dos *Trusts*, pois que estes sufocam a capacidade das empresas de competir.

O *Trust* representa em si, independente de lhe ser conferida vantagens tributárias, um instrumento internacional altamente competitivo, por ser mais flexível e dinâmico, em comparação aos instrumentos hoje oferecidos no Direito brasileiro. Conforme discorremos, o *Trust* foi adotado e

---

[363] Cfr. RICHES, John. *Are transparency and the registration of trusts necessary?*. Trusts & Trustees, United Kingdom, v. 19, n. 3 e 4, p. 343-353, april/may 2013, p. 347.

aceito em diversos sistemas jurídicos de *civil law* e a busca por ferramentas competitivas é, em geral, um das principais razões de sua implementação.

No âmbito da família, muito bem esclarece HERBERT, *in verbis*: "*The true value of a family trust is not the avoidance or mitigation of tax. (...) The family trust is not the enemy of the people, but it is a flexible friend. It provides the infrastructure by which assets are administered by trustees, chosen for their skills and their loyalty, with a positive duty to preserve, enhance, and (sometimes) distribute those assets in accordance with well-known principles*"[364].

Nesse quadro, sobretudo por razões fiscais, a implementação do *Trust* traz vantagens indiscutíveis de ordem prática, porque a adequada compreensão de sua estrutura evitaria a evasão tributária. A partir do momento em que se estabelecem regras e conceitos, é possível determinar a correta tributação e a supressão da falsa noção de que o *Trust* é um instrumento, essencialmente, utilizado à evasão tributária.

De fato, por tudo quanto já explanado, os *Trusts* estão disseminados e a sua implementação através de uma legislação clara e eficaz, sobretudo, facilitaria a sua tributação. Na verdade, se consideramos a grande circulação de bens e pessoas e a utilização de *Trusts* com seus elementos de conexão em países os mais diversos (*trustee, settlor, trust property* e beneficiários), aos países que não o reconhecem, resta a desconfiança do instituto e a falsa percepção de que ele é um instrumento típico para promover a evasão fiscal.

Sem dúvida, a facilidade hodierna das pessoas criarem e distribuírem a sua riqueza dentro de uma comunidade internacional indica que, cada vez mais, muitos tipos diferentes de sistemas fiscais e legais precisam determinar como tributar o *Trust*.

Essencialmente, a probabilidade de os sistemas jurídicos confrontarem conceitos jurídicos estrangeiros está muito aumentada e crescente. E quando isso ocorre na área tributária, gera desconfianças. Na verdade, ninguém que perder suas receitas fiscais. Na verdade, essa é uma das razões apontadas à relutância dos países de *civil law* de adotarem os *Trusts* enquanto modelo legal.

No entanto, em nossos estudos sobre o instituto dos *Trusts* e sua tributação percebemos que se trata de uma preocupação menos relevante a

---

[364] *Cfr.* HERBERT, Mark. *Reality and perception in tax avoidance and mitigation*. Trusts & Trustees, United Kingdom, v. 19, n. 3 e 4, p. 356–363, april/may 2013, p. 359.

partir do momento que se compreende o instituto, estabelecendo regulamentos específicos sobre os *Trusts* e sobre a sua tributação[365].

É nesse quadro que não enxergamos os aspectos tributários como sendo um desafio à implementação dos *Trusts* no Direito brasileiro, ao contrário, entendemos a implementação dos *Trusts* como sendo uma solução para a sua correta tributação.

A necessidade prática de considerar o tratamento tributário dos *Trusts* sentida por um um grande número de países tem levado a sua implementação em várias jurisdições de *civil law*. Em alinhamento, o processo de reconhecimento dos *Trusts* por países de *civil law*, foi dinamizado pela Convenção de Haia sobre *Trust* e seu Reconhecimento (Convenção de Haia).

A esse propósito, já dizia LUPOI, *in verbis:* "*One of the most relevant consequences of all this is that Italy, without any tax rule on trust, is at present a tax haven in trust matters*"[366].

Entretanto, embora a Convenção tenha estabelecido uma definição ampla de *Trust,* verificamos que os países de *civil law* ratificantes, ainda assim advirtam sobre a necessidade da implementação de regras internas mais específicas. Assim, notamos, através das experiências da Holanda e da Itália, que não é tão fácil, na prática, como na teoria, reconhecer os *Trusts* exclusivamente para os fins de Direito Internacional Privado.

Neste contexto, é fato que os países que não têm os *Trusts* como parte de seu ordenamento jurídico interno, têm maiores dificuldades em assimilar as noções dos *Trusts* estrangeiros em seu sistema fiscal; enquanto que as jurisdições que possuem regras bem estabelecidas sobre ele, lidam com maior eficácia com os aspectos atinentes à sua tributação.

Deste modo, pode-se dizer, que os países que já possuem uma maior familiaridade com o *Trust* geralmente já contêm em seu sistema jurídico amplas discussões pertinentes à sua tributação. De fato, nota-se que

---

[365] Interessante mencionar, nesse contexto, nosso livro intitulado a *"Tributação dos Trusts",* que vislumbrou as melhores técnicas de tributação do instituto no Reino Unido, na França e na Itália, com o objetivo final de contribuir com a Tributação dos *Trusts* no Direito Português. *Cfr.* FREIRE E ALMEIDA, Verônica Scriptore. *A Tributação dos Trusts.* Coimbra: Almedina, 2009.

[366] *Cfr.* LUPOI, Maurizio. *Italy: independent approach to trusts in a Civil Law country.* Trusts & Trustees, Gostick Hall, Gostick Hall, Volume 9, Issue 6, 2003, p. 8.

em muitas jurisdições, tal problema ou *"desafio"*, já é uma preocupação ultrapassada.

Perceba-se, enfim, que na vida prática hodierna as evasões tributária existem. Igualmente, existe, o envolvimento dessas com os *Trusts*. Contudo, a recusa ao instrumento dos *Trusts* não afasta a problemática tributária tendo em vista que o *Trust* é um instrumento competitivo e presente em jurisdições de todo o mundo. De fato, o *Trust* é uma realidade, e por isso deve ser compreendido, e não evitado.

Assim, consideramos coerente, proceder a uma aproximação a alguns dos assuntos principais que são vislumbrados em relação à tributação dos *Trusts*.

Normalmente, os países levam em consideração a extensa variedade de *Trusts* que podem existir, e ponderam o interesse dos beneficiários e do *settlor* sobre os *Trusts*. De fato, na tributação do instituto não é interessante estabelecer uma regra geral aplicável a todos os tipos de *Trusts*, sendo a melhor escolha avaliar os tipos de *Trusts* que podem ser constituídos, e o incentivo ou não (governamental) àquele determinado tipo.

É nesse contexto que os países de origem *common law* – por já estarem acostumados com o instituto – não possuem dificuldades em lidar com a sua tributação e, normalmente, consideram tipos especiais de *Trusts* para essa finalidade.

Com efeito, então, no Reino Unido as regras sobre a tributação dos *Trusts* variam de acordo com o tipo de *Trust*[367]. Igualmente os estados norte-americanos separam os tipos de *Trusts* para finalidades tributárias e sujeição passiva dos tributos. Tal fato também pode ser observado, por exemplo, na Austrália, Canadá, India e Irlanda[368].

---

[367] *Cfr.* HM REVENUE & CUSTOMS. *Trusts An introduction.* Disponível em: http://search.hmrc.gov.uk/kb5/hmrc/hmrc/results.page?qt=Trusts . Acesso em 06.07.2013.

[368] *Cfr.* FAZELBHOY, Aliff; KAKA, Porus. *India – Trusts, Topical Analyses.* Amsterdam: IBFD, 2011, section 1.4; INDIA. *Income Tax Department.* Departament of Revenue, Ministry of Finance, Government of India. Disponível em: http://law.incometaxindia.gov.in/DIT/Income-tax-acts.aspx . Acesso em: 13.09.2012; HICKSON, John H. *Irish- Trusts, Topical Analyses.* Amsterdam: IBFD, 2011, section 1.4; AUSTRÁLIA. *Income Tax Assessment Act 1936.* Disponível em: http://www.comlaw.gov.au/Details/C2012C00134 . Acesso em: 06.07.2013; GILLIES, Peter. *Australia – Trusts – Topical Analyses.* Amsterdam: IBFD, 2011, section 1.4; CANADA. Income Tax Act. Disponível em: http://laws-lois.justice.gc.ca/eng/acts/i-3.3/page-140.html#h-26. Acesso em: 06.07.2013; BROWN, Catherine. *Canada – Trusts, Topical*

Nesse sentido, por exemplo, nos Estados Unidos da América, indivíduos que transferem sua propriedade para *Trusts*, e mantém certos poderes, Direitos ou benefícios sobre os *Trusts*, geralmente são tratados como sujeitos passivos dos Tributos, sendo designados de *grantor trusts*, tributando-se de forma diferenciada os *grantor trusts* e os *non-grantor trusts*.

Interessante indicar que o *US Internal Revenue Code* contém várias regras especiais anti-evasão fiscal, específicas para os *non-grantor trusts* estrangeiros que distribuem rendas para o beneficiário residente ou cidadão norte-americano.

A Suíça, país de origem *civil law*, com a intenção de estabelecer diretrizes básicas e harmonizar a tributação dos *Trusts* em todo o país, estabeleceu princípios básicos sobre a tributação do *Trust*, resumidos em uma Carta Circular das autoridades fiscais suíças, em agosto de 2007.

Assim sendo, igualmente ao Reino Unido e aos Estados Unidos, para efeitos tributários a Suíça distingue entre os três tipos de *Trusts*: o *revocable trust, o irrevocable fixed interest trust* e o *irrevocable discretionary trusts*.

Em prosseguimento, por sua natureza típica *civil law*, também é interessante citarmos que na Itália até 1 de Janeiro de 2007, não havia disposições específicas que tratassem da tributação dos *Trusts*, quer para efeitos fiscais diretos ou indiretos. Apesar disso, estudiosos italianos e autoridades fiscais tentaram interpretar os aspectos fiscais do *Trust*, fazendo referência aos princípios gerais de Direito tributário e desenhando o seu tratamento, por analogia a outras instituições. Tais estudos resultaram na redução das inseguranças geradas pelo instrumento.

Entretanto, a *Legge Finanziaria 2007* supriu a ausência de quaisquer disposições referentes a tributação dos *Trusts*, aprovada pelo Parlamento italiano com a Lei nº 296, de 27 de dezembro de 2006.

Em geral, pois, consideramos que a melhor técnica para a correta tributação dos *Trusts* é identificar o sujeito passivo da relação jurídica, bem como reconhecer as hipóteses de incidência tributária do instituto, sempre tendo em vista sua estrutura constitutiva.

Nesse sentido, situam-se no quadro dos possíveis sujeitos passivos da relação tributária sob os *Trusts*: o *settlor*, o *trustee*, o beneficiário e o próprio *Trust*. Já as situações que podem ser consideradas como hipóteses

---

Analyses. Amsterdam: IBFD, 2011, section 1.4; TSANG, James; LEUNG, Daniel. *Hong Kong – Trusts, Topical Analyses*. Amsterdam: IBFD, 2011, section 1.4.

de incidência de tributos, devem ser analisadas sob as perspectivas de sua constituição, duração e extinção.

Para avaliamos a sujeição passiva, entretanto, é importante considerar o carácter revogável e irrevogável do *Trust*; os direitos concretos dos beneficiários e a própria determinação de cada momento deste e, ainda, os poderes discricionários designados ao *trustee*.

Nesse passo, o *settlor* será considerado como sujeito passivo sempre que se reservar Direitos de revogação ou modificação do instrumento do *Trust*, permanecendo, pois, vinculado ao seu patrimônio transferido ao *Trust*.

O *trustee*, por sua vez, apenas pode ser considerado como responsável tributário, pois não tem capacidade contributiva sobre os ativos que lhe foram transferidos. Logo, deve responder pelo cumprimento das obrigações principais e acessórias do sujeito passivo (que pode ser o *settlor*, o beneficiário ou o *Trust*), em virtude de razões de conveniência, de eficácia e de segurança do pagamento do imposto.

Obviamente, poderá o *trustee* ser sujeito passivo se ele for um dos beneficiários do *Trust*. Também, claramente, deve recolher o imposto de renda sobre os rendimentos que ele receber a título de remuneração.

Já o beneficiário, pode ou não ser considerado sujeito passivo dos tributos incidentes no *Trust*, na medida em que ele tem direitos fixos sobre a renda ou sobre o capital do *Trust*. Logo, o beneficiário só será sujeito passivo dos tributos referentes aos bens ou direitos que lhe forem diretamente atribuídos.

Por sua vez, também o *Trust* pode ser considerado sujeito passivo distinto em certas situações. De fato, entendemos que o *Trust* terá capacidade contributiva nos casos onde não for possível considerar o *settlor*, nem o beneficiário, com titularidade e disponibilidade imediata de rendimento ou da riqueza e, portanto, sem capacidade econômica para arcar com o ónus do tributo.

A seu turno, em relação agora às hipóteses de incidência tributária sob os *Trusts*, recomendamos, desde logo, que a sua tributação seja delineada de forma simplificada, com vistas à sua aplicação e compreensão de uma forma global.

Consideramos, para tanto, a incidência de impostos sobre o patrimônio e sobre o rendimento do capital em *Trust*.

Nesta perspectiva, conforme já mencionamos, é importante levar em apreço as três fases basilares do instrumento: a sua constituição, o período de sua duração e, por fim, a sua extinção. Nesse quadro, recomendamos o que segue.

Inicialmente, na constituição ou modificação de um *Trust*, em determinadas situações, incide o imposto sobre as transmissões *causa mortis* e doação de quaisquer bens ou direitos.

Na transferência inicial dos bens ao *trustee*, incidirá o imposto sobre as transmissões gratuitas naqueles casos em que o *settlor* a faz de forma definitiva, ou seja, no caso de *Trust* irrevogável.

Contudo, além de considerar a irrevogabilidade ou não do *Trust*, devem ser ponderados os poderes discricionários do *trustee*; os direitos fixos dos beneficiários; a manutenção pelo *settlor* de poderes de modificação do *trust deed*.

Assim, no caso do *trustee* possuir poderes discricionários, concluímos que deverá ser liquidado o imposto apenas na transferência definitiva do capital aos beneficiários, com todo o incremento patrimonial vislumbrado. Sopesamos que o enriquecimento imediato do beneficiário deve ser pressuposto para a incidência do imposto de doação ou sucessão. Posto isso, parece-nos mais correto diferenciar o momento da cobrança do imposto em consonância com o tipo de *Trust*, quanto aos Direitos concretos dos beneficiários.

Contudo, no caso de *discretionary trust* – considerando que o *Trust* pode ter uma longa duração – achamos interessante a inclusão de um imposto periódico, à semelhança do Reino Unido, em que é cobrado a cada 10 anos.

Em relação à constituição do *Trust inter vivos* revogável – avaliando que os bens são fiscalmente pertencentes ao *settlor* e farão parte da sua sucessão no dia de seu óbito – não há consequências tributárias no momento da constituição do *Trust*. Por igual ocorre quando o *settlor* for o único, ou um dos beneficiários do *Trust* irrevogável. Já no caso do *settlor* se declarar como *trustee* para outros beneficiários, desde que de forma irrevogável e atribuindo Direitos fixos a eles, deve ser considerada como sendo uma transferência tributável.

Em qualquer caso, poderá o *settlor* autorizar, no instrumento do *Trust*, expressamente, que a carga do imposto seja suportada pelo "*Corpus* do *Trust Fund*"[369].

---

[369] *Vide* HARDY, Amanda. *The International Guide to the Taxation of Trusts – United Kingdom*. Amsterdam: IBFD, 2005, p. 44; FREIRE E ALMEIDA, Verônica Scriptore. *A Tributação dos Trusts*. Coimbra: Almedina, 2009, p. 155.

Por sua vez, o imposto sobre o rendimento tem como fato gerador as rendas obtidas pelo *trustee* em decorrência de sua gestão sobre a *trust property*, e a distribuição desses rendimentos aos beneficiários.

A exemplo do que ocorre no Reino Unido, recomendamos a incidência de alíquotas diferenciadas aplicáveis sobre o rendimento global dos *Trusts* irrevogáveis, podendo, ainda, diferenciarem-se as alíquotas para os *Fixed e Discretionary Trust*. Fundamentalmente, um regime tributário específico evitaria eventuais conflitos tributários e simplificaria a cobrança dos tributos.

Também consideramos que em determinados tipos de *Trust*, o sujeito passivo do Imposto de Renda seja o próprio *Trust*, ou seja, a carga tributária será suportada pelo *"Corpus do Trust Fund"*.

Nesse quadro, quando tratar-se de um *Fixed Trust*, o *Trust* deve ser considerado como fiscalmente inexistente, ao passo que todo rendimento obtido pelo *Trust* será distribuído aos beneficiários. Do mesmo modo, será quando o *settlor* reservar-se de direitos aos rendimentos no *trust instrument*. Logo, aqui, ele será o sujeito passivo, e a imposição de rendimentos levantados pelo *trustee* far-se-á diretamente entre as mãos do *settlor*.

Também, nos casos de *Trust* revogável, o *Trust* será considerado fiscalmente inexistente, em razão do poder que o *settlor* mantém sobre o *Trust*. Desta forma, a carga tributária será suportada diretamente pelo *settlor*.

Já o *Trust Discretionary* deve ser considerado com existência fiscal distinta, ao passo que não distribuindo todo o rendimento do *Trust* aos beneficiários, poderá o *trustee* acumular a renda no capital do *Trust*. Dessa forma, o mais adequado será tributar em sede do próprio patrimônio separado, considerando o princípio da capacidade contributiva e a subjetividade existente quanto aos Direitos dos beneficiários. Neste caso, o *trustee* é o responsável pelo recolhimento do tributo.

Analisando o beneficiário, ele deverá ser o sujeito passivo do imposto de renda em razão de todo rendimento que o *trustee* lhe distribuir. Neste caso, perceba-se que os beneficiários seriam tributados na fonte sobre os pagamentos de rendimentos efetuados pelo *trustee*, e teriam direito ao crédito do imposto já suportado pelo *Trust* para efeitos da sua declaração pessoal de imposto de renda.

Em relação as obrigações tributárias, destaca-se, que cabe ao beneficiário realizar a declaração do Imposto de Renda, mesmo que não tenha quantia alguma a recolher; ainda, por vezes, podem ter direito a reembolso se o valor do imposto pago pelo *trustee* exceder a responsabilidade tributária anual do beneficiário.

Em arremate pertinente, somos favoráveis a um tratamento tributário diferenciado nos casos de determinados tipos de *Trusts* destinados a algumas finalidades específicas, tais como: Caridade, Educação, Manutenção de Patrimônio Histórico; Preservação, Restauração e Manutenção do Meio Ambiente; Fundos de Pensão e Aposentadoria; Planos de Saúde para Empregados; ou outros fundos de investimento que sejam merecedores de tutela, em razão do ânimo de atingir determinado fim de interesse público. Com efeito, a formação e existência desse tipo de *Trust* deve ser amplamente incentivada.

Por fim, não podemos deixar de citar aqui, sobre os designados "*trusts offshore*".

Neste ponto, embora exista certa hostilidade das grandes economias ocidentais em relação às jurisdições *offshore*, acreditamos ser legítima a procura e utilização por indivíduos e empresas de técnicas legais de preservação da riqueza, oferecidas por jurisdições que buscam, com a mitigação dos seus impostos a atração de capitais, e tal procura tem se intensificado nos últimos anos.

Não sugerimos, uma baixa tributação com vistas à constituição de *Trusts off-shore*, mas, nada impede que o Brasil crie uma tributação mais favorável a determinadas regiões Brasileiras que careçam de incentivo, ou que o Governo diferencie a tributação de certos tipos de *Trusts* que se pretenda estimular, interferindo de forma indireta na economia (por exemplo, fundos de pensão, caridade).

7. Considerações Finais

A compreensão dos tópicos tratados sobre a compatibilidade e os desafios da implementação do instituto dos *Trusts* no Brasil, foi de fundamental importância à realização do articulado que será, seguidamente, apresentado.

No presente livro, objetivamos reconhecer e, sobretudo, ultrapassar os obstáculos à introdução do *Trust* no Direito brasileiro.

Para tanto, foi fundamental a ampla compreensão de cada hipótese levantada e apontada como sendo impeditiva para sua implementação dos *Trust*.

Neste momento, então, foi imprescindível identificarmos e analisarmos as normas brasileiras, aplicáveis a cada situação desafiadora. Tais procedimentos, tornaram possível o cotejo das normativas, com as peculiaridades fundamentais do *Trust*.

Dessa forma, na apreciação da compatibilidade do instituto anglo-saxão com o Direito continental, procedemos a uma abordagem, reflexiva e comparativa, das características identificadoras do *Trust* que provocam determinados conceitos arraigados na *civil law*, apresentados como desafios à sua introdução.

Sob tal prisma, após o reconhecimento e a análise dos temas desafiadores do *Trust*, evidenciamos a plena compatibilidade do instituto com o Direito brasileiro.

De fato, constatamos, que somente através da adequada compreensão da legislação brasileira e dos preceitos do *Trust*, foi possível superar cada um dos supostos entraves à implementação do *Trust* em Direito brasileiro.

Capítulo 4
O Direito dos *Trusts* no Brasil – Articulado

É de nosso desejo, então, que este articulado sirva como base para uma compreensão qualitativa e conclusiva dos elementos necessários à implementação do instituto dos *Trusts* no Direito brasileiro. Na mesma linha, possa, com simplicidade, constituir-se em uma ferramenta útil para uma futura implementação do *Trust* no Direito brasileiro. Tudo, pois, alinhado ao antes disposto neste livro.

Lei Nº _____

Dispõe sobre a implementação do **instituto dos trusts** no Direito brasileiro.

CAPÍTULO I
DISPOSIÇÕES PRELIMINARES

Art. 1º O **trust** é uma relação jurídica criada pelo **instituidor**, que transfere bens ou direitos para o **trustee**, pessoa física ou jurídica, administrar e dispor em benefício do **beneficiário**, ou no cumprimento de finalidades específicas.

Art. 2º O **instituidor** do trust é o proprietário inicial dos bens ou direitos que são destinados ao trust e transferidos ao trustee.

Art. 3º O **trustee** é a pessoa física ou jurídica, que recebe a propriedade legal dos bens ou direitos transferidos em trust pelo instituidor, com o dever de administrar e dispor desta propriedade em benefício do beneficiário, ou no cumprimento de finalidades específicas.

Art. 4º O **beneficiário** é a pessoa física ou jurídica, que recebe a propriedade benéfica dos bens ou direitos transferidos em trust para o trustee, e para quem os deveres do trustee são devidos. O beneficiário adquire direitos reais sobre os benefícios a ele atribuídos, nos termos desta lei.

Art. 5º O **trust** poderá constituir-se para fins privados e/ou públicos, com ou sem a designação de beneficiários específicos.

Art. 6º O trust é regido nos termos desta lei e pelas disposições de seu ato constitutivo, realizado na forma estabelecida no Capítulo II.

CAPÍTULO II
O TRUST

Seção I
A Constituição do Trust

Art. 7º O trust é constituído através da declaração expressa de vontade do seu instituidor, por escrito, por um instrumento particular, *inter vivos* ou *mortis causa*.

§ 1º Admite-se a criação do trust por decisão judicial, ou por força de disposição legal posterior, que deverá respeitar as disposições previstas nesta lei.

§ 2º O trust *mortis causa* obedecerá às regras do testamento, e deverá respeitar as disposições previstas nesta lei.

Seção II
Características do Trust

Art. 8º São características do trust:

I – a transferência do título legal da propriedade dos bens ou direitos do instituidor para o trustee;

II – a formação de um patrimônio separado formado pela totalidade dos bens ou direitos transferidos para o trustee;

III – o beneficiário do trust adquire um direito real em relação aos direitos sobre o patrimônio do trust que lhe forem atribuídos.

§ 1º A propriedade do trust não se confunde com o patrimônio privado do trustee nem com outros patrimônios que o trustee administre em trust;

§ 2º A propriedade do trust não faz parte do regime matrimonial do trustee ou do seu cônjuge, nem parte do espólio do trustee após a sua morte;

§ 3º A propriedade do trust é isenta de qualquer ação ou execução pelos credores particulares do trustee.

Seção III
Instrumento do trust

Art. 9º O instrumento do trust é um documento particular escrito, personalizado com os termos do trust, que além das cláusulas estabelecidas pelo instituidor mencionará:

I – a qualificação do instituidor;

II – a identificação do trustee ou o modo de o determinar;

III – a descrição dos bens ou direitos que formarão a propriedade do trust;

IV – a finalidade da constituição do trust, que não pode ser contrária a lei, a ordem pública e aos bons costumes e/ou a indicação dos beneficiários e dos seus respectivos benefícios;

V – as instruções ao trustee de como deverá proceder na administração dos bens ou direitos transferidos a ele;

VI – a indicação dos poderes, deveres e responsabilidades do trustee;

VII – a indicação de um protetor no caso de trusts criados para o cumprimento de finalidades específicas sem beneficiários designados;

VIII – a indicação de admissíveis sucessores do trustee, co-trustees e protetor;

IX – as condições do direito de retirada, substituição e exclusão do trustee;

X – a duração do trust e suas formas de extinção;

XI – o destino dos bens ou direitos após a extinção do trust.

Parágrafo único. O trust presume-se irrevogável, podendo o instituidor reservar-se ao direito de revogar ou de modificar as suas cláusulas.

Art. 10. O instrumento de constituição do trust será documento hábil para a transferência do título legal dos bens móveis ou imóveis, para o trustee, independente do registro do instrumento ou de quaisquer outras formalidades.

Registro da Transferência

Art. 11. Os bens imóveis que formam o patrimônio do trust, devem ser registrados em nome do trustee, por transcrição no registro público competente, com a designação do termo "em trust", para surtir efeitos em relação a terceiros.

Parágrafo único. Se o poder de venda for retirado do trustee, por cláusula expressa no ato constitutivo do trust, a limitação do respectivo poder de venda deve ser inscrita no registo do imóvel.

Art. 12. Quando a transferência dos bens móveis ou imóveis para o trustee, exigirem formalidades registrais, o valor dos emolumentos notariais e registrais deve ser limitado a um valor único de R$ 300,00 (trezentos reais), independentemente do número ou valor dos bens imóveis ou móveis oriundos do mesmo trust.

Seção IV
Fundo do trust

Art. 13. É requisito essencial do trust a existência de um bem ou direito, com valor patrimonial e possível de ser individualizado, constituindo o fundo do trust.

§ 1º Integra o patrimônio do trust qualquer bem ou direito, determinável e alienável, que nos termos da lei for transferido ao trustee pelo instituidor.

§ 2º O fundo do trust compreende os bens ou direitos originais e aqueles adicionados posteriormente.

§ 3º O direito do beneficiário pode estar vinculado a uma propriedade específica ou ao fundo do trust, ao capital ou a renda.

§ 4º São considerados atos de gestão a alteração, pelo trustee, do conteúdo do fundo do trust, com vistas a tornar o fundo produtivo para o benefício dos beneficiários ou para o cumprimento das finalidades do trust, salvo se o ato constitutivo dispuser de modo diverso.

Art. 14. Pertencem ao fundo do trust quaisquer bens que o trustee tenha se tornado proprietário em razão do exercício de seu cargo, inclusive:

I) todo rendimento produzido no trust;

II) o produto da alienação ou da troca de um bem pertencente ao fundo do trust, ocorrendo a sub-rogação real do bem originariamente conferido ao trust;

III) todo lucro auferido pelo trustee, resultado de atos ou omissões que violem as suas obrigações com o trust.

IV) os bens ou direitos posteriormente transferidos ao fundo do trust por terceiros.

Seção V
Separação patrimonial e formação de um patrimônio autônomo

Art. 15. Os bens ou direitos transferidos ao trustee, que formam o fundo do trust, compõem um patrimônio separado e destacado do patrimônio pessoal do trustee, não respondendo pelas dívidas pessoais deste último, observado o disposto no artigo 8º, inciso II.

Art. 16. Podem ser atribuídas ao patrimônio do trust somente as dívidas a ele respeitantes, originárias da propriedade do fundo do trust, ou em razão das ações de gestão do trustee, agindo em nome do trust.

§ 1º Uma dívida contraída pelo instituidor antes da data de criação do trust pode ser considerada como sendo uma dívida do trust se assim for indicada por ele no instrumento do trust, ressalvadas as disposições legais contrárias, em especial aquelas relacionadas à fraude a credores e à fraude à execução.

§ 2º Os credores do beneficiário podem exercer os seus direitos sobre os benefícios fixos que o beneficiário tiver sobre a renda ou sobre o capital do trust, podendo sub-rogar-se nos direitos daquele, no momento em que este receber do trustee os seus benefícios.

§ Os tributos incidentes sobre o fundo do trust devem ser suportados por ele.

Seção VI
Disposição patrimonial

Art. 17. A transferência de bens ou direitos, realizada pelo instituidor para o trustee em trust, não é considerada uma doação, nem um contrato obrigacional, devendo esta disposição ser uma transferência típica de um trust, nos termos desta lei.

Art. 18. Considera-se como parte do patrimônio particular do instituidor do trust, para fins de sucessão ou regime matrimonial de bens, os bens ou direitos transferidos para um trust revogável.

Art. 19. Considera-se como parte do patrimônio particular do instituidor do trust, para fins de sucessão ou regime matrimonial de bens, os bens ou direitos de que também for beneficiário.

Art. 20. A transferência de bens realizada *mortis causa* para o *trustee* somente poderá ser concretizada sobre a parte disponível do patrimônio do instituidor, respeitando-se a legítima dos herdeiros necessários, salvo se estes anuírem ao instrumento do trust.

Parágrafo único. São anuláveis a qualquer momento as transferências de bens ou direitos realizadas ao trustee em violação a este Artigo.

Art. 21. Decai em 5 anos o direito de anular as transferências de bens ou direitos para um trust, contados a partir da constituição do trust, nos casos em que o juiz ou tribunal entender que o instituidor efetuou transações depreciativas ou forneceu preferência injusta, com o objetivo de fraude, sendo ainda aplicáveis aos trusts as demais normas relativas à fraude a credores e à fraude à execução.

Parágrafo único. O trustee, o beneficiário e o instituidor respondem solidariamente nos atos em que participarem realizados em fraude aos direitos dos credores do instituidor ou do patrimônio do trust.

Seção VII
Modificação, Revogação e Extinção do Trust

Modificação do ato constitutivo do trust

Art. 22. Por cláusula no instrumento do trust, o instituidor poderá reservar-se ao direito de modificar os termos do instrumento do trust, ou conferir esse direito a terceiros, independente da anuência do trustee ou do beneficiário.

§ 1º A reserva do poder de modificação pode ser referente às cláusulas específicas, ou em relação a todo o conteúdo do ato constitutivo.

§ 2º O estabelecimento de uma cláusula ilimitada de modificação dos termos do trust abrange a sua revogação.

§ 3º Pode o beneficiário, civilmente capaz, solicitar ao trustee modificações no instrumento do trust, desde que tais alterações lhe sejam benéficas, e desde que esteja ausente disposição no instrumento do trust em sentido contrário, devendo ser preservada a vontade do instituidor.

§ 4º Pode o trustee ou o beneficiário solicitar judicialmente a alteração de cláusulas do trust, desde que o pedido seja fundamentado em alteração substancial das circunstâncias, e desde que a alteração não frustre a intenção originária do instituidor ao criar o trust.

§ 5º A modificação do ato constitutivo do trust não afeta os efeitos dos atos que o trustee validamente realizou antes da mudança.

§ 6º Se o objetivo do trust, estipulado originariamente pelo instituidor, não puder ser mais alcançado, pode o juiz ou tribunal, a pedido de qualquer pessoa interessada, extinguir o trust. Alternativamente, neste caso, em se tratando de um trust com finalidades sociais, pode o juiz ou tribunal substituir a finalidade originária por outra finalidade intimamente a ela relacionada.

Revogação do trust
Art. 23. O trust presume-se irrevogável, podendo o instituidor do trust reservar-se expressamente no ato constitutivo do trust ao direito de revogar o trust, ou pode conferir esse direito a terceiros, independente da anuência do trustee ou do beneficiário.

§ 1º O estabelecimento de uma cláusula de revogação abrange a modificação dos termos do trust.

§ 2º A revogação não afeta a validade dos atos do trustee anteriormente realizados, desde que não tenham sido realizados em violação da lei ou dos termos do instrumento do trust.

§ 3º Em caso de revogação, o trustee deverá transferir a propriedade do trust em conformidade com as disposições do instrumento do trust, e, na falta de estipulações nesse sentido, deve ser observada a ordem estabelecida no art. 26.

Extinção do trust
Art. 24. O trust extingue-se nos termos de seu ato constitutivo, nomeadamente:

I – em decorrência da declaração de revogação;

II – pela renúncia ou caducidade do direito de todos os beneficiários, do rendimento e do capital;

III – pela ocorrência de circunstâncias previstas conducentes à extinção;

IV – pelo cumprimento das finalidades do trust;

V- pelo término do prazo de duração.

Parágrafo único. Pode o instituidor conceder ao trustee, ao beneficiário ou a terceiro o poder de extinguir o trust.

Art. 25. Extingue-se o trust por decisão judicial que reconhecer alteração substancial das circunstâncias, e que acarretem a impraticabilidade, impossibilidade ou ilicitude superveniente do trust.

Distribuição dos bens do trust

Art. 26. No caso de extinção do trust a propriedade deve ser distribuída pelo trustee nos termos do ato constitutivo, e na ausência de disposições nesse sentido, a propriedade retorna ao instituidor e, na sua ausência, aos seus herdeiros.

CAPÍTULO III
O INSTITUIDOR DO TRUST

Art. 27. O instituidor do trust é a pessoa física ou jurídica, proprietário inicial dos bens ou direitos que são transferidos ao trustee.

Art. 28. O instituidor do trust deve ser habilitado à prática de todos os atos da vida civil, e deve ter a legitimidade necessária para emitir a sua declaração de vontade sobre a constituição do trust e para transferir os bens ou direitos para o trustee.

Art. 29. O instituidor do trust pode exercer a função de trustee, individualmente ou conjuntamente com um ou mais trustees.

Parágrafo único. O instituidor pode acumular o papel de trustee e de beneficiário concomitantemente. Neste caso, não pode o instituidor ser o único beneficiário do trust.

Art. 30. Por cláusula expressa no instrumento do trust, o instituidor pode reservar-se de poderes de revogação, modificação ou alteração dos termos do trust, além de poderes especiais de gestão, tais como:

I – os poderes de pessoalmente, nomear, pagar ou aplicar a renda ou o capital do fundo do trust, ou dar tais instruções ao trustee;

II – os poderes para agir ou dar instruções vinculativas para a nomeação ou remoção de um conselheiro ou diretor de qualquer corporação pertencente ao trust;

III – poderes para dar instruções vinculativas ao trustee em relação à compra, venda, retenção, gestão de crédito, empréstimo, penhor ou cobrança, dos bens ou direitos pertencentes ao trust, ou à forma do exercício de poderes ou Direitos decorrentes de tais bens;

IV – poderes para nomear, substituir ou excluir o trustee, protetor ou beneficiário;

V – poderes para nomear ou destituir um gestor de investimentos ou assessor de investimentos;

VI – poderes para restringir o exercício de quaisquer poderes ou faculdades de um trustee, ou de exigir que eles só sejam exercidos com o consentimento prévio do instituidor ou de qualquer outra pessoa especificada por ele nos termos do instrumento do trust.

Parágrafo único: Quando o instituidor se reservar de um ou mais os poderes listados nos incisos acima, apurar-se-á a responsabilidade do trustee, por violação do trust, em consonância com os poderes a ele conferidos, conjuntamente com a culpabilidade do instituidor ou do protetor, se houver.

CAPÍTULO IV
O TRUSTEE

Art. 31. O trustee é a pessoa física ou jurídica, de caráter público ou privado, que recebe a propriedade legal dos bens ou direitos transferidos em trust pelo instituidor, com o dever de administrar e dispor desta propriedade em benefício do beneficiário, ou no cumprimento de finalidades específicas.

Parágrafo único. O trustee adquire concomitantemente com a propriedade legal do trust, poderes e deveres fiduciários, devendo gerir, usar ou dispor os ativos do trust de acordo com os termos do ato constitutivo do trust e dos deveres especiais que lhe são impostos por lei.

Art. 32. A gestão do trust pode ser exercida por um ou por diversos trustees, concomitantemente e de forma sucessiva, sendo chamados respectivamente de co-trustees e trustees sucessores, cabendo ao instrumento do trust estabelecer as condições.

Seção I
Requisitos do trustee

Art. 33. O trustee pode ser qualquer pessoa física ou jurídica e deverá ter capacidade civil para o exercício pleno de seus direitos e deveres.

Parágrafo único: Não pode ser nomeada trustee a pessoa física que não puder administrar uma sociedade nos moldes do parágrafo 1º do Artigo 1.011 do Código Civil, ou quem for condenado a pena criminal ou de caráter profissional.

Art. 34. Caberá a Comissão de Valores Mobiliários a regulação e o credenciamento de trustees que realizem operações por ela regulamentadas, observadas as estipulações desta lei.

Art. 35. Poderá o instituidor, no ato de constituição do trust exigir a realização pelo trustee, de um seguro de responsabilidade civil.

Seção II
A nomeação, aceitação e a rejeição

Art. 36. O trustee é nomeado através do instrumento do trust, se constituído por ato *inter* vivos, através do testamento, ou pode ser determinado por um juiz ou tribunal.

Art. 37. O trust não falhará por falta de um trustee, podendo o juiz ou tribunal, sempre que for necessário, nomear um trustee, em substituição ou em adição aos já existentes, salvo disposição em contrário no instrumento do trust.

Parágrafo único: a nomeação judicial do trustee não poderá ocorrer no caso de prestações personalíssimas, situação em que o instituidor condiciona a existência do trust ao exercício da função de trustee, exclusivamente, por determinada pessoa indicada no ato constitutivo. Se a pessoa indicada pelo instituidor não aceitar ou não puder assumir a função, o trust não será constituído.

Art. 38. A aceitação expressa ou tácita do trustee é imprescindível para que ele se torne sujeito aos deveres fiduciários atribuídos ao cargo.

§ 1º Será considerada tácita, a aceitação, quando o trustee demonstrar empenho na gestão da propriedade do trust, praticando atos de administração e zelando pelos bens ou direitos do trust.

§ 2º A recusa na nomeação deve ser realizada por escrito.

Seção III
As Obrigações do trustee

Dever de lealdade, boa-fé e diligência no cumprimento de sua função

Art. 39. Impõe-se ao trustee os deveres de lealdade e diligência, em conformidade com os ditames da boa-fé objetiva, atendo-se as instruções recebidas pelo instituidor no instrumento do trust e às disposições legais.

§ 1º O trustee deverá ter, no exercício de suas funções, cuidado e diligência, que toda pessoa ativa e proba costuma empregar na administração de seus próprios negócios.

§ 2º Um maior cuidado e diligência será exigido do trustee que exercer a função profissionalmente, na qual a gestão de trusts está entre suas atividades.

§ 3° São nulas as cláusulas do instrumento do trust que estipulem a exclusão ou diminuição da responsabilidade fiduciária do trustee que agir contra os seus deveres de lealdade, boa-fé e diligência, bem como os demais deveres legais estabelecidos e os vinculados à sua atividade profissional.

Dever de administração
Art. 40. Em sendo ativo o trust, o dever do trustee de administrar a propriedade do trust será independente de cláusula estipulatória no instrumento do trust.

Art. 41. Ao trustee podem ser atribuídos deveres e poderes administrativos fixos, ou pode ser permitido que o trustee exerça atos discricionários, a depender do que estiver estipulado pelo instituidor no instrumento do trust.

Dever de proteger a integridade da propriedade do trust
Art. 42. Incumbe ao trustee:

I – promover todos os atos necessários à boa administração e à preservação do patrimônio do trust;

II – defender judicialmente o patrimônio do trust de eventuais ações executórias, e igualmente, promover todas as ações judiciais necessárias para recuperar eventual ativo perdido;

III – manter apartados os bens e direitos objeto de cada trust que administrar.

IV – manter a escrituração contábil completa, ainda que esteja desobrigado pela legislação tributária.

Parágrafo único: No caso do inciso II, na inércia ou ilegitimidade do trustee, os beneficiários têm legitimidade para intentar qualquer ação judicial que vise a proteção do patrimônio do trust. De qualquer forma, as custas judiciais são suportadas pelo fundo do trust.

Dever de identificação
Art. 43. A propriedade transferida para o trustee em trust, deve permanecer separada e identificada como integrante de determinado trust, sendo

que a identificação deve ocorrer de acordo com a natureza específica de cada bem ou direito transferido.

Parágrafo único: o trustee responde pessoal e ilimitadamente pela confusão patrimonial que der causa, e igualmente pela perda de qualquer ativo do trust em virtude da sua não observação a esse dever, independente da boa-fé do trustee.

Dever de evitar o conflito de interesses e de retirar benefícios do trust

Art. 44. O trustee deve evitar qualquer situação que possa colocá-lo em uma posição de conflito de interesses com os interesses dos beneficiários ou com o propósito do trust, sendo-lhe vedado:

I – obter lucros pessoais, tirando proveito de sua posição às custas do trust;

II – utilizar ou propagar as informações obtidas em razão do exercício de sua função;

III – misturar seus interesses pessoais com os interesses preferenciais dos beneficiários;

IV – transacionar com os bens ou direitos que administra, ainda que ele pague um preço justo;

V – pagar suas despesas particulares com os recursos do trust;

VI – adquirir ou negociar a propriedade do trust consigo mesmo;

VII – negociar a propriedade do trust com parentes até o quarto grau, ou com pessoas que de alguma forma originem benefícios pessoais para ele;

VIII – negociar a propriedade do trust com sociedade empresarial em que tenha participação societária;

IX – negociar a propriedade do trust com sociedade empresarial de que também seja administrador, conselheiro ou diretor, ou com outros trusts que também administre;

§ 1º O disposto no presente artigo não impede que o trustee seja indicado no ato constitutivo do trust como sendo um dos beneficiários do trust.

§ 2º O negócio estabelecido com infração do disposto neste artigo é nulo, e o trustee faltoso será obrigado a transferir para o trust as vantagens que dele tiver auferido.

§ 3º Os benefícios que ilicitamente forem retirados do trust pelo trustee são considerados como integrantes do fundo do trust, devendo o trustee restituir ao fundo tudo o que tiver retirado.

Dever de sigilo em relação a terceiros

Art. 45. As informações do trust que o trustee tem acesso em decorrência do exercício de sua função, de qualquer natureza, referentes ao patrimônio do trust, são confidenciais, e o trustee responderá pela falta de zelo, dedicação e sigilo destas informações.

Parágrafo único: O trustee não deve divulgar a terceiros, em nenhum momento, as informações em seu poder em virtude de seu cargo, nem empregar em benefício próprio ou de outrem, salvo nos casos previstos por lei ou no ato constitutivo do trust.

Dever de não delegação

Art. 46. O trustee deverá agir pessoalmente na administração do trust, não podendo, salvo disposição em contrário, delegar os poderes a ele atribuídos, originariamente, no ato constitutivo do *Trust*.

§ 1º Se os bens ou direitos exigirem conhecimentos técnicos e complexos, ou se determinados atos tenham que ser realizados em lugares distantes do domicílio do trustee, poderá este, mediante aprovação judicial, delegar a outras pessoas físicas ou jurídicas o exercício parcial da administração, se tal autorização já não for expressamente prevista no instrumento do trust.

§ 2º O trustee pode constituir mandatários ou contratar prepostos se a administração adequada do patrimônio do trust o exigir, e se o instrumento do trust não vedar.

Art. 47. Ainda que exista autorização expressa no instrumento do trust permitindo ao *trustee* a delegação total ou parcial de seus deveres e poderes, o trustee é responsável por todos os atos de seu delegado ou de seus prepostos que nessa qualidade causem danos ao trust.

Dever de prestação de contas e de informação

Art. 48. O trustee deve manter a contabilidade organizada, com obediência aos preceitos da legislação em vigor e aos princípios de contabilidade geralmente aceitos, bem como a guarda dos documentos e faturas respectivas.

§ 1º Quando o trust incluir entre as suas finalidades o exercício de atividades empresariais, as demonstrações financeiras serão assinadas pelos trustees e por contabilistas legalmente habilitados, que responderão solidariamente pelas informações ali consignadas.

§ 2º O trust cuja atividade inclua operações com valores mobiliários deve adotar como padrão de contabilidade as normas expedidas pela Comissão de Valores Mobiliários, elaboradas em consonância com os padrões internacionais de contabilidade adotados nos principais mercados de valores mobiliários, sendo-lhe aplicáveis as normas e sanções correspondentes.

§ 3º Os registros devem ser capazes de proporcionar informações suficientes aos beneficiários, em qualquer data solicitada, se uma periodicidade específica não houver sido estipulada no ato constitutivo.

Art. 49. São livros obrigatórios do trustee, além dos que já obrigam a legislação vigente:

I – o livro de registro dos acontecimentos do trust: que registra todos os fatos relevantes que acontecem no trust, principalmente aqueles que afetam diretamente a propriedade do trust e os que sejam de interesse particular a cada beneficiário, considerando seus interesses benéficos.

II – o livro de capital e renda do trust: que registra de forma específica as operações ou movimentações, caracterizando o que é capital e o que é renda do trust.

Art. 50. Os trustees são obrigados a prestar aos beneficiários contas justificadas de sua administração, e apresentar-lhes o inventário anualmente, bem como o balanço patrimonial e o de resultado econômico, se outro prazo não estiver estabelecido no instrumento do trust.

Parágrafo único: Salvo estipulação em contrário no ato constitutivo do trust, os beneficiários possuem legitimidade para reivindicar os documentos e as demonstrações contábeis referentes apenas aos bens ou direitos concernentes aos seus interesses benéficos.

Art. 51. O trustee é obrigado a manter os beneficiários informados sobre todos os fatos relevantes respeitantes ao patrimônio do trust e aos seus interesses benéficos.

§ 1º O instituidor pode estabelecer no instrumento do trust o quanto de informação sobre o trust o trustee deve proporcionar aos beneficiários, mantendo em sigilo algumas informações de seu interesse.

§ 2º Salvo estipulação em contrário no ato constitutivo do trust, os beneficiários de um trust discricionário não têm o Direito de exigir do trustee informações relativas às motivações do uso de sua discricionariedade.

Dever de distribuição das receitas do trust

Art. 52. O trustee tem o dever de realizar as distribuições de rendimento ou do capital do fundo do trust aos beneficiários do trust, de acordo com o estipulado nos termos constitutivos do trust, sob pena de ser compelido a fazer judicialmente, suportando as perdas e danos decorrentes de sua falta.

Art. 53. O trustee que possuir o poder discricionário na escolha do valor que será distribuído para cada beneficiário é obrigado, no exercício dessa discrição, a observar seus deveres fiduciários, e a harmonizar essas distribuições em consonância com os objetivos do trust.

Dever de imparcialidade
Art. 54. Quando o trust possuir mais de um beneficiário, ou mais de uma finalidade, e o trustee possuir poderes discricionários, ele deve agir ponderando os interesses de todos os beneficiários, ou finalidades, comportando-se de forma imparcial em todas as circunstâncias.

Dever de realização de investimentos produtivos e de diversificação dos investimentos
Art. 55. No exercício do seu dever de investir, o trustee deve observar as diretrizes fornecidas pelo instituidor no instrumento do trust, e considerar as disposições legais pertinentes aos investimentos.

Parágrafo único. Compete ao trustee considerar todos os bens ou direitos que compõem o fundo do trust, respeitando a natureza de cada bem ou direito, propondo as diretrizes de investimentos que os tornem produtivos, ou, se for o caso, apenas proporcionar a sua manutenção.

Art. 56. Por cláusula expressa no instrumento do trust, pode o instituidor atribuir ao trustee o poder de investir, nos seguintes termos:

I – com um poder discricionário na escolha dos investimentos, devendo evitar qualquer investimento que coloque em perigo os ativos do trust ou;

II – com um poder mandatório, devendo seguir rigorosamente as instruções fornecidas no instrumento do trust acerca dos investimentos;

§ 1º Em qualquer caso, é exigido do trustee um alto padrão de cuidado, maior do que se investisse seu próprio dinheiro.

§ 2º Pode o instituidor conferir um poder discricionário em relação a determinados investimentos, e um poder mandatório em outros.

Art. 57. O trustee tem o dever de diversificar os investimentos, distribuindo os riscos de eventuais perdas. Contudo, pode a obrigação do trustee ser atenuada quando:

I – o custo dessa diversificação justificar;

II – quando o patrimônio do trust formar-se por ativos que não justifiquem a diversificação de investimentos;

III – o instrumento do trust indicar a não diversificação dos investimentos.

§ 1º Quando o patrimônio do trust for constituído por dinheiro, é inescusável a não diversificação dos investimentos pelo trustee.

§ 2º A não observância de seu dever de diversificação pode ocasionar a responsabilização do trustee por eventuais danos que por isso cause ao patrimônio do trust.

Seção IV
Poderes do trustee

Art. 58. Não havendo cláusula restritiva no instrumento do trust, os trustees podem praticar todos os atos pertinentes à gestão do trust, inclusive:

I – a venda, o arrendamento e a permuta;
II – o aluguel;
III – a realização de benfeitorias;
IV – o investimento do fundo do trust.

§ 1º Em caso de urgência, e perante a proibição expressa no instrumento do trust do poder de venda, pode o trustee solicitar autorização ao juiz ou tribunal para alienar determinado bem, comprovando-se a sua necessidade.

§ 2º O trustee deve exercer o seu poder de venda com a devida cautela e cuidado, procurando uma ampla exposição ao mercado e obtendo o melhor preço possível. Igualmente, deve ter cautela em relação às formas de recebimento, aceitando formas seguras de pagamento do adquirente.

§ 3º Em lhe sendo vedado expressamente, o trustee poderá solicitar o poder de realização de benfeitorias judicialmente, se entender que é necessário para a valorização de determinado bem, parte do patrimônio do trust.

§ 4º O instrumento do trust pode direcionar os trustees nos tipos de investimentos permitidos ou proibidos, dirigindo o poder de investir do trustee, devendo o trustee observar as disposições dos artigos 55 ao 57 da presente lei.

§ 5º O instrumento do trust deve prever sobre os poderes do trustee para acumular a renda no trust, ou deve direcionar para que toda a renda líquida adquirida seja atribuída aos beneficiários, ou em cumprimento dos propósitos do trust.

Constituição de garantias reais

Art. 59. O poder do trustee para constituir garantias reais deve ser expressamente conferido pelo instituidor no instrumento do trust.

Parágrafo único: Vedado tal poder pelo instituidor, somente em situações provadas de emergência, pode ser razoável que o trustee realize empréstimos conferindo garantia real no cumprimento de seus deveres administrativos e fiduciários. Para se resguardar de uma futura ação de responsabilização por violação do trust, pode o trustee solicitar autorização judicial prévia, ou a posterior ratificação judicial de seu ato.

Poderes de consultoria

Art. 60. O trustee poderá se consultar com terceiros em assuntos que exigirem conhecimentos técnicos e complexos. Entretanto, a decisão sobre a matéria será tida como sendo uma decisão do trustee, que deve agir pessoalmente em seus atos administrativos e, por eles, se responsabiliza.

Poderes mandatórios e poderes discricionários do trustee

Art. 61. Quando nada for estipulado no instrumento do trust, os poderes do trustee serão considerados mandatórios, devendo proceder segundo as instruções do instrumento do trust.

Art. 62. O poder discricionário pode ser atribuído ao trustee no ato constitutivo do trust, conferindo poderes decisórios em relação a todas, ou a determinadas questões administrativas.

§ 1º Pode o instituidor conferir um poder mandatório para determinados atos, e poderes discricionários para outros atos.

§ 2º O trustee deverá exercitar essa discrição sempre segundo os interesses dos beneficiários ou em cumprimento dos fins do trust.

Secção V
A responsabilidade do trustee

Art. 63. O trustee responde, pessoal e ilimitadamente, independentemente da existência de culpa, pela reparação dos danos causados à propriedade do trust.

§ 1º Salvo disposição em contrário no instrumento do trust, não é permitido que o trustee compense os prejuízos ocorridos em razão do descumprimento de seus deveres, com ganhos extras em outros negócios do trust.

§ 2º São nulas as cláusulas de isenção de responsabilidade do trustee inseridas pelo instituidor no instrumento do trust, constituindo situações de exclusão da ilicitude ou culpa do trustee.

§ 3º A violação de seus deveres fiduciários de lealdade e de diligência, acarretam a substituição deste nos termos do ato constitutivo do trust, ou por decisão judicial que reconhecer a violação.

§ 4º O trustee é responsável apenas pelas suas próprias violações do trust e não por violações cometidas por seus co-trustees. No entanto, o trustee será responsável por violações de seus co-trustees solidariamente na medida em que houver negligência ou imprudência no acompanhamento da conduta dos mesmos.

Responsabilidade do trustee perante terceiros
Art. 64. Salvo disposição em contrário no ato constitutivo do trust, o trustee responde pessoal e ilimitadamente, perante terceiros, pelas obrigações que contratar na qualidade de trustee.

§ 1º Se o instrumento do trust autorizar, pode o terceiro recuperar suas perdas diretamente do patrimônio do trust, quando o trustee informar previamente por escrito que agia na qualidade de trustee.

§ 2º O trustee tem o Direito de ser compensado às expensas do fundo do trust, por todas as perdas que sofrer em razão da administração do trust, sempre que não resultem de culpa sua ou de excesso de poderes.

Exclusão de responsabilidade do trustee
Art. 65. A adoção de conduta contrária aos termos do trust, excluirá a responsabilidade do trustee nos seguintes casos:

I – com a aquiescência de todos os beneficiários, desde que todos tenham capacidade do exercício de direitos para consentir, e estejam amplamente informados previamente dos atos do trustee, e de suas possíveis consequências;

II – com o consentimento do instituidor do trust revogável;

III – com a autorização judicial solicitada pelo trustee para praticar algum ato contrário aos seus deveres. Neste caso o juiz ou tribunal consentirá desde que entenda que tal violação seja favorável ao desempenho dos objetivos do trust e não configure um prejuízo aos beneficiários.

Prescrição
Art. 66. Nenhum período de caducidade ou prescrição se aplica:
I – as pretensões contra o trustee, nos casos seguintes:
a) fraude no trust, que o trustee foi parte ou tinha conhecimento;
b) atos culposos ou dolosos, no caso de violação da lei, ou do instrumento do trust;
c) recuperar a propriedade do trust ou proventos desta, detidas por ele ou de qualquer outra forma na sua posse ou sob seu controle, ou por ele recebida e convertida para a sua utilização particular.
II – a pretensão contra terceiro para haver de reparação civil quando atuando em conjunto com o trustee, causou dano ao patrimônio do trust;
III – as pretensões para recuperar o patrimônio do trust transferido em transgressão desta lei, ou em violação ao instrumento constitutivo do trust.

Seção VI
Remuneração do trustee

Art. 67. Pode ser convencionado no ato constitutivo do trust uma remuneração ao trustee em razão do exercício de seu cargo.
Parágrafo único. Se nada for convencionado, pode o trustee pleitear judicialmente a designação de uma remuneração por seus serviços, em razão da natureza fiduciária que envolve o exercício da função.
Art. 68. O trustee pode retirar diretamente do rendimento do fundo do trust os valores correspondentes à sua remuneração bem como os que forem referentes ao reembolso das despesas, encargos e danos que sofra no exercício de sua função, se de outra forma não estabelecer o instrumento do trust.

Seção VII
Pluralidade de trustee

Art. 69. Em sendo designado no instrumento do trust mais de um trustee, o instituidor pode repartir as respectivas funções entre os co-trustees, considerando os atributos particulares e específicos que cada um contenha, seja de ordem profissional ou pessoal.
§ 1º Pode o instituidor designar um trustee com a função exclusiva de aconselhar o trustee principal.

§ 2º Os trustees serão responsáveis solidariamente e ilimitadamente, pelas violações praticadas individualmente por cada um dos co-trustees, na medida em que forem negligentes ou imprudentes no acompanhamento da correta administração do trust.

§ 3º No caso do § 1º os trustees consultores também possuem deveres fiduciários e são obrigados pelos mesmos princípios que regem a conduta do trustee principal.

Art. 70. Salvo estipulação em contrário no instrumento do trust, quando o trust possuir vários trustees (co-trustees), eles devem agir por decisão unânime e em conjunto, mas cada um deles pode agir isoladamente em relação a determinada situação urgente que não possibilite uma deliberação conjunta.

§ 1º Os trustees são responsáveis por todos os atos praticados e deliberados conjuntamente.

§ 2º Se o instrumento do trust permitir a decisão por maioria de votos, o trustee dissidente deve consignar a sua oposição por escrito, sob pena de responder solidariamente com os demais por perdas e danos, caso tal decisão resulte prejudicial ao trust.

Art. 71. Os co-trustees adquirem a propriedade legal do trust conjuntamente e, se um dos co-trustees morrer, os trustees sobreviventes automaticamente sucedem ao direito de propriedade, observando-se o disposto no art. 8º, inciso II, e no art. 15, desta lei.

Parágrafo único: Após a morte do último co-trustee, o título jurídico da propriedade em trust será repassado a que tem Direito segundo as disposições do instrumento do trust. Na ausência de instruções nesse sentido, a propriedade retorna ao instituidor e, na sua ausência, aos seus herdeiros legais.

Seção VIII
Trustee judicial

Art. 72. O juiz ou tribunal pode nomear um trustee judicial para o cumprimento de uma função pública ou de interesse público, ou para alguma situação que entenda necessária, tal como:

I – administração de uma propriedade deixada em testamento, substituindo, se for necessário, o testamenteiro originário;

II – na tutela ou curatela;

III – na administração de recuperações judiciais e falências;

IV- como depositário ou administrador de bens apreendidos, penhorados, arrestados, sequestrados ou confiscados.

§ 1º Deve ser atribuída uma remuneração ao trustee nomeado.

§ 2º Deve ser conferido ao trustee nomeado judicialmente instruções gerais ou especiais no que diz respeito ao trust e a administração dos bens do mesmo, sendo, a administração exercida por ele, fiscalizada pelo poder judiciário.

Seção IX
Direito de retirada e exclusão do trustee

Direito de retirada

Art. 73. Aceitando voluntariamente a nomeação, explícita ou implicitamente, e sendo irrevogável o trust, o trustee somente pode retirar-se nas condições previstas no ato constitutivo do trust ou por decisão judicial.

Art. 74. O trustee pode solicitar autorização de todos os beneficiários para se retirar do trust irrevogável, extrajudicialmente, desde que todos os beneficiários envolvidos sejam plenamente capazes para consentir tal ato, e se ausente disposição em sentido contrário no instrumento do trust.

Parágrafo único. Os beneficiários devem nomear um novo trustee por decisão unânime, ou caberá ao juiz a nomeação.

Art. 75. Em sendo o trust revogável, o trustee pode retirar-se mediante notificação ao instituidor, com antecedência mínima de cento e vinte dias, se outro prazo não houver sido estipulado no instrumento do trust.

Parágrafo único: Caberá ao instituidor do trust revogável a indicação e nomeação de um novo trustee, se de outra forma não dispuser o instrumento do trust.

Art. 76. No caso de abandono da função pelo trustee, poderá ocorrer a nomeação judicial de um novo trustee, se de outra forma não dispuser o instrumento do trust.

Parágrafo único: Os beneficiários do trust terão direito a reclamar, contra o trustee, indenização das perdas e danos em razão do abandono da função.

Exclusão do trustee

Art. 77. O instituidor pode estipular previamente no instrumento do trust o seu direito de excluir o trustee ou de substituí-lo, ou pode conferir esse direito a terceiros.

Parágrafo único: Será de pleno direito excluído do trust o trustee declarado falido ou insolvente.

Art. 78. Ausente disposição expressa no ato constitutivo do *Trust*, autorizável da exclusão extrajudicial do trustee, tal exclusão poderá ser judicial, comprovando-se justa causa, realizada a pedido do instituidor ou dos beneficiários, especialmente nos seguintes casos:

I- o trustee tenha agido em violação de seus deveres fiduciários ou de outros deveres estipulados em lei ou no instrumento do trust;

II – incapacidade ou doença superveniente do trustee;

III – ausência superveniente de confiança entre as partes do trust.

Parágrafo único: A retirada injustificada do trustee pode resultar em uma ação de perdas e danos movida pelo trustee contra o trust e seus beneficiários.

CAPÍTULO V
O BENEFICIÁRIO DO TRUST

Art. 79. O beneficiário é a pessoa física ou jurídica, de caráter público ou privado, que recebe a propriedade benéfica dos bens ou direitos transferidos em trust para o trustee, e para quem os deveres do trustee são devidos.

Parágrafo único. O instituidor e o trustee podem ser também beneficiários do trust, mas o trustee não pode ser o único beneficiário do trust.

Art. 80. O beneficiário possui um direito real sobre a propriedade do trust, correspondente aos interesses benéficos que lhe são atribuídos no ato constitutivo do trust.

§ 1º Os direitos reais relativos aos interesses benéficos do beneficiário sobre coisas móveis, se adquirem com a indicação no instrumento constitutivo do trust.

§ 2º Os direitos reais relativos aos interesses benéficos do beneficiário sobre bens imóveis, se adquirem por transcrição no registro público competente, com a designação do termo "em trust", observado o disposto nos arts. 11 e 12 desta lei.

Art. 81. Para os efeitos da proteção da lei, na inexistência de registo do instrumento do trust, a tutela dos direitos benéficos do beneficiário perante terceiros, depende da prova pelo beneficiário, da ciência da existência do trust e do interesse benéfico existente sobre a propriedade adquirida pelo terceiro.

§ 1º Em qualquer caso, no exercício de seu direito de sequela, protege-se o terceiro adquirente de boa-fé e que tenha pagado um preço justo, quando este comprovar que não tinha conhecimento prévio da violação do trust pelo trustee.

§ 2º Quando comprovada a violação do trust, aplicar-se-á a sub-rogação real.

Recusa ou aceitação do beneficiário

Art. 82. Nos casos onde o instituidor designar no instrumento do trust beneficiários específicos e determinados, os beneficiários devem ser comunicados da existência do trust por escrito, pelo trustee. Uma vez informados, cada beneficiário poderá manifestar sua aceitação por escrito, através de um documento formal.

§ 1º O beneficiário adquire o direito aos benefícios independentemente de sua aceitação formal.

§ 2º A recusa deve ser realizada por escrito, ao instituidor ou ao trustee.

Atos de disposição e posição jurídica do beneficiário

Art. 83. O beneficiário pode doar, vender ou dispor de seus interesses fixos benéficos, se de outro modo não dispuser o instrumento do trust.

Direito de exigir o cumprimento dos termos do trust

Art. 84. O beneficiário tem direito a ação judicial para obrigar o trustee a cumprir os seus deveres impostos pelo instrumento do trust ou legalmente, sem embargo de haver do trustee perdas e danos pelos prejuízos sofridos.

Art. 85. Se o direito benéfico for atribuído a um número indeterminado de pessoas ou no interesse público, o Direito de os exigir pertence primeiramente às pessoas designadas pelo instituidor no instrumento do trust, e depois a quem a lei determinar, considerando as autoridades competentes para defender os interesses em causa.

Art. 86. Os beneficiários do trust discricionário não podem reivindicar do trustee documentos que comprovem a motivação do uso de sua discricionariedade.

Parágrafo único: Entretanto, podem solicitar judicialmente a revogação de uma distribuição discricionária de benefícios, quando há fundada suspeita de que o trustee não tenha atuado com boa-fé e em violação do seu dever de imparcialidade.

CAPÍTULO VI
DISPOSIÇÕES FINAIS

O Protetor
Art. 88. O instituidor pode, no ato constitutivo do trust, indicar uma pessoa física, plenamente capaz, ou jurídica, designada de protetor para dar instruções ou fiscalizar os atos do trustee.

§ 1º Podem ser protetores do trust o próprio instituidor, um dos beneficiários do trust ou terceiros.

§ 2º É obrigatória a indicação de um protetor no caso do trust criado para finalidades específicas e sem beneficiários específicos.

§ 3º Quando o protetor não for o instituidor, o protetor deve ser comunicado da existência do trust por escrito, pelo instituidor. Uma vez informado, ele tem o prazo de 15 dias para manifestar a recusa da função expressamente ao instituidor, que designará outra pessoa para a função, sob pena da aceitação ser considerada tácita.

§ 4º O protetor pode solicitar judicialmente a sua retirada e substituição do cargo.

§ 5º O instrumento do trust pode prever protetores substitutos. Na falta de previsão, compete ao juiz a nomeação de um novo protetor.

A função do protetor
Art. 89. As funções do protetor são consignadas pelo instituidor no ato constitutivo do trust, e podem incluir:
I – a nomeação ou a destituição do trustee;
II – a adição ou exclusão beneficiários;
III – o poder de veto no exercício de certos poderes do trustee;
IV – a fiscalização do trust;
V – a fixação ou a alteração da remuneração do trustee;
VI – o poder de revogação do trust ou de alteração de suas cláusulas.

§ 1º O protetor assume obrigações fiduciárias em relação aos beneficiários do trust e ao cumprimento dos objetivos do trust.

§ 2º O protetor não pode intervir ativamente na gestão do trust, nem na distribuição de rendimentos ou capital do trust, fora dos termos e atribuições específicas do ato constitutivo do trust.

§ 3º Salvo autorização expressa no instrumento do trust, não pode o protetor atuar como co-trustee ou como substituto do trustee originariamente nomeado, no caso do inciso I.

§ 4º Em sendo designado um protetor, apurar-se-á a responsabilidade do trustee em consonância com seus poderes, conjuntamente com a culpabilidade do protetor em relação a danos causados no trust.

Disposições Penais
Art. 90. A responsabilidade civil do trustee ocorrerá sem prejuízo da ação penal que no caso couber.

Parágrafo único. Devem ser acrescidas de 1/3 as penas dos crimes tipificados no Código Penal, ou em legislação extravagante, quando cometidas por um trustee, pessoa física ou jurídica, em violação do trust sob sua gestão.

Tributação
Art. 91. Caberá à União, aos Estados e aos Municípios legislar sobre um regime especial mais benéfico de tributação do trusts, considerando a competência tributária de cada ente da federação, observadas as características especiais do instituto do trust dispostas nesta lei.

Arbitragem
Art. 92. Os litígios resultantes de um trust podem ser dirimidos por arbitragem, estabelecidos por cláusula compromissória ou compromisso arbitral, nos termos da Lei Nº 9.307, de 23 de Setembro de 1996, que dispõe sobre a arbitragem.

Conclusões

Em síntese conclusiva, sugerimos a implementação do instituto dos *Trusts* como uma forma de ampliar as alternativas de ferramentas jurídicas disponíveis no Direto brasileiro. Sem, contudo, indicar a supressão das hipóteses jurídicas existentes e já consolidadas, uma vez que cada uma delas possui as suas utilidades práticas reconhecidas.

    Averiguamos que a flexibilidade dos *Trusts* da *common law* chama atenção como ferramenta hábil à satisfação dos mais variados tipos de negócios. A sua estrutura, relativamente simples, permite que diferentes situações da vida sejam conformadas e amparadas em um único instrumento legal. Além de sua estrutura constitutiva, também reluz no *Trust* à administração especializada de bens ou direitos por profissionais capacitados e a ampla proteção dos ativos a ele transferidos. Com efeito, vimos que o Trust é uma ferramenta jurídica suscetível de ser utilizada na estruturação dos mais variados tipos de negócios e circunstâncias jurídicas.

    Os *Trusts* modernos são amplamente aproveitados nos contextos comerciais e financeiros. Por igual, a uso dos *Trusts* na proteção patrimonial familiar, gênese do instituto, exerce hodiernamente um papel fundamental, principalmente, na planificação e gestão do patrimônio, *inter vivos* ou *causa mortis*.

    Concluímos em razão destes e de outros fatores apontados neste livro, de que a compreensão do tema é oportuna e decisiva, resultando e justificando a nossa Tese de Doutoramento direcionada à implementação do instituto dos *Trusts* no Direito brasileiro, que resultou no presente livro.

Verificamos que a praticabilidade e a simplificação das ferramentas jurídicas são, sem dúvida, de fundamental importância para o âmbito da *práxis* jurídica interna e externa, refletindo no desenvolvimento econômico de um país. O Brasil não pode fugir a esta realidade.

Após toda a análise e ponderações realizadas, consideramos inviável a dedicação de esforços na "esquematização" de estratégias, focadas na adaptação dos velhos instrumentos jurídicos já existentes, para que façam, isoladamente, uma ou outra função desempenhada pelo *Trust*, enquanto instrumento único. Por isso, vislumbramos a inovação legislativa, com a respectiva implementação do Direito brasileiro.

Primeiramente, então, desejou-se, de uma forma geral, tornar compreensível o mecanismo dos *Trusts*. Avançamos cuidadosamente de forma a permitir, simultaneamente, a identificação de suas conveniências práticas, bem como dos desafios de sua implementação.

Nessa derradeira fase, pois, elencamos abaixo sínteses conclusivas, delineadas em tópicos, em consonância com todos os pontos averiguados ao longo do livro.

1. O processo de implementação dos *Trusts* de forma direta por uma jurisdição de *civil law* enfrenta, certamente, dificuldades de natureza histórica e estrutural. Vislumbramos que a origem longínqua do *Trust*, baseada na justiça e na confiança, elevou em regras estatutárias concisas e concretas de proteção das partes.

Ainda, no estudo de sua evolução, ganhou destaque, a assertiva de que o *Trust* se desenvolveu sob a égide da ampla autonomia da vontade do *settlor*.

2. Concluímos que o *Trust* é uma relação jurídica criada por um instituidor (o *settlor*), que transfere bens ou direitos para o *trustee*, gerir e dispor em benefício do beneficiário, ou no cumprimento de finalidades específicas. A articulação desde conceito simples, permitiu a identificação de seus elementos estruturais essenciais, indicando suas principais características.

3. A estrutura subjetiva do *Trust* apontou a existência de três sujeitos: o *settlor*, o *trustee* e o beneficiário. Observou-se que não é necessária a coexistência dos três sujeitos distintos, podendo um deles desempenhar mais de um papel.

Pudemos constatar, afinal, que a partir desta estrutura básica, o *Trust* é capaz de proporcionar numerosas variantes em relação aos poderes, Direitos, deveres e funções de cada uma das partes envolvidas.

4. Vimos, na sequência, que a **estrutura objetiva dos *Trusts*** é formada por elementos essenciais, que, juntamente com os elementos subjetivos a pouco citados, conferem validade à constituição do *Trust*.

5. Nesse sentido, para ser corretamente introduzido no Direito brasileiro, alcançando toda a flexibilidade proporcionada por ele, averiguamos que os *Trusts* devem possuir necessariamente determinadas características, **que os definem e os distinguem.**

Constatamos, que embora uma ou outra característica, ou mesmo elemento constitutivo dos *Trusts* seja comparável a outros instrumentos jurídicos já existentes na *civil law*, o *Trust* é uma ferramenta exclusiva e única, capaz de concentrar, combinar e realizar vários interesses da vida das pessoas e das empresas.

Após a análise dos elementos formadores da flexibilidade dos *Trusts*, pudemos concluir que a plena utilização do instrumento só é possível através da implementação do instituto dos *Trusts* no Direito brasileiro **com todos os seus elementos estruturais e característicos, inovando--se legislativamente.**

6. Seguidamente, analisamos as conveniências globais da implementação dos *Trusts* no Direito brasileiro.

Neste momento, evidenciamos que a globalização econômica leva, necessariamente, à busca por novas ferramentas de atração de capital e investimentos. Concluímos, que tal fato corroborou a expansão da introdução do *Trust* nos países de origem *civil law* tais como a Itália, a Suíça, Liechtenstein, a República de San Marino, Malta, Luxemburgo e a Holanda.

Como consequência, comprovou-se a necessidade da harmonização e modernização do Direito brasileiro com a *práxis* jurídica internacional.

Também, a expansão da implementação do *Trust* por países de origem civilista corrobora o acima elucidado. Com efeito, restou claro que a implementação ou transposição dos *Trusts* para outros ordenamentos jurídicos continentais é real. Além disso, tiveram ou têm por embasamento fundamental a versatilidade e a multiplicidade de funções proporcionadas pelo *Trust*.

Afora conceberem que o *Trust* é uma ferramenta hábil à prática jurídica internacional, o mais extraordinário é a constatação de que todas as utilidades oferecidas pelos *Trusts* podem ser convencionadas em uma só ferramenta jurídica. Logo, afasta-se a necessidade de se utilizarem "contratos diversos", para cada tipo de negócio realizado, e para cada finalidade específica almejada.

Assim sendo, decisivamente, reconheceu-se que as situações hodiernas suscitam maior praticidade, economia, segurança e agilidade nos negócios.

7. A importância dos *Trusts* também foi confirmada através do panorama reflexivo das ferramentas similares do Direito brasileiro.

De fato, a análise comparada de alguns tipos de *Trusts* com correspondentes instituições disponíveis no Direito brasileiro, indicou-nos a existência de limitações significativas por parte dos instrumentos civilistas, principalmente quando se trata de adaptar-se à evolução do mundo jurídico moderno.

Nesse contexto, pudemos verificar, que embora seja possível conseguir algumas funções desempenhadas pelos *Trusts* no ordenamento jurídico brasileiro, tal desiderato ocorreria através da composição de normas e instrumentos jurídicos diversos. Ainda, assim, resultaria em efeitos meramente semelhantes aos alcançados simplesmente através dos "*Trusts*".

Destaca-se, especialmente, que a implementação dos *Trusts* tende a fornecer às pessoas e às empresas métodos e técnicas mais simples e eficazes. Além disso, a sua introdução resultaria no incentivo e facilitação dos investimentos estrangeiros, uma vez que o *Trust* é um dos principais instrumentos utilizados por países que merecem toda a nossa máxima atenção[370].

O *Trust* se desenvolveu ao longo dos anos em um instituto jurídico hábil para atender a cada nova necessidade social e econômica, devido à sua flexibilidade em se adequar aos mais diversos tipos de negócios jurídicos.

---

[370] Tais como: os Estados Unidos, a China, o Japão, o Reino Unido, a Itália, o Canadá, a Índia, a Austrália, o México e Singapura.

8. Em sendo implementado os *Trusts* no Direito brasileiro, passaremos a disponibilizar mais de um modelo jurídico que, por vezes, serão concorrentes aos existentes. Nesse sentido, caberá somente às partes apreciarem quais deles possuem maior dinâmica, mantendo um custo operacional inferior. Neste contexto, ao invés de limitarmos as opções jurídicas, estaríamos ampliando as ferramentas à disposição das pessoas e empresas.

De fato, através da ponderação das ferramentas similares ao *Trust* existentes no Direito brasileiro foi possível nitidamente constatar, que um dos principais motivos que levam à opção pelos *Trusts* é justamente a sua versatilidade.

Em verdade, realizar as funções alcançadas pelos *Trusts* nos sistemas de *civil law*, significa fracionar os *Trusts* em distintas operações contratuais. Em outras palavras, é dividir as funções de um único *Trust*, em vários tipos de contratos, com regras de Direito diferentes, e custos adicionais.

Percebeu-se, logo, que o *Trust* é um instrumento dinâmico, que pode ser articulado para dar cumprimento a uma variedade de finalidades.

9. Com efeito, o *Trust* não se equipara, exatamente, a qualquer dos instrumentos oriundos da *civil law* analisados. De fato, as hipóteses de afetação patrimonial permitidas no Brasil, embora semelhantes àquelas alcançadas nos *Trusts*, são previstas apenas para tutelar interesses determinados, sem a aptidão necessária para a realização de funções variadas como as desempenhas pelo *Trust*.

10. Vimos que, em regra, os instrumentos brasileiros distinguem-se dos *Trusts* em razão do vínculo contratual estabelecido. Nesse sentido, originam relações de natureza obrigacional entre as partes.

Logo, a proteção jurídica conferida aos beneficiários de um *Trust* difere, substancialmente, da proteção obtida em razão da formação de um contrato, ou até mesmo de outros vínculos fiduciários realizados na ausência dos *Trusts*.

11. Vivenciamos uma época onde as relações internas se aprofundam, as empresas fazem acordos globais, os Direitos se compõem, e os ordenamentos jurídicos, necessariamente, concorrem uns com os outros.

Nesse novo contexto, devemos buscar a simplificação das regras com a facilitação dos Direitos.

Sobretudo, garantir que a liberdade individual seja exercida amplamente no âmbito do Direito Privado. O Direito deve impulsionar novas práticas, não as evitar.

12. Ao longo de nossa Tese, identificamos algumas dificuldades impostas à introdução dos *Trusts* em jurisdições continentais, como a brasileira. Nesse sentido, após tais desafios serem delineados e ultrapassados, verificou-se a compatibilidade dos *Trusts* com o Direito brasileiro.

É claro, que o êxito de tal realização exige esforços positivos dos legisladores no alinhamento de regras e princípios, compatibilizando-os com a realidade que hoje se apresenta.

O principal desafio identificado diz respeito à divisão dos Direitos sobre a propriedade em dois titulares: *legal owner* e *equitable owner*.

Tal fato poderia configurar uma violação à ordem pública no Brasil pela transgressão de princípios e conceitos basilares concernentes à propriedade, nomeadamente, o caráter absoluto e unitário da propriedade e o *sistema numerus clausus* em matéria de criação de Direitos reais.

Ante o examinado, concluímos que a divisão de Direitos sobre a propriedade privada deve ser permitida baseada na *autonomia da vontade* das partes envolvidas. Com efeito, o princípio da autonomia da vontade garante ao homem a liberdade de decidir o que é melhor, e a responsabilidade de cumprir os pactos que fizer.

A partir de uma perspectiva econômica pode-se argumentar que uma estrutura como a do *Trust*, que permite a fragmentação de Direitos sobre a propriedade, em oposição a teoria unitária dos Direitos sobre a propriedade, faz dos *Trusts* uma instituição desejada no mercado, por sua capacidade de se adaptar às circunstâncias.

Dessa forma, tendo em vista a modernização do Direito, deve-se aceitar uma maior flexibilidade na criação e manipulação dos Direitos sobre a propriedade privada, em detrimento do rigor hoje vislumbrado sob o conceito de "propriedade autónoma e indivisível", com embasamento na máxima autonomia da vontade.

Além disso, vimos que a compatibilidade com os *Trusts* pode ser vislumbrada, ao considerarmos que a natureza dicotómica da propriedade não é estranha à tradição *civil law*, uma vez que a propriedade dualística já existia na história do período romano clássico. Outrossim, destacamos, a existência de antecedentes comparáveis ao *Trust* no Direito Romano: *enfiteuse, fiducia cum amico,* a *fiducia cum creditore* e o *fideicomisso.*

Logo, não compartilhamos a hipótese de que a divisão dos Direitos sobre a propriedade configure uma violação à ordem pública no Brasil.

Compreendemos que a mais-valia é amenizar o rigor vislumbrado atualmente no âmbito do Direito das coisas, que têm carácter de ordem pública atribuído em razão de acontecimentos sociais e políticos de uma determinada época (anterior).

Justifica-se, então, sua integração, ante a hodierna e máxima necessidade de uma mais ampla valorização do princípio da autonomia privada também no âmbito dos Direitos reais, ante a transformação e o progresso da sociedade, hoje perspectivada num contexto internacional.

Com efeito, é momento de conferir maior importância e respeito aos Direitos do titular de bens, nomeadamente em relação aos seus interesses privados.

13. É nesse mesmo contexto que não vimos incompatibilidade dos *Trusts* com o princípio *numerus clausus* dos Direitos reais.

O princípio *numerus clausus* contém dois aspectos: em primeiro lugar, o reconhecimento de que somente os direitos reais fixados por lei podem ser criados. Em segundo lugar, que o conteúdo do direito real deve permanecer dentro de tal rol taxativo.

Logo, apontamos duas soluções para tal desafio:

- Entendemos que a legislação brasileira permite a criação de Direitos reais por leis extravagantes. Assim sendo, os Direitos dos beneficiários dos *Trusts* poderiam ser concretizados através da promulgação de uma Lei sobre os *Trusts*.

De fato, esse efeito pode ser alcançado através da extensão do rol taxativo dos Direitos reais, de forma a abranger os *Trusts* com efeitos reais, por meio da inclusão na própria lei que criar o instrumento dos *Trusts*. É fundamental conferir ao beneficiário do *Trust* garantia contra a falência ou insolvência do *trustee*, contra a sua sucessão e contra terceiros adquirentes de má-fé.

- Outra excelente solução, já destacada, seria a de incluir a autonomia privada no âmbito dos Direitos reais, adjudicando aos indivíduos liberdade de criação de *Direitos reais inominados*, assim como já ocorre no âmbito dos contratos inominados (Direito das obrigações). A relevância dessa solução seria a sobreposição da autonomia das partes e da flexibilidade das relações individuais, diante da rigidez do *"numerus clausus"*, princípio dito como sendo excludente dessa autonomia.

14. Nessa linha de raciocínio foi, igualmente, necessário esclarecer sobre a publicidade dos Direitos reais ante a privacidade existente nas relações em *Trust*.

De fato, a maioria dos países de Direito Civil têm um sistema de registo de propriedade altamente burocrático. Logo, este é um outro ponto indicado como desafio à implementação dos *Trusts* no Direito brasileiro, que é (o *Trust*), em regra, informal, além de não estar sujeito a publicidade.

Conforme vimos, uma das características dos Direitos reais é a eficácia absoluta, ou seja, o efeito *erga omnes*. Isso significa a necessária publicidade e conhecimento desses Direitos a todos os interessados.

Neste ponto, a Lei de implementação dos *Trusts* deve manter a informalidade como característica peculiar do instituto. De fato, não indicamos que a sua constituição seja realizada por meio de escritura pública, pois que, além de onerar demasiadamente a sua constituição, perderia a sua flexibilidade ante a burocracia e morosidade dos Cartórios Registrais. Dessa forma, recomendamos que o *Trust inter vivos* seja constituído por meio da elaboração de um simples instrumento particular, não sendo o seu registo um requisito de validade.

Já o *Trust mortis causa* deve seguir as formalidades testamentárias.

Sob outro ponto de vista, e em alinhamento ao acima esclarecido, também consideramos o respeito ao princípio da publicidade dos direitos reais. Não obstante, tal princípio deve ser aplicado de forma que se conserve protegida a identidade dos beneficiários e do *settlor*, atributo peculiar do instituto dos *Trusts*.

Nesse sentido, ponderamos que o registo dos Direitos reais do beneficiário sobre a *trust property*, deixaria sua identidade pública, descaracterizando um dos efeitos do *Trust*, ou seja, a privacidade das relações assim constituídas.

Em razão disso, concluímos que uma vez compreendido o conceito de *Trust* e a divisão do Direito de propriedade que lhe é inerente, também se compreenderá que o Direito de propriedade do *trustee* é limitado aos interesses conferidos aos beneficiários do *Trust*.

Sob tal perspectiva, bastaria a identificação dos bens ou direitos transferidos ao *trustee*, como pertencentes a ele *"em Trust"*. Tal expressão já seria o suficiente para dar conhecimento a terceiros de que aquele bem ou Direito pertence a um *Trust*, e que, portanto, alguns cuidados devem ser tomados na aquisição ou negociação com tais ativos. Logo, seria dispensável a identificação das partes envolvidas.

Compreendemos que os direitos reais relativos aos interesses benéficos do beneficiário sobre coisas móveis, se adquirem com a indicação no instrumento constitutivo do trust. Por sua vez, os direitos reais relativos aos interesses benéficos do beneficiário sobre bens imóveis, se adquirem por transcrição no registro público competente, com a designação do termo *"em trust"*.

Dessa forma, uma vez promulgada a Lei que implementa os *Trusts*, tal concepção será alcançada, uma vez que se admitirá, por consequência, a limitação dos Direitos sobre a propriedade pertencentes ao *trustee*.

De fato, acreditamos que muitos dos desafios apontados podem ser superados, a partir de uma concepção adequada dos *Trusts*, em todos os seus elementos fundamentais.

15. Outro desafio pertinente identificado foi a formação de um patrimônio separado.

Vimos que o *Trust* não é uma pessoa jurídica, e nem um patrimônio sem titularidade. É nessa perspectiva que o *trustee* é titular de dois patrimônios: o seu privado e a *trust property*.

Logo, estando o patrimônio do *Trust* em nome do *trustee*, outra dificuldade apontada à sua introdução seria o princípio da responsabilidade patrimonial universal.

Segundo este princípio o devedor responde, para o cumprimento de suas obrigações, com todos os seus bens presentes e futuros, salvo as restrições instituídas em lei. No Brasil, este princípio está expressamente estabelecido no Artigo 789 do Código de Processo Civil, que trata da responsabilidade patrimonial.

Este risco não existe no *Trust*. Constatamos que a *trust property* não está exposta à execução por dívidas particulares do *trustee*, ao passo que seus credores particulares somente podem excutir os seus Direitos em seu patrimônio privado. Da mesma forma, a *trust property* não está sujeita a uma eventual falência do *trustee*, nem a sua sucessão.

Nessa linha de ideias, observamos que é crescente a procura por instrumentos que admitam a proteção e a administração especializada de ativos, chamando a atenção dos legisladores de uma forma global.

Não é de hoje que a busca por estruturas legais que possibilitem a prática de atividades econômicas com uma responsabilidade limitada é verificada.

Esse efeito foi primeiramente alcançado através das sociedades anónimas. Depois, vislumbrou-se o grande sucesso alcançado pelas sociedades limitadas, com uma forma constitutiva mais simples e menos dispendiosa. Além disso, recente inovação legislativa introduziu no Brasil outra estrutura jurídica com vistas à limitação patrimonial no desenvolvimento da atividade econômica, a empresa individual de responsabilidade limitada (EIRELI), através da promulgação da Lei nº 12.441, de 11 de Julho de 2011.

Nota-se, pois, a tendência na observância da limitação de responsabilidade no Brasil.

No mesmo quadro, pode-se dizer, que a segurança nas relações jurídicas sempre foi uma preocupação.

Por tal razão, os direitos de garantia surgiram em uma fase de desenvolvimento do crédito, em que as garantias para este o tornaram indispensáveis no sistema jurídico vigente.

Nesse sentido, embora a *fiducia cum amico e cum creditore* tenham desaparecido, novas formas contratuais de garantia surgiram, tais como o comodato, a hipoteca, a alienação fiduciária em garantia, a anticrese e o penhor.

Além disso, conforme vimos, existem outros casos no ordenamento jurídico brasileiro onde já se vislumbra a separação patrimonial. De fato, a segregação patrimonial já é admitida no Direito brasileiro em casos específicos. Por exemplo, podemos encontrar a separação patrimonial na Lei de Securitização de Créditos Imobiliários (Lei nº 9.514/1997).

Nesse quadro, a segregação patrimonial alcançada nos *Trusts* não é incompatível com o princípio da responsabilidade patrimonial universal. A possibilidade de segregar determinado patrimônio para tutelar interesses de credores específicos não violará os princípios da ordem pública, uma vez sendo tal segregação alcançada através da inovação legislativa, com a promulgação de uma Lei sobre os *Trusts*.

Por fim, e de outra perspectiva, consideramos que a interpretação do artigo 789 do Código de Processo Civil brasileiro, por si só, já leva à percepção de os bens do *Trust* não poderem ser executados como se do *trustee* fossem.

Segundo dispõe o mencionado artigo, o *devedor responde, para o cumprimento de suas obrigações, com todos os seus bens presentes e futuros*.

Embora os bens ou direitos estejam em nome do *trustee*, a *trust property* não pertence a ele de forma ilimitada, mas somente para propósitos específicos. Exclusivamente por uma questão de flexibilidade e dinâmica das relações, os bens ou direitos encontram-se sob a sua titularidade legal. Logo, lembramos que ele não detém a propriedade absoluta dos bens, uma vez que lhe é retirado o *jus fruendi*. Essencialmente, a *trust property* não é legítima para arcar com os débitos pessoais do *trustee*.

16. Um último desafio vislumbrado e ultrapassado foi em relação à disposição patrimonial do *Trust* frente aos Direitos sucessórios brasileiros.

Naquele espaço, são herdeiros necessários os descendentes, os ascendentes e o cônjuge. Pertence aos herdeiros necessários, de pleno Direito, a metade dos bens da herança, constituindo a parte legítima (segundo disposição dos artigos 1.845 e 1.846 do Código Civil brasileiro, respectivamente).

Tal regra provocou os seguintes questionamentos: pode um indivíduo dispor livremente de seus bens ou direitos? Logo, em sendo o *Trust* admitido no Brasil, pode o *settlor* dispor livremente de seu patrimônio ao constituir um *Trust*?

Embora o nosso posicionamento seja pela plena liberdade de testar do indivíduo, à semelhança do que ocorre na *common law*, compreendemos que para a apropriada implementação dos *Trusts* no Direito brasileiro, as regras sucessórias devem ser respeitadas. De fato, não competiu neste trabalho analisarmos, a ponto de sugerirmos, a supressão total das regras em relação a legítima necessária, sendo este um assunto que merece uma adequada atenção.

Para harmonizar as regras do *Trust* com a restrição atribuída à liberdade de testar, concluímos com as seguintes considerações:

- O *Trust* pode ser constituído sem restrições, por ato *inter vivos ou testamentário*, sobre a parte disponível do *settlor*, ainda que os beneficiários não sejam os herdeiros necessários.

- O *Trust inter vivos irrevogável* pode ser constituído livremente sobre a universalidade do patrimônio do *settlor*, tendo em vista que a ninguém é defeso dispor do seu patrimônio em vida e, neste caso, o *settlor* dispõe definitivamente dos bens ou direitos transferidos ao *trustee*.

Precisamente, porque um "futuro herdeiro" apenas possui uma *expectativa de Direito*, pois o momento da transmissão da herança é o da morte do *de cujus*. Dessa forma, enquanto vivo for, o *settlor* pode dispor da totalidade de seu patrimônio.

- O *Trust* pode ser constituído por testamento, ainda que sobre a totalidade dos bens do *settlor*, desde que com a aceitação dos herdeiros necessários dos termos do *trust instrument*. O aceite pode ser prévio ou posterior, cabendo à família respeitar voluntariamente o desejo do *de cujus*.

Por fim, entendemos que no atual momento econômico em que o Brasil se encontra, onde a inovação é de fundamental importância em um panorama de competitividade, e ante a necessidade de repensar as estruturas jurídicas e familiares, a introdução dos *Trusts* pode atuar e apoiar todas as circunstâncias da vida.

Em prosseguimento, a implementação dos *Trusts* representa a disponibilização de uma nova ferramenta, que tende a estimular a concorrência e, logo, o crescimento do setor empresarial. Tal desenvolvimento está intimamente atrelado ao processo de constante inovação.

Constatamos em nossas análises, que o *Trust* pode trazer vantagens consideráveis nesse processo, tanto do ponto de vista funcional, quando do ponto de vista jurídico. Primeiramente, porque a dinâmica dos negócios pressupõe o recurso a mecanismos mais eficientes, flexíveis e confiáveis. Depois, o *Trust* representa, certamente, um modelo jurídico internacional, facilitando a participação de capital estrangeiro nos negócios empresariais, bem como capitais nacionais em negócios estrangeiros.

Sob a perspectiva internacional, as mudanças de cenário são mais constantes. Em razão do ambiente globalizado, as empresas estão inseridas em uma realidade na qual "*desenvolver*" é requisito fundamental para a continuidade de suas atividades. Nesse sentido, precisam ter à disposição ferramentas jurídicas competitivas, aptas e flexíveis.

Indubitavelmente, outro aspecto que necessariamente deve ser destacado, são os hodiernos negócios bancários que, eficazes e globais, demonstram a irrefutável oportunidade de implementar novas ferramentas competitivas.

Na mesma linha de raciocínio, considerando os mercados de capitais espalhados pelo mundo, o *Trust* é seguramente o melhor meio de alocação de recursos, pois permite satisfazer a exigência atual da constituição de patrimônios separados, destinado a escopos determinados, garantindo, sobremaneira, uma maior proteção aos investidores, credores e acionistas.

De outra parte, verificamos as múltiplas finalidades que podem ser atribuídas aos *Trusts* no contexto da família, não só em razão do planejamento patrimonial, mas também sob a perspectiva da organização da "empresa familiar" e do seu complexo processo sucessório, que pode se tornar simples se realizado de forma planeada.

Em geral, constatamos, que o recurso ao *Trust* se verifica com significativa importância no âmbito da atividade de gestão do patrimônio.

Ademais, em um quadro onde o *Trust* é introduzido em diversas outras jurisdições de origem *civil law*, a ausência de uma legislação sobre o instituto (hoje, instrumento internacionalmente cobiçado), prejudica a eficácia dos negócios internacionais, nomeadamente quando o Brasil almeja participar ativamente do mundo contemporâneo.

Ressalta-se, que não há impeditivos à importação de modelos de outras ordens jurídicas, especialmente aqueles que muito bem funcionam.

Na consideração da compatibilidade e dos desafios da implementação do instituto dos *Trusts* no Direito brasileiro, ponderamos o que segue:

No exercício da autonomia da vontade, os diversos institutos jurídicos devem ser analisados tendo em conta a sua praticidade e potencialidade para reduzir custos econômicos e conferir segurança nas relações estabelecidas. E sob tais perspectivas, caberá ao indivíduo escolher qual ferramenta jurídica é mais útil e eficaz.

Superamos os desafios de caráter dogmático à introdução dos *Trusts* através da apreciação de que, tais dogmas, foram fixados em razão de conceitos e ideais que hoje não mais resistem a evolução dos Direitos privatísticos, não mais satisfazendo as necessidades econômicas hodiernas.

Novamente, devemos citar a admirável colocação de VAZ TOMÉ E CAMPOS (1999), *in verbis*: *"Haverá que abandonar as técnicas e métodos em uso sempre que a tecnologia estrangeira seja mais eficaz"*[371].

É nessa perspectiva que enxergamos a transformação e avanço de dogmas com vistas à introdução de novos instrumentos jurídicos – os *"Trusts"* – com fundamento na evolução das necessidades humanas e de suas práticas.

É sob tal prisma, então, que apresentamos ao final de nosso Livro, um ARTICULADO, que reflete as conclusões alcançadas no decorrer de nosso Livro, sendo as principais noções, abaixo elencadas, topicamente:

1. Primeiramente, optamos pela manutenção de nomenclaturas originárias da *common law*, especialmente *"Trust"* e *"trustee"*. Por sua vez, o *settlor* foi designado por instituidor.

Consideramos que o *"Trust"* seria descaracterizado se transformássemos as nomenclaturas que consideramos principais. Podemos afirmar, que o termo *Trust*, não tem uma tradução abrangente capaz de refletir todo seu significado. De fato, o termo em inglês já possui um sentido jurídico próprio e encerra uma acepção única excepcional nos domínios que envolvem a atividade econômica.

Isso é de extrema relevância se considerarmos que um dos efeitos almejados com a sua introdução é justamente a disponibilização de um instrumento uniforme e internacional, reconhecido por qualquer indivíduo, interno ou internacional.

Nessa linha, fornecemos, por necessário, uma definição de *"Trust"* e os conceitos relativos à sua estrutura subjetiva, em conformidade com a *common law*.

Compreendemos que o *Trust* é uma relação jurídica criada pelo instituidor, que transfere bens ou direitos para o *trustee*, pessoa física ou jurídica, administrar e dispor em benefício do beneficiário, ou no cumprimento de finalidades específicas.

Também, determinamos que o *Trust* poderá constituir-se para fins privados e/ou públicos, com ou sem a designação de beneficiários específicos.

---

[371] *Cfr.* VAZ TOMÉ, Maria João; CAMPOS, Diogo Leite de. *A Propriedade Fiduciária (Trust), Estudo para a sua Consagração no Direito Português*. Coimbra: Almedina, 1999, p. 320.

2. Seguidamente, descrevemos os aspectos fundamentais da constituição do *"Trust"*. Definimos, que a forma escrita é a mais adequada para a constituição do *Trust*, por meio de um instrumento particular. Adicionalmente, o *Trust mortis causa* deve obedecer às formalidades aplicáveis ao testamento

Também, admitimos a criação do *Trust* por decisão judicial, ou por força de disposição legal posterior.

3. Em alinhamento com a Convenção de Haia, e com o intuito de facilitar a sua integração, delineamos as principais características do *Trust*, ressaltando a transferência do título legal da propriedade dos bens ou direitos do instituidor para o *trustee*, a formação de um patrimônio separado e a natureza dos direitos adquiridos pelo beneficiário *"que adquire um direito real em relação aos direitos sobre o patrimônio do trust que lhe forem atribuídos"*.

Neste ponto, ressaltamos os efeitos da criação do patrimônio separado, estabelecendo que a propriedade do *Trust* não deve ser confundida com o patrimônio privado do *trustee* nem com outros patrimônios que o *trustee* administre em *Trust*. Igualmente, a propriedade do *Trust* não faz parte do regime matrimonial do *trustee* ou do seu cônjuge, nem parte do espólio do *trustee* após a sua morte. Por fim, a propriedade do *Trust* é isenta de qualquer ação ou execução pelos credores particulares do *trustee*.

4. Nesse sequência, após a compreensão de que o *Trust* deve ser criado por escrito, indicamos as cláusulas que, essencialmente, devem constar no instrumento particular que criar o *"Trust"*, nestes termos: a qualificação do instituidor; a identificação do *trustee* ou o modo de o determinar; a descrição dos bens ou direitos que formarão a propriedade do *Trust*; a finalidade da constituição do *Trust*, que não pode ser contrária a lei, a ordem pública e aos bons costumes e/ou a indicação dos beneficiários e dos seus respectivos benefícios; as instruções ao *trustee* de como deverá proceder na administração do bens ou direitos transferidos a ele; a indicação dos poderes, deveres e responsabilidades do *trustee*; a indicação de um protetor no caso de *Trusts* criados para o cumprimento de finalidades específicas sem beneficiários designados; a indicação de admissíveis sucessores do *trustee*, *co-trustees* e protetor; as condições do direito de retirada, substituição e exclusão do *trustee*; a duração do *Trust* e suas formas de extinção; o destino dos bens ou direitos após a extinção do *Trust*.

Pretendeu-se, em geral, estabelecer parâmetros com a finalidade de melhor conduzir a sua criação, considerando tratar-se de um instrumento novo para o Brasil.

5. Para simplificar a sua constituição, o instrumento de constituição do *"Trust"* será documento hábil para qualquer transferência de bens ou direitos, para a esfera jurídica do *"trustee"*.

Nesse sentido, os bens imóveis que formam o patrimônio do *Trust*, devem ser registados em nome do *trustee*, por transcrição no registo público competente, com a designação do termo *"em trust"*, para surtir efeitos em relação a terceiros.

Em alinhamento, para que os altos custos registais não inviabilizem a constituição de *Trusts*, determinamos que quando a transferência dos bens móveis ou imóveis para o *trustee*, exigirem formalidades registais, o valor dos emolumentos notariais e registais deve ser limitado a um valor único de R$ 300,00 (trezentos reais), independentemente do número ou valor dos bens imóveis ou móveis oriundos do mesmo *Trust*. Com efeito, o custo do registo dos imóveis em *Trust* no registo público competente, deve ser apropriado, de forma a não onerar demasiadamente a sua constituição.

6. É requisito essencial do *Trust* a existência de um bem ou direito, com valor patrimonial e possível de ser individualizado, constituindo o fundo do *Trust*. O fundo do *Trust* compreende os bens ou direitos originais e aqueles adicionados posteriormente. Nesse sentido, definimos que o direito do beneficiário pode estar vinculado a uma propriedade específica ou ao fundo do *Trust*, ao capital ou a renda.

Pode o *trustee* alterar o conteúdo do fundo do *Trust*, com vistas a tornar o fundo produtivo para o benefício dos beneficiários ou para o cumprimento das finalidades do *Trust*, salvo se o ato constitutivo dispuser de modo diverso.

Os bens ou direitos transferidos ao *trustee*, que formam o fundo do *Trust*, compõem um patrimônio separado e destacado do patrimônio pessoal do *trustee*, não respondendo pelas dívidas pessoais deste último. Acolhemos a atribuição ao patrimônio do *"Trust"* somente das dívidas a ele respeitantes.

7. Em alinhamento, estabelecemos os principais pontos atinentes a modificação, revogação e extinção dos *"Trusts"*, não se diferenciando nestes pontos, dos *"Trusts"* da *common law*, conforme nossas pesquisas realizadas nesta Tese.

8. Os sujeitos que formam a estrutura subjetiva dos *"Trusts"*, instituidor *(settlor)*, *"trustee"* e beneficiário, foram tratados seguidamente, sendo conceituados e delineados em harmonia com o *"Trust"* inglês.

Entretanto, em relação a qualificação do *trustee*, buscando integrar também com o Direito brasileiro, não pode ser nomeada *"trustee"* a pessoa física que não puder administrar uma sociedade nos moldes do parágrafo 1º do Artigo 1.011 do Código Civil, ou quem for condenado a pena criminal ou de caráter profissional[372].

Na mesma linha de ideias, indicamos a Comissão de Valores Mobiliários à regulamentação, complementar, e o credenciamento de *"trustees"* que realizarem operações por ela regulamentadas.

9. Os poderes e deveres dos *"trustees"* foram apresentados nos moldes do *"Trust"* da *common law*, sendo a aceitação expressa ou tácita do *"trustee"* imprescindível para que ele se torne sujeito aos deveres atribuídos ao cargo.

10. As questões pertinentes à responsabilidade do *"trustee"* foram delineadas em artigos seguintes, onde destacou-se a sua função fiduciária e a responsabilidade pessoal e ilimitada do mesmo perante os beneficiários do *"Trust"*.

Igualmente, foram delineadas algumas questões relativas à responsabilidade do *"trustee"* perante terceiros, e alguns casos excludentes de sua responsabilidade, como: a aquiescência de todos os beneficiários, desde que todos tenham capacidade do exercício de direitos para consentir, o

---

[372] Em conformidade com o Parágrafo 1º, do Artigo 1.011, do Código Civil brasileiro, não podem ser administradores, além das pessoas impedidas por lei especial, os condenados à pena que vede, ainda que temporariamente, o acesso a cargos públicos; ou por crime falimentar, de prevaricação, peita ou suborno, concussão, peculato; ou contra a economia popular, contra o sistema financeiro nacional, contra as normas de defesa da concorrência, contra as relações de consumo, a fé pública ou a propriedade, enquanto perdurarem os efeitos da condenação.

consentimento do instituidor do *Trust* revogável ou a obtenção de autorização judicial.

Por necessário, tratamos da não incidência do prazo prescricional em algumas situações fundamentais para a segurança jurídica dos beneficiários do "*Trust*".

11. Incluímos, após as ponderações realizadas nesta Tese, mais um tipo de direito real ao Direito brasileiro, ao prever que o beneficiário possui um direito real em relação aos bens ou direitos que lhe são atribuídos no ato constitutivo do "*Trust*".

12. Nas disposições finais, o "protetor" é previsto expressamente em artigo do articulado, sendo obrigatória a sua indicação somente no caso do "*Trust*" criado para o cumprimento de finalidades especiais, sem beneficiários designados.

13. Por fundamental, versando sobre as disposições penais, indicamos que as penas dos crimes tipificados no Código Penal, ou em legislação extravagante, quando cometidos por um *trustee*, pessoa física ou jurídica, em violação do *trust* e sob sua gestão, devem ser acrescidas de 1/3. Objetivou-se, neste ponto, reforçar a importância do cargo que ele exerce.

14. Também em sede das disposições finais, apontamos a necessidade da elaboração de um regime especial de tributação do "*Trust*", considerando a competência tributária de cada ente da federação brasileira (União, Estados e Municípios), recomendando o incentivo do instituto.

15. Por fim, e por fundamental, os litígios resultantes de um *Trust* podem ser dirimidos por arbitragem, estabelecida por cláusula compromissória ou compromisso arbitral, nos termos da Lei Nº 9.307, de 23 de Setembro de 1996, que dispõe sobre a arbitragem no Brasil.

A partir do exposto, considerando tudo o que foi analisado e planeado, reforçamos, aqui, nossa perspectiva, de que no exercício da autonomia da vontade, é pressuposto para que os indivíduos e as empresas regulem entre si os seus próprios assuntos e interesses.

Dessa forma, uma vez o *Trust* não sendo constituído para finalidades ilícitas e não prejudicando terceiros, sendo circunscrito dentro do âmbito do patrimônio privado, e, portanto, da autonomia privada das partes, não vemos motivos que impeçam a introdução dos *Trusts* no sistema jurídico brasileiro.

Assim, concluímos, de forma cabal, que não há no Direito brasileiro nenhuma disposição legal que motive a proibição da implementação do instituto dos *Trusts*.

Na medida em que se vislumbra suas incomparáveis vantagens de ordem prática, os desafios são ultrapassados. Sob essa perspectiva, tornou-se uma realidade o fato de que as jurisdições civis cada vez mais tem reconhecido e integrado os *Trusts*.

Aliás, a sua introdução no atual momento econômico que o Brasil vivência, é mais do que oportuna: é decisiva!

É o que desejamos.

REFERÊNCIAS

ABBIN, Byrle M. *Income Taxation of Fiduciaries and Beneficiaries*. Volume 2. Chicago: Wolter Kluwer Business, 2008.

ABREU, Célia Barbosa. *A flexibilização da curatela. Uma interpretação constitucional do art. 1.772 do Código Civil Brasileiro*. Revista Trimestral de Direito Civil, Ano 10, v. 37, p. 03-16, janeiro-março, 2009.

ADAMS, Paul. *The two-party rule and transactions between trusts with a common trustee*. Trusts & Trustees, United Kingdom, v. 18, n. 9, p. 862–869, october, 2012.

ADLER, Adriana. *O Desafio da Sucessão em Empresas Familiares*. Revista Jurídica Consulex, Brasília, Ano XIII, n. 309, p. 42, 30 de novembro de 2009.

AFFONSO, Luís Fernando. *A Auto-Regulação de Fundos de Investimento: Histórico e Perspectivas*. Revista de Direito Bancário e do Mercado de Capitais, São Paulo, n. 34, Ano 9, p. 181-194, outubro-dezembro de 2006.

AGÊNCIA BRASIL. *Déficit da Previdência Social em novembro chega a R$ 5,3 bilhões*. In: Correio Braziliense, publicado em 28.12.2012.

AGGARAWALA, Om Prakash. *The Indian Trusts Act, 1882*. New Delhi: Universal Law Publishing, 7ª Edição, 2011.

AITKEN, James. *Singapore success, January 2008*. The STEP Journal, Wealth Structuring Analysis for Trust and Estate Practitioners, *Conference Review*.

ALEXEEV, Alexander. *Use of trusts by Eastern European clients: practical issues*. Trusts & Trustees, United Kingdom, v. 13, n. 10, p. 608-610, 2007.

AMARAL, Alberto M. S. C. *Consolidação da Legislação do Ensino Superior – Avaliação e revisão da legislação em vigor*. In: Fundação das Universidades Portuguesas – Centro de Investigação de Políticas do Ensino Superior, 2003.

AMARAL, Francisco. *A sucessão Testamentária no novo Código Civil brasileiro*. Revista Brasileira de Direito Comparado, Rio de Janeiro, n. 30, p. 35-69, 2007.

AMENDOLARA, Leslie. *A influência dos acordos de acionistas na Gestão das Empresas de Capital Aberto*. Revista do Instituto dos Advogados de São Paulo (IASP), São Paulo, Ano 6, n. 11, p. 22-31, janeiro-junho de 2003.

AMORIM, Ana Clara Azevedo de. *Parasitismo Económico e Direito*. Coimbra: Almedina, 2009.

ANDRADE, José Maria Arruda de. *Economicização do Direito Concorrencial*. São Paulo: Quartien Latin, 2014.

ANDRADE, José Maria Arruda de. *Interpretação da Norma Tributária*. São Paulo: MP Editora, 2006.

ARAI, Makato. *Trusts in Japan*. In: KAPLAN, Alon. *Trusts in Prime Jurisdictions*. London: Globe Law and Business, p. 233-248, 2010.

ARAI, Makoto. *The Law of Trust and Development of Trust Business in Japan*. In: HAYTON, David. *Modern International Developments in Trust Law*. Netherlands: Kluwer Law International, p. 63-102, 1999.

ARAI, Makoto. *Trust law in Japan: inspiring changes in Asia, 1922 and 2006*. In: HO, Lusina; LEE, Rebecca. *Trust Law in Asian Civil Law Jurisdictions – A Comparative Analysis*. Cambridge: Cambridge University Press, p. 27-45, 2013.

ARANOVICH, Eduardo Dorfmann. *Observações quanto a Responsabilidade dos Administradores na Sociedade Anônima*. Revista da Ajuris, Ano XXXI, n. 96, p. 94-116, dezembro de 2004.

AREIAS DE CARVALHO, Maria Serina. *Propriedade fiduciária: bens móveis e imóveis*. São Paulo: Universidade de São Paulo, 2009.

ARISTI, Rafael Sanchez. *Property and Trust Law in Spain*. The Netherlands: Kluwer Law International, 2011.

ARIYOSHI, Naoya. *New Types of Trusts in Securitization Available Under the New Trust Law*. In: Asialaw Japan Review, January 2007.

AROSEMENAY, Augusto R. *Panama, Comparing jurisdictions–answers to common problems*. Trusts & Trustees, United Kingdom, v. 16, n. 7, p. 598–606, august 2010.

ARROYO i AMAYUELAS, Esther. *El Quebec, un Model Comparat per a Catalunya: I Jornada Internacional Sobre el Dret Patrimonial I la Codificació*. Barcelona: Edicions Universitat Barcelona, 2001.

ARUMI, Cristina; IVINSON, Jonathan. *Europe debates real estate investment trusts*. International Tax Review, v. 16, Issue 3, Mar 2005.

ASCENSÃO, José de Oliveira. *A Tipicidade dos Direitos Reais*. Lisboa: Editora Minerva, 1968.

ASCENSÃO, José de Oliveira. *Direito Civil – Reais*. 5ª Edição. Coimbra: Coimbra Editora, 2012.

ASCENSÃO, José de Oliveira. *Direito Civil – Sucessões*. 4ª Edição. Coimbra: Coimbra Editora, 1989.

REFERÊNCIAS

ASSUMPÇÃO, Márcio Calil; CHALHUB, Melhim Namem. *A propriedade fiduciária e a recuperação de empresas*. Revista do Advogado, São Paulo, Ano XXIX, n. 105, p. 135-141, set. 2009.

ASSUMPÇÃO, Marcos Puglisi. *Dissolução parcial de sociedades: dissolução da relação social limitadamente a um sócio*. In: PRADO, Roberta Nioac. *Aspectos Relevantes da Empresa Familiar – governança e planejamento patrimonial sucessório*. (Fundação Getúlio Vargas). São Paulo: Saraiva, 2013.

ATKINSON, Rob. *The Low Road To Cy Pres Reform: Principled Practice To Remove Dead Hand Control Of Charitable Assets*. Tallahassee: Florida State University, Working Paper Nº 176, 2005. AUBRY, Charles; RAU, C. *Cours de droit civil français*. Paris: Marchal, 1871.

AVELÃS NUNES, António José. *O Direito de Exclusão de Sócios nas Sociedades Comerciais*. Coimbra: Almedina, 2002.

AVELÃS NUNES, António José; MIRANDA COUTINHO, Jacinto Nelson. *O Direito e o Futuro – O Futuro e o Direito*. Coimbra: Almedina, 2008.

AYUSO, Javier Enrique; LIPOVETZKY, Ezequiel. *Argentina, private banking and trusts in times of lean cattle*. Trusts & Trustees, United Kingdom, v. 18, n. 8, p. 764–767, september 2012.

AYUSO, Javier Enrique; LIPOVETZKYY, Ezequiel; CONE, Geoffrey. *If resigned to die in Argentina, do as the Romans did? Testamentary Fideicomisa and Trusts*. Trusts & Trustees, United Kingdom, v. 18, n. 1, p. 48–56, january 2012.

BABCOCK, Warner King. *Family Banks: Using Corporate Entities and Trusts*. Trusts & Estates, Penton Business Med, New York, Jul 2013.

BALASSO, Romolo, ZEN, Pierfrancesco. *La professione tecnica nella legislazione e nella giurisprudenza*. Santarcangelo di Romagna: Maggioli Editore, 2012.

BALDUCCI, Daniele; MAFFEIS, Elena; VALENTINI, Antonio. *Operazioni & investimenti a San Marino*. Milano: Edizioni FAG, 2007.

BANAKAS, Stathis. *Understanding Trusts: A Comparative View of Property Rights in Europe*. Barcelona: Revista para el Análisis del Derecho, 2006.

BANCO DO ESTADO DE SÃO PAULO S/A. *O Crédito documentado e o "trust", ou fideicomisso, na VII.ª Conferência Interamericana de Advogados (Montevidéu 1951)*, São Paulo, 1958.

BANCONE, Vincenzo. *Il trust dalla Convenzione de L'Aja al Draft Common Frame of Reference*. Napoli: Univ.degli Studi di Camerino, v. 120, set. 2012.

BANCONE, Vincenzo. *Italy: charitable trusts and private foundations*. Trusts & Trustees, United Kingdom, v. 15, n. 5, p. 354-358, july 2009.

BANCONE, Vincenzo. *Italy: community foundation and trust*. Trusts & Trustees, United Kingdom, v. 17, n. 6, p. 536–541, july 2011.

BANCONE, Vincenzo. *Trust ed enti non commerciali*. San Marino: Maggioli Editore, 2009.

BANTEKAS, Ilias. *Trust funds under international law: trustee obligations of the United Nations and international development banks.* Cambridge: Cambridge University Press, 2009.

BARKLEY, Tobias J. *The content of the trust: what must a trustee be obliged to do with the property?.* Trusts & Trustees, United Kingdom, v. 19, n. 5, p. 452–468, june 2013.

BARLOW, Francis. *The flexibility of family trusts.* Trusts & Trustees, United Kingdom, v. 19, n. 3 e 4, p. 255–258, april/may 2013.

BARREIROS, Filipe. *Responsabilidade Civil dos Administradores: os Deveres Gerais e a Corporate Governance.* Coimbra: Coimbra Editora, 2011.

BARRIÈRE, François. *The security fiducie in french law.* In: SMITH, Lionel. *The Worlds of the Trust.* Cambridge: Cambridge University Press, 2013.

BATIZA, Rodolfo. *Tres Estudios sobre el Fideicomiso.* Mexico: Imprenta Universitária, 1954.

BAUER-BALMELLI, Maja; WIDMER, Oliver; HARBEKE, Nils. *Switzerland – Trusts, Topical Analyses.* Amsterdam: IBFD, 2011.

BECKER, Malcolm. *Operating a trust company in Malta.* Trusts & Trustees, United Kingdom, v. 11, n. 6, p. 12-14, 2005.

BEILFUSS, Cristina González. *El Trust- La Instituición Anglo-Americana y el Derecho Internacional Privado Español.* Barcelona: Bosch, 1997.

BELOCH, Henrique Vargas; CONE, Geoffrey Cone. *Cracking the Brazil nut: trusts in Brazil.* Trusts & Trustees, United Kingdom, v. 17, n. 5, p. 377–381, june 2011.

BERETTA, Omar; GODOY, Federico. *Argentina. Trusts, Topical Analyses.* Amsterdam: IBFD, 2011.

BERG, Marcel; BUIREN, Koert; GIFFEN, Thomas; RISSEEUW, Peter. *The Dutch Trust Industry.* Amsterdam: International Management Services Association (VIMS) & Dutch Fiduciary Organization, April 2008.

BERSHEDA, Tetiana. *Is arbitration-friendly Switzerland also trust-arbitration-friendly?.* Trusts & Trustees, United Kingdom, v. 18, n. 4, p. 348–357, May 2012.

BHADBHADE, Nilima. *Contract Law in India.* Netherlands: Kluwer Law International, 2010.

BIANCO, Diane Vella. *Proper choice.* The STEP Journal, March 2012.

BIBAUT, Laurent. *La fiducie face au trust.* Journal Le Petit Juriste. *Dans Droit international privé*, 22 juin 2011.

BIRKS, Peter; PRETTO, Arianna. *Breach of trust.* Oxford: Hart Publishing, 2002.

BLAIKIE, Allan; POSTERNAK, Natalie. *Trust in Australia.* In: KAPLAN, Alon. *Trusts in Prime Jurisdictions.* London: Globe Law and Business, p. 37-53, 2010.

BLOMMESTEIN, Hans J. KESKINLER, Ahmet; LUCAS, Carrick. *Outlook for the Securitisation Market.* In: OECD Journal: Financial Market Trends, Issue 1, 2011.

BLOWER, Robert. *The limits of section 57 Trustee Act 1925 after Sutton v England.* Trusts & Trustees, United Kingdom, v. 18, n. 1, p. 11–16, january 2012.

BLUMENFELD, Rachel L.; ROCHWERG, Martin J. *Trusts in Canada*. In: KAPLAN, Alon. *Trusts in Prime Jurisdictions*. London: Globe Law and Business, p. 105-120, 2010.

BOCHATAY, Jean-Luc; MOREAU, Alain; AUBINEAU, Guillaume. *The new French rules of taxation for trusts: wide (scope), heavy (tax) and severe (penalty)*. Trusts & Trustees, United Kingdom, v. 18, n. 2, p. 116–122, February 2012.

BOESCH, Bruno W. *The ICC initiative*. Trusts & Trustees, United Kingdom, v. 18, n. 4, p. 316–323, may 2012.

BOGERT, George. *Law of Trusts*. St. Paul: West Publishing Company, 1921.

BOLEAT, David. *Who would be a Professional Trustee?*. Trusts & Trustees, United Kingdom, v. 2, Issue 4, p. 12-13, 1996.

BOLGÁR, Vera. *Why No Trusts in the Civil Law?*. In: The American Journal of Comparative Law, v. 2, n. 2 (Spring, 1953).

BONNARD, Yves; LABOULFIE, Franck. *Taxation of non-resident trusts in Canada and taxation of Canadian beneficiaries of non-resident trusts qualified as foreign investment entities*. Trusts & Trustees, United Kingdom, v. 13, n. 6, p. 203-206, 2007.

BONNICI, Rosanne. *Malta – Trusts – Topical Analyses*. Amsterdam: IBFD, 2011.

BORBA, José Edwaldo Tavares. *Direito Societário*. 8ª Edição. Rio de Janeiro: Renovar, 2003.

BRANCO, Gerson Luiz Carlos. *Os Princípios reguladores da autonomia privada: autonomia da vontade e boa-fé*. Revista Direito e Democracia, Porto Alegre, v. 1, n. 1, p. 95-112, 1º semestre de 2000.

BRANDÃO, Célia. *Sucessão familiar. Identidade e poder nas relações homem e mulher. Interfaces com a psicologia da família empresária*. In: PRADO, Roberta Nioac. *Aspectos Relevantes da Empresa Familiar – governança e planejamento patrimonial sucessório* (Fundação Getúlio Vargas). São Paulo: Saraiva, 2013.

BRAUN, Alexandra. *Italy: The Trust Interno*. In: The International Trust, Third Edition, Jordan Publishing, p. 787-817, 2011.

BRAUN, Alexandra. *The Framing of a European law of trusts*. In: SMITH, Lionel. *The Worlds of the Trust*. Cambridge: Cambridge University Press, 2013.

BRAUN, Alexandra. *Trusts in the Draft Common Frame of Reference*: The 'Best Solution' for Europe?. Cambridge Law Journal, v. 70, p. 327-352, 2011.

BRIDGE, Stuart. *Trustees exemption clauses*. The Cambridge Law Journal, v. 57, p. 34, 1998.

BRITO, Miguel Nogueira de. *Propriedade Privada*. Lisboa: Fundação Francisco Manuel dos Santos, 2010.

BRODRICK, Robert. *Powers of attorney*. Trusts & Trustees, United Kingdom, v. 15, n. 10, december 2009, p. 806-810.

BRODY, Evelyn. *Charity Governance: What's Trust Law Got To Do With It?*. Chicago: Chicago-Kent Law Review, v. 80, 2005.

BROWN, Catherine. *Canada – Trusts, Topical Analyses*. Amsterdam: IBFD, 2011.

BRUCE, Charles M.; BONNARD, Yves. *US tax treatment of foreign grantor trust during the year of the Grantor's death*. Trusts & Trustees, United Kingdom, v. 13, n. 9, p. 568-572, 2007.

BRYAN, Michael; VANN, Vicki. *Equity and Trusts in Australia*. Cambridge: Cambridge University Press, 2012.

BUCKLAND, Edward. *Practical administration of trusts – Part I*. Trusts & Trustees, United Kingdom, v. 11, december/january, p. 15 –23, 2005.

BUCKLEY, Lewis; GRACE, William. *The regulator and the court's expectations of a professional trustee: the double impact*. Trusts & Trustees, United Kingdom, p. 22-23, may 2006.

BUESCHKENS, Mary Anne; MAIN. Lucinda E. *Recent developments in Canada in the areas of trusts and estates law*. Trusts & Trustees, United Kingdom, v. 18, n. 9, p. 848–861, october 2012.

BUONTEMPO, Michelle. *Regulatory overview of the Trusts and Trustees Act*. Trusts & Trustees, United Kingdom, v. 11, n. 6, p. 12-14, 2005.

BUTLER, Christopher; MEEK, Alison; GOTHARD, Charles. *Protecting family wealth from divorce: Part 1*. Trusts & Trustees, United Kingdom, p. 14-17, march 2006.

BUTLER, Christopher; MEEK, Alison; GOTHARD, Charles. *Protecting family wealth from divorce: Part 2*. Trusts & Trustees, United Kingdom, p. 13-18, march 2006.

CAENEGEM, R.C. Van. *Considerações Históricas sobre a Unificação do Direito Europeu*. Boletim da Faculdade de Direito, Coimbra, V. LXXXI, p. 189 –209, 2005.

CALGARO, Gerson Amauri. *O Risco da Atividade como Cláusula Geral*. Revista da Faculdade de Direito de São Bernardo do Campo, Ano 11, n. 13, p. 147 – 161, 2007.

CAMPOS, Diogo Leite de. *A Arbitragem Voluntária, Jurisdição Típica do Estado – Dos – Direitos e dos – Cidadãos*. In: LEITE DE CAMPOS, Diogo; MENDES, Gilmar Ferreira; MARTINS, Ives Gandra da Silva. A Evolução do Direito no Século XXI – Estudos em Homenagem ao Professor Arnoldo Wald. Coimbra: Almedina, 2007.

CAMPOS, Diogo Leite de. *"Créditos Futuros, Titularização e Regime Fiscal"*. Coimbra: Almedina, 2007.

CAMPOS, Diogo Leite de. *A Alienação em Garantia*. Revista Doutrinária, Instituto Ítalo-Brasileiro de Direito Privado e Agrário Comparado. Rio de Janeiro: Lúmen Juris, p. 63-77, 2000.

CAMPOS, Diogo Leite de. *A Família: Do Direito aos Direitos*. Coimbra: Almedina, Revista "O Direito" III, 2007.

CAMPOS, Diogo Leite de. *A Subsidiariedade da Obrigação de Restituir o Enriquecimento*. Coimbra: Almedina, 2003.

CAMPOS, Diogo Leite de. *As Relações de Associação – O Direito Sem Direitos*. Coimbra: Almedina, 2011.

CAMPOS, Diogo Leite de. *As Três Fases de Princípios Fundamentantes do Direito Tributário*. Revista da Ordem dos Advogados, Lisboa, ano 67, p. 51-80, 2007.

CAMPOS, Diogo Leite de. *Boa fé e Segurança Jurídica em Direito Tributário*. Separata da Revista da Ordem dos Advogados, Lisboa, ano 68, p. 125-138, 2008.

CAMPOS, Diogo Leite de. *Certeza e Segurança no Direito Tributário: A Arbitragem*. Revista da Ordem dos Advogados, Lisboa, ano 65, p. 313-325, 2005.

CAMPOS, Diogo Leite de. *Código civil dos franceses, ou código civil de Napoleão*. Universidade Lusíada, II Série, nº 3, p. 237-241, 2005.

CAMPOS, Diogo Leite de. *Contrato a Favor de Terceiro*. Coimbra: Almedina, 2009.

CAMPOS, Diogo Leite de. *Da Responsabilidade do Credor na Fase de Incumprimento*. Revista da Ordem dos Advogados, Lisboa, ano 52/III, p. 853-868, 1992.

CAMPOS, Diogo Leite de. *Direito das Finanças Privadas: cadeira de mestrado em 1999--2000*. Coimbra: Boletim da Faculdade de Direito, Volume comemorativo, p. 979-984, 2003.

CAMPOS, Diogo Leite de. *Direito Tributário*. Coimbra: Almedina, 2003.

CAMPOS, Diogo Leite de. *Lições de Direito da Família e das Sucessões*. Coimbra: Almedina, 2008.

CAMPOS, Diogo Leite de. *Nós – Estudos sobre o Direito das Pessoas*. Coimbra: Almedina, 2004.

CAMPOS, Diogo Leite de. *O Direito em Nós*. New York: Lawinter Review, Volume I, Issue 1, March 2010.

CAMPOS, Diogo Leite de. *O Estatuto Jurídico da Pessoa Depois da Morte*. Coimbra: Almedina: Revista "O Direito II", 2007.

CAMPOS, Diogo Leite de. *O Sistema Tributário no Estado dos Cidadãos*. Coimbra: Almedina, 2006.

CAMPOS, Diogo Leite de. *Prefácio*. In: FREIRE E ALMEIDA, Verônica. *A Tributação dos Trusts*. Coimbra: Almedina, 2009.

CAMPOS, Diogo Leite de. *Prefácio*. In: GOMES, Fabio Luiz. *Direito Internacional. Perspectivas Contemporâneas*. São Paulo: Saraiva, 2010.

CAMPOS, Diogo Leite de. *Sigilo Bancário*. Lisboa: Instituto de Direito Bancário, 1997.

CAMPOS, Diogo Leite de; ANDRADE, João da Costa. *Autonomia Contratual e Direito Tributário (A Norma Geral Anti-Elisão)*. Coimbra: Almedina, 2008.

CAMPOS, Diogo Leite de; CHINELLATO; Silmara Juny de Abreu. *Pessoa Humana e Direito*. Coimbra: Almedina, 2009.

CAMPOS, Diogo Leite de; MARTINS, Ives Gandra da Silva. *O Direito Contemporâneo em Portugal e no Brasil*. Coimbra: Almedina, 2004.

CAMPOS, Diogo Leite de; MONTEIRO, Manuel. *Titularização de Créditos – Anotações ao Decreto-Lei nº 453/99, de 5 de Novembro*. Coimbra: Almedina, 2001.

CAMPOS, Diogo Leite de; PAZ FERREIRA, Eduardo. *I Conferência AIBAT-IDEFF – A Arbitragem em Direito Tributário*. Coimbra: Almedina, 2010.

CAMPOS, Diogo Leite de; SOUTELINHO, Susana; SANTOS, Ana Miguel. *O "Regime Jurídico" das Opções sobre Acções*. Separata da Revista da Ordem dos Advogados, Lisboa, ano 66, p. 489-516, 2006.

CAMPOS, Diogo Leite de; SAAVEDRA PINTO, Cláudia. *Créditos Futuros, Titularização e Regime Fiscal*. Coimbra: Almedina, 2007.

CAMPOS, Diogo Leite. *A Capacidade Sucessória do Nascituro (ou a crise do positivismo legalista)*. Boletim da Ordem dos Advogados, n. 44, p. 24-27, nov/dez 2006.

CARBONE, Sergio Maria. *Autonomia Privata, Scelta Della Legge Regolatrice Del Trust e Riconoscimento Dei Suoi Effetti Nella Convenzione Dell'Aja del 1985*. Padova: Rivista di Diritto Internazionale Privato e Processuale, v. 35, p. 773-788, 1999.

CARIÑANA, María Ángeles Zurilla. *The Spanish Legal System For Protecting The Estates Of Disabled People (Critical Analysis Of Law 41/2003 Of 18 November)*. In: Journal of Business Case Studies, v 6, n. 7, Spanish Edition 2010.

CARNEY, Terry; KEYZER, Patrick. *Private Trusts and Succession Planning for the Severely Disabled or Cognitively Impaired in Australia*. In: Sydney Law School, Legal Studies Research Paper, n. 08/108, september 2008.

CARVALHO, Rodrigo Pires. *Novo Instrumento para Empresas Familiares – Family Constitution*. São Paulo, Revista Síntese Direito de Família, Ano XIII, n. 67, p. 233-234, agosto-setembro 2011.

CASTILLERO, Gian; ALBAY, Cristina de. *Why are Panamanian private interest foundations becoming increasingly popular as alternatives to the trust?*. Trusts & Trustees, United Kingdom, v. 18, n. 6, p. 592–597, july 2012.

CASTRONOVO, Carlo. *Il Trust e 'Sostiene Lupoi'*. Europa e diritto privato, Milano, n. 2, p. 441- 451, 1998.

CASTRONOVO, Carlo. *Trust e Diritto Civile Italiano*. Europa e diritto privato, Milano, p. 1322-1339, 1998.

CERVERA, Jorge Eduardo Correa. *Mexican Real Estate Investment Trusts*. In: International Tax Journal, p. 39-64, 2006.

CESTARI, Ana Paula. *Instrumentos de planejamento patrimonial e sucessório: fundações e outros instrumentos jurídicos no exterior*. In: PRADO, Roberta Nioac. *Aspectos Relevantes da Empresa Familiar – governança e planejamento patrimonial sucessório* (Fundação Getúlio Vargas). São Paulo: Saraiva, 2013.

CHAIT, Richard; HOLLAND, Thomas P.; TAYLOR, Barbara E. *The Effective Board of Trustees*. EUA: Oryx Press, 1993.

CHALHUB, Melhim Namem. *Alienação Fiduciária de Bens Imóveis*. Revista de Direito Imobiliário, Ano 30, n. 63, p. 82-111, jul –dez 2007.

CHALHUB, Melhim Namem. *Barreiras jurídicas do crescimento econômico*. Valor Econômico – Legislação – Pág E2, 2001. Disponível em: http://ademi.webtexto.com.br/article.php3?id_article=18792. Acesso em: 20.06.2012.

CHALHUB, Melhim Namem. *Negócio Fiduciário*. São Paulo: Renovar, 2009.

CHALHUB, Melhim Namem. *Trust*. Rio de Janeiro: Renovar, 2001.
CHAMBAZ, Laurent. *Is France adopting trusts wholesale? The answer is no, but...* Trusts & Trustees, United Kingdom, v. 13, n. 7, p. 225-261, 2007.
CHAMBERS, Robert. *Liability*. In: BIRKS, Peter; PRETTO, Arianna. *Breach of trust*. Oxford: Hart Publishing, 2002.
CHAMBERS, Robert. *Resulting Trusts*. New York: Oxford University Press, 1997.
CHAMMAS, Maria Fernanda Vaiano S.; FERRARA, Renata Silva. *A importância do planejamento familiar e sucessório*. In: PRADO, Roberta Nioac. *Aspectos Relevantes da Empresa Familiar – governança e planejamento patrimonial sucessório* (Fundação Getúlio Vargas). São Paulo: Saraiva, 2013.
CHAVES, José. Projeto de Lei Nº 4.809, de 1998.Dispoe sobre o contrato de fidúcia e dá outras providências.
CHRISTENSEN, Henry. *Foreign Trusts and Alternative Vehicles*. Prepared for ALI-ABA Conference on Advanced International Estate Planning, San Diego, California, August 21, 2003.
CLARK, Elias. *"Charitable Trusts, the Fourteenth Amendment and the Will of Stephen Girard"* (1957). The Cambridge Law Journal, v. 66, p. 979-1015, 1957.
CLEGG, David. *South Africa – Trusts – Topical Analyses*. Amsterdam: IBFD, 2011.
CLIFFORD, Denis. *Make Your Own Living Trust*. USA: Delta Printing Solutions, 2011.
COELHO, Fábio Ulhoa. *Comentários à Lei de Falências e de Recuperação de Empresas*. São Paulo: Saraiva, 2013.
COELHO, Fábio Ulhoa. *Manual de Direito Comercial. Direito de Empresa*. São Paulo: Saraiva, 2010.
COHEN, Lawrence; POOLE, Joanna. *Trust arbitration – is it desirable and does it work?*. Trusts & Trustees, United Kingdom, v. 18, n. 4, p. 324–331, may 2012.
COMPARATO, Fábio Konder. *O Poder de controle na sociedade anônima*. São Paulo: Forense, 1983.
CONAGLEN, Matthew; WEAVER, Elizabeth. *Protectors as fiduciaries: theory and practice*. Trusts & Trustees, United Kingdom, v. 18, n. 1, p. 17–35, january 2012.
CONE, Geoffrey. *Anglo Saxon trusts: Argentina and the Argentine Civil Code*. Trusts & Trustees, United Kingdom, v. 17, n. 2, p. 94–100, march 2011.
COOKE, Elizabeth; DRUMMOND, Elizabeth. *The Law Commission's report on intestacy and family provision: three layers of trust law reform*. Trusts & Trustees, United Kingdom, v. 18, n. 3, p. 199–207, march 2012.
COOTER, Robert; FREEDMAN, Bradley. *The Fiduciary Relationship: Its Econonomic Character and Legal Consequences*. New York University Law Review, v. 66, p. 1045 – 1075, october 1991.
COPPOLO George. *Removal of Trustee*. EUA: Office of Legislative Research, July 23, 2009. Diponível em: http://www.cga.ct.gov/2009/rpt/2009-R-0271.htm. Acesso em: 13.06.2012.

CORRÊA, Rodrigo de Oliveira Botelho. *Breves notas sobre a responsabilidade civil dos administradores de sociedade anônima e sociedade limitada*. Revista Trimestral de Direito Civil, Brasília, Ano 10, v. 37, p. 249-261, janeiro-março 2009.

COSTA ANDRADE, Margarida. *A Propriedade Fiduciária. Separata de II Seminário Luso-Brasileiro de Direito Registral.* Coimbra: Coimbra Editora, 2009.

COSTA E SILVA, Paula. *A liquidação da massa insolvente.* Revista da Ordem dos Advogados, Lisboa, Setembro de 2005.

COSTA E SILVA, Paula. *A Litigância de Má Fé.* Coimbra: Coimbra Editora, 2008.

COSTA E SILVA, Paula. *A Nova Face da Justiça – Os Meios Extrajudiciais de Resolução de Controvérsias.* Coimbra: Coimbra Editora, 2009.

COSTA E SILVA, Paula. *Direito dos Valores Mobiliários – Relatório.* Coimbra: Coimbra Editora, 2005.

COSTA MARQUES, Maria da Conceição da. *Modelos de Governo e Gestão Universitária: Uma Visão Sobre o Contexto Actual Português.* Coimbra: RIGC – V. X, n. 19, Enero-Junio 2012.

COTTON, Wilson. *Trustees' accounts.* Trusts & Trustees, United Kingdom, v. 16, n. 8, p. 653–659, september 2010.

COTTON, Wilson. *The self-protective trust.* Trusts & Trustees, United Kingdom, v. 19, n. 3 e 4, p. 259–266, april/may 2013.

COUTINHO DE ABREU, Jorge Manuel (Coord.); MAIA, Pedro; MARTINS, Alexandre Soveral; RAMOS, Elisabete; DOMINGUES, Paulo de Tarso. *Estudos de Direito das Sociedades.* Coimbra: Almedina, 2013.

COUTINHO DE ABREU, Jorge Manuel. *Curso de Direito Comercial – Das Sociedades.* Volume II. Coimbra: Almedina, 2010.

COUTINHO DE ABREU, Jorge Manuel. *Curso de Direito Comercial.* Volume I. Coimbra: Almedina, 2011.

COUTINHO DE ABREU, Jorge Manuel. *Da Empresarialidade – As Empresas no Direito.* Coimbra: Almedina, 1996.

COUTINHO DE ABREU, Jorge Manuel. *Governação das Sociedades Comerciais.* Coimbra: Almedina, 2010.

COUTINHO DE ABREU, Jorge Manuel. *Responsabilidade Civil dos Administradores de Sociedades.* Coimbra: Almedina, 2010.

COUTINHO DE ABREU, Jorge Manuel; MARTINS, Alexandre Soveral. *Grupos de Sociedades – Aquisições Tendentes ao Domínio Total.* Coimbra: Almedina, 2003.

COUTINHO DE ABREU, Jorge Manuel; MARTINS, Alexandre Soveral; SOARES, Maria Ângela Coelho; MOTA PINTO, Alexandre; DIAS, Gabriela Figueiredo. *Temas Societários.* Coimbra: Almedina, 2006.

COUTINHO, Diogo R. *O Direito no Desenvolvimento Econômico.* Revista Brasileira de Direito Público, v. 38, p. 22-32, 2012.

CREMONA, Anthony. *Malta*. In: GOTHARD, Charles; SHAH, Sanjvee. *The World Trust Survey*. New York: Oxford, 2010.

CREMONA, Anthony. *Successful arbitration of internal trust disputes the Maltese way*. Trusts & Trustees, United Kingdom, v. 18, n. 4, p. 363–372, may 2012.

CRETELLA JUNIOR, J. *Curso de Direito Romano*. Rio de Janeiro: Forense, 1993.

CRILL, James. *A trustee's perspective on investment*. Trusts & Trustees, United Kingdom, Gostick Hall, v. 5, Issue 2, p. 7-13, 1999.

CROOK, Tim. *Can the settlor or beneficiaries of a trust be obliged to try and obtain copies of trust documents relating to that trust from the trustees and then to provide them to HMRC?: The Commissioners for Her Majesty's Revenue and Customs v Panos Parissis and others, First-Tier Tax Tribunal, 9 February 2011*. Trusts & Trustees, United Kingdom, v. 17, n. 8, p. 775–779, september 2011.

CROSSLAND, Kalev J. *Unsecured creditors and the 'Uncorporation':y issues with trading trusts post Global Financial Crisis United*. Trusts & Trustees, United Kingdom, v. 17, n. 3, p. 185–213, april 2011.

CROUCHER, Rosalind F. *Freedom of Disposition versus Forced Heirship – Property versus Family?*. In: KAPLAN, Alon. *Trusts in Prime Jurisdictions*. London: Globe Law and Business, p. 565-578, 2010.

CUNHA, Luis Pedro Chaves Rodrigues. *Lições de Relações Económicas Externas*. Coimbra: Almedina, 1997.

DANTZGER, Afranio Carlos Camargo. *Alienação fiduciária de coisa imóvel*. Revista Forense, Rio de Janeiro, v. 416, Ano 108, p. 3-42, julho-dezembro de 2012.

DARWYNE, Michael T. *Singapure – Comparing jurisdictions–answers to common problems*. Trusts & Trustees, United Kingdom, v. 16, n. 7, p. 598–606, august 2010.

DASH, Jan. *All in the family: ownership and management options for private trust companies*. Trusts & Trustees, United Kingdom, v. 19, n. 6, p. 650–657, july 2013.

DAVID, René. *Os Grandes Sistemas do Direito Contemporâneo*. São Paulo: Martins Fontes, 2002.

DAWES, David. *Discretionary trusts for UK non-domiciled foreign residents*. Trusts & Trustees, United Kingdom, v. 13, n. 9, p. 561-563, 2007.

DAY, James. R. *The role of the investment consultant in the trustee world*. Trusts & Trustees, United Kingdom, v. 15, n. 2, p. 80-88, april 2009.

DAY, Martin. *Fiduciary duties*. Trusts & Trustees, United Kingdom, v. 15, n. 6, p. 447-457, august 2009.

DAY, Sally E. *Creative Ways of Achieving Grantor Trust Status*. In: The Tax Adviser, USA, p. 593 –595, september 2009.

DE POVER, Marie-France. *Trust, fiducie, administratiekantoor, fondation du Liechtenstein*. Bruxelles: Larcier, 2001.

DEW, Richard. *Private Client: Capital Punishment*. In: Legal Week November 30, 2006.

DIAS NETA, Vellêda Bivar Soares. *É a Comissão de Valores Mobiliários (CVM) Responsável por Alegados Prejuízos Sofridos por Investidores de Contratos de Investimentos Coletivos (CICS)?*. Revista da Seção Judiciária do Rio de Janeiro, Rio de Janeiro, n. 28, p. 235-239, agosto de 2010.

DICKINSON, Andrew. *In the EU, we trust? A new European framework for jurisdiction and judgments*. Trusts & Trustees, United Kingdom, v. 17, n. 4, p. 280–289, may 2011.

DIETRICH, Bernadette. *Variation of Trusts – An Update* (2006). In: Ontario Bar Association. Disponível em: www.oba.org. Acesso em: 13.11.2013.

DIGBY, K.Edward. *An introduction to the history of the law of real property*. New Jersey: The lawbook Exchange, 2005.

DINIZ, Maria Helena. *Curso de Direito Civil Brasileiro – Teoria Geral do Direito Civil*. Volume 1. São Paulo: Saraiva, 2019.

DINIZ, Maria Helena. *Curso de Direito Civil brasileiro – teoria das obrigações contratuais e extracontratuais*. Volume 3. São Paulo: Saraiva, 2019.

DINIZ, Maria Helena. *Curso de Direito Civil Brasileiro – Direito das Coisas*. Volume 4. São Paulo: Saraiva, 2019.

DINIZ, Maria Helena. *Curso de Direito Civil Brasileiro – Direito de Família*. Volume 5. São Paulo: Saraiva, 2019.

DINIZ, Maria Helena. *Curso de Direito Civil Brasileiro – Direito das Sucessões*. Volume 6. São Paulo: Saraiva, 2019.

DINIZ, Maria Helena. *Curso de Direito Civil Brasileiro – Responsabilidade Civil*. Volume 7. São Paulo: Saraiva, 2019.

DINIZ, Maria Helena. *Curso de Direito Civil Brasileiro – Direito de Empresa*. Volume 8. São Paulo: Saraiva, 2019.

DINIZ, Maria Helena. *Tratado Teórico e Prático dos Contratos*. Volume 2. São Paulo: Saraiva, 2019.

DOGAUCHI, Hiroto. *Overview of Trust Law in Japan*. In: University of Tokyo. Disponível em: http://www.law.tohoku.ac.jp/kokusaiB2C/link/dogauchi.html. Acesso em: 20.10.2012.

DOMINGO, Jorge Maza. *Principales novedades introducidas por la Ley 25/2010, de 29 de julio, del Libro Segundo del Código Civil de Catalunya, relativo a la persona y a la família*. Madri: El Derecho, 01.04.2011.

DOUPE, Michael; SALTER, Michael. *Concealing the past?: questioning textbook interpretations of the history of equity and trusts*. Netherlands: Kluwer Academic Publishers –Liverpool Law Review, v. 22, p. 253–285, 2000.

DRAKE, Paul W. *The Money Doctor in The Andes: The Kemmerer Missions*, 1923-1933. USA: Duke University Press, 1989.

DUCKWORTH, Antony. *Protectors: law and practice*. Trusts & Trustees, United Kingdom, v. 19, n. 1, p. 98–112, february 2013.

EASIER FINANCE. *JP Morgan Brazil investment trust sees positive returns in Brazil* 08.03.2012. Disponível em: http://www.easier.com/. Acesso em: 10.03. 2012.

EBNER, Daniel; PRATHER, Ray. *Defining a "Spouse" in Trust Documents*. Trusts & Estates, Penton Business Med, New York, Volume 148, Issue 9, Sep 2012.

ECONOMIDES, Peter G. *Trustees in Cyprus regulated in 2007*. Trusts & Trustees, United Kingdom, v. 13, n. 1, p. 23-24, 2007.

EDWIN, Tina. *Rich Indian's new faith: Succession planning via trusts*. India: The Economic Times, ET Bureau May 13, 2012.

EISENSTEIN, Ilana H. *Keeping Charity In Charitable Trust Law: The Barnes Foundation And The Case for Consideration of Public Interest In Administration Of Charitable Trusts*. University Of Pennsylvania Law Review, Philadelphia, v. 15, 2003.

ELIAS, Stephen. *The New Bankruptcy: Will It Work for You?*. USA: Delta Printing Solutions, 2011.

EMERICH, Yaëll. *The civil law trust: a modality of ownership or an interlude in ownership*. In: SMITH, Lionel. *The Worlds of the Trust*. Cambridge: Cambridge University Press, 2013.

EMERY, Ruth. *JP Morgan unveils UK's first Brazil investment trust*. In: Money Wise, 02.03.2010. Disponível em: http://www.moneywise.co.uk/ Acesso em: 10.04. 2012.

FABIAN, Christoph. *Fidúcia: Negócios Fiduciários e Relações Externas*. Porto Alegre: Sergio Antonio Fabri, 2007.

FANDIÑO, Marleny Blanco. *Los Contratos Bancarios Modernos: El Fiduciario, el Under writing y el Leasing*. In: Licenciatura en Derecho –Universidad de La Salle, 2011.

FARROW, Trevor C. W. *The Limits of Charity: Redefining the Boundaries of Charitable Trust Law*. Toronto: Estates & Trusts Journal, v. 11, p. 306, 1994.

FAUST, David I. *The Trustee as Fiduciary: Practical Considerations*. In: KAPLAN, Alon. *Trusts in Prime Jurisdictions*. London: Globe Law and Business, 2010.

FAZELBHOY, Aliff; KAKA, Porus. *India – Trusts, Topical Analyses*. Amsterdam: IBFD, 2011.

FAZZIO JUNIOR, Waldo. *Manual de Direito Comercial*. 14ª Edição. São Paulo: Atlas, 2013.

FECCHIO, Ignez Silveira. *Curatela*. Revista Jurídica Consulex, Brasília, Ano XII, n. 279, p. 12-13, 31 de agosto de 2008.

FERNANDES DINIS, Edmundo Pedro. *O Centro Internacional de Negócios da Madeira: Comparação do seu Regime com o dos Paraísos Fiscais*. Lisboa: Universidade Técnica de Lisboa, Instituto Superior de Economia e Gestão, 2011.

FERREIRA, Ana; ROCHA, Eunice. *O Papel dos Trust Funds: Oportunidades e Desafios*. Lisboa: Gabinete de Planeamento, Estratégia, Avaliação e Relações Internacionais

Ministério das Finanças e da Administração Pública (GPEARI – MFAP), Artigo n. 11, 2010.

FERREIRA, Bruno. *Os Deveres de Cuidado dos Administradores e Gerentes – Análise dos Deveres de Cuidado em Portugal e nos Estados Unidos da América Fora das Situações de Disputa Sobre o Controlo Societário.* Cadernos do Mercado de Valores Mobiliários, Lisboa, n. 30, p. 09-49, agosto 2008.

FIGUEIREDO, André. *O Negócio Fiduciário perante Terceiros, com aplicação especial na gestão de valores mobiliários.* Faculdade de Direito da Universidade Nova de Lisboa, Novembro de 2011.

FIGUEIREDO, David Martins Lopes de. *Titulação de Negócios Jurídicos sobre Imóveis.* Coimbra: Almedina, 2014.

FIGUEROA, Dante. *Civil law trusts in latin america: is the lack of trusts an Impediment for expanding business opportunities in latin america?.* In: Arizona Journal of International & Comparative Law, v. 24, n. 3, 2007.

FIMMANÒ, Francesco. *Il trust a garanzia del concordato preventivo.* In: da Banca Borsa Titoli di Credito, I, p. 76-92, 2010.

FINANCIAL INTEGRITY & ECONOMIC DEVELOPMENT. Annual Conference Report. October 2011, Paris, France. Task Force Conference 2011. Financial Integrity & Economic Development. Disponível em: http://www.financialtransparency.org/calendar/conference2011/. Acesso em: 08.07.2013.

FISHER, Steven D. *The Complete Guide to Creating Your Own Living Trust: A Step-By-Step Plan to Protect Your Assets, Limit Your Taxes, and Ensure Your Wishes Are Fulfilled.* Florida: Atlantic Publishing Company, 2008.

FIUZA, Cesar. *Direito Civil – Curso Completo.* Belo Horizonte: Del Rey, 2008.

FLETCHER, Jonathan; NTOZI-OBWALE, Patricia. *Exploring the Conditional Performance of U.K. Unit Trusts.* In: Journal of Financial Services Research, Volume 36, p. 21–44, 2009.

FODERARO, Francesco. *Il trust in Italia: possibili conseguenze penali derivanti dall'elusione fiscale.* Università degli Studi di Torino, Facoltà Economia, 2007.

FOERSTER, Gerd. *O "Trust" do Direito anglo-americano e os negócios fiduciários no Brasil.* Porto Alegre: Sergio Antonio Fabris Editor, 2013.

FONG, Yvonne. *Trust Law In Taiwan.* In: Manivest Asia Limited, fev/2005.

FONSECA, Rodrigo Garcia. *Considerações sobre o Trust (fidúcia) no Direito Comparado.* Revista Forense, Rio de Janeiro, v. 334, p. 153-189, 1996.

FOO, Kenny. *Singapore Budget 2006: implications for the wealth management industry.* Trusts & Trustees, United Kingdom, p. 21-23, march 2006.

FORTI, Valerio. *Comparing American Trust And French Fiducie.* The Columbia Journal of European Law, USA, v. 17, p. 28-33, 2011.

FORTUNATO, Giusi. *Il Trust: Comparazione tra la "Proprietà Civile e la Proprietà del trustee".* Milano: Le Fonti, 2008.

FOX, David. *Defined Benefit Pension Trusts: Asset Partitioning and the Residual Interest*. University of Cambridge Faculty of Law Legal Studies Research Paper Series--Paper n. 10/03, 2010.

FOX, David. *Disclosure of a Settlor's Wish Letter in a Discretionary Trust*. Cambridge: The Cambridge Law Journal, 2008.

FOX, David. *Non-excludable trustee duties*. Trusts & Trustees, United Kingdom, v. 17, n. 1, p. 17–26, february 2011.

FOX, Justin; LORSCH, Jay W. *Investidor devia aportar capital, informação e disciplina. Não raro fica devendo nos três quesitos*. Harvard Business Review Brasil, p. 29-37, Julho de 2012.

FRADA, Manuel A. Carneiro da. *Contrato e Deveres de Protecção*. Coimbra: Almedina, 1994.

FRADA, Manuel A. Carneiro da. *A responsabilidade dos Administradores na Insolvência*. Revista da Ordem dos Advogados, Lisboa, Ano 66, p. 653-701, setembro de 2006.

FRADA, Manuel A. Carneiro da. *Direito Civil – Responsabilidade Civil – O Método do Caso*. Coimbra: Almedina, 2006.

FRADA, Manuel A. Carneiro da. *Teoria da Confiança e Responsabilidade Civil*. Coimbra: Almedina, 2007.

FRAGOSO, Rui Celso Reali. *Sucessão Legítima*. Revista do Instituto dos Advogados de São Paulo (IASP), São Paulo, Ano 7, n. 14, p. 52-58, julho-dezembro de 2004.

FRANÇA, Rodrigo Dumans. *A teoria do risco aplicada à responsabilidade objetiva* (2009). Faculdade de Direito. São Paulo, Defesa em 24.04.2009.

FRANCIS, Nicholas; HARRISY, Jonathan. *Trusts and divorce*. Trusts & Trustees, United Kingdom, v. 18, n. 2, p. 132–148, february 2012.

FRANÇOIS, Toit. *Jurisprudential milestones in the development of trust law in South Africa's mixed legal system*. In: SMITH, Lionel. *The Worlds of the Trust*. Cambridge: Cambridge University Press, 2013.

FRANKEL, Tamar. *The New Palgrave Dictionary of Economics and the Law, Definition of "fiduciary duties"*. In: California Law Review, v.2, p. 127-128, 1998.

FRANKS, David; FRANKS, Blevins. *Use of trusts in Spain*. Trusts & Trustees, United Kingdom, p. 29-32, march 2006.

FRASERA, Ian; TARBERTB, Heather; TEE, Kai Hong. *An empirical study of the impact of financial reporting disclosures on UK investment trusts*. In: Applied Financial Economics, 15, 803–807, 2005.

FREEMAN, Nancy S. *Trust Me: Practical Advice for Drafting Florida Trusts*. The Florida Bar Journal, v. 83, n. 5, may, p. 20-29, 2009.

FREIRE E ALMEIDA, Daniel. *Os Trusts – Securitization em Direito nos Estados Unidos da América*. Revista do Instituto de Pesquisas e Estudos, v. 31, 2001.

FREIRE E ALMEIDA, Verônica Scriptore. *A capacidade contributiva dos sujeitos envolvidos no Trust*. In: FREIRE E ALMEIDA, Daniel; LUIZ GOMES, Fabio;

CATARINO, João Ricardo. *Garantias dos Contribuintes no Sistema Tributário. Livro em Homenagem ao Professor Doutor Diogo Leite de Campos.* São Paulo: Saraiva, 2013.

FREIRE E ALMEIDA, Verônica Scriptore. *A Tributação dos Trusts.* Coimbra: Almedina, 2009.

FREIRE E ALMEIDA, Verônica Scriptore. *Brief Analysis of Property Rights in French Law.* Lawinter Review, v. 1, p. 331-344, 2010.

FREIRE E ALMEIDA, Verônica Scriptore. *O Trust nos Estados Unidos da América e suas Funções.* Revista do Instituto de Pesquisas e Estudos, v. 42, p. 199-218, 2005.

FREIRE E ALMEIDA, Verônica Scriptore. *Os Trusts e seus aspectos fiscais no Direito Português.* In: FREIRE E ALMEIDA, Verônica Scriptore; FREIRE E ALMEIDA, Daniel; LUIZ GOMES, Fabio. *Panorama do Direito no Terceiro Milénio.* Livro em Homenagem ao Professor Doutor Diogo Leite de Campos. Coimbra: Almedina, 2013.

FREIRE E ALMEIDA, Verônica Scriptore. *Powers, Duties and Responsabilities of Trustees in the Administration of Trusts.* Lawinter Review, v. 1, p. 31-97, 2010.

FREIRE E ALMEIDA, Verônica Scriptore. *Report on the 1985 Hague Convention.* Lawinter Review, v. 1, p. 298-314, 2010.

FREIRE E ALMEIDA, Verônica Scriptore; FREIRE E ALMEIDA, Daniel; LUIZ GOMES, Fabio. *Panorama do Direito no Terceiro Milénio.* Livro em Homenagem ao Professor Doutor Diogo Leite de Campos. Coimbra: Almedina, 2013.

FREIRE E ALMEIDA, Verônica Scriptore. O Direito dos Trusts na Perspectiva Internacional. São Paulo: Almedina, 2020.

FRIEDMAN, Lawrence M. *A History of American Law.* New York: Touchstone, 1986.

FROUD, Sylvia V. *Chameleon trusts in offshore structures.* Trusts & Trustees, United Kingdom, v. 11, n. 4, p. 27-29, march 2005.

GAETA, Paolo. *Trust: le nuove frontiere della fiducia.* In: Il Denaro, sabato 3 maggio 2008, n. 84, p. 21.

GAILLARD, Emmanuel, TRAUTMAN, Donald T. *Trusts in Non-Trust Countries: Conflict of Laws and the Hague Convention on Trusts.* The American Journal of Comparative Law, v. 35, n. 2, p. 307-340, spring, 1987.

GALINDO, Gabriel A. *Trusts and private interest foundations under Panama Law.* Trusts & Trustees, United Kingdom, v. 16, n. 3, p. 185–194, april 2010.

GALLANI, Thomas P. *The Contribution of Fiduciary Law.* Iowa: University of Iowa Legal Studies Research Paper n. 12, January 2012.

GALLANIS, Thomas P. *Family Property Law: Cases and Materials on Wills, Trusts and Future Interests.* 5ª Edição. New York: Foundation Press, 2011.

GALLANIS, Thomas P. *The New Direction of American Trust Law.* Iowa Law Review, v. 97, n. 1, p. 215 – 237, 2011.

GALLANIS, Thomas P. *The Trust in Continental Europe: A Brief Comment From a U.S. Observer.* In: The Columbia Journal of European Law Online, v. 18, 2012.

GALLARATI, Alberto. *Trust e Società – análise economico-giuridica*. Torino: Giappichelli Editore, 2008.

GALLETTI, Danilo. *Trust: Novita' Della Giurisprudenza e Della Prassi Nel Diritto Commerciale, Successorio, Tributario e Internazionale Privato – Sull'utilizzo del Trust nelle Procedure Concorsuali*. In: Assotrust, Piacenza, 2009.

GALLIGAN, Michael W. *United States Trust Law and the Hague Conventionon Trusts*. In: NYSBA Trusts and Estates Law Section Newsletter, v. 33, n. 3, p. 37-41, Fall 2000.

GALLO, Miguel; BERNHOEFT, Renato. *Governança na Empresa Familiar, gestão, poder e sucessão*. São Paulo: Campus, 2006.

GALVÃO TELLES, Inocêncio. *Das Universalidades. Estudo de Direito Privado*. Lisboa: Editora Minerva, 1940.

GALVÃO TELLES, Inocêncio. *Direito das Obrigações*. Coimbra: Coimbra Editora, 1997.

GAMBARO, Antonio. *Appunti sulla proprietà nell'interesse altrui*. Quaderni della Rivista "Trusts e attività fiduciarie", Milano, p. 169-174, 2007.

GANADO, Max. *Locating a trust business in Malta*. Trusts & Trustees, United Kingdom, v. 11, n. 6, p. 16-23, 2005.

GARAY, Eduardo González. *The Panama trust in international tax planning*. Trusts & Trustees, United Kingdom, v. 17, n. 5, p. 401–405, june 2011.

GARCIA, Maria Olinda da Silva Nunes. *Estudos Sobre Incumprimento do Contrato*. Coimbra: Coimbra Editora, 2011.

GARDNER, Simon. *An Introduction to the Law of Trusts*. New York: Oxford University Press, 2011.

GARRIGUES, Joaquin. *Law of Trusts*. American Journal of Comparative Law (1935), v. 2, n. 1, p. 25-35, Winter, 1953.

GARY, Susan. *UMIFA Becomes UPMIFA*. In: ABA Property & Probate Journal, January/February 2007.

GATT, Lucilla. *Il trust c.d. interno: una questione ancora aperta*. Rivista del Notariato, n. 3, p. 280 – 293, 2011.

GAYA, Karyna Saraiva Leão. *Planejamento Sucessório: uma Saudável Preocupação com o Futuro*. Revista Síntese – Direito da Família, São Paulo, Ano XIII, n. 70, p. 124-125, fev-mar de 2012.

GAZZONI, Francesco. *Il Cammello, Il Leone, Il Fanciullo, e La Transcrizione Del Trust*. Rivista del Notariato, v. 56, n. 5, p. 1107 – 1119, 2002.

GEISST, Charles R. *Wall Street: A History*. USA: Oxford University Press, 1999.

GIBBON, Michael. *Beneficiaries' information rights*. Trusts & Trustees, United Kingdom, v. 17, n. 1, p. 27–33, February 2011.

GILES, John Warren. *Is the Voting Trust Agreement a Dangerous Instrumentality*. Catholic University Law Review, Washington DC, v. 81, 1953.

GILLIES, Peter. *Australia – Trusts – Topical Analyses*. Amsterdam: IBFD, 2011.

GLISTER, Jamie. *Is There a Presumption of Advancement?*. In: Sydney Law Review, v. 33, n. 1, p. 39-66, 2011.

GLOBAL INVESTMENT CENTER. *San Marino Country: Strategic Information and Developments*. USA: Int'l Business Publications, 2012.

GODECHOT, Sara. *L'articulation du trust et du droit des successions*. Paris: Panthéon-Assas, 2004.

GOLDSWORTH, John. *Argentina: Trust fund included in the forced heirs claw back valuation*. Trusts & Trustees, United Kingdom, v. 13, n. 6, p. 199, 2007.

GOMES, Orlando. *Contrato de fidúcia ("trust")*. Rio de Janeiro: Revista Forense, n. 211, p. 11-20, jul/set 1965.

GOMES, Orlando. *Direitos Reais*. 19ª Ed. Atualizada por Luiz Edson Fachin. Rio de Janeiro: Forense, 2004.

GOMES, Orlando. *Sucessões*. 12ª Ed. Rio de Janeiro: Forense, 2006.

GONÇALVES, Carlos Roberto. *Direito Civil Brasileiro – Contratos e atos unilaterais*. São Paulo: Saraiva, 2008.

GONÇALVES, Carlos Roberto. *Direito Civil Brasileiro – Direito das Coisas*. 3ª Edição. São Paulo: Saraiva, 2008.

GONÇALVES, Sérgio de Castro. *Património, Família e Empresa. Um estudo sobre a transformação no mundo da economia empresarial*. São Paulo: Negócio Editora, 2000.

GONDINHO, André Pinto da Rocha Osorio. *Direito Reais e Autonomia da Vontade (O Princípio da Tipicidade dos Direitos Reais)*. Rio de Janeiro: Renovar, 2001.

GOODWIN, Iris J. *How The Rich Stay Rich: Using A Family Trust Company To Secure A Family Fortune*. In: University of Tennessee Legal Studies Research, Paper Nº 61, 2009.

GORTON, Gary B.; SOULELES, Nicholas S. *Special Purpose Vehicles and Securitization*. In: *The Risks of Financial Institutions (National Bureau of Economic Research Conference Report)*. Chicago: University Of Chicago Press, 2007.

GOWAR, Martyn. *Trusts in England and Wales (153-269)*. In: KAPLAN, Alon. *Trusts in Prime Jurisdictions*. London: Globe Law and Business, 2010.

GRAHAM, Toby. *Protecting assets from divorce–trusts and nuptial agreements: offshore trusts and community property*. Trusts & Trustees, United Kingdom, v. 18, n. 7, p. 634–651, august 2012.

GRAHAM, Toby; AKKOUH, Tim. *Mediation: important preliminary questions: trustee's duties in trust disputes and trustee's powers of compromise*. Trusts & Trustees, United Kingdom, v. 14, n. 3, p. 163-177, april 2008.

GRAHAM, Toby; AKKOUH, Tim. *The Hague Trusts Convention five years on: the Swiss Federal Supreme Court's decision in Rybolovlev v Rybolovleva*. Trusts & Trustees, United Kingdom, v. 18, n. 8, p. 746–755, september 2012.

GRAHAM, Toby; POOLE, Joanna. *'Switching assets from one shadowy hand to another': piercing the veil of company and trust.* Trusts & Trustees, United Kingdom, v. 16, n. 9, p. 705–726, october 2010.

GRAHAM, Toby; STEENY, Peter. *The Chinese trust.* Trusts & Trustees, United Kingdom, v. 18, n. 1, p. 36-42, january 2012.

GRAHAMY, Toby; NEOCLEOUS, Elias. *The amendments to the Cyprus International Trusts Law: finally enacted.* Trusts & Trustees, United Kingdom, v. 18, n. 5, p. 415–429, june 2012.

GRAZIADEI, Michele; MATTEI, Ugo; SMITH, Lionel. *Commercial trusts in European private law.* Cambridge: Cambridge University Press, 2005.

GRENON, Aline. *Reflections on the Civil Law and Common Law Concepts of Ownership, in the Context of Harmonization and of Integrated Economies.* In: *The Harmonization of Federal Legislation with Quebec Civil Law and Canadian Bijuralism*, Second Collection of Studies in Tax Law (2005), A.P.F.F. / Department of Justice Canada, doc. 1, 2005.

GRETTON, George. *A History of Private Law in Scotland.* Volume 1. New York: Oxford University Press, 2000.

GRETTON, L. George. *Constructive Trusts and Insolvency.* European Review of Private Law, v. 8, n. 3, 2000.

GRETTON, L. George. *'Trusts without Equity'.* International and Comparative Law Quarterly, v. 49, p. 599-620, 2000.

GRIMALDI, Michel; BARRIÈRE, François. *Trust and Fiducie.* In: Hartkamp, A. S.. Towards a European Civil Code. The Netherlands: Kluwer Law International, 2011.

GRISEL, Guillaume; GANIY, Raphael. *Swiss bank accounts held in trust: the Swiss bank secrecy reborn?.* Trusts & Trustees, United Kingdom, v. 18, n. 5, p. 402–414, june 2012.

GRUNDMANN, Stefan. *Trust and Treuhand at the End of the 20th Century. Key Problems and Shift of Interests.* The American Journal of Comparative Law, v. 47, n. 3, p. 401-428, Summer 1999.

GÜGGI, Bruno B. *Trusteeship and trust enterprise (trust) in Liechtenstein law.* Liechtenstein: General Trust, 1954.

GUICHARD, Anne. *France.* Trusts & Estates, Penton Business Med, New York, Volume 152, Issue 1, p. 46 – 52, Jan 2013.

GUILHERME, Luiz Fernando do Vale Almeida. *A limitação da autonomia privada nos Direitos reais e pessoais.* Revista de Direito Privado, São Paulo, Ano 4, p. 182-299, abril-junho de 2003.

HAGEN, Dakis;LINCOLN, Bruce. *What's past is prologue, or is it? Re the Representation of BB and its consequences.* Trusts & Trustees, United Kingdom, v. 19, n. 5, p. 469–474, june 2013.

HAICAL, Gustavo Luís da Cruz. *O inadimplemento pelo descumprimento exclusivo de dever lateral advindo da boa-fé objetiva*. Revista dos Tribunais, São Paulo, Ano 99, Volume 900, p. 45-85, outubro 2010.

HALBACH, Edward. *The Uses and Purposes of Trusts in the United States*. In: HAYTON, David. *Modern International Developments in Trust Law*. Netherlands: Kluwer Law International, 1999.

HALLEN, Philip; BENNETT, Hayley P. *Kennon v Spry and the elephant in the room: women, divorce, and discretionary trusts in the 21st Century*. Trusts & Trustees, United Kingdom, v. 17, n. 9, p. 829–839, october 2011.

HALPERN, David. *Negligent investment: claims against trustees and agents*. Trusts & Trustees, United Kingdom, v. 15, n. 7, p. 602-610, september 2009.

HAMILTON, Sara. *Understanding the Trust*. Trusts & Estates, Penton Business Med, New York, Volume 151, Issue 8, Aug 2012.

HANKS, Liza Weiman; ZOLLA, Carol Elias. *The Trustee's Legal Companion*. USA: Delta Printing Solutions, 2010.

HANSMANN, Henry; KRAAKMAN, Reinier. *Property, Contract and Verification: The Numerus Clauses Problem and the Divisibilty of Rights*. In: Harvard Law School Public Law, Research Paper Nº 37, August 2002.

HARDY, Amanda. *United Kingdom – Trusts, Topical Analyses*. Amsterdam: IBFD, 2010.

HARRINGTON, Carol A. ; HARDING, Ryan; HALPERN, David. *Negligent investment: claims against trustees and agents Private Trust Companies*. New York: Trusts & Estates, v. 147, Issue 8, p. 16, 2008.

HARRINGTON, Carol A. ; HARDING, Ryan. *Private Trust Companies*. New York: Trusts & Estates, v. 147, Issue 8, p. 1, Aug 2008.

HARRIS, Jonathan. *Constructive trusts and private international law: determining the applicable law*. Trusts & Trustees, United Kingdom, v. 18, n. 10, p. 965–979, november 2012.

HARRIS, Jonathan. *The Hague Trusts Convention: Scope, Application and Preliminary Issues: The Private International Law of Trusts*. USA: Hart Publishing, 2002.

HARRIS, Richard L. *Substituting a Life Insurance Policy in an Irrevocable Trust*. Trusts & Estates, Penton Business Med, New York, v. 151, p. 1-9, apr 2012.

HARRIS, Sophia. *Change in Trustees*. Trusts & Estates, Penton Business Med, New York, v. 151, Issue 7, p. 1 –15, jul 2012.

HARTKAMP, Arthur S.; VON BAR, Christian. *Towards a European Civil Code*. Netherlands: Kluwer Law International, 1998.

HARTLEY, Susan. *Converting a Family Office to a Private Trust Company*. Trusts & Estates, Penton Business Med, New York, Março 2012.

HAUSER, Barbara R. *Corporate trustees: a fresh look at the value-added for generational transitions*. Trusts & Trustees, United Kingdom, p. 13-17, february 2006.

HAUSER, Barbara R. *International Family Governance: Integration with Family Trusts*. In: KAPLAN, Alon. *Trusts in Prime Jurisdictions*. London: Globe Law and Business, 2010.

HAUSER, Barbara R. *Trusts in the United States*. In: KAPLAN, Alon. *Trusts in Prime Jurisdictions*. London: Globe Law and Business, 2010.

HAUSMANN, Nicole. *Swiss Banking Secrecy*. In: KAPLAN, Alon. *Trusts in Prime Jurisdictions*. London: Globe Law and Business, 2010.

HAYDEN, Adriana. *Shared Custody: A Comparative Study of the Position in Spain and England*. Barcelona: Revista para el Análisis del Derecho, p. 2-32, 2011.

HAYTON, D.J. *'Death of a marriage': marital break-ups and interests under trusts*. Trusts & Trustees, United Kingdom, v. 16, n. 8, p. 617–626, september 2010.

HAYTON, D.J. *The Law of Trusts*. London: Sweet e Maxwell, 1998.

HAYTON, D.J. *The Law of Trusts*. London: Sweet e Maxwell, 2003.

HAYTON, D.J. *Foundations and trusts contrasted*. Trusts & Trustees, United Kingdom, v. 17, n. 6, p. 462–469, july 2011.

HAYTON, D.J. *The Trust Concept*. Roma: Assotrusts, Relazione Convegno Confedilizia Assotrust Pisa, 12.4.2003.

HAYTON, D.J. *Trusts From a Civil Law Perspective*. In: King's College London. Disponível em: http://www.kcl.ac.uk. Acesso em: 10.06.2013.

HAYTON, David. *Economic and Financial Analysis of Commercial and Private Trusts in the United Kingdom*. In: Trusts and their Commercial Counterparts in Continental Europe – The Hayton Report- A Report for the Association of Corporate Trustees. January 2002. Disponível em: http://www.trustees.org.uk/. Acesso em: 31.07.2012.

HAYTON, David. *Hayton & Marshall Commentary and Cases on the Law of Trusts and Equitable Remedies*. London: Sweet & Maxwell, 2001.

HAYTON, David. *The Trust in European Commercial Life*. In: King's College London. Disponível em: http://www.kcl.ac.uk/depsta/law/students/grad/llm/study/trust_law/resources/distinctive_characteristics_of_the_trust_paper1.pdf. Acesso em: 12.06.2012.

HAYTON, David. *Conflict of Laws and the Hague Trusts Convention*. In: King's College London. Disponível em: http://www.kcl.ac.uk/depsta/law/students/grad/llm/study/trust_law/resources/uh_conflictsmaterial.rtf. Acesso em: 12.01.2013.

HAYTON, David. *Extending the Boundaries of Trust and Similar Ring-fenced Funds*. Netherlands: Kluwer Law International, 2002.

HAYTON, David. *Jurisdiction over trust disputes under Article 5(6)*. Trusts & Trustees, United Kingdom, v. 14, n. 6, p. 284-291, july 2008.

HAYTON, David. *Modern International Developments in Trust Law*. Netherlands: Kluwer Law International, 1999.

HAYTON, David. *The Distinctive Characteristics of the Trust in Anglo-Saxon Law.* In: King's College London. Disponível em: http://www.kcl.ac.uk/depsta/law/students/grad/llm/study/trust_law/resources/distinctive_characteristics_of_the_trust_paper1.pdf. Acesso em: 18.06.2012.

HAYTON, David. *The Foreign Element.* Trusts & Trustees, United Kingdom, v. 19, n. 3 e 4, p. 280-282, april/may 2013.

HAYTON, David. *The Uses of Trusts in the Commercial Context.* In: KAPLAN, Alon. *Trusts in Prime Jurisdictions.* London: Globe Law and Business, 2010.

HAYTON, David. *Trusts and their Commercial Counterparts in Continental Europe.* In: HAYTON, David. *Extending the Boundaries of Trust and Similar Ring-fenced Funds.* Netherlands: Kluwer Law International, 2002.

HAYTON, David; KORTMANN, Sebastianus Constantinus Johannes Josephus; VERHAGEN, H. L. E. *Principles of European Trust Law.* Netherlands: Kluwer Law International, 1999.

HEATH, Paul. *Bringing trading trusts into the company line.* Trusts & Trustees, United Kingdom, v. 16, n. 9, p. 690–704, october 2010.

HENDRICKSON, Robert A. *Changing the Situs of a Trust.* New York: Law Journal Press, 2003.

HERBERT, Mark. *Reality and perception in tax avoidance and mitigation.* Trusts & Trustees, United Kingdom, v. 19, n. 3 e 4, p. 356–363, april/may 2013.

HEYWORTH, Michael. *The hidden cost of some trustees–trustee commissions.* Trusts & Trustees, United Kingdom, v. 13, n. 2, p. 37-39, 2007.

HICKSON, John H. *Irish- Trusts, Topical Analyses.* Amsterdam: IBFD, 2011.

HIDEAKI, Sato. *Japan – Trusts – Topical Analyses.* Amsterdam: IBFD, 2011.

HILLIARD, Jonathan. *Trusts arising on transfers made in breach of trust.* Trusts & Trustees, United Kingdom, v. 18, n. 10, p. 955-964, november 2012.

HIRSCH, Adam J. *Delaware Unifies the Law of Charitable and Noncharitable Purpose Trusts.* Florida: Florida State University – Estate Planning, November, 2009.

HO, Lusiana. *Trusts: the essentials.* In: SMITH, Lionel. *The Worlds of the Trust.* Cambridge: Cambridge University Press, 2013.

HO, Lusina. *China: trust law and practice since 2001.* Trusts & Trustees, United Kingdom, v. 16, n. 3, p. 124-127, april 2010.

HO, Lusina. *Trust law in China.* Malaysia: Sweet & Maxell Asia, 2003.

HO, Lusina; LEE, Rebecca. *Reception of the trust in Asia: an historical perspective. In*: HO, Lusina; LEE, Rebecca. *Trust Law in Asian Civil Law Jurisdictions – A Comparative Analysis.* Cambridge: Cambridge University Press, 2013.

HO, Lusina; LEE, Rebecca; JINPING, Jin. *Trust law in China: a critical evaluation of its conceptual foundation.* In: HO, Lusina; LEE, Rebecca. *Trust Law in Asian Civil Law Jurisdictions – A Comparative Analysis.* Cambridge: Cambridge University Press, 2013.

HO, Lusina; LEE, Rebecca. *Trust Law in Asian Civil Law Jurisdictions – A Comparative Analysis*. Cambridge: Cambridge University Press, 2013.

HODSON, Peter. *The trust protector: friend or foe?*. Trusts & Trustees, United Kingdom, p. 8-12, may 2006.

HOLDSWORTH, Willian Searle. *An historical introduction to the land law*. New Jersey: The lawbook Exchange, 2004.

HOLLEY, Caroline. *Access all areas: trusts and divorce – The Court of Appeal decision in Whaley v Whaley*. Trusts & Trustees, United Kingdom, v. 17, n. 9, p. 893–895, october 2011.

HONBU, Nihon Seisansei. *Trust business in Japan*. In: Trust Business Study Team III, Japan Productivity Center, 1965.

HONORÉ, Tony. *On Fitting Trusts into Civil Law Jurisdictions*. In: University of Oxford – Faculty of Law, Oxford Legal Studies Research Paper Nº 27/2008.

HOOPER, Philip. *Investing Trust Funds – a Banker's View*. Trusts & Trustees, United Kingdom, v. 2, Issue 4, p. 17-21, 1996.

HORTON, David. *The Federal Arbitration Act and Testamentary Instruments*. North Carolina Law Review, v. 90, p. 101-159, april 2012.

HOTH, Carsten. *Open-End and Closed-End Funds and Real Estate Investment Trusts*. In: MÜTZE, Michael; SENFF, Thomas; MÖLLER, Jutta C. *Real Estate Investments in Germany –Transactions and Development*. Berlin: Springer, 2007.

HOWER Dennis R.; KAHN, Peter. *Wills, Trusts, and Estates Administration*. New York: Delmar Cengage Learning, 2012.

HUBBARD, Mark. *The cupboard was bare: what is a trustee's duty, when he has a good claim to recover trust assets but no funding?*. Trusts & Trustees, United Kingdom, v. 16, n. 5, p. 293–298, june 2010.

HUDSON, Alastair. *Equity & Trusts*. Australia: Cavendish publishing, 2003.

HUDSON, Alastair. *Equity & Trusts*. Australia: Cavendish publishing, 2010.

HUDSON, Alastair. *Understanding Equity & Trusts*. Australia: Cavendish publishing, 2004.

HUNTER, Robert. *The fraudulent use of trusts*. Trusts & Trustees, United Kingdom, v. 19, n. 3 e 4, p. 312–318, april 2013.

HUTTON, Mimi. *Hong Kong*. Trusts & Estates, Penton Business Med, New York, Volume 152, Issue 1, jan 2013.

IAN GZELL HON. *The Origin and Development of The Trust in Asia*. The STEP Journal, June 2010.

JACKSON, James G.; COWLEY, Jill. *Southern Cross Universit Blinking dons or donning blinkers: fiduciary and common law obligations of members of governing boards of Australian universities*. Austrália: Southern Cross University Law Review, v. 6, p. 8-76, 2002.

JACOB, Nicholas; GRAHAM, Lawrence. *The legal realities of reserved powers trusts*. Trusts & Trustees, United Kingdom, p. 25-31, June 2006.

JAMES, Mathew. *Commercial trust development and securitisation of trust assets in the British Virgin Islands*. Trusts & Trustees, United Kingdom, p. 23-25, december/january 2006.

JETEL, Amy P. *Fideicomisos: Clarity at Last?*. Trusts & Estates, Penton Business Med, New York, Volume 151, Issue 11, Nov 2012.

JONES, Colin P.A. *Japanese Banking Reform: A Legal Analysis of Recent Developments*. Duke Journal of Comparative & International Law,p. 387-440, 1993.

JR BOVE, Alexander A. *Selecting a Trust Protector*. Trusts & Estates, Penton Business Med, New York, Volume 152, Issue 2, feb 2013.

JR BOVE, Alexander A. *Should Your Client Have a non-charitable Foundation? For some, it might work better than a trust–even though it must be established in a foreign jurisdiction*. Trusts & Estates, Penton Business Med, New York, 2009.

JR BOVE, Alexander A. *The growing use of trust protectors:are we over-protected?*. Trusts & Trustees, United Kingdom, v. 11, Issue 9, p. 17-19, september 2005.

JR BOVE, Alexander A. *The United States as an offshore asset protection trust jurisdiction–the world's best kept secrety*. Trusts & Trustees, United Kingdom, v. 14, n. 1, p. 12-22, February 2008.

KACHANER, Nicolas; STALK, George; BLOCH, Alain. *Que Lições aprender com empresas de família*. Harvard Business Review Brasil, p. 77-85, Novembro 2012.

KAPP, Joe; BURKHOLDER, Nicholas. *Totten trusts*. In: Advocate, Issue 982, p. 12, 2007.

KEONG, Chan Sek. *"Wealth Management in Asia Pacific – Building on Our Strengths". Keynote Address by Chief Justice Chan Sek Keong on "Trusts: The Legal Environment In Singapore"*. The STEP Journal, Asia Conference, 23 Jan 2008.

KESSLER, Delphine Pannatier. *The recognition of tracing under the Hague Trusts Convention: an analysis of article 11 para 3 lit d from the perspective of Swiss law*. Trusts & Trustees, United Kingdom, v. 18, n. 2, p. 149–158, february 2012.

KESSLER, James. *The quest for fair inheritance taxation of trusts*. Trusts & Trustees, United Kingdom, v. 19, n. 3 e 4, p. 364–368, april/may 2013.

KESTENBAUM, Avi Z. *Integrating Self-Management With Estate Planning*. New York: Penton Business Med –Trusts & Estates 152.2 (Feb 2013): 47.

KHAN, M. Y. *Financial Services*. New Delhi: Tata McGraw-Hill, 2010.

KING, Michael R. *Income Trusts – Understanding the Issues*. In: Financial Markets Department Bank of Canada, K1A 0G9, p. 1-30, 2003.

KING, Michael. *Out, damned trustee! out, I say!*. Trusts & Trustees, United Kingdom, v. 19, n. 1, p. 16–22, february 2013.

KLICK, Jonathan; SITKOFF, Robert H. *Agency costs, charitable trusts, and corporate control: evidence from Hershey's kiss-off*. Columbia: Columbia Law Review, v. 108, n. 4, 2008.

KONDER, Carlos Nelson. *Causa do contrato x Função social do contrato: Estudo comparativo sobre o controle da autonomia negocial.* Revista Trimestral de Direito Civil, Ano 11, v. 43, p. 33-66, julho-setembro 2010.

KOOPMANN, Amy M. *A Necessary Gatekeeper: The Fiduciary Duties of the Lead Plaintiff in Shareholder Derivative Litigation.* Iwoa: The Journal of Corporation Law, v. 34, Issue 3, 2009.

KOPPENOL-LAFORCEII, M.E.; Kottenhagen, R.J.P. *The Institution Of The Trust And Dutch Law.* In: Netherlands Reports to the Fifteenth International Congress of Comparative Law, Bristol, p. 137-153, 1998.

KORTMANN, S.C.J.J.; HAYTON, David J.; FABER, N.E.D.; BIEMANS J.W.A.; REID, K.G.C. *Towards an European Union Directive on Protected Funds.* Netherlands: Wolters Kluwer Law & Business, 2009.

KOTHARI, Vinod. *Securitization: The Financial Instrument of the Future.* Singapore: Wiley Finance, 2006.

KÖTZ, Hein. *The Hague Convention on the Law Applicable to Trust and their Recognition.* In: KAPLAN, Alon. *Trusts in Prime Jurisdictions.* Third Edition, Globe Law and Business, 2010.

KÖTZ, Hein. *Trust und Treuhand.* United Kingdom: The Modern Law Review, v. 28, n. 1, p. 125-127, jan 1965.

KOZUSKO, Don; PADGETT, Miles C. *Coordinating Risk Management.* Trusts & Estates, Penton Business Med, New York, Volume 151, Issue 12, Dec 2012.

KOZUSKO, Donald, VETTER, Stephen. *United States – Trusts, Topical Analyses.* Amsterdam: IBFD, 2011.

KREMER, Claude; LEBBE, Isabelle. *Collective Investment Schemes in Luxembourg.* New York, 2009.

KULL, Andrew. *The metaphorical constructive trust.* Trusts & Trustees, United Kingdom, v. 18, n. 10, p. 945–954, november 2012.

LACHINI, Luciana Del Caro. *Guardiões de fortunas: Aspectos culturais e da legislação ainda são empecilhos para um planejamento mais eficiente da sucessão patrimonial no Brasil.* Revista Capital Aberto, Ano 2, n. 15, p. 54-57, novembro 2004.

LANGBEIN, John H. *Burn the Rembrandt: Trust Law's Limits on the Settlor's Power to Direct Investments.* In: Yale Law School – Faculty Scholarship Series, 2010.

LANGBEIN, John H. *Mandatory Rules in The Law of Trusts.* Northwestern University Law Review, USA, v. 98, n. 3, p. 1105-1128, 2004.

LANGBEIN, John H. *Questioning the Trust Law Duty of Loyalty: Sole Interest or Best Interest?.* New Haven: The Yale Law Journal, v. 114, Issue 5, 2005.

LANGBEIN, John H. *Reversing the Nondelegation Rule of Trust-Investment Law.* Yale Law School: Scholarship Series, Paper 487, 1994.

LANGBEIN, John H. *The Contractarian Basis of the Law of Trusts.* The Yale Law Journal, v. 105, p. 625-675, 1995.

LANGBEIN, John H. *The Uniform Prudent Investor Act and the Future of Trust Investing.* Yale Law School: Scholarship Series, Paper 486, 1996.

LANGBEIN, John H. *Why Did Trust Law Become Statute Law in the United States?.* Alabama Law Review, v.58, Issue 5, p. 1069-1082, 2007.

LANGBEIN. John H. *The Secret Life of the Trust – The Trust as an Instrument of Commerce.* The Yale Law Journal, v. 107, p. 165 –189, 1997.

LANGEREIS, Charles; DÜZGÜN, Oktay; LIMBACHZ, Sebastiaan. *A Dutch view on allocated funds in trusts and foundations.* Trusts & Trustees, United Kingdom, v. 18, n. 6, p. 588–591, july 2012.

LAPUENTE, Sergio Cámara. *Trust a la francesa.* Barcelona: Revista para el Análisis del Derecho, 2005.

LEE, Chiwi. *Singapore – Trusts – Topical Analyses.* Amsterdam: IBFD, 2011.

LEE, Rebecca. *Conceptualizing the Chinese Trust.* Cambridge University Press, International and Comparative Law Quarterly, v. 58, Issue 03, p. 655-669, july 2009.

LEE, Rebecca. *Convergence and divergence in The Worlds of the Trust: duties and liabilities of trustees under the Chinese trust.* In: SMITH, Lionel. *The Worlds of the Trust.* Cambridge: Cambridge University Press, 2013.

LEE, Rebecca. *Overview of the trust law regime in Hong Kong: a time for change.* Trusts & Trustees, United Kingdom, v. 16, n. 3, p. 134–138, april 2010.

LEIBELL, David Thayne. *How Are We Doing?.* Trusts & Estates, Penton Business Med, New York, Volume 152, Issue 1, Jan 2013.

LEIBELL, David Thayne. *The Role of the Board in Family Business Succession.* Trusts & Estates, Penton Business Med, New York, Apr 2012.

LEIBELL, David Thayne; DANIELS, Daniel L.; MEJIA, Paulina. *Holding Family Business Interests In Trust.* Trusts & Estates, Penton Business Med, New York, March 2012.

LEON, Soizic Mendes de. *The Swiss court's approach to beneficial ownership.* Trusts & Trustees, United Kingdom, v. 18, n. 3, p. 232–240, march 2012.

LEOW, Edmund. *Singapore Trust Companies Act.* Trusts & Trustees, United Kingdom, p. 25–26, february 2006.

LÉPAULLE, Pierre. *Tratado teórico y práctico de los trusts: en derecho interno, en derecho fiscal y en derecho internacional.* Texas: Editorial Porrúa, 1975.

LEPORE, Giuseppe. *Trust nel modello inglese e nel modello internazionale: cenni sulle origini storiche.* Disponível em: http://www.giappichelli.it/stralcio/3487656.pdf. Acesso em: 04.01.2013.

LESLIE, Melanie B. *Common Law, Common Sense: Fiduciary Law and Trustee Identity.* Cardozo Law Review, New York, v. 27, 2006.

LIECHTENSTEIN COMPANY LAWS AND REGULATIONS HANDBOOK. USA: World Law Business Library, 2008.

LIMA, Otto de Souza. *Negócio Fiduciário*. Faculdade de Direito da Universidade de São Paulo, 1959.

LITHGOW, Peter. *Equity and Trusts in Australia and New Zealand*. Australian Business Law Review, Volume 24, Issue 5, p. 410-411, oct 1996.

LIU, Guoqing. *The Publicity Of Trusts In Common Law And Civil Law Systems*. Faculty of Law at the University of Canberra – Canberra Law Review, Austrália, v. 10, 2011.

LOBO, Carlos Augusto da Silveira. *Conflito de interesses entre a companhia e seu administrador*. Revista de Direito Renovar, n. 39, p. 83-96, setembro-dezembro 2007.

LODI, João Bosco. *Sucessão e Conflito na Empresa Familiar*. São Paulo: Pioneira, 1987.

LOPEZ, Jose A. *Empirical analysis of the average asset correlation for real estate investment trusts*. Quantitative Finance, v. 9, n. 2, 217–229, march 2009.

LORD EASSIE, Chairman; GRETTON, George L; MAHER, Gerard; THOMSON, Joseph M; TYRE, Colin J. *Discussion Paper on the Nature and the Constitution of Trusts*, Scottish Law Commission (Paper Nº 128 e Nº 133). Scotland: Stationery Office, October 2006.

ETHERTON, Terence Michael Elkan Barnet. *Day 1 Chairman's introduction – The Future of Trusts*, 2012. Trusts & Trustees, United Kingdom, v 19, v. 3 e 4, p. 240–241, april/may 2013.

LORENZ, Bernhard; ATTIMAYR, Martin. *Liechtenstein*. In: GOTHARD, Charles; SHAH, Sanjvee. *The World Trust Survey*. New York: Oxford, 2010.

LORIO, Kathryn Venturatos. *Louisiana Trusts: The Experience of a Civil Law Jurisdiction with the Trust*. Louisiana Law Review, v. 42, n. 5, 1982.

LOVE, Victoria. *Caution Required on the Duty of Care in the UK Trustee Act 2000*. Trusts & Trustees, United Kingdom, v. 8, Issue 2, p. 30-31, 2002.

LUPOI, Maurizio. *Atti istitutivi di trust e contratti di affidamento fiduciario*. Milano: Giuffrè Editore, 2010.

LUPOI, Maurizio. *Country Report: Italy*. In: GALLANIS, Thomas P. *The Trust in Continental Europe: A Brief Comment From a U.S. Observer*. The Columbia Journal of European Law Online, v. 18, 2012.

LUPOI, Maurizio. *Effects of the Hague Convention in a Civil Law Country*. Trusts & Trustees, United Kingdom, p. 15–28, 1998.

LUPOI, Maurizio. *Gli "Atti di Destinazione" nel Nuovo Art. 2645-Ter C.C. Quale Frammento di Trust*. Rivista del Notariato, n. 2, p. 467, 2006.

LUPOI, Maurizio. *Istituzioni del diritto dei trust e degli affidamenti fiduciari*. Milano: Cedam, 2010.

LUPOI, Maurizio. *Italy: an independent approach to trusts in a civil law country*. Trusts & Trustees, United Kingdom, v. 9, n. 6, p. 8–10, may 2003.

LUPOI, Maurizio. *La giurisprudenza italiana sui trust dal 1899 al 2009*. Quaderni della Rivista "Trusts e attività fiduciarie", Milano, v. 4, 2009.

LUPOI, Maurizio. *Moderni sviluppi dei trust – Atti del V Congresso Nazionale dell'Associazione "Il trust in Italia" Sestri Levante 2011*. Italia: Ipsoa, 2011.

LUPOI, Maurizio. *Osservazioni sui primi interpelli riguardanti trust*. Il Fisco, n. 28, n. 1, p. 4342-4347, 2003.

LUPOI, Maurizio. *The Civil Law Trust*. Vanderbilt Journal of Transnational Law, v. 32, 1999.

LUPOI, Maurizio. *The Hague Convention, the Civil Law and the Italian Experience*. In: Trust Law International, v. 21, n. 2, p. 80-88, 2007.

LUPOI, Maurizio. *Trusts in Italy as a living comparative law laboratory*. Trusts & Trustees, United Kingdom, v. 19, n. 3 e 4, p. 302–308, april/may 2013.

LUPOI, Maurizio. *Trusts in Italy: A Living Comparative Law Laboratory*. Trusts & Trustees, United Kingdom, v. 18, n. 5, p. 383–389, june 2012.

LUPOI, Maurizio. *Trusts in the Civil Law – An Introduction*. Trusts & Trustees, United Kingdom, v. 2, n. 9, p. 20-22, 1996.

LUPOI, Maurizio. *Trusts*. Milano: Giuffrè Editore, 2001.

LUPOI, Maurizio. *Trusts: A Comparative Study*. New York: Cambridge University Press, 2000.

LUTTERMANN, Lindsay. *Jurisdiction clauses in trust instruments-creating certainty or muddying the waters?*. Trusts & Trustees, United Kingdom, v. 17, n. 4, p. 293-301, may 2011.

LUZ, Odília Ferreira da. *Negócio Fiduciário e Negócio Indireto e Negócio Simulado, uma Tentativa de Distinção*. Revista da Faculdade de Direito da UFPR, Vol. 15, 1972.

LYONS, Timothy J. *Trusts – Introduction, Topical Analyses*. Amsterdam: IBFD, 2011.

LYRA JR, Eduardo Messias Gonçalves de. *Os princípios do Direito contratual*. Revista de Direito Privado. Editora Revista dos Tribunais, São Paulo, Ano 3, p. 136-155, outubro-dezembro de 2002.

MACK, Robert. *Clash of the Titans – what happens when the duty to protect and preserve the trust fund clashes with the investment powers?*. Trusts & Trustees, United Kingdom, v. 17, n. 2, p. 101–104, march 2011.

MAIA, J. Gonçalves. *Do fideicomisso*. Rio de Janeiro: Typ. Santa Helena, 1922.

MAIMER, Fabrizio. *Le garanzie bancarie "improprie"*. Torino: Giappichelli, 2000.

MAISTO, Guglielmo; BAVILA, Alessandro. *Italy – Trusts – Topical Analyses*. Amsterdam: IBFD, 2011.

MAITLAND, Frederic William (Revisado por J. Brunyate). *Equity: A Course of Lectures by F. W. Maitland*. Cambridge: Cambridge University Press, 2011.

MAITLAND, Frederic William. *The Unincorporate Body*. In: FISHER, Herbert Albert Laurens. *The collected papers of Frederic William Maitland*. Cambridge: Cambridge University Press, v. 3, p. 271-284, 1911.

MAITLAND, Frederic William. *Trust and Corporation*. In: FISHER, Herbert Albert Laurens. *The collected papers of Frederic William Maitland*. Cambridge: Cambridge University Press, vol II, 1911.

MAITLAND, Frederic William. *Trust and Corporation*. Grünhut's Zeitschrift für das Privat – and Öffentliche Recht, Bd. XXXII, 1904.

MALLET-BRICOUT, Blandine. *The Trustee: mainspring, or only a cog, in the French fiducie?*. In: SMITH, Lionel. *The Worlds of the Trust*. Cambridge: Cambridge University Press, 2013.

MALUF, Carlos Alberto Dabus. *Cláusula de inalienabilidade inclui incomunicabilidade*. Revista dos Tribunais, São Paulo, Ano 1, Volume 921, p. 58-71, Julho de 2012.

MALUMIAN, Nicolás. *Case law on foreign trust recognition by Latin American countries*. Trusts & Trustees, United Kingdom, v. 16, n. 8, p. 666–671, September 2010.

MALUMIÁN, Nicolás. *Conceptualization of the Latin American Fideicomiso: is it actually a trust?* Trusts & Trustees, United Kingdom, v. 19, n. 7, p. 720–729, september 2013.

MALUMIAN, Nicolás. *Trusts in Latin America*. New York: Oxford University Press, 2009.

MARIANI, Irineu. *Responsabilidade Civil dos Sócios e dos Administradores de Sociedades Empresárias (À luz do novo Código Civil)*. Revista da Ajuris, Ano XXXII, n. 97, p. 104-120, Março de 2005.

MARIANO PEGO, José Paulo Fernandes. *A Posição Dominante Relativa no Direito da Concorrência*. Coimbra: Almedina, 2001.

MARIANO PEGO, José Paulo Fernandes. *O Controlo dos Oligopólios pelo Direito Comunitário da Concorrência – A Posição Dominante Colectiva*. Coimbra: Almedina, 2007.

MARINO, Francisco Paulo de Crescenzo. *Notas sobre o negócio jurídico fiduciário*. Revista Trimestral de Direito Civil, Ano 5, v. 20, p. 35-64, outubro-dezembro 2004.

MARKY, Thomas. *Curso Elementar de Direito Romano*. São Paulo: Saraiva, 1995.

MARQUES, Maria Manuel Leitão; SANTOS, Antonio Carlos dos; GONÇALVES, Maria Eduarda. *Direito Económico*. Coimbra: Almedina, 2014.

MARTIN, Jill E. *Modern Equity*. Fifteenth Edition. London: Sweet & Maxwell, 1997.

MARTIN, Jill E. *Modern Equity*. London: Sweet & Maxwell, 18 ed, 2012.

MARTINELLI, Juliana. *O Planejamento Sucessório*. Revista Jurídica Consulex, Brasília, Ano XII, Nº 280, p. 41, 15 de setembro de 2008.

MARTINEZ, Ignacio Arroyo. *Trust and the Civil Law*. Louisiana Law Review, v. 42, n. 5, p. 1709 –1720, Special Issue 1982.

MARTINS COSTA, Judith H. *Os Negócios Fiduciários – Considerações Sobre a Possibilidade de Acolhimento do 'Trust' no Direito Brasileiro*. Revista dos Tribunais, n. 657, july 1990.

MARTINS COSTA, Judith. *A Boa-Fé no Direito Privado*. São Paulo: Editora Revista dos Tribunais, 2000.

MARTINS COSTA, Judith. *A boa-fé objetiva e o adimplemento das obrigações.* Revista Brasileira de Direito Comparado, Rio de Janeiro, n. 25, p. 229-279, 2º semestre de 2003.

MARTINS COSTA, Judith. *O Direito Sucessório na Constituição: a fundamentalidade do Direito à herança.* Revista do Advogado, São Paulo, Ano XXXI, n. 112, p. 79-87, julho de 2011.

MARTINS COSTA, Judith. *Os Negócios Fiduciários (Considerações sobre a possibilidade de acolhimento do Trust no Direito Brasileiro).* Revista de Jurisprudência do Tribunal de Justiça do Estado do Rio Grande do Sul, v. 17, n. 48, p. 54-79, março 1990.

MARTINS, Alexandre Soveral. *Administradores Delegados e Comissões Executivas – Algumas Considerações.* Coimbra: Almedina, 2011.

MARTINS, Alexandre Soveral. *Cessão de Quotas – Alguns Problemas.* Coimbra: Almedina, 2007.

MARTINS, Alexandre Soveral. *Títulos de Crédito e Valores Mobiliários – Títulos de Crédito.* Parte I. Coimbra: Almedina, 2012.

MARTINS, Alexandre Soveral. *Valores Mobiliários [Acções].* Coimbra: Almedina, 2003.

MARTINS, Ives Gandra da Silva; PRADO, Ney; WALD, Arnoldo. *Direito Brasileiro e os Desafios da Economia Globalizada.* São Paulo: América Jurídica, 2003.

MARTINS, Juliano Cardoso Schaefer. *Contratos Internacionais, A Autonomia da Vontade na Definição do Direito Material Aplicável.* São Paulo: LTr, 2008.

MARTINS, Raphael Manhães. *A Propriedade Fiduciária no Direito Brasileiro- Uma Proposta para a Construção Dogmática do Modelo.* Revista da EMERJ, Rio de Janeiro, v. 13, n. 51, p. 129-147, 2010.

MARTINS, Raphael Manhães. *Análise da Aclimatação do Trust ao Direito Brasileiro: o caso da propriedade fiduciária.* Revista Forense, Rio de Janeiro, v. 409, Ano 106, p. 335-360, mai-jun 2010.

MARTY-DELMAS, Mireille. *A Mundialização do Direito: Probabilidades e Riscos – Perspectivas do Direito no Início do Século XXI.* Coimbra: Boletim da Faculdade de Direito da Universidade de Coimbra, v. LXXXVII, p. 131-144, 1999.

MASLINSKI, Michael. *The family office: adapting to modern needs in a changing world.* Trusts & Trustees, United Kingdom, v. 12, may 2006.

MASSIMO, Giuliano. *Il Trust.* In: Opinioni e Confronti – rivista trimestrale di economia e diritto, n. 1. Disponível em: www.opinionieconfronti.com. Acesso em: 10.01.2012.

MASTERS, Colin. *The Powers and Duties of Trustees under English Law.* Trusts & Trustees, United Kingdom, v.2, Issue 1, p. 26-28, 1996.

MATIAS, Armindo Saraiva. *Titularização – Um novo Instrumento Financeiro.* Belo Horizonte: Malheiros, Revista de Direito Mercantil, Industrial, Econômico e Financeiro, Ano XXXVI, n. 112, p. 48-54, outubro-dezembro 1998.

MATTEI, Hugo. *The European Codification Process: Cut and Paste*. The Netherlands: Kluwer Law International, October 2003.

MATTEI, Ugo; HANSMANN, Henry. *The functions of trust law: a comparative legal and economic*. New York University Law Review, p. 434-479, 1998.

MATTHAMS, Paul J. *Fundamental Aspects of the Trust Deed*. In: KAPLAN, Alon. *Trusts in Prime Jurisdictions*. London: Globe Law and Business, 2010.

MATTHAMS, Paul. *The Jersey approach to excluding trustee liability: a comparison with the Law Commission's proposals*. Trusts & Trustees, United Kingdom, v. 13, n. 7, p. 252-254, 2007.

MATTHEWS, Paul. *Editorial – Special Issue: The Future of Trusts*. Trusts & Trustees, United Kingdom, v. 19, n. 3 e 4, p. 231-235, april/may 2013.

MATTHEWS, Paul. *The place of the trust in English law and in English life*. Trusts & Trustees, United Kingdom, v. 19, n. 3 e 4, p. 242–254, april/may 2013.

MAURICE, Clare. *The attractions of the trust to non-domiciled settlors*. Trusts & Trustees, United Kingdom, v. 19, n. 3 e 4, p. 290–295, april/may 2013.

MAX, Kaser. *Direito Romano Privado*. Lisboa: Fundação Calouste Gulbenkian, 1999. (Tradução do original alemão, Römisches Privatrecht (1992), por Samuel Rodrigues e Ferdinand Hämmerle).

MAYER, Thomas. *Greater legal protection for the trust business Hague Trust Convention enters into force on 1 July 2007*. Press Release, Federal Department of Justice and Police, 04.04.2007.

MAYER, Thomas. *Switzerland's new regime on trusts*. The STEP Journal, Trusts in switzerland's, p. 36-39, april 2008.

MAZZOCCHI, Francesco. *On the registration of trusts in Italy*. Trusts & Trustees, United Kingdom, p. 20-21, june 2006.

MCAULEY, Michael. *The Worlds of the Trust*. Trusts & Estates, Penton Business Med, New York, Volume 152, Issue 2, p. 1-17, Feb 2013.

MCCALL, Christopher. *A fine romance–the union of prudence and risk*. Trusts & Trustees, United Kingdom, v. 15, n. 2, p. 60-65, april 2009.

MCCALL, Christopher. *The trust as an enemy of the people*. Trusts & Trustees, United Kingdom, v. 19, n. 3 e 4, p. 338–342, april/may 2013.

MCKENZIE, Christopher. *Private trust companies: the best of all worlds*. Trusts & Trustees, United Kingdom, v. 14, n. 2, p. 99-110, march 2008.

MEADWAY, Susannah. *Perpetuities and Accumulations Act 2009*. Trusts & Trustees, United Kingdom, v. 16, n. 4, p. 240–246, may 2010.

MEESON, Nigel. *Case notes: Receivers and revocable trusts: reserved powers cannot be exercised against the will of the settlor*. Trusts & Trustees, United Kingdom, v. 15, n. 9, p. 31-34, november 2009.

MEIER, Guido; SCHMIDT, Oliver. *Trusts in Liechtenstein*. In: KAPLAN, Alon. *Trusts in Prime Jurisdictions*. London: Globe Law and Business, 2010.

MEIKLEJOHN, Steve; SAUNDERS, Alexa. *Trustees' duties in relation to underlying Companies*. Trusts & Trustees, United Kingdom, v. 16, n. 9, p. 782–787, october 2010.

MELLO, Henrique Ferraz Corrêa de. *A Tipicidade dos Direitos Reais*. Revista de Direito Imobiliário, Ano 25, p. 79- 131, janeiro-junho de 2002.

MENEZES CORDEIRO, António. *A Lealdade no Direito das Sociedades*. Revista da Ordem dos Advogados, Lisboa, Ano 66, p. 1033-1065, dezembro de 2006.

MENEZES CORDEIRO, António. *Da Boa Fé no Direito Civil*. Coimbra: Almedina: 2007.

MENEZES CORDEIRO, António. *Introdução ao Direito da Prestação de Contas*. Coimbra: Almedina, 2008.

MENEZES CORDEIRO, António. *Os deveres fundamentais dos administradores das sociedades*. Revista da Ordem dos Advogados, Lisboa, Ano 66, p. 443- segs, setembro de 2006.

MENEZES CORDEIRO, António. *Tratado de Direito Civil Português. Direito das Obrigações– Tomo – II Contratos, Negócios Unilaterais*. Coimbra: Almedina, 2010.

MENEZES CORDEIRO, António. *Tratado de Direito Civil Português*. Parte Geral – Tomo – IV. Coimbra: Almedina, 2007.

MENEZES CORDEIRO, António. *Tratado de Direito Civil Português*. Parte Geral – Tomo – III. Coimbra: Almedina, 2007.

MENEZES CORDEIRO, António. *Tratado de Direito Civil Português*. Parte Geral – Tomo – I. Coimbra: Almedina, 2007.

MENEZES LEITÃO, Luís Manuel Teles de. *A Responsabilidade do Gestor perante o Dono do Negócio no Direito Civil Português*. Coimbra: Almedina, 2005.

MENEZES LEITÃO, Luís Manuel Teles de. *Cessão de Créditos*. Coimbra: Almedina, 2005.

MENEZES LEITÃO, Luís Manuel Teles de. *Direito das Obrigações*. Volume I. 8ª Edição. Coimbra: Almedina, 2009.

MENEZES LEITÃO, Luís Manuel Teles de. *Direitos Reais*. Coimbra: Almedina, 2011.

MENEZES LEITÃO, Luís Manuel Teles de. *Garantias das Obrigações*. Coimbra: Almedina, 2012.

MENEZES LEITÃO, Luís Manuel Teles de. *O Enriquecimento sem Causa no Direito Civil – Estudo Dogmático Sobre a Viabilidade da Configuração Unitária do Instituto, Face à Contraposição Entre as Diferentes Categorias de Enriquecimento sem Causa*. Coimbra: Almedina, 2005.

MENNEL, L. Robert. *Wills and Trusts in a Nutshell*. Second Edition, Minnesota: West Group, 1994.

MENNEL, L. Robert. *Wills and Trusts in a Nutshell*. Second Edition, Minnesota: Thomson West, 2007.

MENOYO, Eric F. ERIKSENY, Scott. *Foreign trusts–US grantors and US beneficiaries.* Trusts & Trustees, United Kingdom, v. 14, n. 8, p. 593-598, october 2008.

MERRIC, Mark. *Domestic Asset Protection Trusts.* Trusts & Estates, Penton Business, Med New York, Volume 152, Issue 1, Jan 2013.

MERRILL, Thomas W.; SMITH, Henry E. *Optimal Standardization in the Law of Property: The Numerus Clausus Principle.* The Yale Law Journal, v. 110, october 2000.

MICALLEF, Liana. *Virtus in media stat: disclosures and information rights in Maltese private foundations.* Trusts & Trustees, United Kingdom, v. 19, n. 6, p. 627–634, july 2013.

MICALLEF, Liana; CREMONA, Anthony. *The Maltese revamped trust law: 5 years on.* Trusts & Trustees, United Kingdom, v. 16, n. 3, p. 155–167, april 2010.

MICHAEL, Prince. *Between the poles of public debt and private asset protection.* Trusts & Trustees, United Kingdom, v. 18, n. 6, p. 468–470, july 2012.

MICHAELS, Marnin J.; GIBSONY, Anne H. *Recent US tax and related developments impacting trusts, foundations, establishments, and trust regs.* Trusts & Trustees, United Kingdom, v. 18, n. 6, p. 478–484, july 2012.

MICHAELS, Marnin; YATES, Marie-Thérèse; PRICE, Katherine. *The implications for trustees of the possible EU Savings Directive reforms.* Trusts & Trustees, United Kingdom, v. 13, n. 9, p. 558-560, 2007.

MILO, J.M. *Country Report: The Netherlands,* p. 67- 80. In: GALLANIS, Thomas P. *The Trust in Continental Europe: A Brief Comment From a U.S. Observer.* The Columbia Journal of European Law Online, v. 18, 2012.

MILO, Michael; SMITS, Jan. *Trusts in Mixed Legal Systems: A Challenge to Comparative Trust Law.* European Review of Private Law, v. 8, n.3, p. 421-426, 2000.

MOFFAT, Graham. *Trusts Law: Text And Materials.* New York: Cambridge University Press, 2005.

MOJA, Andrea. *Il nuovo regime tributário del trust: determinazione della base imponibile e nuove aliquote.* Milano: Assotrusts, Giugno 2007.

MOJA, Andrea. *Il Trading Trust Ed Altre Strutture di Trust nel Commercio Internazionale.* Roma: Assotrusts, Maggio 2009.

MOJA, Andrea. *Il Trust nel diritto civile e tributario.* San Marino: Maggioli Editore, 2009.

MOJA, Andrea. *Il Trust Nell'esperienza Di Alcuni Paesi Di Civil Law Ed Il Ruolo Della Legge Di San Marino.* In: FondazioneBanca Centraledella Repubblica di San Marino, 2005.

MOJA, Andrea. *La Recente Giurisprudenza Italiana in Materia di Trusts Interni.* Roma: Assotrusts, 22.06.2005.

MOLD, Andrew. *Capital and income in trusts: the reforms.* Trusts & Trustees, United Kingdom, v. 16, n. 8, p. 635–645, september 2010.

MOLINARO, Carlos Alberto. *Anotações sobre o Princípio da Boa-fé (subjetiva e objetiva) no Direito Contratual e o Sobreprincípio da Boa-fé Processual*. Revista Forense, Rio de Janeiro, v. 399, Ano 104, p. 35-58, setembro-outubro 2008.

MOLLOY, Tony. *Trading with their principal's capital: bribes and other unauthorized profit taking by fiduciaries*. Trusts & Trustees, United Kingdom, v. 18, n. 10, p. 925–944, november 2012.

MOLLOY, Tony. *Trustees of controlling shareholdings who take directorships or senior executive posts in the company*. Trusts & Trustees, United Kingdom, v. 16, n. 9, p. 741–749, october 2010.

MONDAY, Gregory F. *Happy Family Inc*. Trusts & Estates, Penton Business Med, New York, Volume 151, Issue 8, Aug 2012.

MONTEIRO, Rogério. *Responsabilidade do Administrador de Fundos de Investimento*. Revista de Direito Bancário e do Mercado de Capitais, São Paulo, Nº 30, Ano 8, p. 283-291, outubro-dezembro de 2005.

MONTEIRO, Washington de Barros. *Curso de Direito Civil – Direito das Coisas*. 37ª Edição. São Paulo: Saraiva, 2003.

MONTEIRO, Washington de Barros. *Curso de Direito Civil – Direito das Sucessões*. 35ª Edição. São Paulo: Saraiva, 2003.

MORAES, Luiza Rangel de. *A jurisprudência no tocante aos conflitos de interesse no exercício do voto em sociedades anônimas*. Revista de Direito Bancário do Mercado de Capitais e da Arbitragem, São Paulo, Ano 4, janeiro-março de 2001.

MORAES, Luiza Rangel de. *Considerações sobre a Teoria da Desconsideração da Personalidade Jurídica e sua Aplicação na Apuração de Responsabilidades dos sócios e Administradores de Sociedades Limitadas e Anônimas*. Revista de Direito Bancário do Mercado de Capitais, Editora Revista dos Tribunais, São Paulo, Ano 7, p. 31-102, julho-setembro de 2004.

MORAES, Luiza Rangel de. *O Abuso de poder na transferência do controle acionário*. Revista de Direito Bancário do Mercado de Capitais, Editora Revista dos Tribunais, São Paulo, Ano 7, p. 54-155, abril-junho de 2004.

MORAES, Maria Celina Bodin de. *Risco, Solidariedade e Responsabilidade Objetiva*. Revista dos Tribunais, Ano 95, v. 854, p. 11-37, dez 2006.

MORAIS, Luís Silva. *Empresas Comuns (Joint Ventures), no Direito Comunitário da Concorrência*. Coimbra: Almedina, 2006.

MORAIS, Luís Silva; CUNHA, Paulo. *A Europa e os Desafios do Século XXI*. Coimbra: Almedina, 2008.

MOREIRA JR., Armando Lourenzo; BORTOLI NETO, Adelino de. *Empresa Familiar*. São Paulo: Saraiva, 2007.

MOREIRA, Carlos Roberto Barbosa. *Fideicomisso e sucessores não concebidos: exame de uma questão controvertida*. Revista de Direito Renovar, n. 41, p. 63-80, maio--agosto 2008.

MOREIRA, Ricardo Guimarães. *Poder Regulamentar da Comissão de Valores Mobiliários em face dos Princípios da legalidade e Separação dos Poderes*. Belo Horizonte: Malheiros, Revista de Direito Mercantil, Industrial, Econômico e Financeiro, Ano XLII, n. 131, p. 122-123, julho-setembro 2003.

MORGAN, Samantha; MUNRO, Philip. *A question of trusts- purpose trust have come into their own as a flexible legal vehicle, with most centres now embracing them in one form or another*. In: The Lawyer, News, 27 July 2009.

MORI, Celso Cintra. *A boa-fé no Direito Civil*. Revista do Advogado, São Paulo, Ano XXXII, n. 116, p. 53-59, julho de 2012.

MOTA PINTO, Carlos Alberto da. *Teoria Geral do Direito Civil*. 4ª Edição. Coimbra: Coimbra Editora, 2005.

MOURA SILVA, Miguel José Pinto Tavares. *Direito da Concorrência, Uma Introdução Jurisprudencial*. Coimbra: Almedina, 2008.

MOY, Doug H. *Living Trusts*. USA: John Wiley & Sons, 2003.

MOYLAN, Andrew John Gregory (Lord Justice Moylan). *Trusts in the family courts– through the looking glass or the reality of the situation*. Trusts & Trustees, United Kingdom, v. 19, n. 3 e 4, p. 322–337, april/may 2013.

MUNBY, James. *Trusts in divorce: some preliminary remarks*. Trusts & Trustees, United Kingdom, v. 19, n. 3 e 4, p. 319–321, april/may 2013.

MUZNER, Stephen R. The *commons and the anticommons in the law and theory of property*. Oxford: Blackwell Publishing, 2005.

NALIN, Paulo. *Boa-fé: Contextualização Contemporânea e Funções*. Revista da Faculdade de Direito do Paraná, n. 52, p. 67-79, 2010.

NATH, Ravi. *Trusts in India*. In: KAPLAN, Alon. *Trusts in Prime Jurisdictions*. London: Globe Law and Business, 2010.

NATHAN, Barrie Lawrence. *In Defence of The Primary Trust: Quistclose Revisited*. Trusts & Trustees, United Kingdom, v. 18, n. 2, february 2012.

NEGRÃO, Ricardo. *Manual de Direito Comercial e de Empresa. Recuperação de Empresas e Falência*. 8ª Edição. São Paulo: Saraiva, 2013.

NEGRÃO, Ricardo. *Manual de Direito Comercial e de Empresa. Teoria Geral da Empresa e Direito Societário*. 10ª Edição. São Paulo: Saraiva, 2013.

NEOCLEOUS, Elias. ARISTOTELOUS, Philippos. *The Regulation of Fiduciaries, Administration Businesses and Company Directors Law of 2012: finally enacted*. Trusts & Trustees, United Kingdom, v. 19, n. 7, p. 759–765, september 2013.

NEOCLEOUS, Elias. *Country Report: Cyprus*, p. 12-25. In: GALLANIS, Thomas P. *The Trust in Continental Europe: A Brief Comment From a U.S. Observer*. The Columbia Journal of European Law Online, v. 18, 2012.

NEOCLEOUS, Elias; GRAHAM, Toby. *Cyprus international trusts–A giant leap forward: the proposed amendments to the International Trusts Law 1992*. Trusts & Trustees, United Kingdom, v. 17, n. 5, p. 382–392, june 2011.

NEOCLEOUS, Elias; GRAHAM, Toby. *The amendments to the Cyprus International Trusts Law: finally enacted.* Trusts & Trustees, United Kingdom, v. 18, n. 5, p. 415–429, june 2012.

NERILO, Lucíola F. L. *A responsabilidade civil pelo descumprimento da cláusula geral de boa-fé nos contratos.* Revista dos Tribunais, São Paulo, Ano 96, v. 866, p. 68-95, dezembro de 2007.

NEVES, Luís Gustavo Bregalda. *Boa-fé e temas correlatos.* Revista Bonijuris, Ano XVI, n. 489, p. 24-25, agosto 2004.

NEVES, Rodrigo Santos Neves. *Os testamentos e a Eficácia de suas disposições.* Revista Forense, Rio de Janeiro, v. 413, ano 107, p. 398-413, janeiro-junho de 2011.

NEVIUS, Alistair M. *Trusts as S Corporation Shareholders.* Journal of Accountancy, September 2009, p. 80.

NEVIUS, Alistair M. *Intentionally Defective Grantor Trusts.* The Tax Adviser, Journal of Accounlancy, November 2008.

NISIO, Nicola. *L'attività di amministrazione delle società fiduciarie (evoluzione e prospettive).* Banca Borsa Titoli Di Credito, Milano, v. LVI, p. 43-86, gennaio-febbraio 2003.

NÓBREGA, Airton Rocha. *Da Curatela de Incapazes – Definição, Peculiaridades e dos Sujeitos à Curatela.* Revista Prática Jurídica, Brasília, Ano VII, n. 75, p. 18-19, 30 de junho de 2008.

NÓBREGA, Airton Rocha. *Da Curatela de Incapazes – Do exercício da Curatela e Responsabilidade do Curador.* Revista Prática Jurídica, Brasília, Ano VII, n. 80, p. 14-15, 30 de novembro de 2008.

NÓBREGA, Airton Rocha. *Da Curatela de Incapazes – Interdição de Deficientes Mentais, Ébrios, Toxicômanos e Excepcionais.* Revista Prática Jurídica, Ano VII, n. 77, p. 10-12, 31 de agosto de 2008.

NÓBREGA, Airton Rocha. *Do Direito Patrimonial, Do Usufruto e da Administração dos Bens de Filhos Menores.* Revista Prática Jurídica, Brasília, Ano IV, n. 42, p. 25-35, 30 de setembro de 2005.

NÓBREGA, Airton Rocha. *Tutela de Menores – da Cessação da Tutela.* Revista Prática Jurídica, Brasília, Ano VII, n. 80, p. 10-11, 30 de novembro de 2008.

NÓBREGA, Mailson. *O drama da baixa poupança interna do Brasil.* In. Jornal Estadão – Radar Econômico. São Paulo, 29 de agosto de 2011.

NOLAN, R.C. *Controlling Fiduciary Power.* Cambridge Law Journal, Cambridge, 68(2), p. 293–323, july 2009.

NUSDEO, Fabio; FERRAZ Junior, SAMPAIO, Tercio. *Curso de Economia: Introdução ao Direito Econômico.* São Paulo: RT, 2005.

NUZZO, Enrico. *Il trust interno privo di "flussi" e "formanti".* Banca Borsa Titoli di Credito, Milano, v. 54, p. 427-436, luglio-agosto 2004.

OFFERHAUS, Tom. *Germany – Trusts, Topical Analyses.* Amsterdam: IBFD, 2011.

O'HAGAN, Patrick. *The reluctant settlor – property, powers and pretences*. Trusts & Trustees, United Kingdom, v. 17, n. 10, p. 905–919, november 2011.

O'HAGAN, Patrick. *Trust investment losses and risk management: an offshore perspective*. Trusts & Trustees, United Kingdom, v. 16, n. 5, june 2010.

O'HAGAN, Patrick. *Trusts in Switzerland (a tale of two conventions)*. Trusts & Trustees, United Kingdom, v. 18, n. 8, p. 732–745, september 2012.

OLIVA, Milena Donato. *Patrimônio Separado*. Rio de Janeiro: Renovar, 2009.

OLIVEIRA SANTOS, Raquel do Amaral. *Trust: das origens à aceitação pelos países de Direito romano-germânico*. São Paulo: Pontifícia Universidade Católica de São Paulo –PUC, São Paulo, Brasil, 2009.

OLIVEIRA, Guilherme Freire Falcão de, *et al. Transformações do Direito da Família*. Coimbra: Coimbra Editora, Comemorações dos 35 anos do Código Civil e dos 25 anos da Reforma de 1977, v. I, p. 763-779, 2004. Coimbra: Coimbra Editora.

OLIVEIRA, Guilherme Freire Falcão de. *Temas de Direito da Família*. 2ª Edição. Coimbra: Coimbra Editora, 2001.

OWENS, Ramses. *Panama*. In: GOTHARD, Charles; SHAH, Sanjvee. *The World Trust Survey*. New York: Oxford, 2010.

OXFORD, Diana. *Enforcing trust judgments within the European Union: European Enforcement Orders*. Trusts & Trustees, United Kingdom, v. 12, n. 10, p. 29-30, 2006.

PAIS DE VASCONCELOS, Pedro. *A Procuração Irrevogável*. Coimbra: Almedina, 2002.

PAIS DE VASCONCELOS, Pedro. *Contratos Atípicos*. Coimbra: Almedina, 2009.

PAIS DE VASCONCELOS, Pedro. *Responsabilidade Civil dos Gestores das Sociedades Comerciais*. Coimbra: Almedina, Direito das Sociedades em Revista, Ano 1, v. 1, p. 11- 31, março 2009.

PAIS DE VASCONCELOS, Pedro. *Teoria Geral do Direito Civil*. Coimbra: Almedina, 2010.

PALTZER, Edgar H.; SCHMUTZ, Patrick. *Trusts in Switzerland (377-392)*. In: KAPLAN, Alon. *Trusts in Prime Jurisdictions*. London: Globe Law and Business, 2010.

PALTZER, Edgar H.; SCHMUTZ, Patrick. *Switzerland: are charitable trusts an alternative to charitable foundations?*. Trusts & Trustees, United Kingdom, v. 14, n. 5, p. 357-368, june 2008.

PALUMBO, Giovanni. *Tax Advantages of Trusts in the Italian Civil Law Perspective*. Trusts & Trustees, United Kingdom, p. 10-14, 1997.

PALUMBO, Giovanni. *Trusts in Italian tax treaties with the United Kingdom and the United States of America*. Trusts & Trustees, United Kingdom, v. 3, p. 20-23, december, 1996.

PANICO, Paolo. *An appraisal of trusts under the Italian tax amnesty*. Trusts & Trustees, United Kingdom, v. 16, n. 4, p. 247–249, may 2010.

PANICO, Paolo. *As you like it or measure for measure? Private foundations as an alternative to trusts*. Trusts & Trustees, United Kingdom, v. 15, n. 5, p. 273-278, july 2009.

PANICO, Paolo. *International Trust Laws*. Oxford: Oxford University Press, 2010.

PANICO, Paolo. *Italy*. Trusts & Trustees, United Kingdom, v. 13, n. 8, p. 405-413, 2007.

PANICO, Paolo. *Luxembourg*. Trusts & Trustees, United Kingdom, v. 12, n. 8, p. 64-65, july-august 2006.

PANICO, Paolo. *San Marino*. Trusts & Trustees, United Kingdom, v. 13, n. 8, p. 500, 2007.

PANICO, Paolo. *Trustee investment powers in international trust law*. Trusts & Trustees, United Kingdom, v. 15, n. 2, p. 96-103, april 2009.

PAOLO, Panico. *Three countries on the Bummel: tax developments for trusts in Italy, Switzerland and France*. Trusts & Trustees, United Kingdom, v. 14, n. 3, p. 158-162, april 2008.

PARDINI, Juan F. *The forgotten trust*. The STEP Journal, November 2010. Disponível em: http://www.step.org/forgotten-trust . Acesso em: 27.06.2013.

PARKINSON, Patrick. *Reconceptualising the Express Trust*. The Cambridge Law Journal, New York, Volume 61, Issue 3, p. 657-683, novembro 2002.

PARTSCH, Thibaut; HOUET Jeremie. *Country Report: Luxemburgo*. In: GALLANIS, Thomas P. *The Trust in Continental Europe: A Brief Comment From a U.S. Observer*. The Columbia Journal of European Law Online, v. 18, 2012.

PATRÃO, Afonso. *Reflexões sobre o Reconhecimento de Trusts Voluntários sobre Imóveis Situados em Portugal*. Coimbra: Boletim da Faculdade de Direito da Universidade de Coimbra, V. LXXXVII, p. 357-427, 2011.

PATROCÍNIO, Daniel Moreira do. *Autotutela do Acordo de Acionistas*. Belo Horizonte: Malheiros, Revista de Direito Mercantil, Industrial, Econômico e Financeiro, Ano XLIII, n. 135, p. 194-205, julho-setembro 2004.

PAWLOWSKI, Mark. *Constructive trusts, tracing and the requirement of a fiduciary obligation*. Trusts & Trustees, United Kingdom, v. 11, p. 10 –14, october 2005.

PAWLOWSKI, Mark. *Declarations of trust and beneficial shares*. Trusts & Trustees, United Kingdom, v. 18, n. 10, p. 980–984, november 2012.

PAWLOWSKI, Mark. *Tracing into improvements, debts and, overdrawn accounts*. United Kingdom, Trusts & Trustees, v. 17, n. 5, p. 411–414, june 2011.

PEASE, Richard. *The development of trust practice in overseas jurisdictions*. United Kingdom, Trusts & Trustees, v. 19, n. 3 e 4, p. 283-389, april/may 2013.

PEEBLES, Laura H. *Charitable Lead Trusts: Old Tool, New Thoughts*. Trusts & Estates, Penton Business Med, New York, Jun 2013.

PECORA, Maria Fernanda; LEITE, Gustavo Morel. *O usufruto e a sucessão patrimonial nas empresas*. Revista Jurídica Consulex, Brasília, Ano XII, Nº 269, p. 56, 31 de março de 2008.

PENNER, J. E. *The Law of Trusts*. Eighth Edition. Londres: Oxford University Press, 2012.

PENNER, J. E. *The Law of Trusts*. Fifth Edition, Londres: Oxford University Press, 2006.

PENNER, J. E. *The Law of Trusts*. Seventh Edition. Londres: Oxford University Press, 2010.

PENNER, J. E. *The difficult doctrinal basis for the fiduciary's proprietary liability to account for bribes*. Trusts & Trustees, United Kingdom, v. 18, n. 10, p. 1000-1007, november 2012.

PENTEADO JR, Cassio M.C. *A Afetação do Património como Exceção ao Princípio de sua Universalidade – Conteúdo Jurídico e Efeitos*. Revista de Direito Bancário do Mercado de Capitais e da Arbitragem, Ano 5, p. 103-111, abril-junho de 2002.

PERR, Jairus Ware. *A Treatise on the Law of Trusts and Trustees*. New Jersey: The Lawbook Exchange, 2008.

PERTILE, Erica. *La Nuova Disciplina Degli Atti Di Destinazione L'art. 2645 Ter C.C.* Università Ca'Foscari Venezia, 2010.

PESSOA JORGE, Fernando. *O Mandato sem Representação*. Coimbra: Almedina, 2001.

PETTIT, Philip H. *Equity and the Law of Trusts*. Oxford: Oxford University Press, 2006.

PETTIT, Philip H. *Equity and the Law of Trusts*. Oxford: Oxford University Press, 2009.

PEYROT, Aude. *How to Square the circle? The Challenge met by Swiss insolvency law in dealing with common law trusts*. In: SMITH, Lionel. *The Worlds of the Trust*. Cambridge: Cambridge University Press, 2013.

PICCINI ROY, Marilyn. *Trusts in Quebec*. In: KAPLAN, Alon. *Trusts in Prime Jurisdictions*. London: Globe Law and Business, 2010.

PINTO MONTEIRO, António. *A Característica da Inércia dos Direitos Reais: Brevíssima Reflexão sobre o Princípio da Publicidade*. In: Estudos de Homenagem ao Professor Doutor Manuel Henrique Mesquita, 2008.

PINTO MONTEIRO, António. *Cláusulas Limitativas e de Exclusão de Responsabilidade Civil*. Coimbra: Almedina, 2011.

PINTO MONTEIRO, António. *Contrato de Agência – Anotação*. Coimbra: Almedina, 2010.

PINTO MONTEIRO, António. *Contratos: Actualidade e Evolução*. Porto: Universidade Católica Portuguesa, 1997.

PINTO MONTEIRO, António. *Erro e Vinculação Negocial*. Coimbra: Almedina, 2010.

PINTO MONTEIRO, António; MOTA PINTO, Paulo. *Teoria Geral do Direito Civil*. Coimbra: Coimbra Editora, 2005.

PINTO, Alexandre Guimarães Gavião. *Teoria da Superação da Personalidade Jurídica da Empresa*. Revista Jurídica Consulex, Ano XI, n. 249, p. 56-58, 31 de maio de 2007.

PINTO, Alexandre Guimarães Gavião. *Teoria do Risco e a sua Relevante Influência no Ordenamento Jurídico Pátrio*. Revista Jurídica Consulex, Ano XI, n. 252, p. 54- 56, 15 de julho de 2007.

PIPINGA, Demetra. *The Cyprus International Trust and the Panamanian Foundation: each an advantageous model and together na unrivalled structure*. Trusts & Trustees, United Kingdom, v. 18, n. 6, p. 543-554, july 2012.

PIPINGA, Demetra; SPANOU, Maria. *IUTS: the investment spinoff of the Cyprus International trust*. Trusts & Trustees, United Kingdom, v. 19, n. 6, p. 584–590, july 2013.

PLANIOL, Marcel. *Traité élémentaire de droit civil: Principes généraux – Les personnes. La famille, Les incapables, Les biens*. Paris: F.Pichon et Durand-Auzias, 1911.

PLUCKMETT, Theodore Frank Thomas. *A concise history of the common law*. New Jersey: The Lawbook Exchange, 2001.

POHRIB, Aurelia Marina. *China's 2001 Import of the Classic Anglo-American Concept of Trust*. In: Albany Law School, Chinese Law Paper Series, Government Law Center, 2011.

POIDEVIN, Nicholas Le. *Arbitration and trusts: can it be done?*. Trusts & Trustees, United Kingdom, v. 18, n. 4, p. 307–315, may 2012.

POIDEVIN, Nicholas Le. *Going bust: insolvency and trusts*. Trusts & Trustees, United Kingdom, v. 16, n. 5, p. 299–309, june 2010.

POIDEVIN, Nicholas Le. *The worried trustee*. Trusts & Trustees, United Kingdom, v. 15, n. 7, p. 596-601, september 2009.

POULTON, Anthony; WOLFORD, Tricia. *Barlow Clowes: clear vision on blind-eye dishonesty?*. Trusts & Trustees, United Kingdom, p. 25-28, december/january 2006.

POUSADA, Estevan Lo Ré. *Aspectos nebulosos do contrato de mandato: uma cortina de fumaça a ser dissipada*. Revista do Advogado, São Paulo, Ano XXXII, n. 116, p. 77-87, julho de 2012.

PRADO, Roberta Nioac. *Aspectos Relevantes da Empresa Familiar – governança e planejamento patrimonial sucessório* (Fundação Getúlio Vargas). São Paulo: Saraiva, 2013.

PRIGENT, Stéphane. *Droit Des Affaires, L'ouverture De La Fiducie Aux Personnes Physiques*. Revue Française de Comptabilité, n. 420, 14. avril 2009.

PRINCE MICHAEL VON UND ZU LIECHTENSTEIN. *Challenges for trustees in an unpredictable legal and planning environment*. Trusts & Trustees, United Kingdom, v. 19, n. 6, p. 551-553, july 2013.

PRINCE MICHAEL VON UND ZU LIECHTENSTEIN. *Stress-test: Liechtenstein between transparency and asset protection*. Trusts & Trustees, United Kingdom, v. 17, n. 6, p. 479-481, july 2011.

PRUDHOE, Tim; NOTEBAERT, Jessica. *Enforcement of US judgments against domestic and offshore trusts and trustees*. Trusts & Trustees, United Kingdom, v. 17, n. 4, p. 342–354, may 2011.

PRYKE, Stuart. *Of protectors and enforcers*. Trusts & Trustees, United Kingdom, v. 16, n. 2, p. 64–72, march 2010.

PULFER, Philippe; DJALILI, Azadeh. *Acquiring domicile in Switzerland: consequences of the matrimonial property regime*. Trusts & Trustees, United Kingdom, v. 17, n. 4, p. 323–327, may 2011.

PUTNEY, Albert H. *Equity Jurisprudence, Trusts, Equity Pleading*. Minneapolis: Cree Publishing Company, 1908.

QUAGHEBEUR, Marc. *Belgium – Trusts, Topical Analyses*. Amsterdam: IBFD, 2011.

QUOVADIS, Frank W.; SOKIC, Steve. *Overview of Canadian taxation of foreign trusts*. Trusts & Trustees, United Kingdom, v. 14, n. 8, p. 542-551, october, 2008.

RAMJOHN, Mohamed. *Cases & Materials on Trusts*. Austrália: Cavendish publishing, 2004.

RATCLIFFE, Helen. *Trusteeship changes and asset valuation points*. Trusts & Trustees, United Kingdom, v. 17, n. 10, , p. 920–924, november 2011.

REALE, Miguel. *A Engenharia Jurídica*. Artigo publicado em 01.03.2003. Disponível: http://www.miguelreale.com.br/artigos/engjur.htm. Acesso em: 08.06.2013.

REALE, Miguel. *A Boa-Fé no Código Civil*. Artigo publicado em 16.08.2003. Disponível em: http://www.miguelreale.com.br/artigos/boafe.htm. Acesso em: 20.06.2013

REALE, Miguel. *Filosofia do Direito*. São Paulo: Saraiva, 2002.

REALE, Miguel. *Lições Preliminares de Direito*. 27ª Edição. São Paulo: Saraiva, 2002.

REED, Edward. *Trends and developments: France*. Trusts & Trustees, United Kingdom, v. 13, n. 4, p. 110-111, 2007.

REED, Edward; Jonathan, RILEY. *Risk management for trusts and trustees*. Trusts & Trustees, United Kingdom, p. 9-12, november 2005.

REID, Kenneth G.C. *Patrimony Not Equity: the trust in Scotland*. European Review of Private Law, v. 8, n. 3, p. 427-437, 2000.

REID, Kenneth G.C. *Conceptualizing the Chinese Trust: Some Thoughts From Europe*. In: CHEN, Lei; Van RHEE. *Towards a Chinese Civil Code: Comparative and Historical Perspectives Chinese and Comparative Law Series*. The Netherlands: Martinus Nijhoff Publishers, 2012.

REIS, Nilza. *As antigas e novas facetas do fideicomisso e o atual Código Civil*. Revista do CEPEJ, Salvador, n. 8, p. 87-98, jul/dez 2007.

REISMAN, Suzanne M. *Comparing jurisdictions–answers to common problems – United States of America*. Trusts & Trustees, United Kingdom, v. 16, n. 8, p. 672–681, september 2010.

REISMAN, Suzanne M. *Tax reforms in the United States*. Trusts & Trustees, United Kingdom, v. 17, n. 5, p. 406–410, june 2011.

RESTIFFE, Paulo Sérgio; RESTIFFE NETO, Paulo. *Garantia Fiduciária*. 3ª Edição. São Paulo: Editora Revista dos Tribunais, 2000.

REUTLINGER, Mark. *Wills, Trusts, and Estates, Essencial Terms and Concepts*. Second Edition, New York: Aspen Publishers, 1998.

REZENDE, Fernando Augusto Chacha de. *A Teoria do Adimplemento Substancial e a Boa-fé Objetiva*. Revista Jurídica Consulex, Ano XIII, n. 289, 31 de Janeiro de 2009.

RIBEIRO, Joaquim José Coelho Sousa. *Direito dos Contratos – Estudos*. Coimbra: Almedina, 2007.

RIBEIRO, Joaquim José Coelho Sousa. *O Problema do Contrato – As Cláusulas Contratuais Gerais e o Princípio da Liberdade Contratual*. Coimbra: Almedina, 1999.

RICHARDS, Timothy D. *Trusts in Latin America: Mexico and Colombia*. Trusts & Trustees, United Kingdom, v. 15, n. 6, p. 472-476, august 2009.

RICHES, John. *Are transparency and the registration of trusts necessary?*. Trusts & Trustees, United Kingdom, v. 19, n. 3 e 4, p. 343-353, april/may 2013.

RICHMOND, William. *'Judicious breaches of trust': where now for the trustee exemption clause?*. Trusts & Trustees, United Kingdom, v. 12, p. 24-28, 2006.

ROBERTS, Stephen. *Trustees: how exclusive are you?*. United Kingdom: Trusts &Trustees, v. 12, n. 9, p. 19-21, 2006.

ROBILLIARD, John. *Powers of Investment in the Administration of Trusts*. Trusts & Trustees, United Kingdom, v. 1, Issue 8, p. 22-24, 1995.

ROBINSON, Clare. *Pre-nuptial Agreements–the end of romance or an invaluable weapon in the wealth protection armoury?* Trusts & Trustees, United Kingdom, v. 13, n. 6, p. 207-209, 2007.

RODRIGUES, Emanuele Abreu. *Noções sobre a Teoria da Imputação Objetiva*. Revista da Ajuris, v. 34, n. 108, p. 121-137, Dezembro de 2007.

RODRIGUES, Silvio. *Direito Civil: Parte geral*. 9ª Edição. São Paulo: Saraiva, 1979.

ROTHSCHILD, Gideon. *Asset Protection Trusts*. In: KAPLAN, Alon. *Trusts in Prime Jurisdictions*. London: Globe Law and Business, 2010.

ROUNDS, Charles E. *Loring, a trustee's handbook*. New York: Aspen Publishers, 2009.

RUNCIMAN, David; MAGNUS, Ryan. *MAITLAND – State, trust, and corporation*. Cambridge: Cambridge University Press, 2003.

RUSSELL, David. *Overview of Australian taxation of foreign trusts*. Trusts & Trustees, United Kingdom, v. 14, n. 8, p. 537-541, october 2008.

RUTLEDGE, Thomas; HABBART, Ellisa O. *The Uniform Statutory Trust Entity Act: A Review*. American Bar Association, Chicago, v. 65, august 2010.

RWOOD, Philip. *Commercial trusts in an international context*. Trusts & Trustees, United Kingdom, v. 19, n. 3 e 4, p. 267-274, april/may 2013.

SALOMÃO NETO, Eduardo. *O Trust e o Direito Brasileiro*. São Paulo: LTR, 1996.

SAMANIEGO, Rubiela. *Trusts in Panama*. In: KAPLAN, Alon. *Trusts in Prime Jurisdictions*. London: Globe Law and Business, 2010.

SANTISTEBAN, Sonia Martín. *Country Report: Spain*. In: GALLANIS, Thomas P. *The Trust in Continental Europe: A Brief Comment From a U.S. Observer*. The Columbia Journal of European Law Online, v. 18, 2012.

SANTISTEBAN, Sonia Martín. *El instituto del trust em los sistemas legales continentales y su compatibilidad com los principios de civil law*. Navarra: Editora Aranzadi, 2005.

SANTISTEBAN, Sonia Martín. *La figura del trust en los Estados Unidos de América –Sus aplicaciones en el derecho de família*. Barcelona: Revista para análisis del derecho, 2008.

SANTISTEBAN, Sonia Martín. *Trusts in American law and some of their substitutes in Spanish law: Introduction and Part I*. Trusts & Trustees, United Kingdom, v. 13, n. 6, p. 210-220, 2007.

SANTISTEBAN, Sonia Martín. *Trusts in American law and some of their substitutes in Spanish law: Part II*. Trusts & Trustees, United Kingdom, v. 13, n. 7, p. 242-251, 2007.

SANTORO, Laura. *Il trust in Italia*. Milano: Giuffrè Editore, 2009.

SANTOS JUSTO, António. *A base romanista do Direito luso-brasileiro das coisas*. Revista Brasileira de Direito Comparado, Rio de Janeiro, n. 30, p. 42-69, 2007.

SANTOS JUSTO, António. *A propriedade no direito romano. Reflexos no direito português*. Coimbra: Boletim da Faculdade de Direito da Universidade de Coimbra, v. LXXV, 1999.

SANTOS JUSTO, António. *Breviário de Direito Privado Romano*. Coimbra: Coimbra Editora, 2010.

SANTOS JUSTO, António. *Direito Privado Romano*. Volume I. Coimbra: Coimbra Editora, Studia Iuridica 50, 2011.

SANTOS JUSTO, António. *Direito Privado Romano*. Volume II. Coimbra: Coimbra Editora, Studia Iuridica 76, 2011.

SANTOS JUSTO, António. *Direito Privado Romano*. Volume III. Coimbra: Coimbra Editora, Studia Iuridica 26, 2010.

SANTOS JUSTO, António. *Direito Privado Romano*. Volume IV. Coimbra: Coimbra Editora, Studia Iuridica 93, 2010.

SANTOS JUSTO, António. *Direitos Reais*. Coimbra: Coimbra Editora, 2012.

SANTOS JUSTO, António. *Introdução ao Estudo do Direito*. Coimbra: Coimbra Editora, 2011.

SANTOS JUSTO, António. *Relações patrimoniais entre cônjuges: do direito romano ao direito português*. Universidade Lusíada, II Série, nº 2, p. 237-241, 2004.

SANTOS, Filipe Cassiano Nunes. *A Sociedade Unipessoal por Quotas*. Coimbra: Almedina, 2009.

SANTOS, Filipe Cassiano Nunes. *Código das Sociedades Comerciais e Legislação Conexa*. Coimbra: Almedina, 2013.

SANTOS, Filipe Cassiano Nunes. *Estruturas Associativas e Participação Societária Capitalística*. Coimbra: Almedina, 2006.

SANTOS, Gonçalo André Castilho dos. *A Responsabilidade Civil do Intermediário Financeiro Perante o Cliente*. Coimbra: Almedina, 2008.

SARLUCA, Ettore. *Il negozio fiduciario ed il trust*. Università Degli Studi Di Napoli Federico II, 2006.

SCERRI, Jotham. *Malta: a synopsis of the basic rules regulating private foundations*. Trusts & Trustees, United Kingdom, v. 14, n. 5, p. 320-332, june 2008.

SCHOUERI, L. E. *Acordos de Bitributação e Lei Interna – Investimentos na Ilha da Madeira: Efeitos da Lei nº 9249/95*. Revista Dialética de Direito Tributário, São Paulo, v. 17, n.17, p. 91-127, 1997.

SCHOUERI, L. E. *Globalização, Investimentos e Tributação: Desafios da Concorrência Internacional ao Sistema Tributário Brasileiro*. Revista Brasileira de Comércio Exterior, v. 113, p. 6-13, 2012.

SCHOUERI, L. E. *Globalization challenges from a Brazilian perspective*. International Tax Journal, p. 5, 2012.

SCHÜTZ, Robert. *The taxation of foreign trusts and their beneficiaries in Germany*. Trusts & Trustees, United Kingdom, v. 14, n. 8, p. 559-566, october 2008.

SCHWARCZ, Steven L. *Commercial Trusts as Business Organizations: Unraveling the Mystery*. American Bar Association, v. 58, February 2003.

SCOTT, Austin Wakeman; FRATCHER, William Franklin. *The law of trusts*. United Kingdom: Little Brown, 1989.

SEAH, Ching Ling. *Trusts in Singapore*. In: KAPLAN, Alon. *Trusts in Prime Jurisdictions*. London: Globe Law and Business, 2010.

SERENS, Manuel Couceiro Nogueira. *Co-Gestão – Que Futuro?*. Coimbra: Almedina, 1980.

SERENS, Manuel Couceiro Nogueira. *Código das Sociedades Comerciais*. Coimbra: Almedina, 2011.

SERENS, Manuel Couceiro Nogueira. *Os Administradores de Sociedades Anónimas*. Coimbra: Almedina, 2012.

SETEMBRINO, Fernando. *Algumas anotações sobre o negócio fiduciário*. Revista de Direito Renovar, n. 4, p. 65-76, janeiro-abril 1996.

SHAH, Bajul. *Trustee's indemnity and creditors' rights*. Trusts & Trustees, United Kingdom, v. 19, n. 1, p. 79–85, february 2013.

SIGG, Olivier. *Dog leg claim: what does Swiss law think about the 'animal'?*. Trusts & Trustees, United Kingdom, v. 19, n. 7, p. 738–743, september 2013.

SILVA, Alexandre Couto. *Responsabilidade dos Administradores de S/A*. Rio de Janeiro: Editora Elsevier, 2007.

SILVA, Flavio Murilo Tartuce. *Teoria do risco concorrente na responsabilidade objetiva*. Univesidade de São Paulo (USP), Faculdade de Direito, São Paulo, 2010.

SILVA, Marta Lívia dos Santos. *O Trust no quadro comum de referência para o Direito Privado europeu e as suas raízes históricas no Direito romano*. Coimbra: Coimbra Editora, Boletim da Faculdade de Direito da Universidade de Lisboa, Edição especial, p. 803-823, 2010.

SINCLAIR, Paul. *When should the creditor of a beneficiary under a trust be entitled to obtain disclosure of trust documents?*. Trusts & Trustees, United Kingdom, v. 18, n. 9, p. 896–903, october 2012.

SINDE MONTEIRO, Jorge Ferreira. *Responsabilidade por Conselhos Recomendações ou Informações*. Coimbra: Almedina, 1989.

SMEED, Arnold van der. *The new Dutch tax law on trusts and new opportunities*. Trusts & Trustees, United Kingdom, v. 17, n. 7, p. 690–694, august 2011.

SMITH, Lionel. *Constructive Trusts and Constructive Trustees*. Cambridge Law Journal, Cambridge, v. 58, p. 294–302, july 1999.

SMITH, Roy C.; WALTER, Ingo; DELONG, Gayle. *Global Banking*. USA: Oxford University Press, 2012.

SMOLYANSKY, Michael. *Reining in the Quistclose Trust: a Response to Twinsectra v Yardley*. Trusts & Trustees, United Kingdom, v. 16, n. 7, p. 558–568, august 2010.

SOARES, Guido Fernando Silva. *Common Law: Introdução ao Direito dos EUA*. São Paulo: Editora Revista dos Tribunais, 2000.

SOL EISEN, B.A. *Synopsis of Maitland's Equity*. Toronto: The Carswell Company, 1919.

SORIANO, Miguel Virgos. *El Trust y el Derecho Espanõl*. Navarra: Thomson Civitas, 2006.

SOZZA, Guerrino; MARONESE, Arianna. *Malta, Una Rosa Di Opportunita al Centro Del Mediterraneo*. Paesi e Mercati, Commercio Internazionale, Milano, Ano XXII, n. 17, p. 540-546, 1998.

STALK, George. FOLEY, Henry. *Avoid the Traps That Can Destroy Family Businesses*. Harvard Business Review, January-February 2012.

STANFORD-TUCK, Michael. *How to juggle beneficiaries: the power to add or remove*. Trusts & Trustees, United Kingdom, v. 17, n. 7, p. 695–703, august 2011.

STANLEY, Clare. *The personal liability of directors to third parties and shareholders*. Trusts & Trustees, United Kingdom, v. 19, n. 5, p. 388–429, june 2013.

STANLEY, Clare. *Traps for the unwary: the pitfalls of ad hoc arbitration*. Trusts & Trustees, United Kingdom, v. 18, n. 4, p. 332-340, may 2012.

STEEN, Peter; DONALD, Lilly. *It's a real privilege: common interests in trust disputes*. Trusts & Trustees, United Kingdom, v. 19, n. 1, p. 68-78, february 2013.

STEINER, Bonnie. *Private trust companies: a double edged sword? The pros & the cons*. Trusts & Trustees, United Kingdom, v. 15, n. 6, p. 458–471, 2009.

STEPHENS, John. *Designing an Investment portfolio for trustees*. Trusts & Trustees, United Kingdom, v. 1, Issue 8, p. 15-16, 1995.

STEWART SMITH, Rodney. *Serving two masters*. Trusts & Trustees, v. 16, n. 9, p. 759–766, october 2010.

STONE, Edward. *Private trust companies–oases for wealth planning.* Trusts & Trustees, United Kingdom, v. 15, n. 10, p. 802-805, december 2009.

STRENGER, Irineu. *A autonomia da Vontade como Suporte do Sistema Civilista e Direito Internacional Privado e Direito Interno*. Boletim Científico da Escola Superior do Ministério Público da União ESMPU, Brasília, Ano III, n. 10, p. 53-72, janeiro-março 2004.

STRENGER, Irineu. *Da Autonomia da Vontade – Direito Interno e Internacional.* 2ª Edição. São Paulo: LTr, 2000.

STRONG, S. I. *Trust arbitration in the United States: recent developments show increasing diversity as a matter of statutory and common law*. Trusts & Trustees, United Kingdom, v. 18, n. 7, p. 659-679, august 2012.

STUBER, Walter Douglas. *A Legitimidade do "Trust" no Brasil*. Revista dos Tribunais, São Paulo, v. 28, n. 76, p. 103-108, out-dez, 1989.

STUBER, Walter Douglas. *Intermediação de Operações e Ofertas de valores Mobiliários no Exterior Via Internet*. Revista de Direito Bancário e do Mercado de Capitais, n. 31, Ano 9, p. 349-359, janeiro-março de 2006.

SUN, Leo. *Energy Royalty Trusts*. In: Investidor Guide. Disponível em: http://www.investorguide.com/igu-article-540-alternative-investments-energy-royalty-trusts.html. Acesso em: 01.08.2012.

SWADLING, William. *Constructive trusts and breach of fiduciary duty*. Trusts & Trustees, United Kingdom, v. 18, n. 10, p. 985–999, november 2012

TANG, Hang Wu. *The court's supervisory power over the exercise of trustee's discretion: a contribution from Singapore*. Trusts & Trustees, United Kingdom, v. 19, n. 7, p. 705-711, september 2013.

TARUN, Jain. *Charitable Trusts: A Comparative Study of India, United Kingdom and the United States* (June 2007). United Kingdom: London School of Economics & Political Science (LSE), National Law University Jodhpur (NLUJ). Disponível em: http://ssrn.com/abstract=1087341. Acesso em: 23.06.2012.

TAX YEAR IN REVIEW 2009. *Grantor Trusts – Conversion to grantor trust is not taxable to grantor*. In: Trusts & Estates, p. 12-14, january 2010.

TAYLOR, Nadia J.; BROWNBILL, David. *Arbitration of trust disputes: the new statutory regime in the Bahamas*. Trusts & Trustees, United Kingdom, v. 18, n. 4, p. 358–362, may 2012.

TEIXEIRA, Silvia Maria Benedetti. *Planejamento Sucessório: Uma questão de Reflexão*. Revista Brasileira de Direito de Família, São Paulo, Ano VII, n. 31, p. 5-18, agosto-setembro de 2005.

TEY, Tsun Hang. *Secrecy and disclosure in Singapore*. Trusts & Trustees, United Kingdom, v. 18, n. 3, p. 253–263, march 2012.

TEY, Tsun Hang. *Singapore's trust services industry – international pressures and calibrated responses*. Trusts & Trustees, United Kingdom, v. 16, n. 1, p. 19-27, february 2010.

THE ECONOMIST. *A game of leapfrog –South Korea may soon be richer than Japan*, Apr 28th 2012. Disponível em: http://www.economist.com/node/21553498. Acesso em: 16.10.2012.

THE ECONOMIST. *What it takes to succeed*, Feb 22nd 2007. Disponível em: http://www.economist.com/node/8695187. Acesso em: 16.10.2012.

THE ECONOMIST. *A game of leapfrog –South Korea may soon be richer than Japan*, Apr 28th 2012. Disponível em: http://www.economist.com/node/21553498 Acesso em: 16.10.2012.

THE ECONOMIST. *What it takes to succeed*, Feb 22nd 2007. Disponível em: http://www.economist.com/node/8695187 Acesso em: 16.10.2012.

THÉVENOZ, Luc. *A Swiss Perspective*. Trusts & Trustees, United Kingdom, v. 19, n. 3 e 4, p. 296-301, april/may 2013.

THOMAS PLUCKNETT, Theodore Frank. *A Concise History of the Common Law*. Fifth Edition. New Jersey: The Lawbook Exchange, p. 508, 2010.

THOMAS, Geraint; HUDSON, Alastair. *The Law of Trusts*. New York: Oxford University Press, 2010.

TIERNAN, Peter B. *Should You Incorporate a Personal Power Into Your Client's Trust?*. Real Property, Probate and Trust Law. The Florida Bar Journal, October 2007.

TIRARD, Jean-Marc. *France – Trusts – Topical Analyses* Amsterdam: IBFD, 2010.

TIRARD, Jean-Marc. *In focus: Succession and Forced Heirship – Onshore: France*. Trusts & Trustees, United Kingdom, v. 15, n. 8, p. 692-698, october 2009.

TIRARD, Jean-Marc. *Taxation of offshore trusts: France*. Trusts & Trustees, United Kingdom, v. 14, n. 8, p. 552-558, october 2008.

TOIT, François du. *Trust deeds as 'constitutive charters' and the variation of trust provisions: a South African perspective*. Trusts & Trustees, United Kingdom, v. 19, n. 1, p. 39-45, february 2013.

TOLEDO, Paulo Fernando Campos Salles de. *Extensão da falência a sócios ou controladores de sociedades falidas*. Revista do Advogado, São Paulo, Ano XXIX, n. 105, p. 153-558, set de 2009.

TOMÉ, Patrícia Rizzo. *A boa-fé na relação obrigacional*. Revista Forense, Rio de Janeiro, v. 416, Ano 108, p. 223-241, julho-dezembro de 2012.

TORNOVSKY, Miguel. *Acordo de Acionistas sobre o Exercício do Poder de Controle*. Belo Horizonte: Malheiros, Revista de Direito Mercantil, Industrial, Econômico e Financeiro, Ano XLI, n. 127, p. 93-106, julho-setembro 2002.

TRAKMAN, Leon. *Modelling University Governance*. Higher Education Quarterly, v. 62, n. 1 e 2, p. 63-83, january/april 2008.

TREGEAR, Francis. *Putting it right: remedying problems arising from defective trustee appointment*. Trusts & Trustees, United Kingdom, v. 19, n. 1, p. 23–30, february 2013.

TRIBALDOS, Gabriel. *The Trust under Panamanian Law*. In: Morgan & Morgan Group. Disponível em: http://www.morimor.com/files/Publication/7a6d2534-91c6-41af-ae94-d01f3fe0f649/Preview/PublicationAttachment/0b5c22b4-04aa-41f8-b225-d136019efa79/Trust_UnderPanamanianLaw.pdf. Acesso em: 08.01.2013.

TROY, Dominique. *France might adopt a law on fiducie*. Trusts & Trustees, United Kingdom, p. 18-19, november 2005.

TRUST LAW COMMITTEE. *Arbitration of trust disputes*. Trusts & Trustees, United Kingdom, v. 18, n. 4, p. 298–299, may 2012.

TSANG, James; LEUNG, Daniel. *Hong Kong – Trusts, Topical Analyses*. Amsterdam: IBFD, 2011.

TUCCI, Cibele Pinheiro Marçal. *Contratualização da família*. Revista do Advogado, São Paulo, Ano XXXII, n. 116, p. 60-69, julho de 2012.

TURRISI, Cosimo. *Trust, strumento di pianificazione e tutela del patrimonio*. In: Fisco Oggi, Agenzia Entrate, 2009.

TWIDALE, Will; LINDLEYY, Mark. *Trustee removal–friction and hostility*. Trusts & Trustees, United Kingdom, v. 18, n. 8, p. 768–772, september 2012.

UBERTAZZI, Benedetta. *The law applicable in Italy to the capacity of natural persons in relation to trusts*. Trusts & Trustees, United Kingdom, v. 14, n. 2, p. 111-119, march 2008.

UBERTAZZI, Benedetta. *The trust in Spanish and Italian private international law: Part I*. Trusts & Trustees, United Kingdom, v. 12, n. 10, p. 14-19, 2006.

UBERTAZZI, Benedetta. *The trust in Spanish and Italian private international law: Part II*. Trusts & Trustees, United Kingdom, v. 13, v. 1, p. 7-13, 2007.

UNIVERSITY OF LONDON. *Law of trusts – The express trust relationship*. Disponível em: http://www.docstoc.com/docs/52114829/4-The-express-trust-relationship. Acesso em: 25.06.2012.

VANDERBROOK, W Brent. *Private trust companies: recent IRS guidance removes many concerns and clears the path for clients' use*. Trusts & Trustees, United Kingdom, v. 14, n. 10, p. 683-684, december 2008.

VARELA, João de Matos Antunes. *Das Obrigações em Geral*. Volume I. (Reimpressão da 10.ª edição de 2000). Coimbra: Almedina, 2014.

VARELA, João de Matos Antunes. *Das Obrigações em Geral*. Volume II (Reimpressão da 7.ª Edição). Coimbra: Almedina, 2007.

VASCONCELOS, Luís Miguel Delgado Paredes Pestana de. *A Cessão de Créditos em Garantia e a Insolvência – Em Particular da posição do Cessionário na Insolvência do Cedente*. Coimbra: Coimbra Editora, 2007.

VAZ TOMÉ, Maria João Romão Carreiro. *Sobre o Contrato de Mandato sem Representação e o Trust*. Revista da Ordem dos Advogados, Lisboa, V. III, Dez. 2007.

VAZ TOMÉ, Maria João; CAMPOS, Diogo Leite de. *A Propriedade Fiduciária (Trust), Estudo para a sua Consagração no Direito Português*. Coimbra: Almedina, 1999.

VEIGA, Alexandre Brandão da. *Três Problemas Dogmáticos dos Fundos de Investimento*. In: Cadernos do Mercado de Valores Mobiliários, n. 8 – agosto, 2000.

VELOSO, Zeno. *Testamentos: Noções Gerais; formas ordinárias*. Revista do Advogado, São Paulo, Ano XXXI, n. 112, p. 174-193, julho de 2011.

VENOSA, Sílvio de Salvo. *Direito Civil – Contratos em Espécie*. Volume III. 10ª Edição. São Paulo: Atlas, 2010.

VENOSA, Sílvio de Salvo. *Direito Civil – Direito das Sucessões*. Volume VII. 10ª Edição. São Paulo: Atlas, 2010.

VENOSA, Sílvio de Salvo. *Direito Civil – Teoria Geral das Obrigações e Teoria Geral dos Contratos*. Volume II. 8ª Edição. São Paulo: Atlas, 2008.

VENOSA, Silvio de Salvo. *Direito Civil – Direitos Reais*. Volume V. 8ª Edição. São Paulo: Atlas, 2008.

VICARI, Andrea. *Country Report: San Marino*. In: GALLANIS, Thomas P. *The Trust in Continental Europe: A Brief Comment From a U.S. Observer*. The Columbia Journal of European Law Online, v. 18, 2012.

VICARI, Andrea. *I principia e i modelli di trust*. Itália: Ipsoa, Trusts e attività fiduciarie, n. 1, p. 5 – 8, gennaio 2009.

VIEIRA CURA, António Alberto. *Fiducia cum creditore: Aspectos gerais*. Separata do volume XXXIV do suplemento ao Boletim da Faculdade de Direito da Universidade de Coimbra, 1990.

VIEIRA, José Alberto C. *Direitos Reais*. Coimbra: Almedina, 2008.

VILLALONGA, Belen; AMIT, Raphael H. *How are U.S. Family Firms Controlled?*. Working Paper Series Harvard Business School and The Wharton School University of Pennsylvania, p. 1-63, July 2007.

VISSER, André; REITZ. Deneys. *South Africa*. Trusts & Trustees, United Kingdom, v. 13, n. 8, p. 521-528, 2007.

VÍTOR, Paula Távora. *A administração do património das pessoas com capacidade diminuída*. Coimbra: Coimbra Editora, 2008

VOGT, Nedim Peter; WÜSTEMANN, Tina; SCHMID, Christoph Oliver. *Switzerland: charitable giving and taxation of charities*. Trusts & Trustees, United Kingdom, v. 15, n. 5, p. 421-436, july 2009.

VON BAR, Christian; CLIVE, Eric. *Principles, Definitions and Model Rules of European Private Law – Draft Common Frame of Reference (DCFR)*. Prepared by the Study Group on a European Civil Code. Research Group on Ec Private Law (Acquis Group). UK: Oxford University Press, 2010.

WACKERHAGEN, Cristian Rodolfo. *A indenização por violação ao princípio da boa-fé no novo código civil*. Revista Jurídica Consulex, Ano VII, n. 157, p. 55-57, 31 de Julho de 2003.

WAI LAU, Ming. *The Economic Structure of Trusts – Towards a Property-based Approach*. New York: Oxford University Press, 2011.

WAIN, Mark; SHENKIN, Michael. *Trustee investment powers and the use of asset managers*. Trusts & Trustees, United Kingdom, v. 15, n. 2, p. 72-79, april 2009.

WALCH, Ernst; BLASY, Moritz. *Liechtenstein – Trusts, Topical Analyses*. Amsterdam: IBFD, 2011.

WALD, Arnoldo. *Algumas considerações a respeito da utilização do "trust" no Direito brasileiro*. Revista dos Tribunais, São Paulo, v. 34, n. 99, p. 105-120, julho-set, 1995.

WALD, Arnoldo. *Direito Civil – Contratos em Espécie*. 19ª Edição. São Paulo: Saraiva, 2012.

WALD, Arnoldo. *Direito Civil – Direito das Coisas*. 13ª Edição. São Paulo: Saraiva, 2012.

WALD, Arnoldo. *Direito Civil – Direito de Empresa*. São Paulo: Saraiva, 2012.

WALD, Arnoldo. *Direito das Sucessões*. 12ª Edição. São Paulo: Saraiva, 2002.

WALD, Arnoldo. *O Investidor Qualificado no Mercado de Capitais Brasileiro*. Revista de Direito Bancário do Mercado de Capitais, Editora Revista dos Tribunais, São Paulo, Ano 9, p. 15-33, abril-junho de 2006.

WALKER, Robert. *Trusts and taxation*. Trusts & Trustees, United Kingdom, v. 19, n. 3 e 4, p. 354–355, april/may 2013.

WALSH, Gregory C.; MICHAELS, Marnin J..*The state of statutory business trusts in the United States*. Trusts & Trustees, United Kingdom, v. 19, n. 6, p. 681–687, july 2013.

WARBURTON, A. Joseph. *Trusts Versus Corporations: An Empirical Analysis of British Mutual Funds*. Michigan: Ross School of Business, University of Michigan, 2010.

WARSHAW, Melvin A. *Managing Trust – Owned Life Insurance*. Trusts & Estates, Penton Business Med, New York, Volume 151, Issue 4, Apr 2012..

WATANABE, Hiroyuki. *"Trusts without Equity" and Prospects for the Introduction of Trusts into European Civil Law Systems*. Waseda Institute for Corporation Law and Society, 2010.

WATANABE, Marta. *Cresce oferta e procura por "trust", instrumento que permite ampliar a disponibilidade de bens*. In: Valor Econômico – 28/08/2006.

WATERS, Donovan. *Settlor control–what kind of a problem is it?*. Trusts & Trustees, United Kingdom, v. 15, n. 1, p. 12-17, march 2009.

WATERS, Donovan. *The advancement of religion in a pluralist society (Part II): abolishing the public benefit element*. Trusts & Trustees, United Kingdom, v. 17, n. 8, p. 729–738, september 2011.

WATERS, Donovan. *The advancement of religion in a pluralist society (Part I): distinguishing religion from giving to 'charity'*. Trusts & Trustees, United Kingdom, v. 17, n. 7, p. 652–667, august 2011.

WATERS, Donovan. *The Future of the Trust from a Worldwide Perspective*. Journal of International Trust and Corporate Planning, v. 11, n. 4, 2004.

WATERS, Donovan. *The Future of the Trust Part I*. Journal of International Trust and Corporate Planning, v. 13, n. 4, 2006.

WATERS, Donovan. *The Future of the Trust Part II*. Journal of International Trust and Corporate Planning, v. 13, n. 4, 2006.

WATERS, Donovan. *The Hague Trusts Convention twenty years on*. In: GRAZIADEI, Michele; MATTEI, Ugo; SMITH, Lionel. *Commercial trusts in European private law*. Cambridge: Cambridge University Press, 2005.

WATSON, LeRoy. CHALHOUB, W Luis. *Panama Trusts* (2012). In: The STEP Journal. Disponível em: http://www.stepjournal.org/jurisdictions/jurisdictional_summaries_2012/panama/2_trusts.aspx?link=tabLeft. Acesso em: 07.01.2013.

WEAVER, Elizabeth. *Private trust companies: a future for derivative claims?*. Trusts & Trustees, United Kingdom, v. 17, n. 3, p. 177–184, april 2011.

WEAVER, Elizabeth. *Putting it right (1): remedying problems in trusts and trust documents*. Trusts & Trustees, United Kingdom, v. 19, n. 1, p. 31–38, february 2013.

WELLS, Thomas O. *Domestic Asset Protection Trusts–A Viable Estate and Wealth Preservation Alternative*. Florida: The Florida Bar Journal- Real Property, Probate and Trust Law, 2003.

WENDEL, Peter T. *The Evolution of the Law of Trustee's Powers and Third Party Liability for Participating in a Breach of Trust: An Economic Analysis*. Seton Hall Law Review, New Jersey, v. 35, n. 3, p. 971-1028, 2005.

WIBIER, Reinout. *Can a Modern legal system do without the trust?*. In: SMITH, Lionel. *The Worlds of the Trust*. Cambridge: Cambridge University Press, 2013.

WIENBRACKE, Mike. *Wolff, Josef, Trust, Fiducia und fiduziarische Treuhand (zugl. Diss. Universität Salzburg), Peter Lang Verlag, Frankfurt am Main 2005, S.387*. Netherlands: European Review of Private Law, 2, p. 365-369, 2008, p. 2008.

WILSON, David Wallace; NAGAI, Caroline López. *Country Report: Switzerland*. In: GALLANIS, Thomas P. *The Trust in Continental Europe: A Brief Comment From a U.S. Observer*. The Columbia Journal of European Law Online, v. 18, 2012.

WILSON, Sarah. *Todd & Wilson's Textbook on Trusts*. New York: Oxford University Press, 2007.

WING, Leon Kwong. *Singapore*. In: GOTHARD, Charles; SHAH, Sanjvee. *The World Trust Survey*. New York: Oxford, 2010.

WOLFE, Jonathan W. *The Treatment of Trusts in Divorce*. New York: Aspen Publishers-Kluwer Law & Business – American Journal of Family Law, v. 22, n. 4, p. 173, 2009.

WOLKMER, Antonio Carlos. *Fundamentos de História do Direito*. Belo Horizonte: Editora Del Rey, 2008.

WOOD, John. *Trusts: the court as 'regulator'*. Trusts & Trustees, United Kingdom, v. 19, n. 3 e 4, p. 275–279, april/may 2013.

WU, Tang Hang. *Let's call the whole thing off: divorce and trusts in Singapore*. Trusts & Trustees, United Kingdom, v. 17, n. 9, p. 855–865, october 2011.

WÜRDINGER, Hans. *The German Trust*. Cambridge University Press – *Journal of Comparative Legislation and International Law*. Third Series, New York, v. 33, n. 3 e 4, p. 31-40, 1951.

WRIGHT, David. *How much of a trust is a constructive trust?*. Trusts & Trustees, United Kingdom, v. 18, n. 3, p. 264–272, march 2012.

WÜSTEMANN, Tina. *Anglo-Saxon trusts and (Swiss) arbitration: alternative to trust litigation?*. Trusts & Trustees, United Kingdom, v. 18, n. 4, p. 341–347, may 2012.

WÜSTEMANN, Tina; KESSLERY; Delphine Pannatier. *Trusts in the context of Swiss divorce proceedings*. Trusts & Trustees, United Kingdom, v. 17, n. 9, p. 883–892, october 2011.

YOSPE, Sam. *Cy pres distributions in class action settlements*. Columbia Business Law Review, New York, n. 3, p. 1015-1063, 2009.

XUEREB, Maria. *Securitisation in China*. Trusts & Trustees, United Kingdom, v. 11, Issue 4, p. 11-14, march 2005.

ZACLIS, Lionel; MURRAY, Brian P. *Jurisdição estrangeira tem papel relevante na defesa de investidores brasileiros*. In: Artigo publicado no site da BM&F Bovespa, em 08.08.2008. Disponível em: http://www.bmfbovespa.com.br/juridico/noticias--e-entrevistas/Noticias/080808NotA.asp . Acesso em: 11.04.2012.

ZANINI, Carlos Klein. *A doutrina dos "fiduciary duties" no Direito norte-americano e a tutela das sociedades e acionistas minoritários frente aos administradores das sociedades anônimas*. Belo Horizonte: Malheiros, Revista de Direito Mercantil, Industrial, Econômico e Financeiro, Ano XXXVI, n. 109, p. 137-149, janeiro-março 1998.

ZANTBEEK, Anton R. Van. *Recently published tax rulings enliven trusts in Belgium: Ruling 900.189 (7 July 2009), Ruling 700.112 (8 December 2009) and Ruling 900.329 (22 December 2009)*. Trusts & Trustees, United Kingdom, v. 16, n. 10, p. 862-866, november 2010.

ZHONG WEI, Terence Tan. *The irreducible core content of modern trust law*. Trusts & Trustees, United Kingdom, v. 15, n. 6, p. 477-493, august 2009.

ZIMMERMAN. James M. *China Law Deskbook: A Legal Guide for Foreign-invested Enterprises*. Volume 1. EUA: American Bar Association, 2010.

Documentos Oficiais

AFRICA DO SUL. *Collective Investment Schemes Control Act 2002, Act Nº 45 of 2002, Part IX: Trustee or Custodian*. Disponível em: http://www.acts.co.za/collective--investment-schemes-control-act-2002/. Acesso em: 04.11.2013.

AFRICA DO SUL. *Companies Act Nº 61 of 1973*. Disponível em: http://www.cipro.co.za/legislation%20forms/companies/Companies%20Act.pdf Acesso em: 05.12.2012.

AFRICA DO SUL. *Departament: Justice and Constitutional Development. Republic of South Africa*. Disponível em: http://www.justice.gov.za/ . Acesso em: 05.12.2012.

AFRICA DO SUL. *Departament: Justice and Constitutional Development. Republic of South Africa. Master of the High Court: Trusts.* Disponível em: http://www.justice.gov.za/master/trust.html. Acesso em: 05.12.2012.

AFRICA DO SUL. *Intestate Succession Act 1987.* Disponível em: http://www.justice.gov.za/legislation/acts/1987-81.pdf .Acesso em: 05.12.2012.

AFRICA DO SUL. *Matrimonial Property Act 88 of 1984.* Disponível em: http://www.justice.gov.za/legislation/acts/1984-088.pdf. Acesso em: 05.12.2012.

AFRICA DO SUL. *Trust Property Control Act, 1988 (Act 57 of 1988).* Disponível em: http://www.justice.gov.za/legislation/acts/1988-57.pdf. Acesso em: 05.12.2012.

ALEMANHA. *Gesetz über die Besteuerung bei Auslandsbeziehungen – AstG*. Bundesministerium der Justiz. Disponível em: http://www.gesetze-im-internet.de/astg/index.html . Acesso em: 07.09.2012.

ALEMANHA. *Abgabenordnung (General Tax Code)*. Bundesministerium der Justiz. Disponível em: http://www.gesetze-im-internet.de/englisch_ao/index.html Acesso em: 04.09.2012.

ALEMANHA. *Bürgerliches Gesetzbuch (Civil Code)*. Bundesministerium der Justiz. Disponível em: http://www.gesetze-im-internet.de/englisch_bgb/ ou http://www.gesetze-im-internet.de/bgb/. Acesso em: 04.09.2012.

ALEMANHA. *Einführungsgesetz zum Bürgerlichen Gesetzbuche (EGBGB)*. Bundesministerium der Justiz. Disponível em: http://www.gesetze-im-internet.de/bgbeg/BJNR006049896.html#BJNR006049896BJNG033500377 . Acesso em: 07.09.2012.

ALEMANHA. *Erbschaftsteuer- und Schenkungsteuergesetz (ErbStg)*- Bundesministerium der Justiz. Disponível em: http://www.gesetze-im-internet.de/erbstg_1974/index.html . Acesso em: 07.09.2012.

ALEMANHA. *Handelsgesetzbuch (Commercial Code- BGB)*. Bundesministerium der Justiz. Disponível em: http://www.gesetze-im-internet.de/bgb/ Acesso em: 05.09.2012.

ALEMANHA. *Zivilprozessordnung. Bundesministerium der Justiz.* Disponível em: http://www.gesetze-im-internet.de/zpo/ . Acesso em: 06.09.2012.

ARGENTINA. *Banco Central de la República Argentina*. Comunicación "A" 4359. Disponível em: http://www.bcra.gov.ar/pdfs/comytexord/A4359.pdf Acesso em: 08.08.2012.

ARGENTINA. *Código Civil de la República Argentina*. Disponível em: http://www.justiniano.com/codigos_juridicos/codigo_civil/codciv.htm Acesso em: 06.08.2012.

ARGENTINA. *Constitución Nacional Argentina 1853*. Disponível em: http://www.biblioteca.jus.gov.ar/constitucionargentina1853.html. Acesso em: 06.08.2012.

ARGENTINA. *Ley Nº 24.441 de 1995*. Disponível em: http://www.cnv.gov.ar/leyesyreg/Leyes/24441.htm Acesso em: 06.08.2012.

ARGENTINA. *Mercado Cambiario Decreto 616/2005*. Disponível em: http://www.infoleg.gov.ar/infolegInternet/anexos/105000-109999/106969/norma.htm. Acesso em: 08.08.2012.

AUSTRÁLIA. *Income Tax Assessment Act 1936*. Disponível em: http://www.comlaw.gov.au/Details/C2012C00134. Acesso em: 06.07.2013.

AUSTRÁLIA. *Law of Property Act 1936*. Australasian Legal Information Institute. Disponível em: *http://www.austlii.edu.au/au/legis/sa/consol_act/lopa1936198/*. Acesso em: 09.08.2012.

AUSTRÁLIA. *Trusts (Hague Convention) Act 1991*. Disponível em: http://www.austlii.edu.au/au/legis/cth/consol_act/tca1991290/ Acesso em: 02/01/2013.

BELGICA. *Universiteit Gent – Instituut Internationaal Privaatrecht. Belgian Private International Law Code*. Disponível em: http://www.ipr.be/content/WbIPR%5BEN%5D.pdf. Acesso em: 13;08.2012.

BRASIL. *Banco Central do Brasil- Censo realizado pelo Banco Central do Brasil*. Censo 2011 de Capitais Estrangeiros no País – Ano-base: 2010. Disponível em: http://www.bcb.gov.br/Rex/Censo2010/port/Resultados_preliminares_Censo_2011.pdf Acesso em: 10.03.2012.

BRASIL. *Constituição da República Federativa do Brasil de 1988*. Atualizada pela Emenda Constitucional nº 81 de 06 de Junho de 2014.

BRASIL. *Instrução CVM Nº 28, de 23 de Novembro de 1983 – Dispõe acerca do exercício da função de Agente Fiduciário dos Debenturistas*.

BRASIL. *Internacionalização de Empresas Brasileiras*. Brasília: 2009. Disponível em: http://www.mdic.gov.br/arquivos/dwnl_1260377495.pdf. Acesso em: 30.05.2013.

BRASIL. *Lei Complementar Nº 109, de 29 de Maio de 2001. Dispõe sobre o Regime de Previdência Complementar e dá outras providências*.

BRASIL. *Lei Nº 10.931, de 02 de Agosto de 2004. Dispõe sobre o patrimônio de afetação de incorporações imobiliárias, Letra de Crédito Imobiliário, Cédula de Crédito Imobiliário, Cédula de Crédito Bancário*.

REFERÊNCIAS

BRASIL. *Lei Nº 11.101, de 9 de Fevereiro de 2005. Regula a recuperação judicial, a extrajudicial e a falência do empresário e da sociedade empresária.*

BRASIL. *Lei Nº 4.728, de 14 de Julho de 1965. Disciplina o mercado de capitais e estabelece medidas para o seu desenvolvimento.*

BRASIL. *Lei Nº 6.404, de 15 de Dezembro de 1976. Dispõe sobre as Sociedades por Ações.*

BRASIL. *Lei Nº 9.514, de 20 de Novembro de 1997. Dispõe sobre o Sistema de Financiamento Imobiliário, institui a alienação fiduciária de coisa imóvel e dá outras providências.*

BRASIL. *Lei Nº 10.406, de 10 de Janeiro de 2002. Institui o Código Civil.*

BRASIL. *Ministério da Fazenda. Reportagem: Cresce oferta e procura por "trust", instrumento que permite ampliar a disponibilidade de bens.* Disponível em: http://www.fazenda.gov.br/resenhaeletronica/MostraMateria.asp?cod=314678. Acesso em: 09.03.2012.

CANADA. *Civil Code of Quebéc.* Disponível em: http://www2.publicationsduquebec.gouv.qc.ca/dynamicSearch/telecharge.php?type=2&file=/CCQ_1991/CCQ1991_A.html. Acesso em: 15.08.2012.

CANADA. *Department of Justice. Interpretation Act.* Disponível em: http://laws-lois.justice.gc.ca/eng/acts/I-21/ Acesso: 15.08.2012.

CANADA. *Income Tax Act.* Disponível em: http://laws-lois.justice.gc.ca/eng/acts/i-3.3/page-140.html#h-26 Acesso em: 06.07.2013.

CHINA. *Companies Law of the People's Republic of China.* Disponível em: http://www.china.org.cn/government/laws/2007-06/06/content_1207345.htm. Acesso em: 12.09.2013.

CHINA. *Law of the People's Republic of China* (2001). Disponível em: http://english.gov.cn/laws/2005-09/12/content_31194.htm. Acesso em: 10.09.2012.

CHINA. *People's Bank of China (PBC). Administrative Rules on Trust and Investment Companies.* Disponível em: http://www.pbc.gov.cn/publish/english/964/1955/19559/19559_.html. Acesso: 12.09.2013.

CHINA. *Trust Law of the People's Republic of China (Order of the President Nº 50). Chinese Government's Official Web Portal.* Disponível em: http://english.gov.cn/laws/2005-09/12/content_31194.htm. Acesso em: 30.08.2013.

COLÔMBIA. *Ley 223 de 1995.* Disponível em: http://www.camaracartago.org/descargas/LEYES/Ley%20223%20de%201995.pdf . Acesso em: 08.01.2013.

COLÔMBIA. *Ley 80 de 1993.* Disponível em: http://www.alcaldiabogota.gov.co/sisjur/normas/Norma1.jsp?i=304. Acesso em: 08.01.2013.

COSTA RICA. *Banco de Costa Rica.* Disponível em: http://www.bancobcr.com/personas/otros%20productos%20y%20servicios/Fideicomisos.html. Acesso em: 07.01.2013.

COSTA RICA. *Código de Comercio, Ley Nº 3284 de 30 de abril de 1964.* Disponível em: http://www.costaricalaw.com/business_law/codigo_comercial_L2_T1.php. Acesso em: 07.01.2013.

COSTA RICA. *Ley Orgánica del Sistema Bancario Nacional Ley Nº 1644 de 26 de setiembre de 1953 y sus reformas*. Disponível em: http://unpan1.un.org/intradoc/groups/public/documents/icap/unpan034066.pdf. Acesso em: 07.01.2013.

CYPRUS. *Laws & Legislation of the Republic of Cyprus. The Cyprus International Trusts Law (Law No. 69/1992)*. Disponível em: http://cypruslaw.narod.ru/laws/ITLWE_ITCSLAW.pdf. Acesso em: 28.10.2012.

CYPRUS. *The Cyprus International Trusts Law. Law Nº 69/1992*. Disponível em: http://cypruslaw.narod.ru/laws/ITLWE_ITCSLAW.pdf. Acesso em: 28.10.2012.

CYPRUS. *Trustee Law 1955*. Disponível em: http://cypruslaw.narod.ru/laws/Cyprus_Trustee_Law_1955.htm. Acesso em: 29.10.2012.

ESPANHA. *Audiencia Provincial de Girona (Sección 2ª). Sentencia núm. 505/2002 de 17 octubre*. Disponível em: http://www.il-trust-in-italia.it/Formazione/Congressi/convegno_2007/martin/sentenze/Audencia%20Provincial%20de%20Girona%2017%20ottobre%202002.pdf Acesso em: 12.11.2012.

ESPANHA. *Código Civil de Cataluña*. Disponível em: http://civil.udg.es/normacivil/cat/ccc/es/index.htm Acesso em: 06.11.2012.

ESPANHA. *Código Civil*. Disponível em: http://civil.udg.es/normacivil/estatal/cc/indexcc.htm Acesso em: 06.11.2012.

ESPANHA. *Constitución española*. Disponível em: http://www.congreso.es/consti/constitucion/indice/index.htm . Acesso em: 07.11.2012.

ESPANHA. *Ley 25/2010, de 29 de julio, del libro segundo del Código civil de Cataluña, relativo a la persona y la familia*. Disponível em: http://www.boe.es/boe/dias/2010/08/21/pdfs/BOE-A-2010-13312.pdf. Acesso em: 06.11.2012.

ESPANHA. *Ley 41/2003, de 18 de noviembre, de protección patrimonial de las personas con discapacidad y de modificación del Código Civil, de la Ley de Enjuiciamiento Civil y de la Normativa Tributaria con esta finalidad*. Disponível em: http://civil.udg.es/normacivil/estatal/persona/pf/l41-03.htm Acesso em: 06.11.2012.

ESPANHA. *Observatori de Dret Privat de Catalunya. Secció de Dret Patrimonial, Catalunya*. Departament de Justícia i Interior. *Treballs preparatoris del libre cinquè del Codi Civil de Catalunya: «els drets reals»*. Catalunya: Generalitat de Catalunya, Departament de Justícia i Interior, 2003.

EUROPEAN COMISSION. *Communication from the Commission to the European Parliament and the Council – A More Coherent European Contract Law an Action Plan*. Brussels, 12.2.2003.

EUROPEAN COMISSION. *Expert Group on a Common Frame of Reference in European Contract Law Synthesis of the Fourth Meeting*, 1–2 September 2010.

EUROPEAN COMISSION. *Livro Verde da Comissão – sobre as opções estratégicas para avançar no sentido de um Direito europeu dos contratos para os consumidores e as empresas*, Bruxelas, 1.7.2010.

EUROPEAN COMISSION. *Rede Judiciária Europeia em matéria Civil e Comercial.* Direito Aplicável: Alemanha. Disponível em: http://ec.europa.eu/civiljustice/applicable_law/applicable_law_ger_pt.htm . Acesso em: 07.09.2012.

EUROPEAN UNION. *Council Regulation (EC) 44/2001.* Disponível em: http://curia.europa.eu/common/recdoc/convention/en/c-textes/_2001R0044-textes.htm. Acesso em: 28.10.2012.

FRANÇA. *Code Civil.* Disponível em: http://www.legifrance.gouv.fr/affichCode.do?cidTexte=LEGITEXT000006070721&dateTexte=20120823 Acesso em: 23.08.2012.

FRANÇA. *Ministère de l'économie,de l'industrie et de l'emploi. Projet De Loi de modernisation de l'économie. Expose Des Motifs.* Disponível em: http://www.pme.gouv.fr/essentiel/loimodernisationeco/doc/loimeexpose.pdf . Acesso em: 30.08.2012.

GILLIES, Peter. *Australia – Trusts – Topical Analyses.* Amsterdam: IBFD, 2011, section.

GLOBAL INVESTMENT CENTER – *San Marino Country: Strategic Information and Developments.* USA: Int'l Business Publications, 2012.

HARDY, Amanda. *United Kingdom – Trusts, Topical Analyses.* Amsterdam: IBFD, 2010, section

HCCH. *Hague Conference on Private International Law – Convention of 1 July 1985 on the Law Applicable to Trusts and on their Recognition.* Disponível em: http://hcch.e-vision.nl/index_en.php?act=conventions.text&cid=59. Acesso em 19.07.2011.

HCCH. *Hague Conference on Private International Law. News & Events – Principles of European Trust Law (15-01-1999).* Disponível em: http://www.hcch.net/index_en.php?act=events.details&year=1999&varevent=74. Acesso em: 12.07.2013.

HCCH. *Convention on the Conflicts of Laws Relating to the Form of Testamentary Dispositions* (Concluded 5 October 1961). Disponível em: http://www.hcch.net/index_en.php?act=conventions.text&cid=40. Acesso em: 13.09.2012.

HONG KONG. *Cap 192 – Matrimonial Proceedings And Property Ordinance.* Disponível em: http://www.hklii.hk/eng/hk/legis/ord/192/. Acesso em: 07.09.2012.

HONG KONG. *Cap 257 – Perpetuities And Accumulations Ordinance.* Disponível em: http://www.hklii.hk/eng/hk/legis/ord/257/ Acesso em: 08.09.2012.

HONG KONG. *Cap 29 – Trustee Ordinance.* Disponível em: http://www.hklii.hk/eng/hk/legis/ord/29/Acesso em: 08.09.2012.

HONG KONG. *Cap 30 – Wills Ordinance.* Disponível em: http://www.hklii.hk/eng/hk/legis/ord/30/ Acesso em: 07.09.2012.

HONG KONG. *Cap 481 – Inheritance (Provision For Family And Dependants) Ordinance.* Disponível em: http://www.hklii.hk/eng/hk/legis/ord/481/ Acesso em: 07.09.2012.

HONG KONG. *Cap 88 – Application of English Law Ordinance.* Disponível em: http://www.hklii.hk/eng/hk/legis/ord/88/ Acesso em: 08.09.2012.

HONG KONG. *Cap 97 – New Territories Ordinance*. Disponível em: http://www.hklii.hk/eng/hk/legis/ord/97/ Acesso em: 08.09.2012.

HONG KONG. *Review of the Trustee Ordinance and Related Matters*. Hong Kong: Financial Services and the Treasury Bureau, 2009.

HONG KONG. *The Basic Law of the Hong Kong Special Administrative Region of the People's Republic of China*. Disponível em: http://www.basiclaw.gov.hk/en/basiclawtext/chapter_1.html . Acesso em: 07.09.2012.

HONG KONG. *The Government of the Hong Kong Special Administrative Region os the People's Republic of China*. Department of Justice. Disponível em: http://www.legislation.gov.hk/index.htm .Acesso em: 07.09.2012.

HONG KONG. *The Government of the Hong Kong Special Administrative Region os the People's Republic of China*. Department of Justice. Press release: *Government publishes consultation conclusions on Trustee Ordinance*. February 2010. Disponível em: http://www.fstb.gov.hk/fsb/ppr/press/doc/pr220210_e.pdf Acesso em: 10.09.2012.

INDIA. *Hindu Succession Act*. Disponível em: http://indiacode.nic.in/. Acesso em: 11.09.2012.

INDIA. *Indian Majority Act*. Disponível em: http://indiacode.nic.in/. Acesso em: 11.09.2012.

INDIA. *Foreign Exchange Management Act*. Disponível em: http://indiacode.nic.in/ . Acesso em: 11.09.2012.

INDIA. *Income Tax Department. Departament of Revenue, Ministry of Finance, Government of India*. Disponível em: http://law.incometaxindia.gov.in/DIT/Income-tax-acts.aspx. Acesso em: 13.09.2012.

INDIA. *Indian Contract Act 1872*. Disponível em: http://indiacode.nic.in/. Acesso em: 11.09.2012.

INDIA. *Indian Majority Act*. Disponível em: http://indiacode.nic.in/ Acesso em: 11.09.2012.

INDIA. *Indian Succession Act 2005*. Disponível em: http://indiacode.nic.in/ Acesso em: 11.09.2012.

INDIA. *Sale of Goods Act 1932*. Disponível em: http://indiacode.nic.in/ Acesso em: 11.09.2012.

INDIA. *Supreme Court of India. W.O. Holdsworth & Ors. Vs. State of Uttar Pradesh 33 ITR 472*. Disponível em: http://www.indiankanoon.org/doc/1345065/. Acesso em: 13.09.2012.

INDIA. *The Constitution of India* – ☒☒☒☒ ☒☒ ☒☒☒☒☒☒☒ – Disponível em: http://lawmin.nic.in/olwing/coi/coi-english/coi-indexenglish.htm. Acesso em: 11.09.2012.

INDIA. *The Indian Trusts Act, 1882*. Disponível em: http://indiacode.nic.in/ Acesso em: 11.09.2012.

INDIA. *Transfer of Property Act*. Disponível em: http://indiacode.nic.in/. Acesso em: 11.09.2012.

IRISH. *Land and Conveyancing Law Reform Act*. Disponível em: http://www.irishstatutebook.ie/2009/en/act/pub/0027/index.html Acesso em: 14.09.2012.

IRISH. *Succession Act, 1965*. Disponível em: http://www.irishstatutebook.ie/1965/en/act/pub/0027/index.html Acesso em: 13.09.2012.

IRISH. *The Bankruptcy Act, 1988*. Disponível em: http://www.irishstatutebook.ie/1988/en/act/pub/0027/index.html Acesso em: 13.09.2012.

IRISH. *Trustee Act 1893*. Disponível em: http://ia600208.us.archive.org/20/items/cu31924084250483/cu31924084250483.pdf. Acesso em: 14.09.2012.

ITÁLIA. *Legislatura 16ª – Disegno di legge Nº 854 – Disciplina tributaria del trust*. Disponível em: http://parlamento.openpolis.it/atto/documento/id/17821. Acesso em: 20.09.2012.

ITÁLIA. *Codice Civile*. Disponível em: http://www.lexced.it/Codice_Civile.aspx?pag=3&libro=3. Acesso em: 15.09.2012.

ITÁLIA. *Istituzione del trust di diritto italiano, in applicazione dell'articolo 6 della Convenzione adottata a L'Aja il 1º luglio 1985, ratificata ai sensi della legge 16 ottobre 1989, n. 36*. Disponível em: http://www.tuttocamere.it/files/dirsoc/2006_1234.pdf Acesso em: 17.09.2012.

ITÁLIA. *Legge 23 Febbraio 2006, Nº 51. Conversione in legge, con modificazioni, del decreto-legge 30 dicembre 2005, Nº 273, recante definizione e proroga di termini, nonche' conseguenti disposizioni urgenti. Proroga di termini relativi all'esercizio di deleghe legislative*. Disponível em: http://www.camera.it/parlam/leggi/060511.htm Acesso em: 17.09.2012.

ITÁLIA. *Legge 23 Novembre 1939, Nº 1966. Disciplina delle società fiduciarie e di revisione*. Disponível em: http://www.assofiduciaria.it/ASSOSERVIZI/Legge_23_11_1939_1966.pdf Acesso em: 18.09.2012.

ITÁLIA. *Legge 31 maggio 1995, Nº 218 – Di Diritto Internazionale Privato*. Disponível em: http://www.iusreporter.it/Testi/legge218-1995.htm Acesso em: 15.09.2012.

ITALIA. *Legislatura 16ª – Disegno di legge Nº 489 –Istituzione del trust di diritto italiano, in applicazione dell'articolo 6 della Convenzione adottata a L'Aja il 1º luglio 1985, ratificata ai sensi della legge 16 ottobre 1989, n. 364*. Disponível em: http://www.senato.it/service/PDF/PDFServer/BGT/00302098.pdf. Acesso em: 18.09.2012.

ITALIA. *Legislatura 16ª – Proposta di Legge Nº 1471 – Disciplina dei trust istituiti in favore dei persone portatrici di handicap*. Disponível em: http://www.camera.it/_dati/leg16/lavori/schedela/apriTelecomando_wai.asp?codice=16PDL0012370. Acesso em: 20.09.2012.

JAPÃO. *Act on the General Rules of Application of Laws*. Disponível em: http://sydney.edu.au/law/anjel/documents/ZJapanR/ZJapanR23/ZJapanR23_20B_Okuda_Anderson_Translation.pdf. Acesso em: 20.10.2012.

JAPÃO. *Code Civil*. Disponível em: http://www.japaneselawtranslation.go.jp/law/detail/?id=2&vm=04&re=02 . Acesso em: 20.10.2012.

JAPÃO. *Trust Act (Act Nº 108 of December 15, 2006)*. Disponível em: http://www.japaneselawtranslation.go.jp/law/detail/?re=02&dn=1&x=0&y=0&co=1&yo=&gn=&sy=&ht=&no=&bu=&ta=&ky=civil+code&page=11 . Acesso em: 20.10.2012.

JAPÃO. *Trust Business Act. (Act Nº 154 of December 3, 2004)*. Disponível em: http://www.japaneselawtranslation.go.jp/law/detail/?re=02&dn=1&x=54&y=12&co=1&yo=&gn=&sy=&ht=&no=&bu=&ta=&ky=trust+1922&page=2. Acesso em: 20.10.2012.

LIECHTENSTEIN. *Personen- und Gesellschaftsrecht (PGR)* . Disponível em: http://www.llv.li/pdf-llv-rdr-gesamtdokument.pdf. Acesso em: 25.10.2012.

LUXEMBURGO. *Code Civil*. Disponível em: http://www.legilux.public.lu/leg/textescoordonnes/codes/code_civil/table_des_matieres.pdf. Acesso em: 01.12.2012.

LUXEMBURGO. *Law of 27 July 2003, ratifying the Den Hague Convention of 1 July 1985 relating to the law applicable to the trust and its recognition*. Disponível em: http://www.ehp.lu/uploads/media/Lawof27thJuly2003.pdf. Acesso em: 13.11.2012.

MALTA. *Civil Code (Chapter 16)*. Disponível em: http://www.justiceservices.gov.mt/DownloadDocument.aspx?app=lom&itemid=8580&l=1 Acesso em: 27.10.2012.

MALTA. *Code of Organization and Civil Procedure (Chapter 12)*. Disponível em: http://www.justiceservices.gov.mt/DownloadDocument.aspx?app=lom&itemid=8577&l=1. Acesso em: 28.10.2012.

MALTA. *Criminal Code (Chapter 9)*. Disponível em: http://www.justiceservices.gov.mt/LOM.aspx?pageid=27&mode=chrono&gotoID=9. Acesso em: 28.10.2012.

MALTA. *Trusts and Trustees Act (Chapter 331)*. Disponível em: http://www.justiceservices.gov.mt/DownloadDocument.aspx?app=lom&itemid=8805&l=1. Acesso em: 28.10.2012.

MAYER, Thomas. *Switzerland's new regime on trusts*. In: The STEP Journal, Trusts in switzerland's, April 2008. Disponível em: http://www.satc.ch/Images/STEP%20Journal%20April%2008%20(T.Mayer).pdf. Acesso em: 15.10.2012.

OECD. *Organisation for Economic Co-operation and Development*. Disponível em: http://www.oecd.org/. Acesso em: 10.10.2012.

PANAMA. *Ley Nº 9 de 1925 – Sobre Institucion De Fideicomiso*. Disponível em: http://docs.panama.justia.com/federales/leyes/9-de-1925-jan-29-1925.pdf. Acesso em: 07.01.2013.

PANAMA. *Superintendencia de Bancos de Panama*. Disponível em: www.superbancos.gob.pa Acesso em: 07.01.2013.

PORTUGAL. *Constituição da República Portuguesa*. Disponível em: http://www.parlamento.pt/Legislacao/Paginas/ConstituicaoRepublicaPortuguesa.aspx. Acesso em: 17.06.2013.

PORTUGAL. *Código Civil Português*. Decreto-Lei Nº 47.344 de 25 de Novembro de 1966. Disponível em: http://www.igf.min-financas.pt/leggeraldocs/ DL_47344_66_COD_CIVIL_INDICE.htm. Acesso em: 17.06.2013.

PORTUGAL. *Decreto-Lei Nº 149/94 de 25 de Maio. de 20 de Outubro. Instituiu, no âmbito da Zona Franca da Madeira, a figura do trust apenas destinado a actividades off-shore.* Disponível em: http://www.igf.min-financas.pt/inflegal/bd_igf/bd_legis_geral/ leg_geral_docs/DL_149_94.htm . Acesso em: 10.01.2013.

PORTUGAL. *Decreto-Lei Nº 352-A/88 de 3 de Outubro. A legislação que criou a Zona Franca da Madeira autorizou, no seu âmbito institucional, o exercício de actividades industriais, comerciais e financeiras por parte das entidades que venham a ser licenciadas para aí operar nos termos regulamentados. (Trust off-shore).* Disponível em: http:// www.igf.min-financas.pt/inflegal/bd_igf/bd_legis_geral/leg_geral_docs/ DL_352_A_88.htm. Acesso em: 10.01.2013.

PORTUGAL. *Decreto-Lei Nº 500/80 de 20 de Outubro. Criação de uma zona franca na Região Autónoma da Madeira.* Disponível em: http://www.igf.min-financas.pt/ inflegal/bd_igf/bd_legis_geral/leg_geral_docs/DL_500_80.htm . Acesso em: 10.01.2013.

REPUBBLICA DI SAN MARINO. *Legge 1º Marzo 2010 Nº 42 – L'istituto del Trust.* Disponível em: http://www.cis.sm/it/wp-content/uploads/L042-2010.pdf Acesso em: 04.01.2013.

REPUBBLICA DI SAN MARINO. *Trattati Internazionali.* Disponível em: http:// www.esteri.sm/on-line/home/trattati-internazionali/convenzioni-bilaterali/ convenzioni-bilaterali---accordi-con-organismi-internazionali.html .Acesso em: 04.01.2013.

REPÚBLICA DE SAN MARINO. *Banca Centrale Della Repubblica di San Marino – Trust Register.* Disponível em: http://www.bcsm.sm/. Acesso em: 19.09.2012.

SINGAPORE. *Asia-Pacific Wealth Report 2012.* In: RBC Wealth Management e Capgemini. Disponível em: http://www.capgemini.com/insights-and-resources/ by-publication/asiapacific-wealth-report-2012--english-version/ Acesso em: 16.10.2012.

SINGAPORE. *Bankruptcy Act (Chap. 20).* Disponível em: http://statutes.agc.gov. sg/aol/search/display/view.w3p;page=0;query=DocId%3Ac342424a-8867-494a-bbab-91b696d12bdc%20%20Status%3Ainforce%20Depth%3A0;rec=0 Acesso em: 16.10.2012.

SINGAPORE. *Business Trusts Act (Chap. 31A).* Disponível em: http://statutes.agc. gov.sg/aol/search/display/view.w3p;page=0;query=DocId%3Aac191a7f-6c43 -4d4c-ba3f-543ef0aafdce%20%20Status%3Ainforce%20Depth%3A0;rec=0. Acesso em: 16.10.2012.

SINGAPORE. *Civil Law Act (Chap. 43).* Disponível em: http://statutes.agc. gov.sg/aol/search/display/view.w3p;page=0;query=DocId%3A%226

2b430cb-0734-4e75-acf8-0872caebc44d%22%20Status%3Ainforce%20 Depth%3A0;rec=0Acesso em: 15.10.2012.

SINGAPORE. *Companies Act (Chapter 50)*. Disponível em: http://statutes.agc.gov.sg/aol/search/display/view.w3p;page=0;query=DocId%3Ac3063e4b-61ed--4faf-8014-fabd5b998ed7%20%20Status%3Ainforce%20Depth%3A0;rec=0. Acesso em: 18.10.2012.

SINGAPORE. *Conveyancing and Law of Property Act (Chap. 61)*. Disponível em: http://statutes.agc.gov.sg/aol/search/display/view.w3p;page=0;query=DocId%3A%22 72b874cc-29ea-4685-b70b-d5416b8362bc%22%20Status%3Apublished%20 Depth%3A0;rec=0 Acesso em: 16.10.2012.

SINGAPORE. *Income Tax Act (Chapter 134)*. Disponível em: http://statutes.agc.gov.sg/aol/search/display/view.w3p;page=0;query=DocId%3A%2245fc380e-12d4-4935-b138-c42dc45d377c%22%20Status%3Apublished%20Depth%3A0;rec=0 Acesso em: 15.10.2012.

SINGAPORE. *Inheritance (Family Provision) Act (Chapter 138)*. Disponível em: http://policy.mofcom.gov.cn/english/flaw!fetch.action?libcode=flaw&id=caefb61b-7a29-4f63-9bb3-5782530c0da9&classcode=610;310. Acesso em: 16. 10.2012.

SINGAPORE. *Insurance Act (Chap. 142)*. Disponível em: http://statutes.agc.gov.sg/aol/search/display/view.w3p;page=0;query=CompId%3A4268296e-5b49-407e-9869-66a8bc27e1f1;rec=0;resUrl=http%3A%2F%2Fstatutes.agc.gov.sg%2Fao l%2Fbrowse%2FtitleResults.w3p%3Bletter%3DI%3Btype%3DactsAll. Acesso em: 16.10.2012.

SINGAPORE. *Land Titles Act (Chap. 157)*. Disponível em: http://statutes.agc.gov.sg/aol/search/display/view.w3p;page=0;query=DocId%3A8f61d971-4c42-4d64-8ab3-32292ca098af%20%20Status%3Ainforce%20Depth%3A0;rec=0. Acesso em: 16.10.2012.

SINGAPORE. *Lau Siew Kim v. Yeo Guan Chye Terence (2008) 2 SLR 108*. Disponível em: http://www.singaporelaw.sg/content/2008_2_SLRR_108.html Acesso em: 18.10.2012.

SINGAPORE. *Muslim Law Act (Chap. 3)*. Disponível em: http://policy.mofcom.gov.cn/english/flaw!fetch.action?libcode=flaw&id=bfd32cf9-e1e7-4378-8455-beb6d4f28c16&classcode=120;920. Acesso em: 16.10.2012.

SINGAPORE. *Securities and Futures Act (Chap. 289)*. Disponível em: http://statutes.agc.gov.sg/aol/search/display/view.w3p;page=0;query=DocId:%2225de2ec3-ac8e-44bf-9c88-927bf7eca056%22%20Status:inforce%20Depth:0;rec=0. Acesso em: 16.10.2012.

SINGAPORE. *Settled Estates Act (Chapter 293)*. Disponível em: http://policy.mofcom.gov.cn/english/flaw!fetch.action?libcode=flaw&id=cfe9e0e9-9083-4234-a298-d33caa4b3e58&classcode=610. Acesso em: 15.10.2012.

SINGAPORE. *Singapore Endorses The Oecd Standard For Exchange Of Information.* In: Press Releases, *Ministry of Finance*, 06 march 2009. Disponível em: http://www.news.gov.sg/public/sgpc/en/media_releases/agencies/mof/press_release/P-20090307-1.print.html?AuthKey= Acesso em: 18.10.2012.

SINGAPORE. *Trust Companies Act (Chapter 336)*. Disponível em: http://statutes.agc.gov.sg/aol/search/display/view.w3p;ident=d00528ca-6ded-4261-ab8d-eeb7b28dc4c3;orderBy=relevance;query=Type%3Aact,sl%20(Content%3ATrust%20Content%3ACompanies);rec=11;resUrl=http-%3A%2F%2Fstatutes.agc.gov.sg%2Faol%2Fsearch%2Fsummary%2Fresults.w3p%3BorderBy%3Drelevance%3Bquery%3DType%253Aact,sl%2520(Content%253ATrust%2520Content%253ACompanies)#P1II-. Acesso em: 15.10.2012.

SINGAPORE. *Trustees Act (Chapter 337)*. Disponível em: http://statutes.agc.gov.sg/aol/search/display/view.w3p;page=0;query=DocId%3A%225fffec90-4809-4870-bf63-4331e9a77709%22%20Status%3Ainforce%20Depth%3A0;rec=0#legis Acesso em: 15.10.2012.

SINGAPORE. *Wills Act (Chap. 352)*. Disponível em: http://statutes.agc.gov.sg/aol/search/display/view.w3p;page=0;query=DocId%3A%22a58a5454-1e3a-484d-864e-916e72b07eb4%22%20Status%3Ainforce%20Depth%3A0;rec=0. Acesso em: 16.10.2012.

SWISS. *Swiss Civil Code.* Disponível em: http://www.admin.ch/ch/e/rs/210/index.html Acesso em: 07.10.2012.

SWISS. *Agreement on the Swiss banks' code of conduct with regard to the exercise of due diligence (CDB 08)*. Disponível em: http://www.swissbanking.org/en/20080410--vsb-cwe.pdf. Acesso em: 14.10.2012.

SWISS. *Anti-Money Laundering Act, AMLA*. Disponível em: http://www.admin.ch/ch/e/rs/9/955.0.en.pdf Acesso em: 14.10.2012.

SWISS. *Aufhebung der Lex Koller*. Disponível em: http://www.ejpd.admin.ch/ejpd/de/home/themen/wirtschaft/ref_gesetzgebung/ref_lex_koller.html. Acesso em: 14.10.2012.

SWISS. *Bundesgesetz über Schuldbetreibung und Konkurs (Federal Debt Enforcement and Bankruptcy Act)* Disponível em: http://www.admin.ch/ch/d/sr/281_1/index.html. Acesso em: 07.10.2012.

SWISS. *Decisions rendered by the Swiss federal and cantonal courts.* Disponível em: http://www.trusts.ch/index.php?page=1&lang=EN. Acesso em: 14.10.2012.

SWISS. *Decisions rendered by the Swiss federal and cantonal courts. A v. the Federal Prosecutors Office Federal Court, March 25, 2010, 1B_21/2010.* Disponível em: http://www.trusts.ch/index.php?page=1&lang=EN. Acesso em: 14.10.2012.

SWISS. *Decisions rendered by the Swiss federal and cantonal courts. Ltd. v. Bank X Trustee – Federal Court, Oct. 5, 2006, 4C.263/2005.* Disponível em: http://www.trusts.ch/index.php?page=1&lang=EN Acesso em: 14.10.2012.

SWISS. *Double taxation agreements (DTA)*. Disponível em: http://www.sif.admin.ch/themen/00502/00740/index.html?lang=en Acesso em: 15.10.2012

SWISS. *Federal Act on Stock Exchanges and Securities Trading (Stock Exchange Act, SESTA)*. Disponível em: http://www.six-exchange-regulation.com/download/admission/regulation/federal_acts/sesta_en.pdf. Acesso em: 14.10.2012.

SWISS. *Federal Administrative Court, July 1, 2011, A-6925/2010*. In: Decisions rendered by the Swiss federal and cantonal courts. Disponível em: http://www.trusts.ch/index.php?page=1&lang=EN Acesso em: 14.10.2012

SWISS. *Federal Administrative Court, March 18, 2011, A-7013*. In: Decisions rendered by the Swiss federal and cantonal courts. Disponível em: http://www.trusts.ch/index.php?page=1&lang=EN Acesso em: 14.10.2012.

SWISS. IRPG – *Bundesgesetz über das Internationale Privatrecht Swiss (Federal Code on Private International Law)*. Disponível em: http://www.admin.ch/ch/d/sr/291/index.html . Acesso em: 07.10.2012.

SWISS. *Loi fédérale complétant le Code civil suisse*. Disponível em: http://www.admin.ch/ch/f/rs/220/index2.html . Acesso em: 14.10.2012.

SWISS. *Loi fédérale du 16 décembre 1983 sur l'acquisition d'immeubles par des personnes à l'étranger (LFAIE)*. Disponível em: http://www.admin.ch/ch/f/rs/c211_412_41.html . Acesso em: 14.10.2012.

SWISS. *Swiss Association of Trust Companies*. Disponível em: http://www.satc.ch/# Acesso em 10.10.2012.

SWISS. *Swiss Association of Trust Companies. Introduction d'une licence obligatoire pour les trustees en Suisse: La Swiss Association of Trust Companies SATC adopte un document de position avec des propositions de réglementation*. Disponível em: http://satc.ch/Images/20120614_Media%20Release%20SATC%20F.pdf Acesso em: 15.10.2012.

SWISS. *Swiss Financial Market Supervisory Authority (FINMA)- Rundschreiben 2011/1. Finanzintermediation nach GwG Ausführungen zur Verordnung über die berufsmässige Ausübung der Finanzintermediation (VBF)*. (FINMA Circular on Financial Intermediation under the Anti-Money Laundering Act comes into force on 1 January 2011). Disponível em: http://www.finma.ch/d/regulierung/Documents/finma-rs-2011-01.pdf ou http://www.kpmg.com/CH/en/Library/Legislative-Texts/Documents/pub_20110823_finma-circular-11-1_EN.pdf. Acesso em: 14.10.2012.

SWISS. *Swiss Financial Market Supervisory Authority (FINMA)*. Disponível em: http://www.finma.ch/e/pages/default.aspx Acesso em: 14.10.2012.

UK. *Administration of Estates Act 1925*. Disponível em: http://www.legislation.gov.uk/ukpga/Geo5/15-16/23 Acesso em: 26.09.2012.

UK. *Inheritance (Provision for Family and Dependants) Act 1975*. Disponível em: http://www.legislation.gov.uk/ukpga/1975/63/contents Acesso em: 26.09.2012.

UK. *The Association of Corporate Trustees (TACT), Issue Nº 18 – January 2002.* Disponível em: http://www.trustees.org.uk/review-index/Debenture-trusts-Debenture-trustees.php Acesso em: 30.07.2012.

UK. *Trustee Act 1925.* Disponível em: http://www.legislation.gov.uk/ukpga/Geo5/15-16/19/contents Acesso em: 27.09.2012.

UK. *Trustee Act 2000.* Disponível em: http://www.legislation.gov.uk/ukpga/2000/29/contentsAcesso em: 27.09.2012.

USA. *U.S. Trustee Program.* Disponível em: *http://www.justice.gov/ust/index.htm.* Acesso em: 30.07.2012.

USA. *Uniform Prudent Investor Act.* Disponível em: http://www.fdic.gov/regulations/examinations/trustmanual/appendix_c/appendix_c.html. Acesso em: 30.03.2012.

USA. *Uniform Statutory Trust Entity Act – National Conference of Commissioners on Uniform State Laws,* March 31, 2010.

USA. *Uniform Trust Code (UTC).* Disponível em: http://www.uniformlaws.org/shared/docs/trust_code/utc_final_rev2010.pdf. Acesso em: 26.07.2012.